Berlin-Brandenburg

Bernhard Pollmann

GPX-Daten zum Download

www.kompass.de/gpx

Kostenloser Download der GPX-Daten der im Wanderführer enthaltenen Wandertouren
Mehr Informationen auf Seite 3.

AUTOR

Bernhard Pollmann • (*1954 – †2020) lebte jahrelang in Berlin und zuletzt in Emden/Ostfriesland. Er erkundete das Umland auf unzähligen Touren zu Fuß und mit dem Rad. Als Autor und Fotograf von mehr als 30 Führern über Gebiete in Deutschland, Norwegen, England, Frankreich, Tschechien und Polen war er einer der besten Kenner der Landschaften zwischen den Alpen und dem Nordmeer. Seine Bücher haben die Wanderliteratur nachhaltig geprägt.

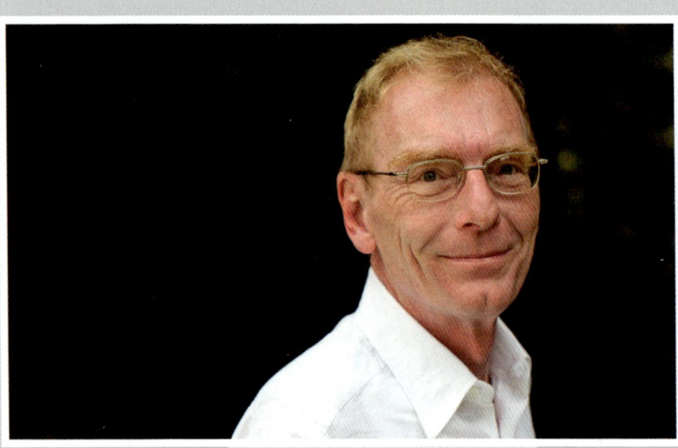

VORWORT

In 75 Wanderungen leitet der Führer durch die abwechslungsreichen Natur- und Kulturlandschaften rund um Berlin. Vom Fläming im Süden bis zum Barnim im Norden, von der Märkischen Schweiz im Osten bis zu den Seen von Brandenburg an der Havel im Westen spannt sich der Bogen zu den als Weltkulturerbe ausgewiesenen Landschaftsparks und Schlössern von Potsdam und Berlin, von den Müggelbergen und dem Scharmützelsee bis zum Naturpark Dahme-Heideseen und an den Rand des Spreewalds. Stille Wiesentäler, Hunderte von Seen, aussichtsreiche Höhenzüge und uralte Wälder, Klosterruinen, schmucke Dörfer und Ortsbilder vom Feinsten prägen diese immer wieder paradiesisch entrückt wirkende Wanderlandschaft. Dass gleich zwei Europäische Fernwanderwege das Gebiet durchqueren, unterstreicht den herausragenden Stellenwert der Bundeshauptstadt und ihrer Umgebung für Wanderer.

Bernhard Pollmann

ORIENTIERUNG MIT GPS

Für Navigationsgeräte und Apps haben wir auf unserer Webseite alle Touren im GPX-Format zum Download bereitgestellt:

www.kompass.de/gpx

Hier findet man alle weiteren Informationen. Einfach das richtige Produkt auf der Seite auswählen, die Daten herunterladen und auf das Zielgerät oder in die gewünschte App importieren.

Mehrwert mit Spaßfaktor: Ob vorab zur Planung, als Sicherheit für unterwegs oder zum Erinnern und Archivieren der gegangenen Tour. Die digitale Wanderroute ist in vielerlei Hinsicht wertvoll. Ein Blick auf die Daten hilft Neues zu entdecken und liefert Inspirationen für die nächsten Touren. Alle Wandertouren aus diesem Führer stehen im GPX-Format kompakt und genau zur Verfügung.

Was ist ein GPX-Track? GPX ist ein Datenformat für Geodaten. Das Wort GPS steht für Global Positioning System (Globales Positionsbestimmungssystem). Mit einem GPX-Track bekommt man die rote Linie, also den Wanderpfad, als geografische Koordinaten.

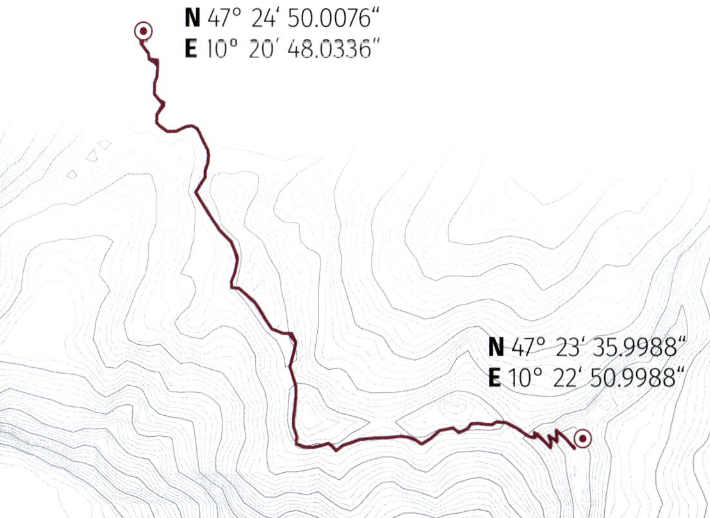

INHALT UND TOURENÜBERSICHT

AUFTAKT

ANHANG

km	h	hm	hm									Karte
15	4:00	120	120		✓							700
6	1:45	10	10	✓	✓					✓		700
11	2:45	80	80	✓	✓		✓			✓		700
9	2:30	50	50		✓		✓					700
19	5:30	190	190	✓	✓		✓					700
15	4:00	100	100	✓	✓		✓			✓		700
14,5	2:45	50	50	✓	✓		✓					700
14	3:45	50	50	✓	✓		✓					700
11	3:00	50	50	✓	✓		✓			✓		700
8	2:15	100	80	✓	✓		✓					700
8	2:15	50	50	✓	✓		✓					700
11	3:15	50	50	✓	✓		✓			✓		700
12	3:15	50	50	✓	✓		✓			✓		700
9	2:30	50	50		✓		✓			✓		700
12	3:15	120	110	✓	✓		✓					700, 745
8	2:00	20	20	✓	✓		✓			✓		700
8	2:00	40	40	✓	✓		✓					700
11	2:45	20	20		✓		✓			✓		700
10	2:45	20	20	✓	✓					✓		700
12	3:10	30	30		✓		✓					700
12	3:05	80	80		✓		✓					700
12	3:00	40	40	✓	✓		✓			✓		700

INHALT UND TOURENÜBERSICHT

km	h	hm	hm									Karte
14	3:30	20	20		✓		✓					700
11	2:50	80	80	✓	✓		✓					700
10	1:55	30	30	✓	✓							700
9	2:20	20	20	✓	✓							700
12	3:00	20	20	✓	✓		✓			✓		700
8	2:00	10	10							✓		700
9	2:30	60	60	✓	✓							700
8	2:00	30	30	✓	✓		✓					700
13	3:15	100	100	✓								700
6	1:40	20	20	✓	✓							700
15	3:45	50	50	✓			✓			✓		700
10	2:30	40	40	✓								700
8	2:05	20	20		✓		✓					700
3,5	0:55	40	40	✓	✓		✓					700
14	3:25	90	80	✓	✓		✓					700
7	1:45	20	20	✓	✓		✓			✓		700
8	2:00	170	170	✓	✓							700
10	1:55	40	30	✓	✓							700
11	2:45	30	10	✓	✓		✓					700
7	1:45	30	30	✓	✓		✓					700
10	2:35	65	65	✓	✓		✓					700
12	3:30	40	40	✓						✓		700
10	2:30	40	40	✓	✓		✓			✓		700
7	2:00	80	80	✓	✓		✓					700
11	2:45	110	110	✓	✓		✓					700
7	1:45	20	20	✓	✓		✓					746
15	3:50	40	40	✓	✓					✓		700

INHALT UND TOURENÜBERSICHT

km	h	hm	hm									Karte
10	2:40	50	50		✓		✓					700
11	2:50	30	30	✓								700
8	2:00	60	60	✓			✓					700
24	6:15	250	250	✓	✓		✓					700
12	3:00	30	30	✓			✓			✓		700
10	2:40	150	150	✓								700
8	2:00	50	50	✓	✓							700
13	3:15	80	80	✓	✓		✓					700
11	2:40	50	50	✓	✓		✓					700
7	1:40	20	20		✓		✓			✓		700
13	3:15	50	50		✓							700
12,5	3:30	20	20		✓		✓					700
10	3:00	10	20		✓		✓					700
12	3:30	30	30		✓		✓					700
7,5	2:15	20	20		✓		✓					700
7,5	2:15	20	20	✓	✓							700
11	3:30	30	30	✓	✓		✓					700
11	3:30	80	80		✓							700
7,5	2:15	20	20	✓	✓		✓					700
16	4:30	40	40	✓	✓		✓					700
16	4:30	70	70		✓		✓					700
4	1:15	30	30	✓	✓							700
8	2:30	30	30	✓			✓					700
8	2:30	80	80		✓							700
10	2:45	50	50	✓	✓		✓					700
15	4:15	50	50		✓		✓					700

GEBIETSÜBERSICHTSKARTE

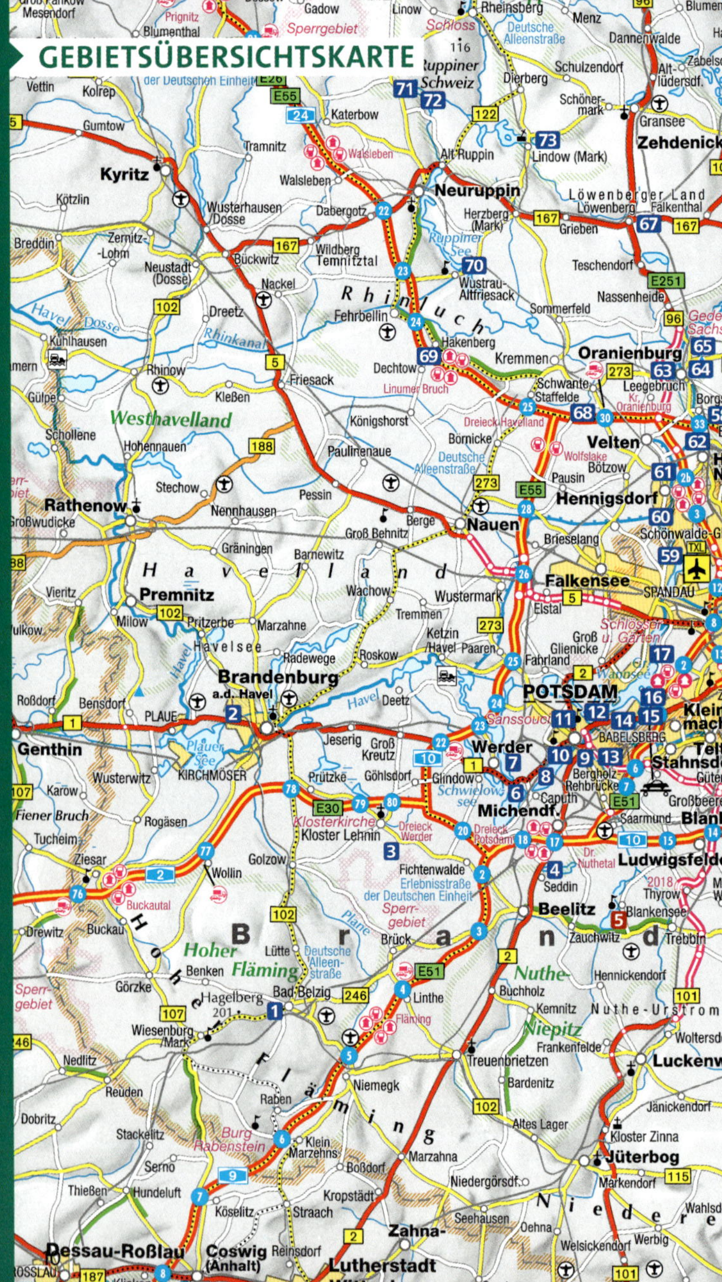

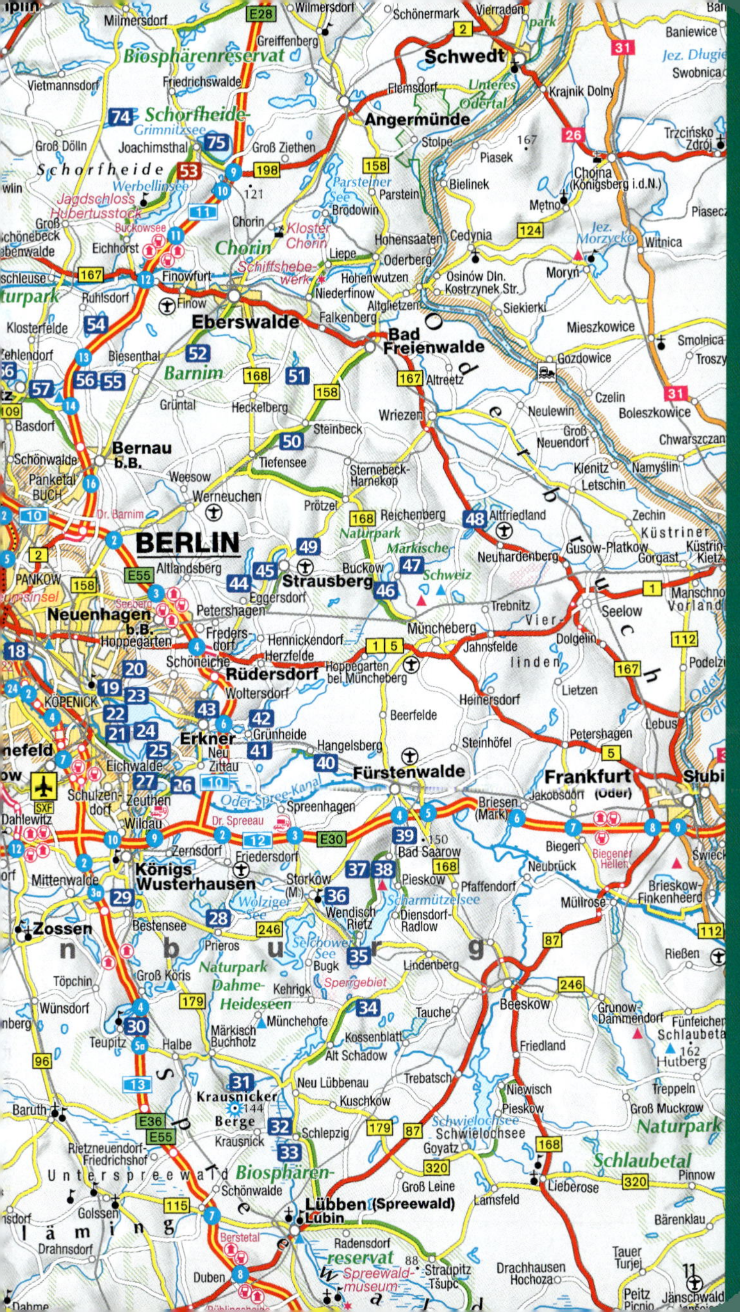

BERLIN
Schwedt
Angermünde
Eberswalde
Bad Freienwalde
Wriezen
Bernau b.B.
Strausberg
Neuenhagen b.B.
Rüdersdorf
Erkner
Fürstenwalde
Frankfurt (Oder)
Słubice
Königs Wusterhausen
Zossen
Lübben (Spreewald)
Lubin
Beeskow
Seelow
Müncheberg
Storkow (M.)
Bad Saarow
Chojna (Königsberg i.d.N.)
Biosphärenreservat
Schorfheide-Grimnitzsee
Naturpark Barnim
Naturpark Märkische Schweiz
Naturpark Dahme-Heideseen
Naturpark Schlaubetal
Oderbruch
Spreewald
Chorin
Kloster Chorin
Schiffshebewerk
Jagdschloss Hubertusstock
Werbellinsee
Scharmützelsee
Schwielochsee
Oder-Spree-Kanal
Spreewald-museum

DAS GEBIET

Der Kern der Bundeshaupstadt und größten Stadt Deutschlands liegt in einem eiszeitlichen Urstromtal, durch das die Spree von Köpenick bis zur Mündung in die seenreiche Havel in Spandau fließt. Nördlich der Spree und dieses „Warschau-Berliner Urstromtals" erhebt sich die Hochfläche des Barnim, im Süden überragt die Grundmoränenplatte des Teltow das Tal, im Westen weitet sich das Havelland. Der Berliner Raum ist ein Wandergebiet mit Hunderten von Seen, sanften Laubwaldbergen, weiten Eichen- und Buchenwäldern, mit romantischen Parks und einer Vielzahl von Schlössern, von denen mehrere im Raum Potsdam-Havel als Weltkulturerbe unter dem Schutz der UNESCO stehen.

Die Spree ist der bedeutendste Nebenfluss der Havel. Sie entspringt am Kottmar im Oberlausitzer Bergland, durchfließt die größte zusammenhängende Teiche- und Seenlandschaft Mitteleuropas und mündet nach 382 km langem Lauf in Spandau im Westen Berlins in den Elbezufluss Havel.

Fläming

Der Fläming ist ein glazial überformter Höhenrücken, der im aussichtsreichen Hagelberg im Hohen Fläming mit 200 m die höchste Erhebung rund um Berlin bildet, größte Stadt ist das Thermalsole-Heilbad Bad Belzig. Alte Buchenwälder und sagenumwobene Findlinge, stille Bachtäler zwischen Wiesen und sanften Hügeln, „Rummeln" genannte eiszeitliche Trockentäler, heckengesäumte Wege und winzige Dörfer mit Feldsteinkirchen sowie der Landschaftspark Wiesenburg und das Burgendreieck Rabenstein – Wiesenburg – Belzig prägen den 827 km^2 großen Naturpark Hoher Fläming. Benannt ist der seit der Steinzeit von Menschen aufgesuchte Fläming nach flandrischen Siedlern, die sich in der Zeit der Ostkolonisation im 12. Jahrhundert hier niederließen.

Nuthe-Nieplitz

Der Naturpark Nuthe-Nieplitz umfasst die Flussniederungen, Seen und bewaldeten Höhenzüge im dünn besiedelten „märkischen Zweistrom-

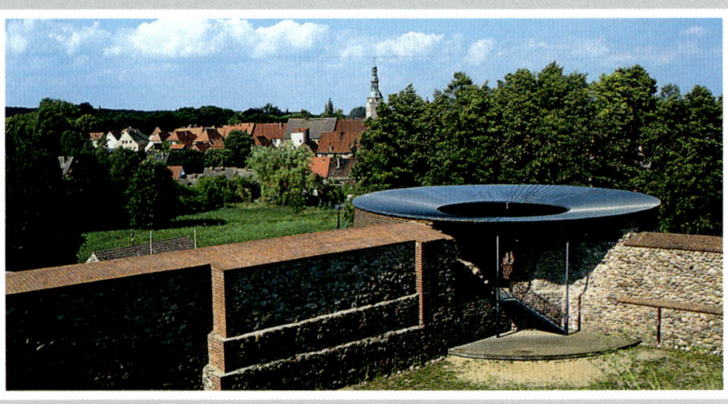

Blick von Burg Eisenhardt auf die Altstadt von Bad Belzig im Hohen Fläming

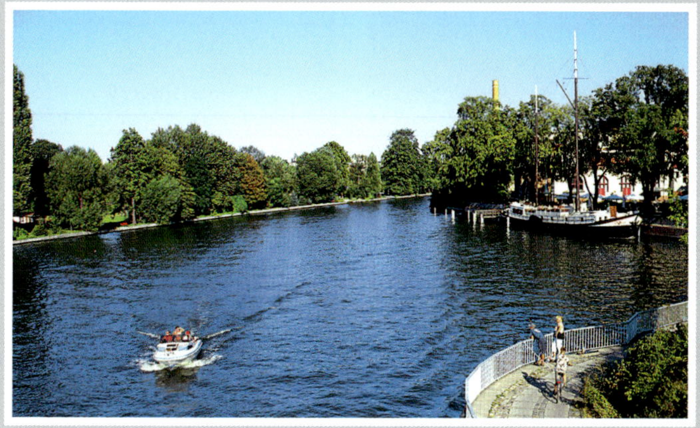

Die Spree an der Köpenicker Dammbrücke kurz vor der Mündung der Dahme

land" zwischen Fläming, Zauche und Teltow im Süden von Potsdam und Berlin. Namensgeberinnen sind die im Fläming entspringenden Flüsse Nuthe, die in Potsdam in die Havel mündet, und ihr Zufluss Nieplitz, an der die beiden größten Städte des Naturparks liegen, die „Spargelstadt" Beelitz und die „Sabinchen-Stadt" Treuenbrietzen. Ausgedehnte Feuchtwiesen und bis zu Hunderte Meter breite Schilfgürtel an den flachen Seen des 623 km² großen Naturparks bilden ein Rückzugsgebiet für seltene Pflanzen und Tiere sowie Rast- und Brutplätze für Tausende von Kranichen u. a. Vögeln. Der Kranich ist das Wappentier des Naturparks, die Ungeheuerwiesen bei Blankensee sowie der Zauchwitzer Busch bei Stangenhagen sind die bekanntesten Vogelbeobachtungsstätten. Die größten Seen im Naturpark sind der Große Seddiner See und der Blankensee. Östlich vom Blankensee erhebt sich als eines der markantesten „Gebirge" der Endmoränenzug der bis zu 93 m hohen Glauer Berge mit ihren steilen Hängen, Trockentälern und wunderbaren Ausblicken auf die Niederungen.

Dahme-Heideseen

Der Naturpark Dahme-Heideseen umfasst 594 km² der seen- und waldreichen Grundmoränenlandschaft südöstlich von Berlin. Mit mehr als 100 Seen und der naturnah durch Auenwälder mäandrierenden Dahme sowie mehreren Seenketten bildet er eines der bedeutendsten Wasserwanderreviere rund um Berlin. Namensgeberin ist die im Fläming entspringende Dahme, die den Naturpark von Süd nach Nord durchfließt.

Spreewald

Der von der Spree und Dutzenden kleinerer und größerer Flussarme und Kanäle durchflossene Spreewald steht als UNESCO-Biosphärenreser-

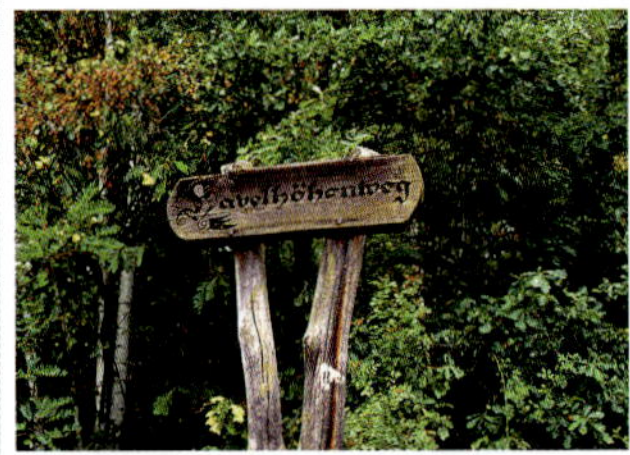

Der Havelhöhenweg ist der schönste Wanderweg durch den Grunewald

vat unter Schutz, der Wasserreichtum des Gebiets bildet die Grundlage einer vielfältigen Flora und Fauna. Als Folge der letzten Eiszeit fächerte sich die mittlere Spree in diesem flachen Gebiet in ein fein gegliedertes Netz von „Fließen" und „Strömen" auf, wodurch ein Binnendelta in urwaldartigen Laubwäldern entstand. Unterteilt wird der Spreewald in Ober- und Unterspreewald, in der Kreisstadt Lübben werden die Fließe des Oberspreewaldes von einigen Dutzend auf zwei Fließe zusammengeführt. Während der überwiegend gerodete und als Dauergrünland für den Obst- und Gemüseanbau („Spreewaldgurken") genutzte Oberspreewald noch zu 15% bewaldet ist, besteht das 100 km² große Gebiet des Unterspreewaldes noch zur Hälfte aus urwüchsigen Wäldern längs Hauptspree, Puhlstrom und Wasserburger Spree. Die nordwestliche Begrenzung des Unterspreewaldes bilden die Krausnicker Berge mit dem Köthener See.

Märkische Schweiz
Auf kleinstem Raum vereinigt der Naturpark Märkische Schweiz fast alle Landschaftsformen der Mark Brandenburg: Seen, Quellen, Bachtäler und Moore, Laubwälder, Gipfel und schluchtartig eingeschnittene Täler („Kehlen"), Felder, Wiesen und Hecken, bei Münchehofe gibt es eine Sanddüne, und

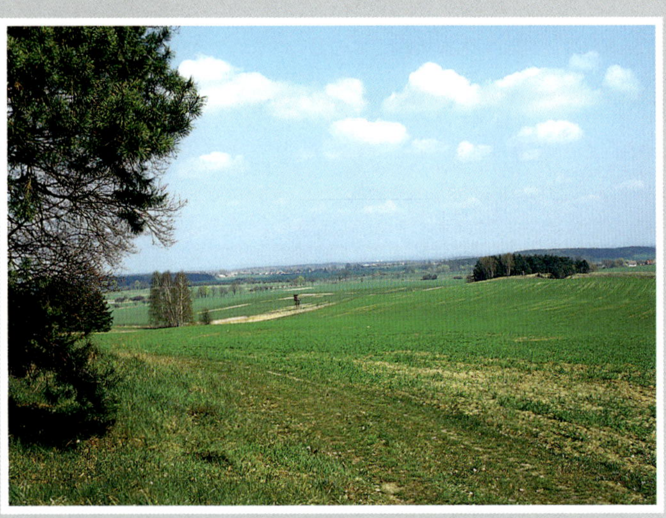
Ausblick vom Krugberg, der höchsten Erhebung der Märkischen Schweiz

der Kietzer See bei Altfriedland ist Europäisches Vogelschutzgebiet. Diese Wald- und Seenlandschaft, die im aussichtsreichen Krugberg (130 m) gipfelt und im als Naturschutzgebiet ausgewiesenen Stobbertal ihr schönstes Tal aufweist, entstand während der letzten Eiszeit, die vor rund 10.000 Jahren zu Ende ging. Die Kraft des Eises ist auch an riesigen Findlingen sichtbar wie dem Bollersdorfer Stein mit 18 m Umfang. Als im 19. Jahrhundert immer mehr Besucher aufs Land strömten und die steilen Hanglagen direkt an den Seen bewunderten, erhielt dieses abwechslungsreiche Gebiet 60 km nordöstlich von Berlin den Namen „Märkische Schweiz“. 1990 wurde der 205 km² große Naturpark errichtet, dessen Wappentier die Gemeine Keiljungfer ist; diese Libelle hat im Stobbertal – dem längsten und schönsten Tal des Naturparks – ihren Lebensraum. Herzstück der Märkischen Schweiz ist der Buckower Kessel, eine große Senke mit fünf Seen und zahlreichen Schluchten. Zu den Brutvogelarten im Naturpark gehören Schwarz- und Weißstorch, Rot- und Schwarzmilan, Wespenbussard, Seeadler und Kranich. Im Teichgebiet von Altfriedland und Karlsdorf rasten im Herbst bis zu 40.000 Saat- und Blessgänse aus Nordeuropa.

Barnim

Die wald- und seenreiche Hochfläche des Barnim ist Namensgeber des Naturparks im Städtedreieck Berlin, Oranienburg, Eberswalde. Als länderübergreifendes Großschutzgebiet umfasst er eine Fläche von 750 km², in Berlin erstreckt er sich bis in die Bezirke Pankow und Reinickendorf. Mit rund 40 m hohen Steilstufen, die im Naturschutzgebiet Nonnenfließ-Schwärzetal bei

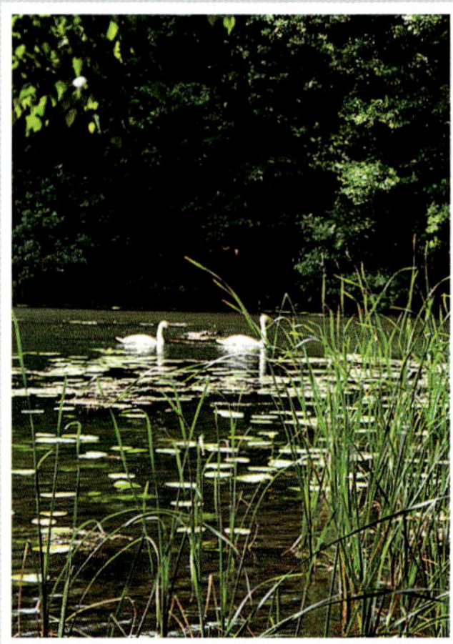

Liepnitzsee bei Wandlitz

Eberswalde Mittelgebirgscharakter aufweisen, überragt die Barnimhochfläche das Berliner Urstromtal im Süden, die Havelniederung im Westen, das Eberswalder Urstromtal im Norden und das Odertal im Osten. Diesen Landblock zerfurchen eiszeitliche Schmelzwasserrinnen, die von Fließen und zahllosen Seen sowie von artenreicher Flora und Fauna geprägt sind: Nonnenfließ, Schwärzetal, Gamengrund und Briesetal zählen zu den schönsten dieser oft schluchtartig eingetieften Rinnen. Anders als auf der Hochfläche, auf der neben Acker- und Grünfluren die Kiefer dominiert, konnten sich in den Rinnen und an vielen Seen naturnahe Wälder entwickeln, so die Erlenbruchwälder im Briese- und im Finowtal, Eichenmischwälder im Kreuzbruch oder Buchenwälder am Liepnitzsee und in der Barnimer Heide. Wichtigste touristische Zentren innerhalb des Naturparks sind Bernau, Biesenthal, Ruhlsdorf, Birkenwerder, Hohen Neuendorf und Wandlitz.

ALLGEMEINE TOURENHINWEISE

SCHWIERIGKEITSGRADE

■ LEICHT

Leichte Wanderungen ohne nennenswerte Auf- und Abstiege; auch für Familien mit Kindern geeignet. Diese Routen sind gut ausgeschildert und markiert.

■ MITTEL

Längere Wanderungen mit teilweise steilen An- und Abstiegen, die auch genaue Orientierung verlangen.

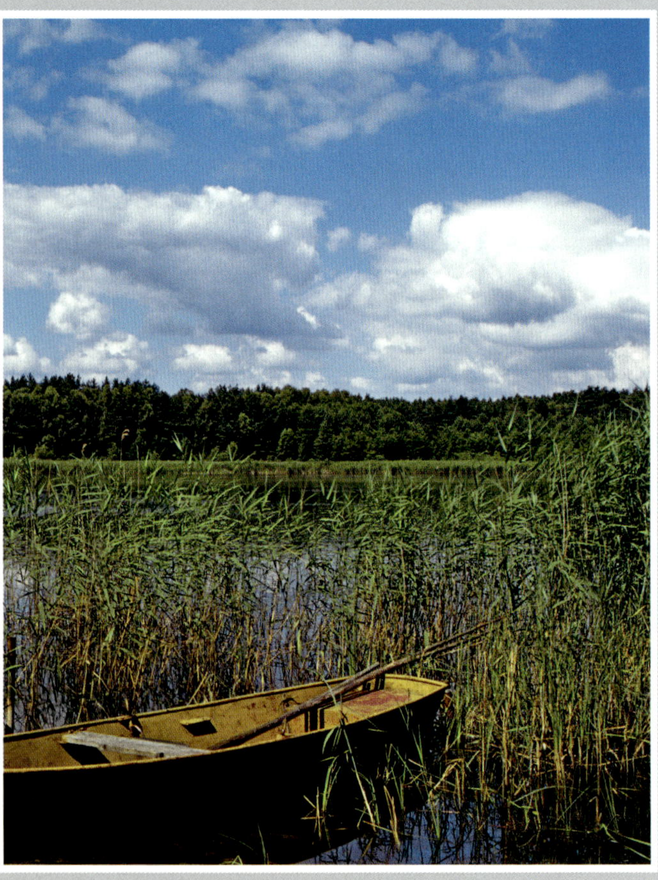

Rund um Berlin: Sanftes Land der Seen und Wälder

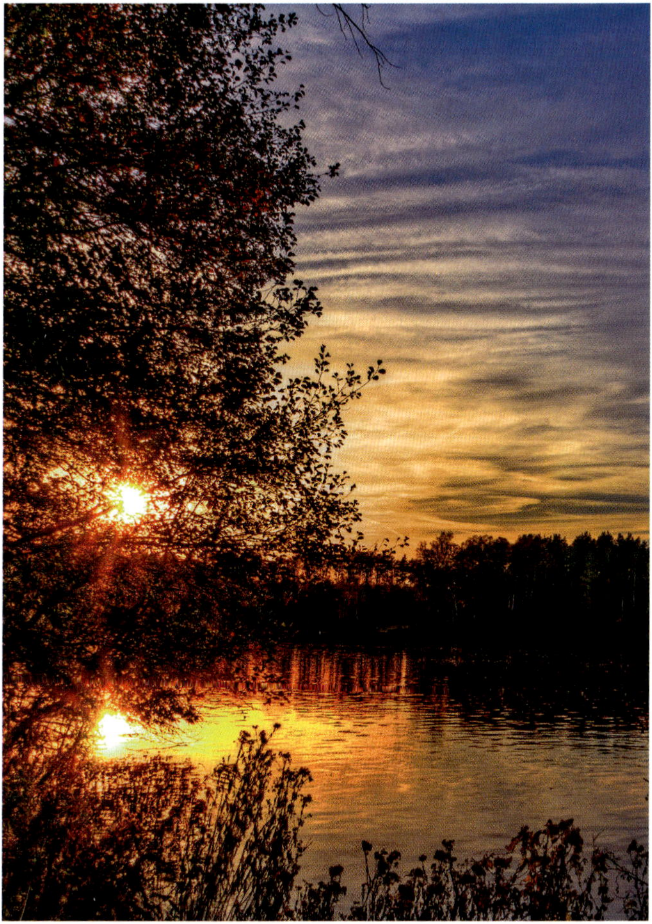

Abendstimmung

 **MEINE LIEBLINGSTOUR**

Zwischen dem Müggelsee, dem größten Berliner See, und dem Langen See erheben sich die Müggelberge mit dem Müggelturm, der ein weites Panorama der Wälder und Seen im grünen Berliner Osten gewährt. Am Teufelssee führt ein Bohlenweg durchs Moor, am Langen See folgt die Wanderung Nr. 21 (Seite 88) naturnahen Wurzelpfaden unter alten Eichen, der vierte See ist die Große Krampe bei Müggelheim.

MEINE HIGHLIGHTS

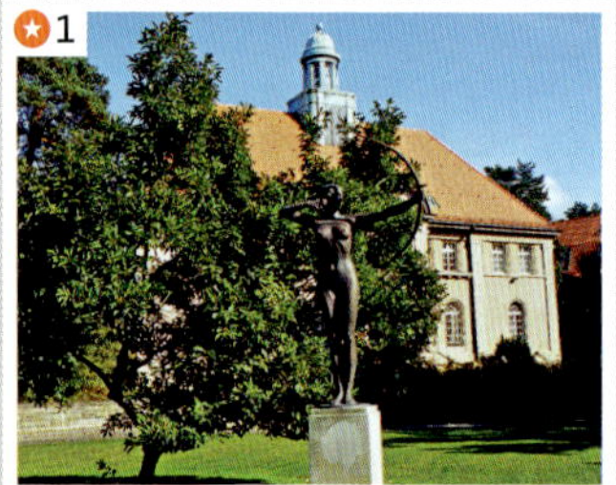
1

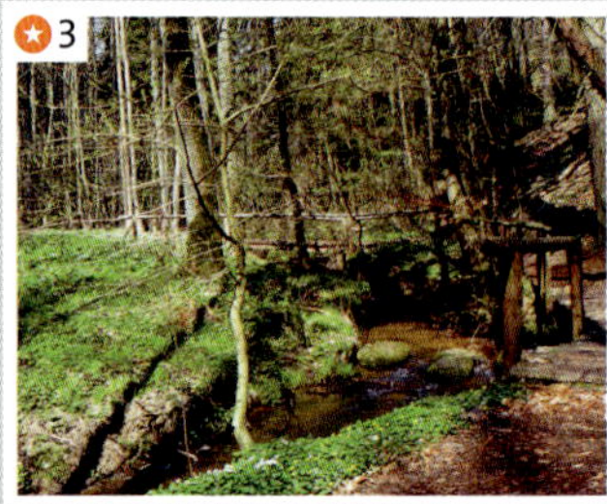
3

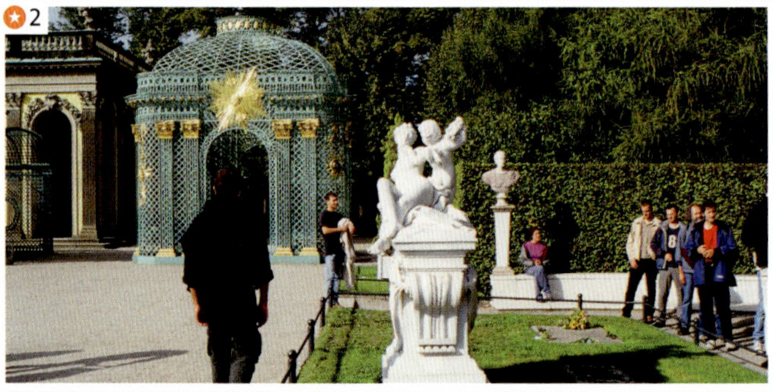
2

1: **Naturerlebnisse vom Feinsten bietet der Havelhöhenweg vom Nikolassee zum Grunewaldturm**
→ Tour 15, Seite 68

2: **Erlesene Kultur und erstklassige Panoramen machen den Auftakt des 66-Seen-Wanderwegs in der Potsdamer UNESCO-Welterbe-Landschaft von Sanssouci bis zum Pfingstberg zum Hochgenuss**
→ Tour 10, Seite 51

3: **Die Ausblicke vom Krug- und vom Dachsberg sowie die Idylle des unter Naturschutz stehenden Stobbertals zählen zu den Höhepunkten der Wanderung Nr. 47 von Buckow zur Pritzhagener Mühle**
→ Tour 47, Seite 171

4: **Von Burg Eisenhardt über dem Thermalsole-Heilbad Bad Belzig führt die Wald- und Aussichtswanderung Nr. 1 auf den Hagelberg, die höchste Erhebung des Hohen Fläming und des gesamten Wandergebiets rund um Berlin**
→ Tour 1, Seite 20

5: **Die Köthener Heideseen am Rand des Unterspreewalds zählen zu den Landschaftsperlen rund um Berlin**
→ Tour 31, Seite 120

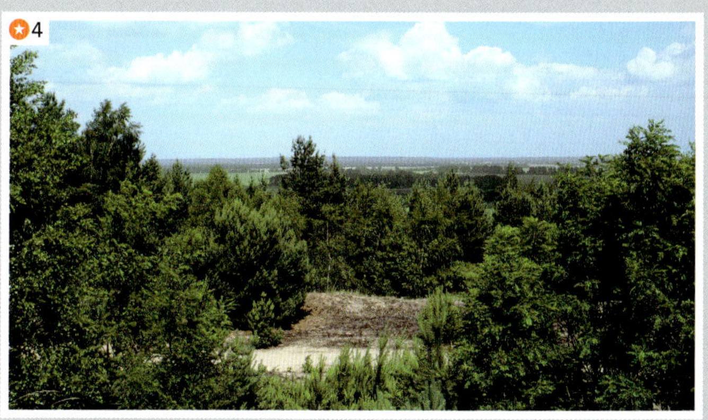

5

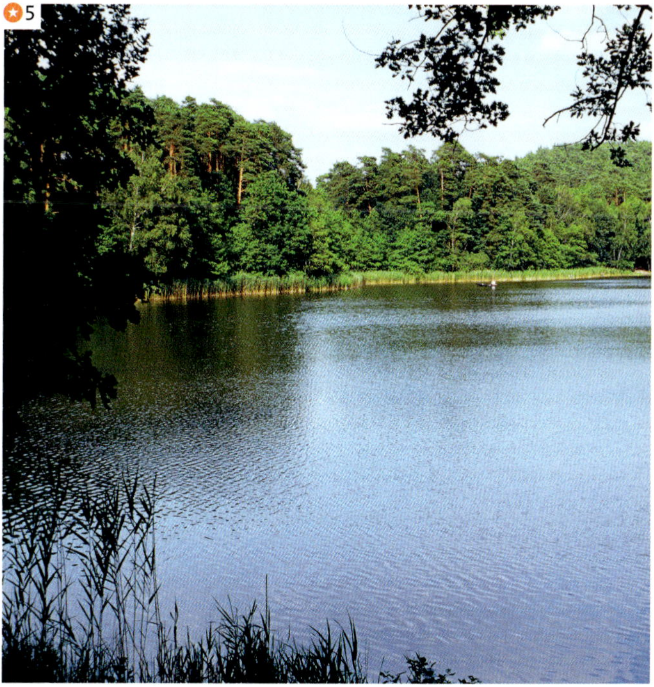

BAD BELZIG – HAGELBERG

Auf dem Dach des Hohen Fläming

 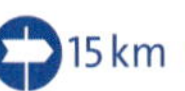 15 km 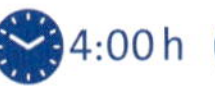 4:00 h 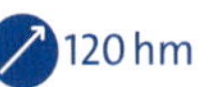 120 hm 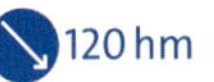 120 hm 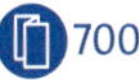 700

START | Burg Eisenhardt an der Wittenberger Straße 14 in Bad Belzig; die Bushaltestelle Bahnhofstraße liegt 3 Gehminuten, der Bahnhof Bad Belzig 7 Gehminuten entfernt (Linie Berlin – Belzig – Dessau) [GPS: UTM Zone 33 x: 745.235 m y: 5.782.525 m]
CHARAKTER | Wiesen- und Waldwanderung auf überwiegend gut ausgebauten Wegen

Vom Thermalsole-Heilbad Bad Belzig führt diese Wald- und Aussichtswanderung auf den Hagelberg, die höchste Erhebung des Hohen Fläming. Zurück geht es auf dem Europäischen Fernwanderweg 11 durch die abwechslungsreiche Waldlandschaft oberhalb der Belziger Landschaftswiesen.

▶ **Burg Eisenhardt** 01 thront in exzellenter Aussichtslage auf einem spornartigen Höhenrücken über der Altstadt des Thermalsole-Heilbads **Bad Belzig**. Vor dem südlichen Burgeingang führen Stufen hinab zur Verzweigung am **Burgteich** am Westfuß der Burgmauern. Dort geht es auf dem Terrainkurweg TK 6 westwärts am Rand der als Naturschutzgebiet ausgewiesenen **Burgwiesen**. Objektinstallationen des gelb markierten Internationalen Kunstwanderwegs säumen den Weg, der im Wechsel von Wäldern, Grünflur und Gehölzen in sachtem Auf und Ab westwärts führt. Wenn der Terrainkurweg 6 rechts abzweigt, führen die Ziffer-Markierungen des Naturpark-Rundwanderwegs 11 weiter bergan und schwingen am **Franzosenberg** 02 sacht rechts in den Weiler **Klein Glien** 03, nach Verlassen des Walds mit überragender Aussicht.

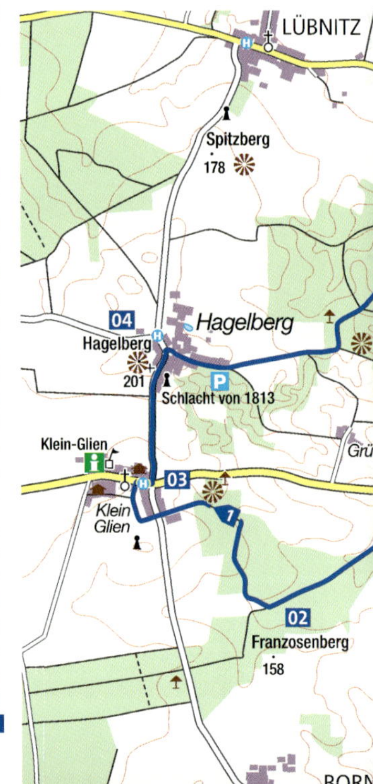

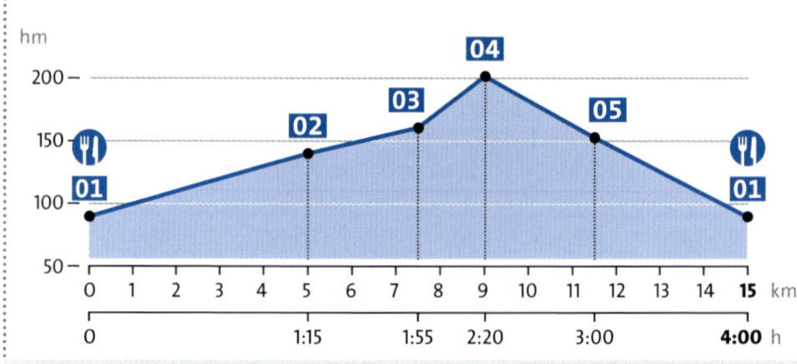

01 Burg Eisenhardt, 90 m; **02** am Franzosenberg, 140 m; **03** Klein Glien, 160 m; **04** Hagelberg, 201 m; **05** Hüttenberg, 152 m

Nach Queren der Bundesstraße 246 folgt der mit dem Zeichen Blaustrich markierte Europäische Fernwanderweg 11 der kaum befahrenen Dorfstraße in aussichtsreicher Feldflur aufwärts in das Dorf **Hagelberg** **04**, die Kuppe des **Hagelbergs** gewährt am Ortsrand

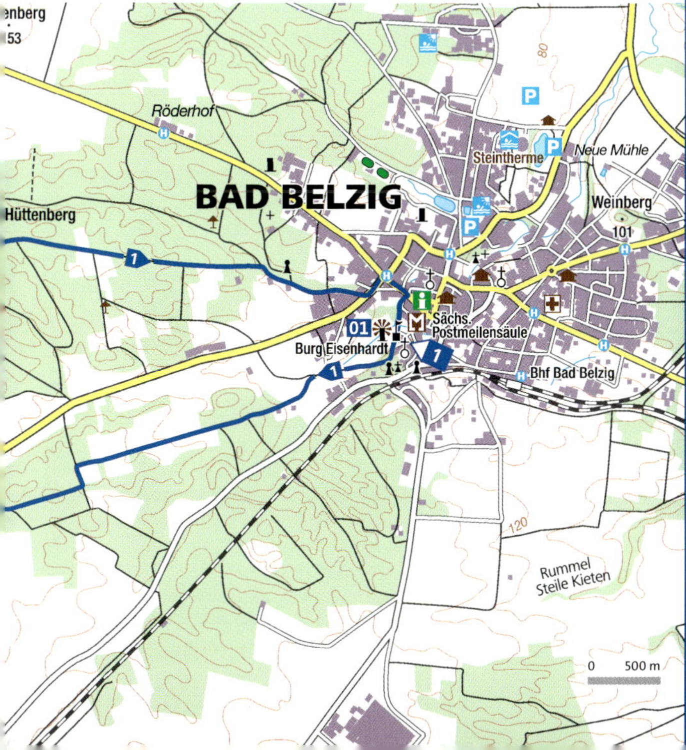

Burg Eisenhardt

Burg Eisenhardt erhebt sich auf einem spornartig auslaufenden Höhenrücken des Hohen Flämings im Südwesten der denkmalgeschützten Bad Belziger Altstadt. Der 33 m hohe, „Butterturm" genannte Bergfried der Burg fungiert als Aussichtsturm und bietet ein exzellentes Panorama des Hohen Flämings und der Stadt, die sich im Schutz der Burg entwickelte. „Hart gegen Eisen" und für immer uneinnehmbar sollte sie nach dem Willen des sächsischen Kurfürsten Ernst sein, der ihr 1465 diesen Namen verlieh. Zusammen mit Burg Rabenstein und der Wiesenburg bildet Burg Eisenhardt das „Burgendreieck" des Hohen Flämings.

eine hervorragende Aussicht auf den Hohen Fläming. Berühmtheit erlangte der Hagelberg durch die „Kolbenschlacht am Hagelberg" während der antinapoleonischen Befreiungskriege: Am 27. August 1813 hieben und stachen hier 22.000 Preußen, Russen und Franzosen mit Bajonetten aufeinander ein; ein Denkmal erinnert daran.

Vom Hagelberg führt die Blaustrich-Markierung des E 11 weiter Richtung Bad Belzig. In sachtem Abstieg leitet der Fernwanderweg anfangs durch aussichtsreiches Grünland, dann durch die Wälder des **Hüttenbergs** 05.

Schließlich verlässt der E 11 den Wald und führt hinab nach **Bad Belzig**. Direkt vor der Altstadt zweigt hinter der Wiesenburger Brücke rechts die autofreie Allee Kämmerer Weg zurück zur **Burg Eisenhardt** 01 ab.

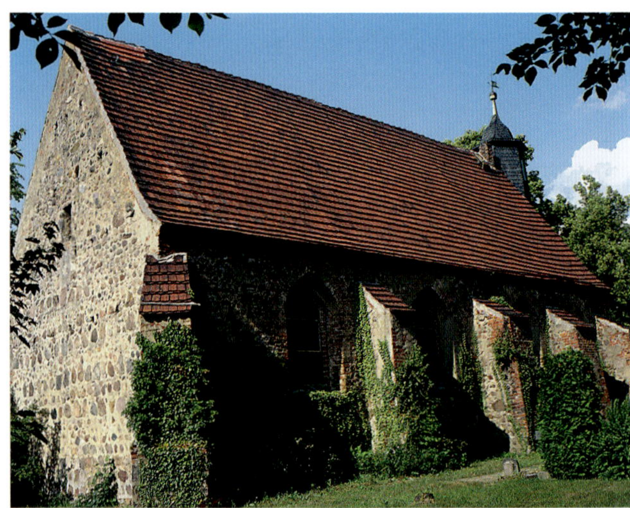

Die Bricciuskapelle bei Burg Eisenhardt

BRANDENBURG – GÖRDEN

Rund um den Gördensee

 6 km  1:45 h   10 hm  700

10 hm ↗ · 10 hm ↘

START | Anton-Saefkow-Allee 1 im Ortsteil Kolonie Görden der Stadt Brandenburg an der Havel. Haltestelle Waldcafé Görden der Straßenbahnlinie 1 ab Hauptbahnhof Brandenburg sowie der Buslinie Brandenburg – Kirchmöser; Waldparkplatz am Ausfluss des Gördensees [GPS: UTM Zone 33 x: 737.743 m y: 5.814.435 m]
CHARAKTER | Waldwanderung auf fast durchgehend fahrradfähigen Pfaden und Wegen

Teichrosen, Bruchwälder und mehrhundertjährige Eichen säumen den auch von Schilfgürteln und Bruchwäldern umgebenen Gördensee in der eiszeitlichen Schmelzwasserrinne westlich des Brandenburger Stadtteils Görden. Dem Gördensee-Rundwanderweg folgt auch ein Rundkurs des „Laufparks Gördensee“: Die drei anderen ausgeschilderten Rundkurse sind 8, 12 und 17 km lang, sodass sich die Wanderung gut variieren lässt.

▶ Von der Straßenbahnhaltestelle **Waldcafé Görden** 01 führen die Gelbpunkt-Markierungen des namentlich ausgeschilderten „Rundwegs Gördensee“ längs der Gleise auf einem Pfad im Wald zur Südbucht des **Gördensees** und überqueren dort am Parkplatz links auf der Holzbrücke den Ausfluss des von Laubwäldern umrahmten Sees. Anfangs auf Pfaden, dann überwiegend auf teils sandigen Wegen geht es weiter in artenreichem Laubwald mit vielen uralten Eichen, meist in deutlicher Distanz zum nassen Uferbereich des Sees; links, außerhalb des Landschaftsschutzgebiets, stocken die für die Mark Brandenburg charakteristischen Kieferforste. An einem

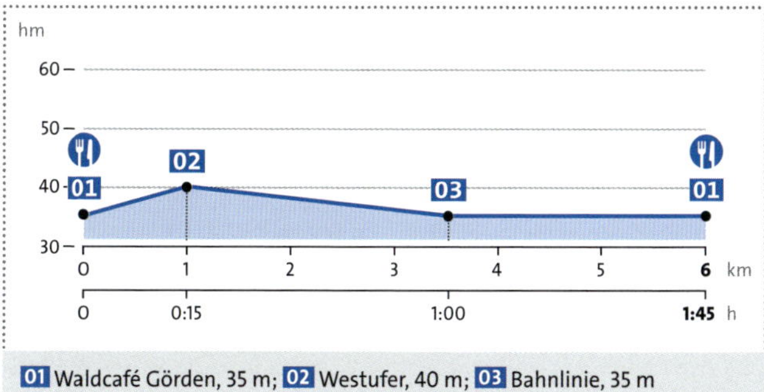

01 Waldcafé Görden, 35 m; 02 Westufer, 40 m; 03 Bahnlinie, 35 m

Bohnenländer Dicke Eiche

Die mächtigste der über 100-jährigen Eichen im Bereich des Landschaftsschutzgebiets „Bohnenländer See und Gördensee“ war die Bohnenländer Dicke Eiche mit einem Stammumfang von 8,65 m. Das Alter der mächtigen Stieleiche am Forsthaus Bohnenland wurde auf 400 bis 500 Jahre geschätzt, 1943 wurde sie vom Blitz getroffen, und in einer Sturmnacht im November 2015 brach sie auseinander. Auch am Gördensee sind viele Eichen und Buchen zu sehen, die ein hohes Alter aufweisen..

Rastplatz schweift der Blick hinüber zur Badestelle auf der Ostseite des Sees. Die nächste überdachte Raststelle findet sich am Rand eines hallenartigen Perlgraswaldes am Ende der offenen Wasserfläche, die weiter talaufwärts fast völlig verlandet und vermoort ist. Dieser von Erlenbruchwäldern bewachsene Bereich wird **Zummelt** genannt und besteht weitflächig aus Schwingrasen und schwimmenden Moorteppichen; vom Weg aus fällt der Blick in diese unpassierbare Wasser- und Pflanzenwildnis hinein.

Schließlich trifft der Rundweg auf die **Bahnlinie** **03**, folgt ihr kurz rechts und folgt dann rechts einem angenehmen Waldweg zur **Badestelle** mit kleinem Sandstrand am Ostufer des Gördensees.

Wenig später ist wieder der Parkplatz am Ausfluss des Gördensees erreicht, ein Pfad folgt dem Straßenbahngleis zurück zur Haltestelle beim **Waldcafé Görden** **01**.

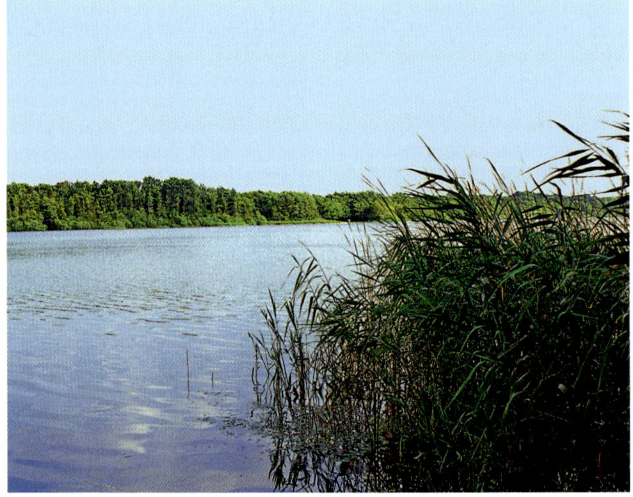

Am Gördensee

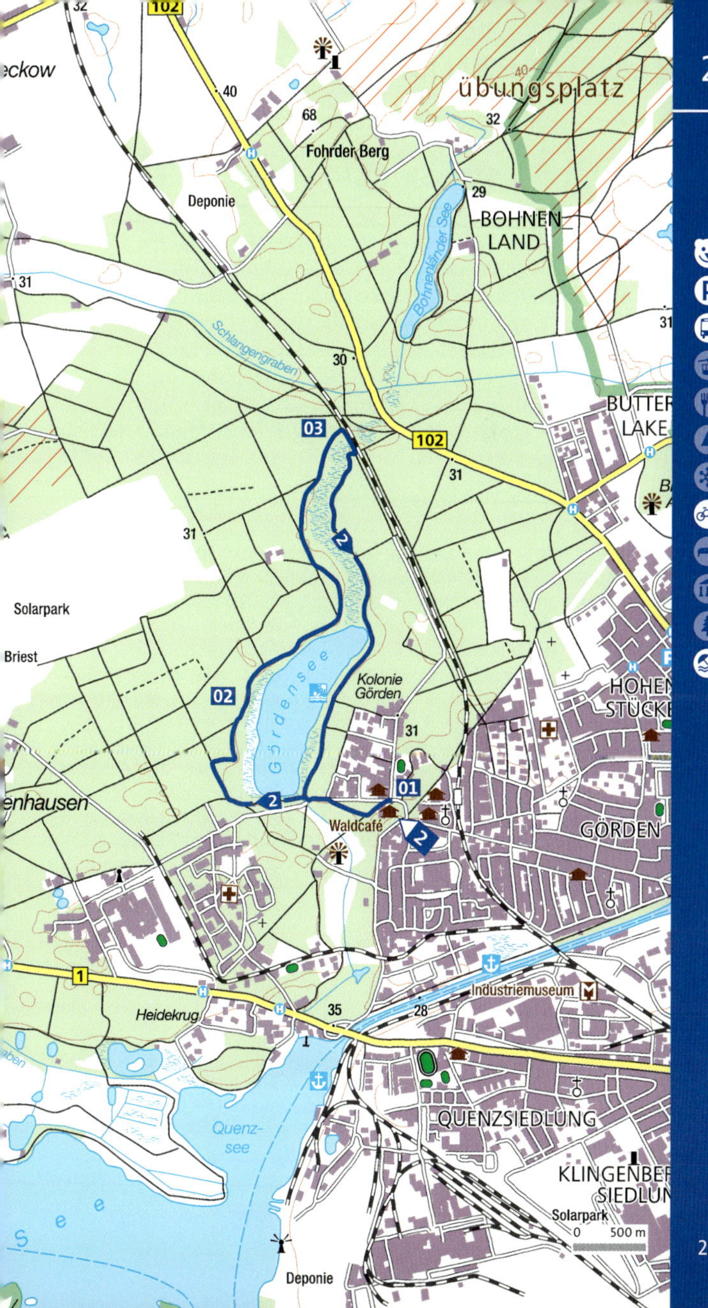
übungsplatz
Fohrder Berg
Deponie
Bohnenländer See
BOHNEN LAND
Schlangengraben
102
BUTTER LAKE
Solarpark
Briest
Gördensee
Kolonie Görden
01
02
03
Waldcafé
HOHEN STÜCKE
GÖRDEN
Heidekrug
Industriemuseum
Quenzsee
QUENZSIEDLUNG
KLINGENBER SIEDLUN
Solarpark
0 500 m
Deponie

EMSTAL – KLOSTER LEHNIN

Naturparadies Lehniner Heide

 11 km
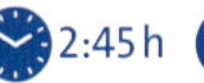 2:45 h
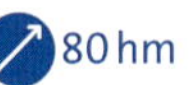 80 hm
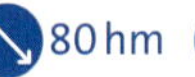 80 hm
 700

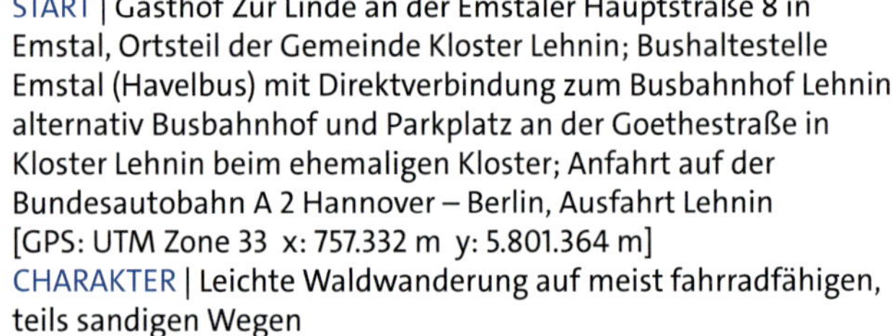
START | Gasthof Zur Linde an der Emstaler Hauptstraße 8 in Emstal, Ortsteil der Gemeinde Kloster Lehnin; Bushaltestelle Emstal (Havelbus) mit Direktverbindung zum Busbahnhof Lehnin; alternativ Busbahnhof und Parkplatz an der Goethestraße in Kloster Lehnin beim ehemaligen Kloster; Anfahrt auf der Bundesautobahn A 2 Hannover – Berlin, Ausfahrt Lehnin [GPS: UTM Zone 33 x: 757.332 m y: 5.801.364 m]
CHARAKTER | Leichte Waldwanderung auf meist fahrradfähigen, teils sandigen Wegen

Vom Lehmbackofendorf Emstal geht es durch stille Wälder, an Seen und an der Hexenkiefer vorbei durch das Naturschutzgebiet „Lehniner Mittelheide und Quellgebiet der Emster" zum ehemaligen Zisterzienserkloster Lehnin, einer der bedeutendsten Klosteranlagen der Mark Brandenburg.

▶ Das Backofendorf **Emstal** 01 ist bekannt für seine Lehmbacköfen. Sie wurden für die Büdner- und Schifferhäuser, die keine eigenen Backöfen hatten, errichtet, je zwei Familien teilten sich einen Ofen. Die Backöfen waren bis in die 1950er Jahre in Benutzung und verfielen dann, von einst 20 Backöfen sind noch vier erhalten, ein fünfter wurde neu erbaut. Am Samstag nach Pfingsten findet das Backofenfest statt.

Vom Gasthof Zur Linde führt die Hauptstraße an der denkmalgeschützten Dorfkirche, dem Friedhof und der Abzweigung zum Badestrand vorbei Richtung Lehnin, am Ortsausgang geradeaus durch die Allee, bis hinter dem See

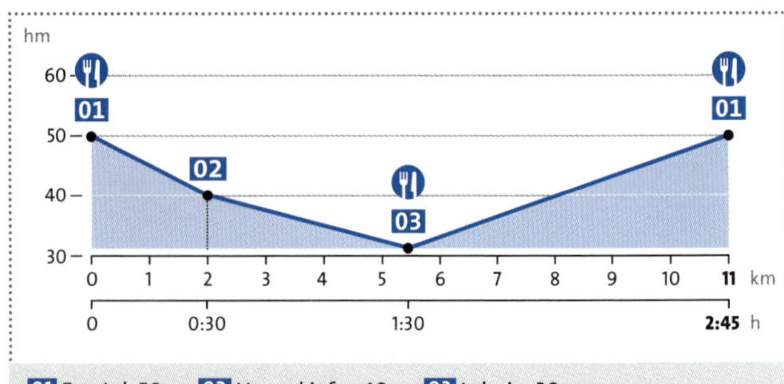

01 Emstal, 50 m; 02 Hexenkiefer, 40 m; 03 Lehnin, 30 m

Emstaler Schlauch die Markierung „grün" links auf einen Waldweg Richtung Rädel abzweigt. Der Weg folgt im Wald dem Seeufer und erreicht schon bald die als Naturdenkmal ausgewiesene dreistämmige **Hexenkiefer** 02, eine der mächtigsten Kiefern in Brandenburg. Im weiteren Verlauf lassen einige uralte Eichen aufschauen, an der ersten Wegeverzweigung laden Bänke und Tisch in einer Wiese zur Rast ein. Im Wechsel von Wald und Wiesen erreicht der Wanderweg eine Verzweigung vor den ersten Häusern des Kirchdorfs **Rädel** (grün führt weiter zum Ökohof Rädel, wo die Emster entspringt und sich die Orchideenwiese befindet), hier geht es mit der Grünstrich-Markierung rechts weiter Richtung Lehnin. Am **Gohlitzhof** taucht der Weg in den Wald ein, in dem sich wiederum

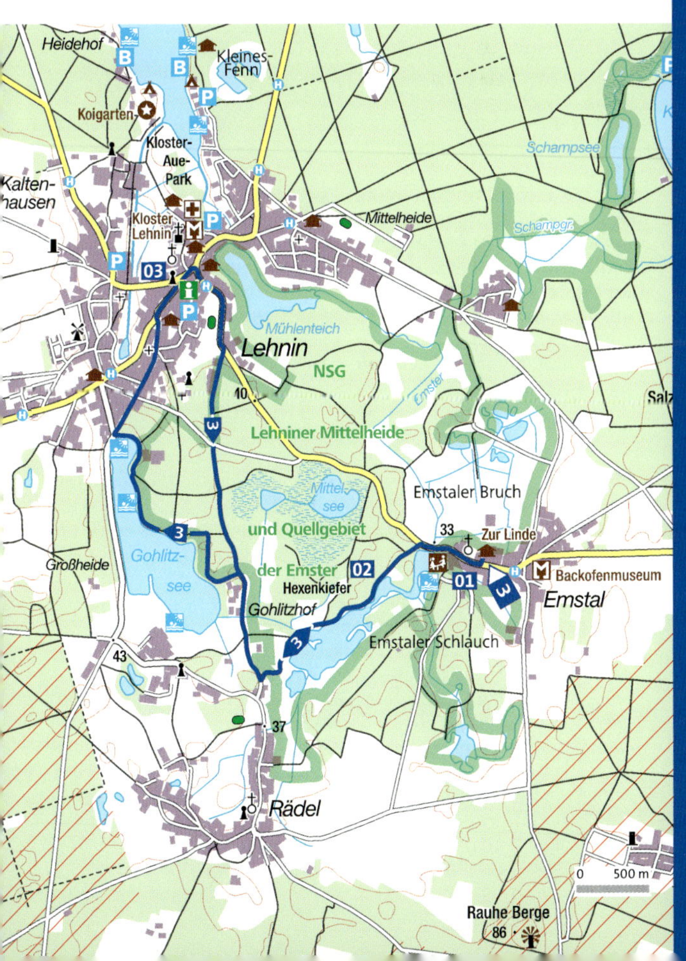

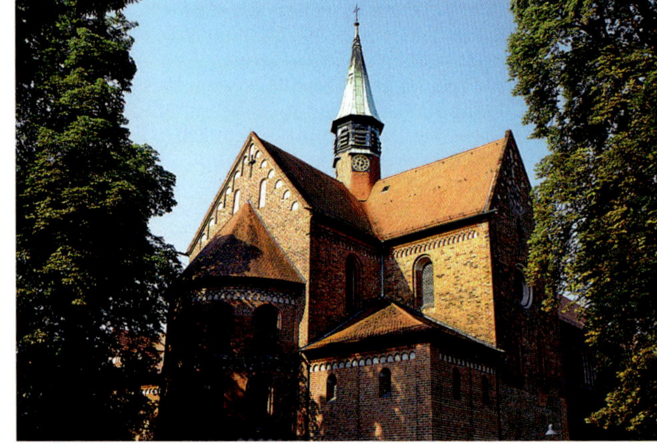
Die Kirche von Kloster Lehnin

mächtige Eichen finden, wenig später zweigt der Grünstrich-Weg links Richtung „Puschkinstraße" ab und führt am **Gohlitzsee** vorbei nach **Kloster Lehnin** 03.
Vom Straßendreieck beim Kloster geht es auf der Straße Richtung Emstal, bis in der Linkskurve geradeaus ein Forstweg in den Wald zurückführt. Mitten im Wald vereinigt er sich mit der vom Hinweg bekannten Wanderroute. Auf ihr geht es zurück Richtung Rödel und dort links zum Emstaler Schlauch und ins **Backofendorf Emstal** 01.

Kloster Lehnin

Das 1180 von Markgraf Otto I. von Brandenburg gegründete Kloster Lehnin war das erste Kloster in der Mark Brandenburg und zugleich die erste Klostergründung der Zisterzienser in der Mark. Die der Ordenspatronin geweihte gotische Marienkirche (1183–1260) wurde im 19. Jh. wieder aufgebaut als eines der bedeutendsten Zeugnisse der altmärkischen Backsteinarchitektur und die neben Chorin bedeutendste Zisterzienserkirche in der Mark. Seit 1911 beherbergen die Gebäude des 1542 säkularisierten Klosters das Luise-Henrietten-Stift, eine diakonische Einrichtung der Evangelischen Kirche in Berlin-Brandenburg. Als Hauskloster und Begräbnisstätte der Askanier hatte das Kloster Lehnin eine bedeutende kirchliche, wirtschaftliche und territorialpolitische Funktion und entwickelte sich zu einer der wohlhabendsten Abteien im Land. Drei neue Klostergründungen schufen die Lehniner Mönche noch im 13. Jh.: 1234 wurde das Kloster Paradies (heute in Polen) mit einem Konvent besetzt, 1257 das Kloster Mariensee errichtet (1273 nach Chorin verlegt), 1299 das Kloster Himmelpfort bezogen.

SEDDIN – WILDENBRUCH – KÄHNSDORF

Rund um den Seddiner See

  9 km  2:30 h 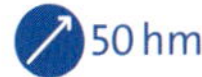 50 hm 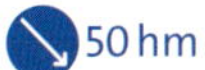 50 hm 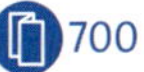 700

START | Seddin, Jägerhof, Bushaltestelle der Linie Beelitz – Potsdam an der Leipziger Straße 2 (Bundesstraße 2) in Seddin in der Gemeinde Seddiner See
[GPS: UTM Zone 33 x: 773.022 m y: 5.799.151 m]
CHARAKTER | Wald- und Wiesenwanderung auf teils wurzeligen Pfaden

Im Wechsel von Wald, Aussichtsstellen und Badebuchten führt diese Wanderung rund um den Großen Seddiner See, den neben dem Blankensee größten See im Naturpark Nuthe-Nieplitz.

Vom Gasthaus **Jägerhof** in **Seddin** 01 geht es kurz auf dem Rad- und Fußweg längs der Bundesstraße 2 nordwärts Richtung Potsdam, bis der mit dem Zeichen Blaupunkt markierte 66-Seen-Weg rechts auf einen Naturlehrpfad am Ufer des **Großen Seddiner Sees** abzweigt. Immer wieder mit schöner Aussicht folgt der Pfad unter alten Bäumen dem See, vor dem Campingplatz Icanos und dem Kiosk „Waldkater" befindet sich ein **Badestrand** 02. Schließlich wechselt der 66-Seen-Weg auf das Hochufer zwischen Wald und Grünflur, links erstreckt sich das Gelände des Golf- und Countryclubs Seddiner See. Am Ende des Golfgeländes schwingt der Wanderweg links über den Rötberg und führt dann durch eine sanfte Bruchlandschaft mit

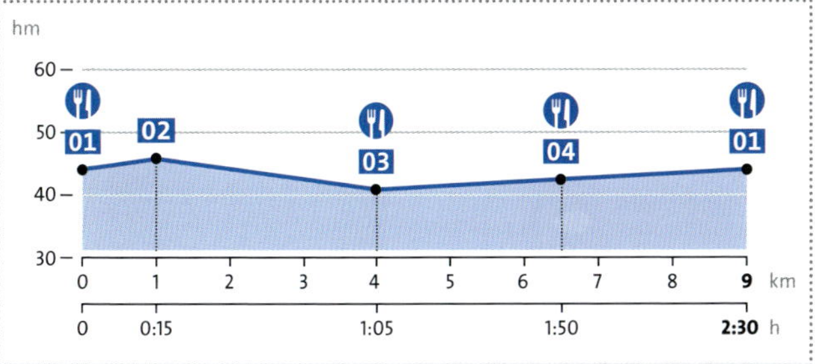

01 Seddin, Jägerhof, 44 m; 02 Badestrand, 46 m; 03 Wildenbruch, 41 m; 04 Kähnsdorf, 43 m

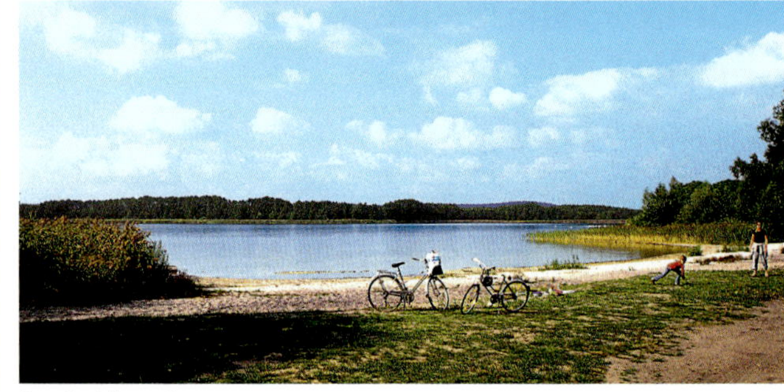

Am Seddiner See

Feuchtwiesen und Gehölzen auf das Kirchdorf **Wildenbruch** 03 zu, wo mehrere Gasthäuser zur Einkehr einladen.

Der 66-Seen-Weg folgt der Dorfstraße südwärts zu einer Wegverzweigung an der Ostbucht des Großen Seddiner Sees: Hier zweigt der Grünpunkt-Wanderweg rechts zu einer **Badebucht** mit schönem Blick über den See ab und vereinigt sich gleich darauf wieder mit dem 66-Seen-Weg.

Weiter geht es am Seeufer entlang, an dem sich mehrere Raststellen finden, bis eine schmale Straße im Wald rechts über die Landenge zwischen dem Großen Seddiner See und dem Kähnsdorfer See zum Gasthof „Zur Reuse" im Ausflugsdorf **Kähnsdorf** 04 folgt. Kurz hinter der Gaststätte geht es halb rechts weiter auf einem Feldweg (links schweift der Blick hinüber zum Kähnsdorfer **Findlingsgarten**).

Schließlich mündet der Grünpunkt-Wanderweg bei der Bushaltestelle Am Seehügel auf die Seddiner Straße und folgt ihr am Seddiner Badestrand vorbei zurück zum Ausgangspunkt am Gasthof „Jägerhof" in **Seddin** 01.

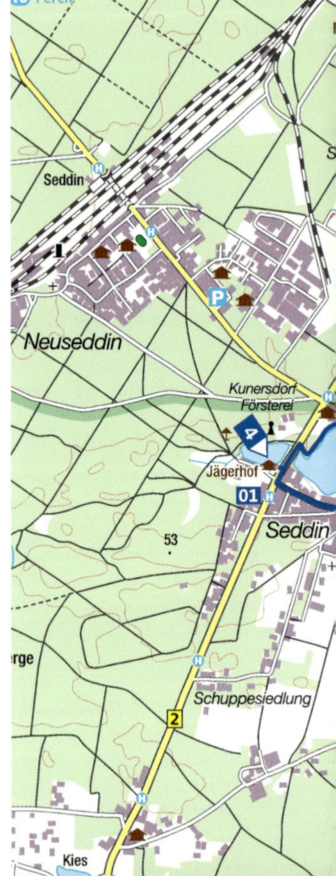

Findlingsgarten Seddiner See

Der Findlingsgarten Seddiner See vor dem Ortseingang von Kähnsdorf präsentiert in einer Freiland-Darstellung Findlinge und Geschiebe aus der näheren Umgebung. Die Steine liegen in einer modellhaft gestalteten Nacheiszeitlandschaft, durch die ein Rundweg führt.
Informationstafeln erläutern geologische Zusammenhänge und erklären die handwerkliche und künstlerische Verarbeitung von Findlingen und Feldsteinen bei der Steingarten- und Wasserspielgestaltung, bei der Stadt- und Dorfplatzgestaltung sowie bei der Nutzung als Bau- und Pflasterstein.

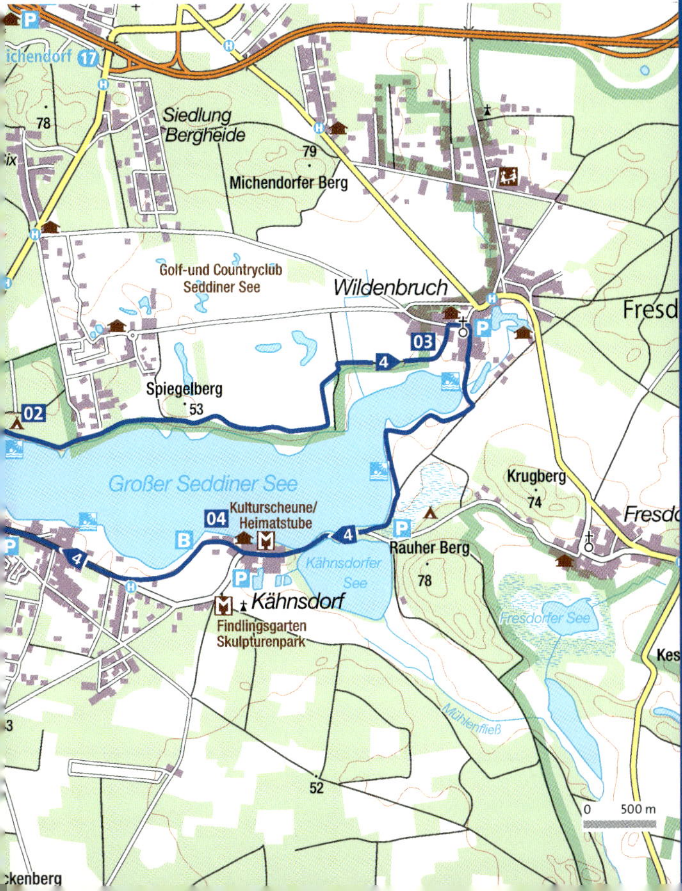

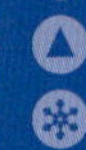

BLANKENSEE – TREBBIN

Vom Blankensee über die Glauer Berge

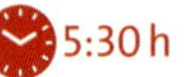

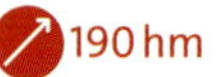

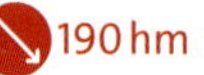

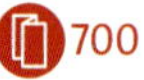

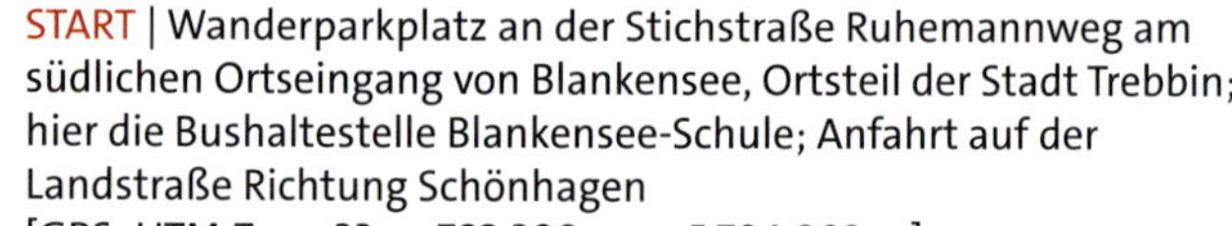
START | Wanderparkplatz an der Stichstraße Ruhemannweg am südlichen Ortseingang von Blankensee, Ortsteil der Stadt Trebbin; hier die Bushaltestelle Blankensee-Schule; Anfahrt auf der Landstraße Richtung Schönhagen
[GPS: UTM Zone 33 x: 782.399 m y: 5.794.992 m]
CHARAKTER | Wald- und Aussichtswanderung, die auf dem vergleichsweise steilen Pfad in den Glauer Bergen genaue Orientierung an der Rotstrich-Markierung verlangt

Vom Schlossdorf Blankensee im Naturpark Nuthe-Nieplitz führt diese Waldwanderung auf die Glauer Berge, die eine einmalige Aussicht auf das „märkische Zweistromland" gewähren.

▶ Vom Parkplatz am Ruhemannweg am südlichen Ortseingang von **Blankensee** 01 geht es hinaus zum Bohlensteg am Nordostufer des Blankensees. Der in einen Naturlehrpfad eingebundene Holzpromenadensteg bietet einen traumhaften Blick auf die rund 300 ha große Wasserfläche des unter Naturschutz stehenden Sees in der Kernzone des Naturparks, dem Naturschutzgebiet Nuthe-Nieplitz-Niederung. Der breite Schilfgürtel am See bietet unzähligen Wasservögeln Deckung und Brutplätze. Mit dem Fernglas sind Gänse, Enten und Rallen, Kormorane, Reiher, Eisvögel und manchmal auch See- und

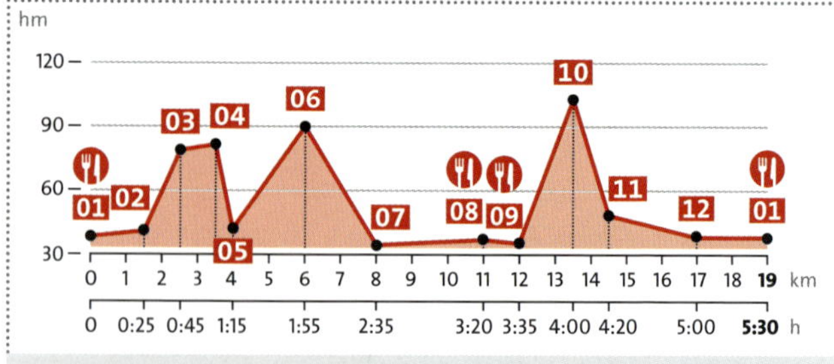

01 Blankensee-Schule, 39 m; 02 Sudermannpark, 41 m; 03 Kapellenberg, 79 m; 04 Kesselberg, 81 m; 05 Waldrand, 42 m; 06 Ostkuppe, 90 m; 07 Nuthetal, 36 m; 08 Pflaumenallee, 38 m; 09 Löwendorf, 37 m; 10 Löwendorfer Berg, 103 m; 11 Schönhagener Straße, 48 m; 12 Waldrand, 39 m

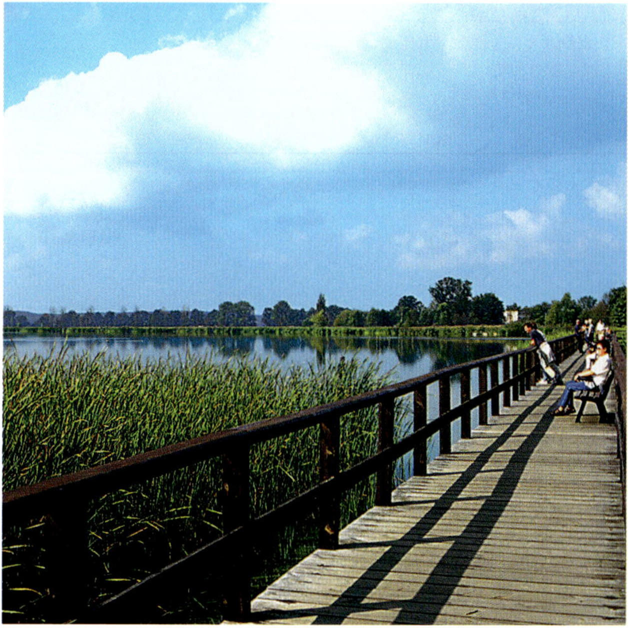

Der Bohlensteg am Blankensee ist bei Vogelbeobachtern und Sonnenanbetern beliebt

Fischadler zu beobachten. Vom Bohlensteg führt eine von alten Laubbäumen gesäumte Promenade ins Dorf zum **Sudermannpark** 02. Vom Nordrand dieses historischen Schlossparks leitet die Dorfstraße ostwärts, am Straßendreieck geht es kurz links, bis die Rotstrich-Markierung rechts auf einen Waldweg einzweigt, der vergleichsweise steil zum sagenumwobenen **Kapellenberg** 03 hinaufführt. Hier standen bis 1909 die Ruinen einer mittelalterlichen Marienwallfahrtskapelle. Während heute nur noch Gräben an diesem von Legenden umwobenen Ort erkennbar sind, sah Theodor Fontane während seiner Wanderung noch die Ruine der gotischen Kapelle, „zehn Schritt im Quadrat, nach allen vier Seiten hin offen".

Von der einstigen Kapelle führt der Kammpfad bzw. -weg in sachtem Auf und Ab über den Rücken des **Kesselbergs** 04 und bietet mehrfach hervorragende Aussicht auf die Nieplitz-Niederung. An einer **Aussichtsstelle** mit Blick auf den Blankensee geht es abwärts in einem Trockental und unten am **Waldrand** 05 vor Mietgendorf rechts, bis die Rotstrich-Markierung an der nächsten Verzweigung wieder rechts auf die Berge führt. An einer Stelle ist der Pfad wegen gestürzter Bäume unwegsam, dann geht es bequem weiter aufwärts.

Der Rotstrich-Pfad bleibt lange Zeit auf dem Kamm (sorgfältig

5

Schlossdorf Blankensee

Das Schlossdorf Blankensee am gleichnamigen See im Naturpark Nuthe-Nieplitz zählt zu den schönsten Dörfern Brandenburgs; es ist Ortsteil der Stadt Trebbin. Der weit verzweigte Lauf der Nieplitz durchfließt den 1832 nach Entwürfen Peter Joseph Lennés angelegten Park von Schloss Blankensee (1701); im Schloss (Tagungszentrum) residierte 1902–28 der ostpreußische Schriftsteller Hermann Sudermann. Sehenswert ist ferner das Blankenseer Bauernhofmuseum. Ein lohnendes Wanderziel sind außerdem die Glauer Berge.

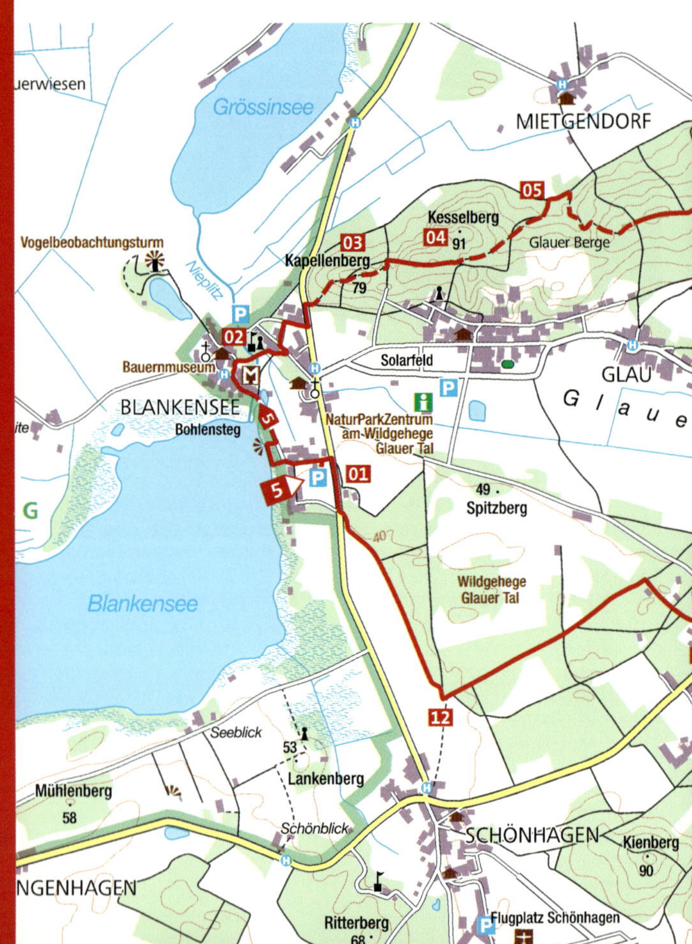

auf die Markierung achten), senkt sich schließlich von der **Ostkuppe** 06 der Glauer Berge ins **Nuthetal** 07 und folgt dem Fluss rechts zur **Pflaumenallee** 08 vor der Stadt **Trebbin**. Zwischen Nuthe und Mühlengraben führt die Pflaumenallee durch die Wiesen vor der Stadt, übergehend in den Breiterweg, der an der Beelitzer Straße endet. Die Blaustrich-Markierung des Europäischen Fernwanderwegs 10 folgt der Beelitzer Straße rechts über die Nuthe nach **Löwendorf** 09, dann in steilem Anstieg auf den **Löwendorfer Berg** 10 und hinab zur **Schönhagener Straße** 11. In ruhiger Waldwanderung leitet die Blaustrich-Markierung südlich am Wildgehege Glauer Tal vorbei, wendet sich am **Waldrand** 12 rechts und führt zurück an den Ortsrand von **Blankensee** 01.

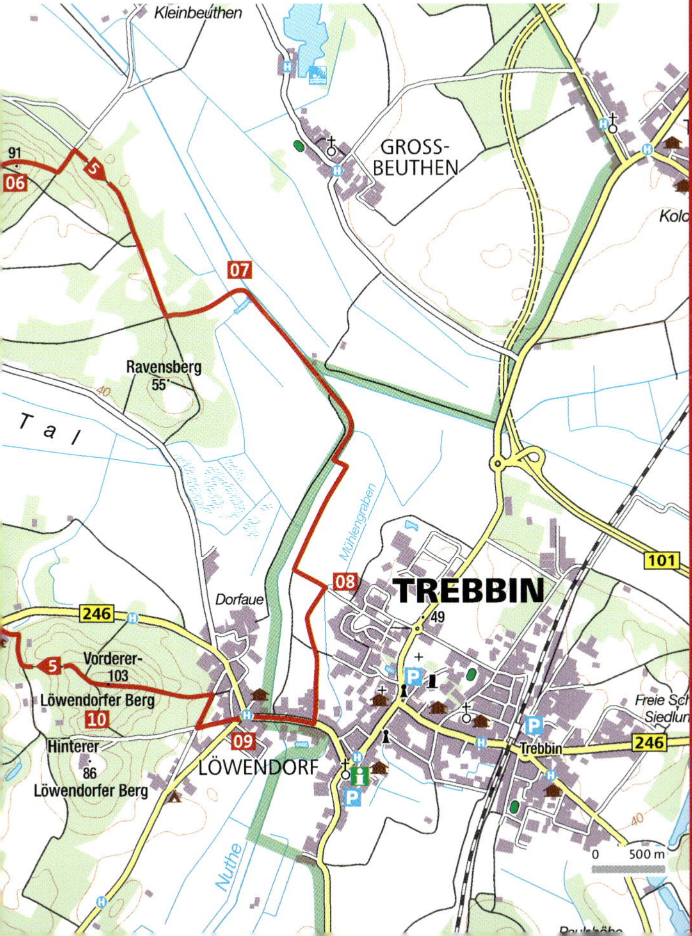

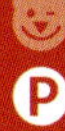

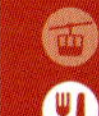
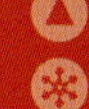
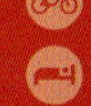

CAPUTH – FERCH – PETZOW

Rund um den Schwielowsee

   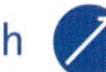 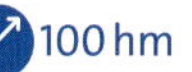 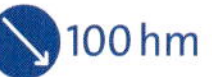 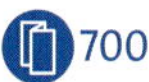

15 km · 4:00 h · 100 hm · 100 hm · 700

START | Bahnhof Caputh-Geltow, Alte Ladestraße 1 in Caputh, Ortsteil der Gemeinde Schwielowsee; Anfahrt auf der A 10 (Berliner Ring-Süd), Ausfahrt Ferch
[GPS: UTM Zone 33 x: 771.360 m y: 5.807.493 m]
CHARAKTER | Seeufer- und Waldwanderung mit allerdings einigen unvermeidbaren Straßenpassagen

Der Schwielowsee ist der südlichste Havelsee und ein attraktives Ausflugsziel vor den Toren von Potsdam. Schon Theodor Fontane erwähnt den von ausgedehnten Wäldern und den vier Dörfern Caputh, Ferch, Petzow und Geltow gesäumten See und erzählt in seinen „Wanderungen durch die Mark Brandenburg" die Sage vom Nix im Schwielowsee.

▶ Vom Bahnsteig des einsam am Waldrand gelegenen **Bahnhofs Caputh-Geltow** 01 geht es am denkmalgeschützten Bahnhofsgebäude vorbei zur Alten Ladestraße und dort links zur Geltower Chaussee, die links zum Anleger der permanent hin und her pendelnden **Seilfähre** führt. Sie überquert das **Caputher Gemünde**, eine Engstelle der Havel, am Ostufer lädt das „Fährhaus Caputh" zu Einkehr ein. Die autofreie Uferpromenade folgt, markiert mit dem Grünstrich-Zeichen, dem Caputher Gemünde südwärts zum **Schwielowsee** 02; wo die Promenade hinter der Eisenbahnbrücke endet, bietet sich ein weiter Blick auf den See.

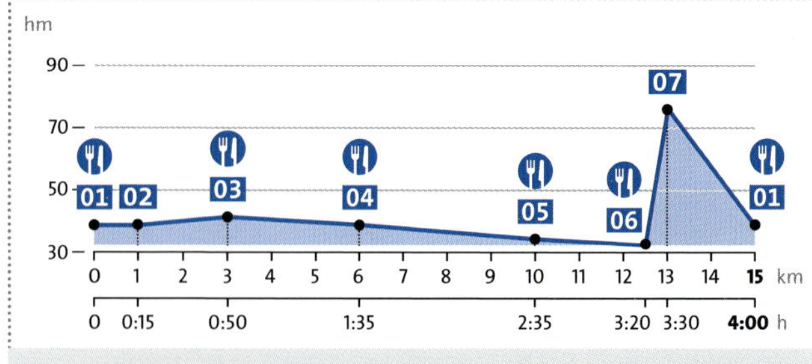

01 Caputh-Geltow, 38 m; 02 Caputh-Schwielowsee, 38 m; 03 Flottstelle, 32 m; 04 Ferch, 38 m; 05 Petzow, 34 m; 06 Baumgartenbrücke, 32 m; 07 Hohe Warte (Karlsturm), 76 m

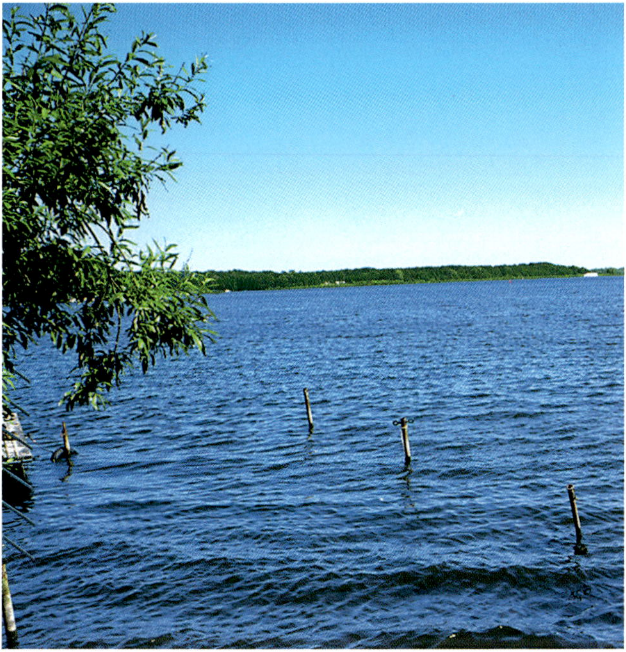

Morgen am Schwielowsee

Da im Uferbereich Villen stehen, leitet die Grünstrich-Markierung hinter der Brücke links hinauf und vor dem **Bahnhof Caputh-Schwielowsee** rechts durch die von Villen gesäumte Schwielowseestraße. Am Ortsende an der Bushaltestelle **Caputh-Wendeplatz** wechselt die Grünstrich-Markierung halb rechts auf einen Waldweg und an der ersten Verzweigung halb links; kurz vor Wiedererreichen der Straße an der **Flottstelle** 03 bietet eine Sitzbank einen schönen Blick über den Schwielowsee. Auf dem mit dem Zeichen Gelbstrich markierten Huteeichenweg geht es am See entlang weiter in den pittoresken Ausflugsort **Ferch** 04 an der Südbucht. Hier kann man sich im Strandbad in die Fluten stürzen und im Hotel-Restaurant „Bootsklause Ferch" stärken, ehe die Fercher Uferpromenade am See entlang weiterführt.

Der nächste Höhepunkt am Uferweg, der anfangs als Fercher Uferpromenade ausgeschildert ist, ist der Landschaftspark im Schlossdorf **Petzow** 05 – ein schöner Platz für eine Rast. Von hier führt der Fontaneweg weiter nordwärts, dann leitet der Rad- und Fußweg längs der Straße Am Schwielowsee zur **Baumgartenbrücke** 06, die aussichtsreich die Havel überquert. An der Gaststätte am Nordufer vorbei geht es bis zum Parkplatz am Brückenpark, wo die gelbe Markierung scharf rechts hinauf am Schill-Denkmal vorbei zum Aussichtsturm **Hohe**

Schloss Caputh

Das Barockschloss Caputh ist der einzige erhaltene Schlossbau aus der Zeit des Großen Kurfürsten Friedrich Wilhelm von Brandenburg und neben dem Köpenicker Schloss eines der wichtigsten Zeugnisse des frühen brandenburg-preußischen Dekorationsstils.
Errichtet wurde es als Lustschloss in der Zeit ab 1671, zu den Prunkräumen zählt der Fliesensaal, den der „Soldatenkönig" Friedrich Wilhelm I. um 1720 im Souterrain einrichten und mit rund 7.500 holländischen Fayencefliesen ausstatten ließ. Trotz wechselnder Besitzer ab dem 18. Jh. sind in fast allen Räumen die ursprünglichen Deckengestaltungen mit Gemälden und Stuckaturen erhalten. Besichtigt werden können der Fliesensaal, zwei Kavalierzimmer, der Festsaal, die Wohnungen des Kurfürstenpaars und das Porzellankabinett. Der Schlosspark wurde ab 1828 in Anlehnung an einen Plan von Peter Joseph Lenné gestaltet.

Warte (Karlsturm) 07 auf dem **Franzensberg** führt; hier bietet sich ein erstklassiger Blick auf den gesamten Schwielowsee sowie nach Nordwesten zur Inselstadt Werder in der Havel und auf den Großen Zernsee. Der Grünstrich-Wanderweg leitet hinab zur Caputher Chaussee; hier rechts und wenig später links zurück zum Ausgangspunkt, dem **Bahnhof Caputh-Geltow** 01.

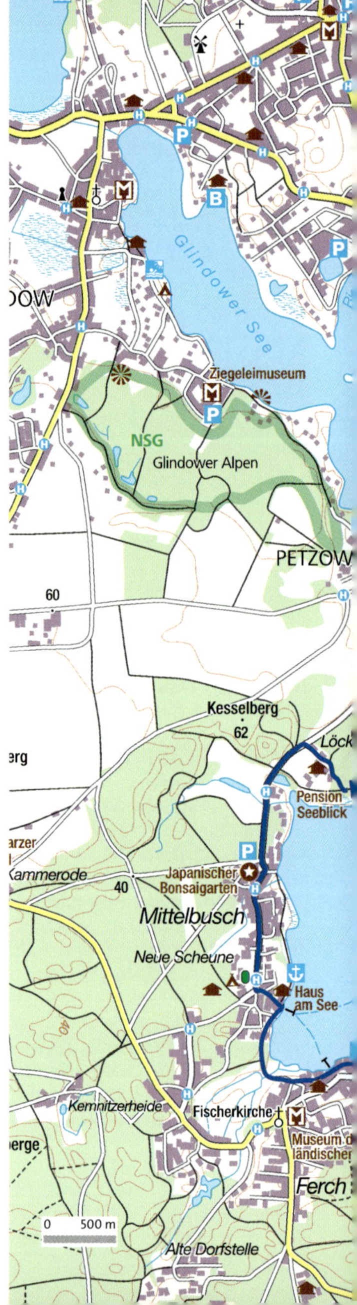

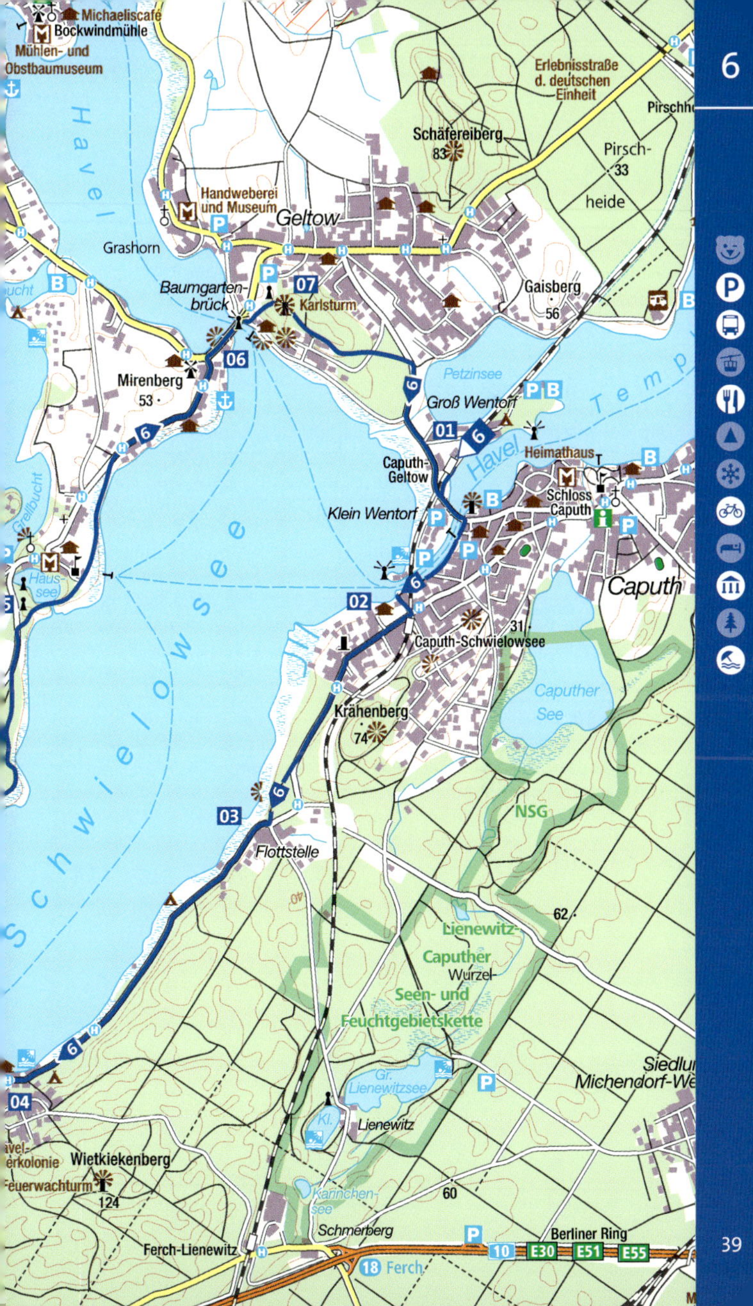

Michaeliscafé
Bockwindmühle
Mühlen- und Obstbaumuseum
Havel
Erlebnisstraße d. deutschen Einheit
Schäfereiberg
83
Pirsch-heide
33
Handweberei und Museum
Geltow
Grashorn
Baumgarten-brück
07
Karlsturm
Gaisberg
56
06
Mirenberg
53
Petzinsee
Groß Wentorf
01
Templ
Havel
Heimathaus
Caputh-Geltow
Schloss Caputh
Klein Wentorf
Caputh
02
Caputh-Schwielowsee
31
Caputher See
Krähenberg
74
Schwielowsee
03
Flottstelle
NSG
62
Lienewitz-Caputher Seen- und Feuchtgebietskette
Wurzel
Siedlung Michendorf-We
04
Gr. Lienewitzsee
Kl.
Lienewitz
Wietkiekenberg
Feuerwachturm
124
Karinchen-see
60
Schmerberg
Berliner Ring
Ferch-Lienewitz
10
E30
E51
E55
18 Ferch

WERDER – PIRSCHHEIDE – POTSDAM

Havelaufwärts auf dem E 10

  14,5 km 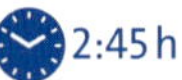 2:45 h 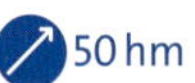 50 hm 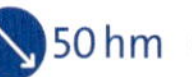 50 hm  700

START | Werder (Havel), Bahnhof und Busbahnhof an der Eisenbahnstraße 107; Bundesautobahn A 10 Berliner Ring, Ausfahrt Phöben [GPS: UTM Zone 33 x: 767.134 m y: 5.811.987 m]
CHARAKTER | Bequeme Waldwanderung

Von der Inselstadt Werder an der Havel führt der Europäische Fernwanderweg 10 durch die Forste des Wildparks Pirschheide und folgt dann abwechslungsreich dem Ufer des Templiner Sees zur Neustädter Havelbucht. Vom Hauptbahnhof Potsdam besteht eine direkte Bahnverbindung zurück zum Ausgangspunkt.

▶ Auf der Südseite des **Bahnhofs Werder** 01 führt die Blaustrich-Markierung des Europäischen Fernwanderwegs 10 kurz ostwärts am Parkplatz an der Adolf-Damaschke-Straße vorbei und zweigt in der Rechtskurve links auf den autofreien Weg ab. Nach Überqueren der Havel auf der aussichtsreichen Eisenbahnbrücke mit Blick auf den Großen Zernsee unterquert der E 10 die Bahnlinie und folgt einem schmalen Waldweg am Wasser in die ruhige Waldsiedlung **Wildpark-West** 02 im Ortsteil Geltow der Gemeinde Schwielowsee; am Bootsanleger lädt das Gartenrestaurant „Zur Anglerklause" zur Einkehr ein.
Hier wendet sich der Fernwanderweg auf der Havelpromenade landeinwärts, Am Markt schräg geradeaus auf dem alleeartigen Amselweg, der sich am Waldrand als Feldweg fortsetzt und durch Grünland und Wälder am ausge-

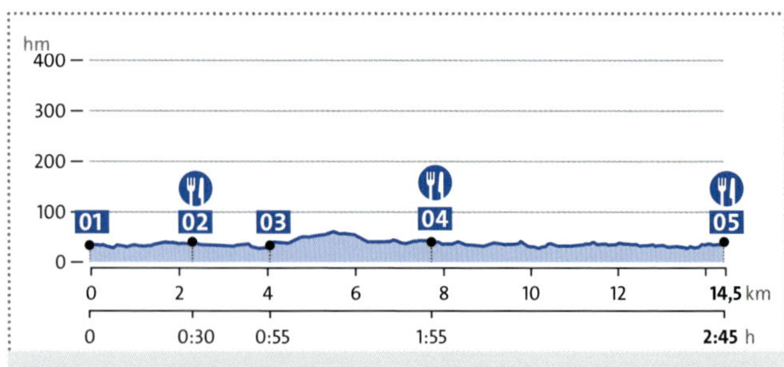

01 Werder, 34 m; 02 Wildpark-West, 34 m; 03 Werderscher Damm, 33 m; 04 Bhf. Pirschheide, 38 m; 05 Hbf. Potsdam, 38 m

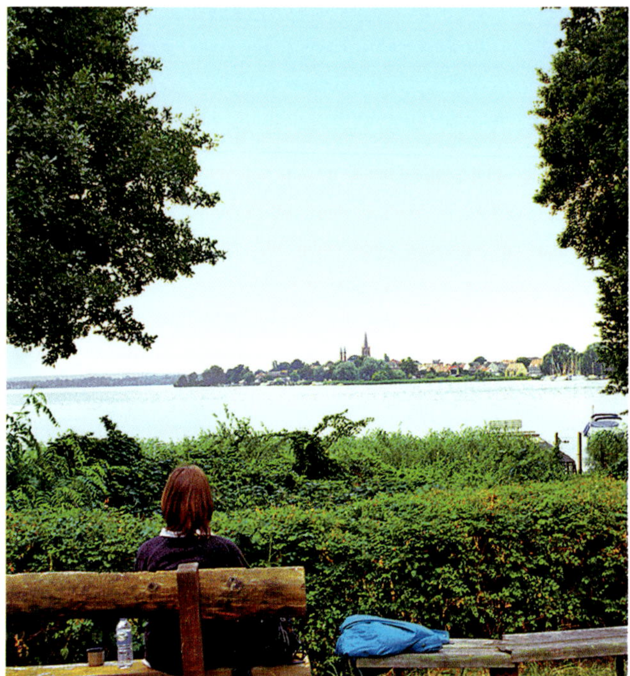

Blick vom E 10 auf Werder

schilderten Rastplatz **Entenfang** vorbeiführt, vor der Bahnlinie kurz rechts zur Bushaltestelle **Werderscher Damm** 03, hier links und parallel zum Bahnkörper weiter durch die Wälder. Schließlich weist die Blaustrich-Markierung an der Zeppelinstraße links auf den Pfad und unterquert die Eisenbahnbrücke. Rechts liegt der **Bahnhof Pirschheide** 04, der in DDR-Zeiten Potsdams Hauptbahnhof war. Hinter der Straßenbahn-Abfahrtshaltestelle vor dem Bahnhof unterquert der E 10 autofrei Bahngleise, erreicht hinter dem Business-Center Luftschiffhafen die Uferpromenade am **Templiner See** und folgt ihr aussichtsreich unter Bäumen nordwärts.

Schon bald schiebt sich die Halbinsel Hermannswerder vor die Ravensberge im Osten des Sees, auf dem Hermannswerder spitzt der Turm der Kirche aus den Wäldern, schließlich rückt die Kuppel der Potsdamer Nikolaikirche ins Blickfeld. An der „Strandbar" überbrückt ein Steg den Schafgraben, dahinter geht es durch die Grünanlage am Havelufer ab, wo sich der Anleger **Auf dem Kiewitt** der viertelstündlich zur Halbinsel **Hermannswerder** pendelnden städtischen Fähre befindet. Nach Passieren eines Freizeithafens unterquert der E 10 die Eisenbahnbrücke und wendet sich dahinter autofrei rechts. Auf der Eisenbahnbrücke geht es über die

Europäischer Fernwanderweg 10

Am Rand der Mecklenburgischen Seenplatte verzweigt sich der E 10 in einen West- und einen Oststrang, die sich in Brieselang im Havelland wieder vereinigen und via Werder auf autofreien Wegen in und durch die Landeshauptstadt Potsdam führen. Die Promenade von Pirschheide längs des Templiner Sees nach Potsdam und die Waldwege von Potsdam über die Ravensberge nach Saarmund zählen zu den schönsten im unmittelbaren Umkreis von Berlin. Im weiteren Verlauf bis zum Spreewald gibt es einen Wechsel aus einsamen Waldpfaden und Nebenstraßen.

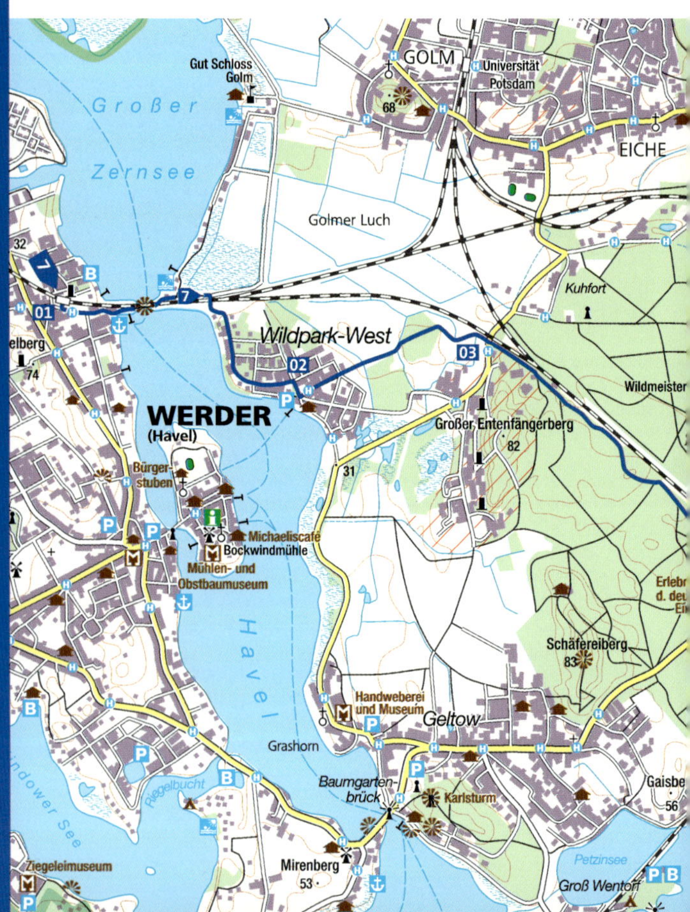

Havel, die sich nordwärts zur **Neustädter Havelbucht** erweitert; die Havelbucht, an deren Nordufer das berühmte Dampfmaschinenhaus, die sogenannte Moschee, steht, wurde in den 1980er Jahren für die Weiterführung der Breiten Straße teilweise zugeschüttet und mit Plattenbauten umfasst; bei der Gestaltung der Uferbereiche nach der Wiedervereinigung wurde ein durchgehender Uferweg geschaffen; die Wiese am Nordufer der Bucht wurde mit Zierkirschen bepflanzt, sie waren ein Geschenk Japans anlässlich des Mauerfalls.

Nach Überqueren der Havel führt der E 10 nordwärts durch Dortu- und Hoffbauerstraße und hinter dem Potsdam-Museum rechts. Am Ende (rechts der **Lustgarten**) auf der Langen Brücke über die Alte Fahrt und die Havel, dahinter liegt links der **Hauptbahnhof Potsdam** 05.

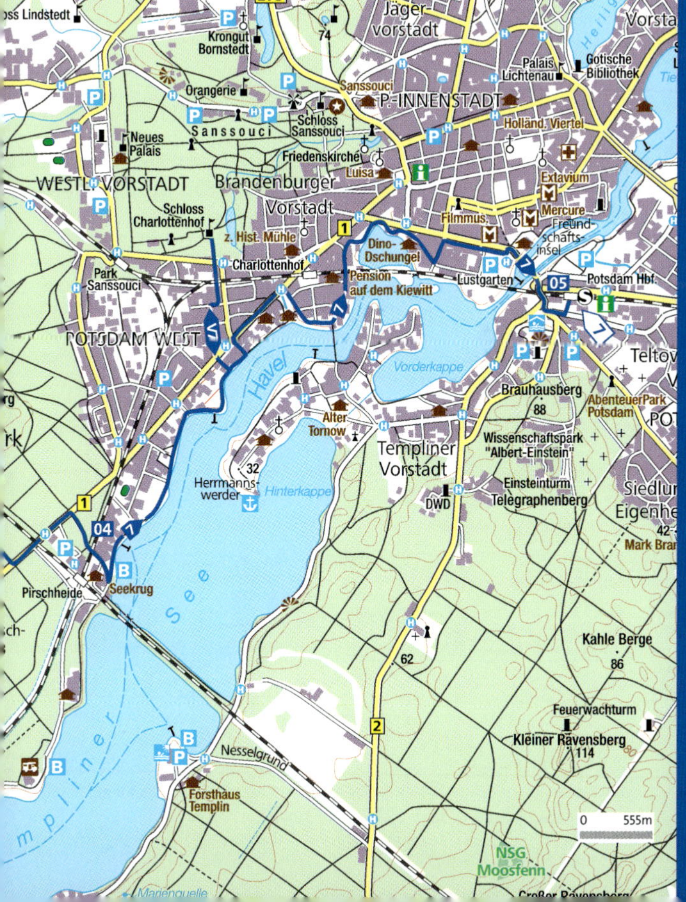

PIRSCHHEIDE – HERMANNSWERDER – CAPUTH

Rund um den Templiner See

  14 km  3:45 h 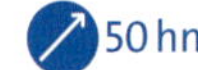 50 hm 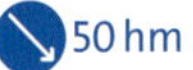 50 hm 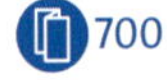 700

START | Bahnhof Pirschheide, Parkplatz und Straßenbahnhaltestelle am Bahnhof Potsdam-Pirschheide an der Straße Zum Bahnhof Pirschheide
[GPS: UTM Zone 33 x: 772.903 m y: 5.810.288 m]
CHARAKTER | Bequeme Waldwanderung

Diese abwechslungsreiche Wald, Park- und Aussichtswanderung führt rund um den von der Havel durchflossenen Templiner See, benannt nach dem kleinen Potsdamer Ortsteil Templin am Ostufer nahe der Templiner Eisenbahnbrücke. Über die Templiner Eisenbahnbrücke lässt sich die Wanderung um etwa die Hälfte abkürzen.

▶ Hinter der Straßenbahn-Abfahrtshaltestelle vor dem **Bahnhof Pirschheide** 01 unterquert der mit dem Zeichen „Blaupunkt“ markierte 66-Seen-Weg autofrei die Bahngleise, erreicht hinter dem Business-Center Luftschiffhafen die Uferpromenade am **Templiner See** und folgt ihr aussichtsreich unter alten Bäumen nordwärts. Schon bald schiebt sich die Halbinsel Hermannswerder vor die Ravensberge im Osten des Sees, auf dem Hermannswerder spitzt der Turm der Kirche aus den Wäldern, schließlich rückt die Kuppel der Potsdamer Nikolaikirche ins Blickfeld. An der „Strandbar“ überbrückt ein Steg den Schafgraben, dahinter geht es durch die Grün-

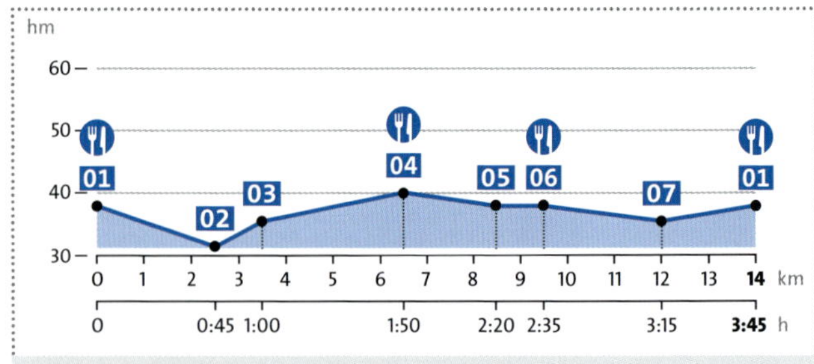

01 Bhf. Pirschheide, 38 m; 02 Auf dem Kiewitt, 32 m; 03 Alter Tornow, 36 m; 04 Forsthaus Templin, 40 m; 05 Caputh, 38 m; 06 Bhf. Caputh-Geltow, 38 m; 07 Campingpark Sanssouci, 36 m

Einsteinturm und Telegrafenberg

Der von Erich Mendelsohn errichtete Einsteinturm im Wissenschaftspark auf dem Telegrafenberg in Potsdam zählt zu den markanten Bauwerken des „organischen" Bauens in Deutschland. Die Einstein-Stiftung der deutschen Industrie gab den Zweckbau mit einem integrierten Sonnenobservatorium in Auftrag. Mendelsohn errichtete das weiß verputzte, stromlinienförmige Turmteleskop ab 1921 in einer Mischung aus expressionistischen und Jugendstilformen. 1924 wurde es in Betrieb genommen, um die von dem Physiknobelpreisträger (1921) Albert Einstein vorausgesagte Rotverschiebung von Spektrallinien im Schwerefeld der Erde nachzuweisen. Bis zum Ende des Zweiten Weltkriegs befand sich hier das bedeutendste Sonnenteleskop Europas. Der Name Telegrafenberg geht auf den Bau der ersten optischen Telegrafenlinie (1832) zwischen Berlin und den Rheinprovinzen zurück. 1899 wurde auf dem Telegrafenberg der Große Refraktor einer Sonnenwarte in Dienst gestellt.

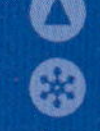

anlage am Havelufer ab, wo sich der Anleger **Auf dem Kiewitt** 02 der viertelstündlich zur Halbinsel **Hermannswerder** pendelnden städtischen Fähre befindet. Nach der Überfahrt mit der Fähre zur

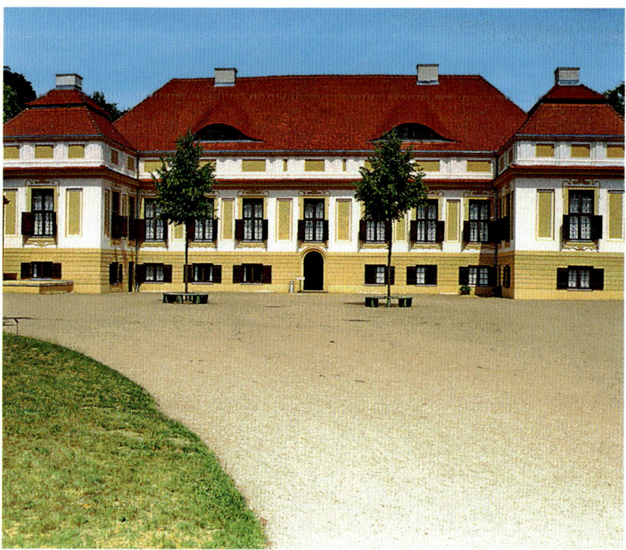

Das Barockschloss Caputh aus der Zeit des Großen Kurfürsten Friedrich Wilhelm von Brandenburg

Halbinsel geht es am Anleger **Hermannswerder** geradeaus durch das Gehölz und zur Bushaltestelle **Alter Tornow** 03 und geradeaus zur Templiner Straße, dort kurz rechts, dann schräg links hinauf auf den Grünen Weg, der oberhalb der Templiner Straße südwärts zur **Templiner Eisenbahnbrücke** führt. Wenig später erreicht er das Ausflugslokal **Forsthaus Templin** 04 beim **Waldbad Templin** und führt nach **Caputh** 05.

Dort geht es bald nach Passieren des **Einsteinhauses** (hier lebte der Nobelpreisträger 1929–33) rechts hinab durch Rosen- und Lindenstraße zum **Caputher Schloss**. Vom Schlosspark folgt eine Promenade der Havel abwärts zur Seilfähre, die das **Caputher Gemünde**, eine Engstelle der Havel, überquert. Dahinter führt die Grünstrich-Markierung geradeaus längs der Geltower Chaussee am **Bahnhof Caputh-Geltow** 06 vorbei und zweigt nach Überqueren des Wentorfgrabens rechts in den Wald am **Petzinsee** ab.

Der Weg mündet bald auf die (kleine) Waldstraße Am Petzinsee, wo Villen den Blick auf sich ziehen. Hinter dem Bahnübergang geht es geradeaus weiter (weiterhin markiert mit dem „Grünstrich") und vor dem **Campingpark Sanssouci** 07 links auf einem schmalen Waldweg. Bei der Rezeption mündet der Waldweg auf die Campingplatzzufahrt, verlässt sie jedoch gleich darauf halb rechts auf einem autofreien Weg, der am Seminaris-Seehotel vorbeiführt.

Nach Unterqueren der Eisenbahnlinie wendet sich der Grünstrich links und gleich rechts An der Pirschheide, am Ende führt ein autofreier Weg links zurück zur Straßenbahnhaltestelle beim **Bahnhof Pirschheide** 01.

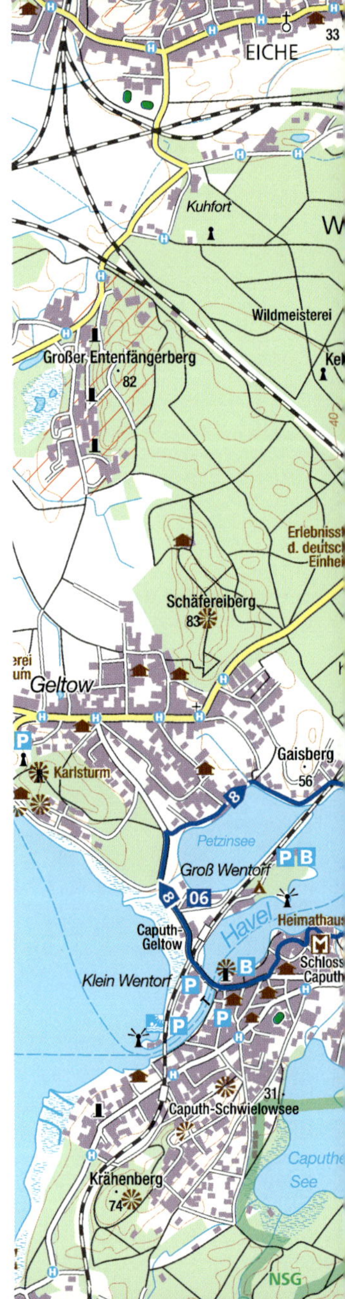

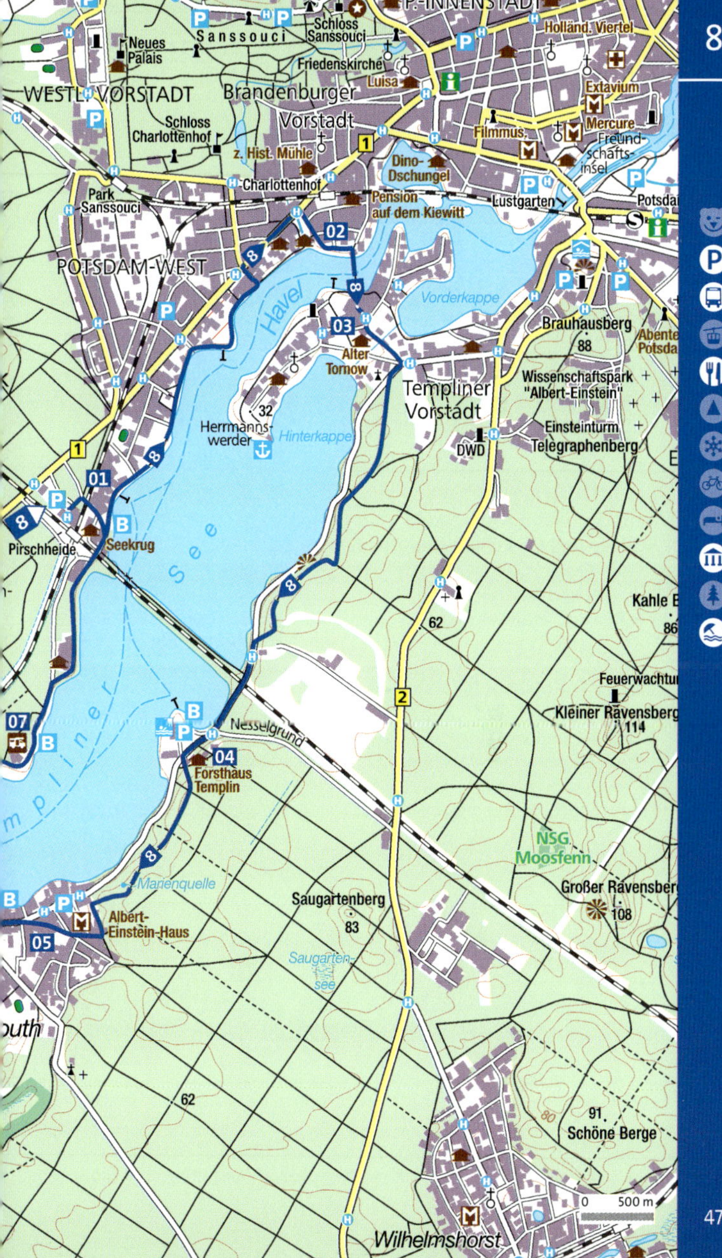
Orangerie
Sanssouci
P.-INNENSTADT
Neues Palais
Sanssouci
Schloss Sanssouci
Holländ. Viertel
Friedenskirche
Luisa
Extavium
WESTL. VORSTADT
Brandenburger Vorstadt
Schloss Charlottenhof
Filmmus.
Mercure
Freundschafts-insel
z. Hist. Mühle
Dino-Dschungel
Charlottenhof
Park Sanssouci
Pension auf dem Kiewitt
Lustgarten
Potsdam
POTSDAM-WEST
Havel
Vorderkappe
Brauhausberg
88
Alter Tornow
Templiner Vorstadt
Wissenschaftspark "Albert-Einstein"
32
Herrmannswerder
Hinterkappe
Einsteinturm
DWD
Telegraphenberg
Pirschheide
Seekrug
See
62
Kahle
86
Feuerwachturm
Kleiner Ravensberg
114
Nesselgrund
Forsthaus Templin
NSG Moosfenn
Marienquelle
Großer Ravensberg
108
Saugartenberg
83
Albert-Einstein-Haus
Saugartensee
62
91
Schöne Berge
80
0
500 m
Wilhelmshorst
01
02
03
04
05
07
1
2
8

POTSDAM – BABELSBERG – CECILIENHOF

Landschaftsparks der Romantik

   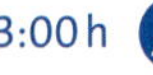 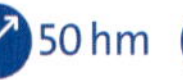 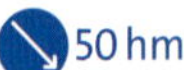 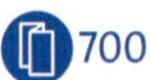

START | Hauptbahnhof Potsdam zwischen Babelsberger Straße (Nordausgang) und Friedrich-Engels-Straße (Südausgang); Anfahrt auf der A 1 Berlin – Potsdam
[GPS: UTM Zone 33 x: 776.682 m y: 5.812.364 m]
CHARAKTER | Bequeme Panoramawanderung auf durchgehend fahrradfähigen Wegen

Diese faszinierende Landschaftspark-Wanderung erschließt mit Schloss und Park Babelsberg und dem Neuen Garten einige der schönsten Wanderziele in der Hauptstadt Brandenburgs.

▶ Nach Verlassen des **Hauptbahnhofs Potsdam** 01 durch den **Ausgang Nord** und Queren der Babelsberger Straße geht es zwischen Wiese und Parkplatz zur Promenade vor dem Havelkanal **Neue Fahrt**, hinter dem sich die stadtbildprägende Kuppel der klassizistischen Nikolaikirche zeigt.
Die Promenade längs der von Ausflugsbooten belebten Neuen Fahrt führt rechts weiter, überquert auf einer Holzbrücke die in die Havel mündende Nuthe, unterquert die Nuthestraßenbrücke und erreicht dahinter den **Park Babelsberg** mit dem **Strandbad Babelsberg** am **Tiefen See**.
Parallel zum Ufer führt der Parkweg geradeaus weiter zum aus-

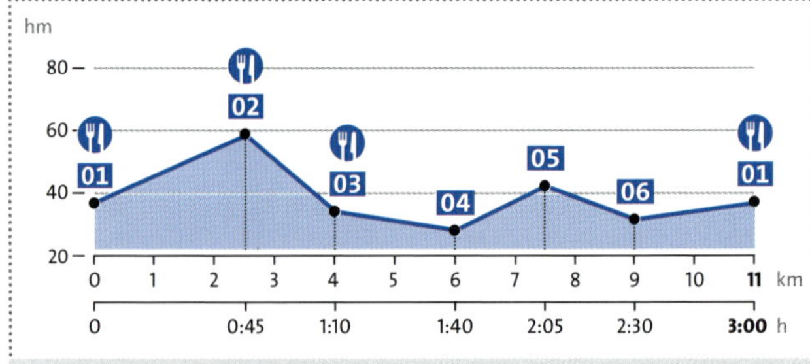

01 Hbf. Potsdam, 38 m; 02 Schloss Babelsberg, 59 m; 03 Rest. Prinz Leopold, 34 m; 04 Glienicker Brücke, 28 m; 05 Schloss Cecilienhof, 42 m; 06 Gotische Bibliothek, 32 m

sichtsreichen **Kleinen Schloss** (Restaurant), gleich darauf leitet die **Goldene Rosentreppe** rechts hinauf zum **Schloss Babelsberg** **02**, wo sich ein erstklassiger Blick auf Potsdam und die Havellandschaft bietet; in Sicht ist auch die Glienicker Brücke.

Vom Schloss geht es wieder hinab zur uferparallelen Promenade, diese folgt der **Glienicker Lake** – hier mündet der Teltowkanal in die Havel – ostwärts zur Parkbrücke. Die Grünpunkt-Markierung überquert auf der Parkbrücke den Teltowkanal und erreicht beim **Restaurant „Prinz Leopold"** **03** eine Verzweigung. Hier führt die Grünpunkt-Markierung links weiter durch die Waldmüllerstraße am Restaurant „Bürgershof" vorbei, dahinter geht es links zum **Jagdschloss Glienicke** und durch den Jagdschlosspark zur **Glienicker Brücke** **04**, die einen schönen Blick zurück zum Schloss Babelsberg bietet.

Nach Überqueren der Brücke zweigt rechts ein Parkweg in die Grünanlagen längs der Havel bzw. des **Jungfernsees** ab, die **Schwanenbrücke** führt in den **Neuen Garten** mit **Schloss Cecilienhof** **05**. Vom Schloss führt der Weg südwärts im Westuferbereich des **Heiliger Sees** zum **Marmorpalais** und zur **Orangerie** (Café). Die Seeuferpromenade führt zur **Gotischen Bibliothek** **06** am Südende des Sees.

Nach Verlassen des Parkgeländes vor der Gotischen Bibliothek geht es geradeaus durch die Kurfürstenstraße, an der Gabelung halb rechts zum **Holländischen Viertel**. Hier kann man sich

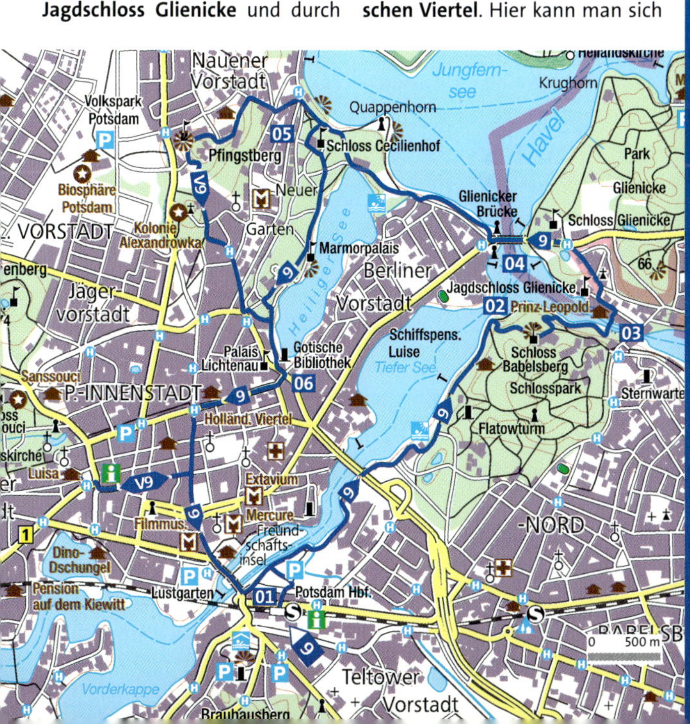

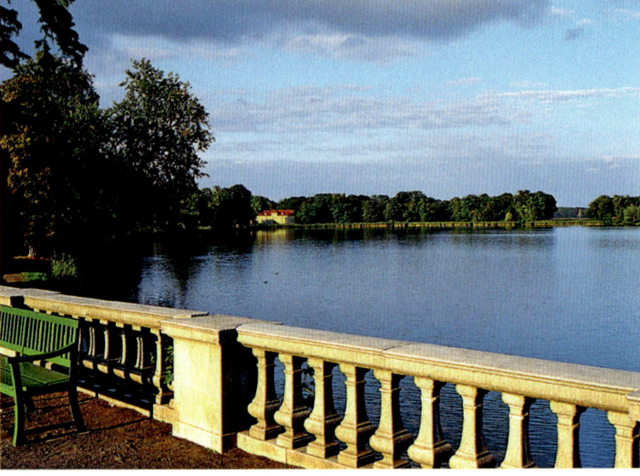

Blick vom Marmorpalais auf den Heiligen See

durch Nebenstraßen mit Cafés und Läden treiben lassen und dann welchen Rückweg auch immer nehmen. Die als Fußgängerzone ausgewiesene Brandenburger Straße führt zum **Brandenburger Tor** am **Luisenplatz**, dort fahren Straßenbahn und Bus zum nahen **Hauptbahnhof Potsdam** 01, der allerdings auch zu Fuß rasch erreichbar ist; vorbei an der Nikolaikirche.

Park und Schloss Babelsberg

Der Park Babelsberg mit seinem „gotischen" Schloss u. a. gotisierenden Bauwerken zählt zu den Höhepunkten der im 19. Jh. im Stil englischer Gärten gestalteten Havellandschaft am Übergang von Potsdam und dem nachmaligen Groß-Berlin. Die Parkanlagen, Gärten, Teiche, Denkmäler und Gebäude wurden ab 1833 im Hang des Babelsbergs über dem von der Havel durchflossenen Tiefen See als Sommerresidenz des Kronprinzen und nachmaligen preußischen Königs und Deutschen Kaisers Wilhelm I. angelegt mit Sichtkontakt zu den Parkanlagen von Schloss Klein-Glienicke. Die Gestaltung des 124 ha großen Landschaftsgartens oblag ab 1833 Peter Joseph Lenné und ab 1843 Hermann von Pückler-Muskau. Schloss Babelsberg (Museum) wurde 1833–49 nach Entwürfen von Friedrich Schinkel und Ludwig Persius im Tudorstil errichtet; es war das erste „gothic castle" in Deutschland. Das klassizistische Kleine Schloss am Seeufer entstand 1841/42 durch Umbau eines ehemaligen Gärtnerhauses. Der Flatowturm wurde 1853–56 auf einer Hügelkuppe als Aussichtsturm errichtet. Für einen Rundgang durch den Park sollten mindestens 2 Std. veranschlagt werden.

POTSDAM – SANSSOUCI – PFINGSTBERG

Weltkulturerbe und erstklassige Panoramen

 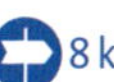 8 km 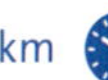 2:15 h 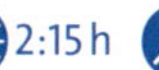 100 hm 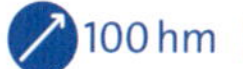 80 hm 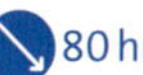 700 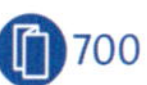

START | Brandenburger Tor am Luisenplatz in Potsdam; Anfahrt auf der A 1 Berlin – Potsdam
[GPS: UTM Zone 33 x: 775.308 m y: 5.813.119 m]
CHARAKTER | Bequeme Park- und Panoramawanderung; im Park Sanssouci ist das Fahrrad fahren nicht erlaubt

Von Sanssouci, einer der bedeutendsten Park- und Schlossanlagen Europas, führt diese UNESCO-Weltkulturerbe-Wanderung über den aussichtsreichen Ruinenberg und durch die Russische Kolonie Alexandrowka zum Belvedere auf dem Pfingstberg, der ein einzigartiges Panorama der Potsdamer Schlösser-, Park- und Seenlandschaft gewährt.

▶ Der 66-Seen-Wanderweg beginnt am **Luisenplatz** 01 am **Brandenburger Tor**, das 1770 in Form eines römischen Triumphbogens am westlichen Stadtausgang Potsdams nach Sanssouci errichtet wurde. Vom Luisenplatz führt die Schopenhauerstraße kurz nordwärts, bis beim **Obelisken** bzw. am **Obeliskentor** links die Hauptachse der Parkanlagen von **Sanssouci** 02 beginnt (gleich links der sehenswerte **Marlygarten** mit der **Friedenskirche** am **Friedensteich**). An der Kleinen Fontäne vorbei führt die Hauptallee zum großen **Fontänenrondell**, dort geht es zwischen den **Weinbergterrassen** rechts hinauf zum **Schloss Sanssouci**, wo sich eine exzellente Aussicht bietet. Vom Schloss führt der mit dem Zeichen

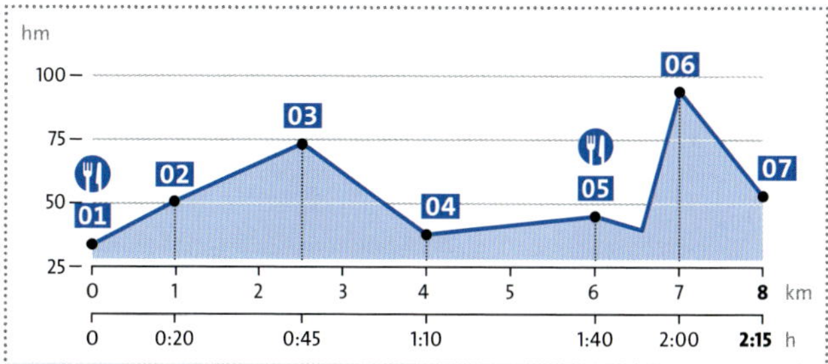

01 Potsdam, Luisenplatz, 32 m; 02 Sanssouci, 51 m; 03 Ruinenberg, 74 m; 04 Alexandrowka, 37 m; 05 Schloss Cecilienhof, 42 m; 06 Pfingstberg, 96 m; 07 Am Pfingstberg, 52 m

„Blaupunkt“ markierte 66-Seen-Weg zur **Holländischen Windmühle** und am Busparkplatz vorbei zur Bornstedter Straße und folgt ihr links mit Blick auf den **Bornstedter See**. Nach wenigen Minuten wechselt die Blaupunkt-Markierung rechts hinauf durch einen Eichenwald und leitet zu den Aussichts- und Staffagebauten auf dem **Ruinenberg** 03 neben dem Wasserbecken, das die Fontänen von Sanssouci versorgt. Die Blaupunkt-Markierung führt im Eichenwald bergab und durch die ruhige Ruinenbergstraße/An der Einsiedelei und den Voltaireweg halb links zur Jägerallee: kurz links und nach Queren der Jägerallee an der Fußgängerampel und autofrei halb links durch die als UNESCO-Weltkulturerbe ausgewiesene Russische Kolonie **Alewandrowka** 04 mit sehenswerten Holzhäusern aus der Zeit um 1826. Am Ende führt der Blaupunkt geradeaus durch die von Villen gesäumte Beyerstraße, am Ende rechts durch die ebenfalls von Villen gesäumte Große Weinmeisterstraße bis zum Eingang des ebenfalls als Weltkulturerbe ausgewiesenen **Neuen Gartens**. Hier wandern wir links am **Marmorpalais** vorbei und am **Heiliger See** entlang zum **Schloss Cecilienhof** 05 am **Jungfernsee**. An der **Meierei** (Schiffsanlegestelle, Gaststätte) verlässt der Blaupunkt-Wanderweg den Neuen Garten und folgt der Großen Weinmeisterstraße kurz halb links, bis die Markierungen halb rechts (Am Pfingstberg) hinauf zum **Belvedere** auf dem **Pfingstberg** 06 hinaufführen. Aus dem Belvedere tretend geht es rechts hinab im Wald am jüdischen Friedhof entlang zur **Russisch-Orthodoxen Kirche** auf dem **Kapellenberg**.

Von der Kirche führt der 66-Seen-Weg zur Nedlitzer Straße und folgt ihr rechts zur **Bushaltestelle Am Pfingstberg** 07.

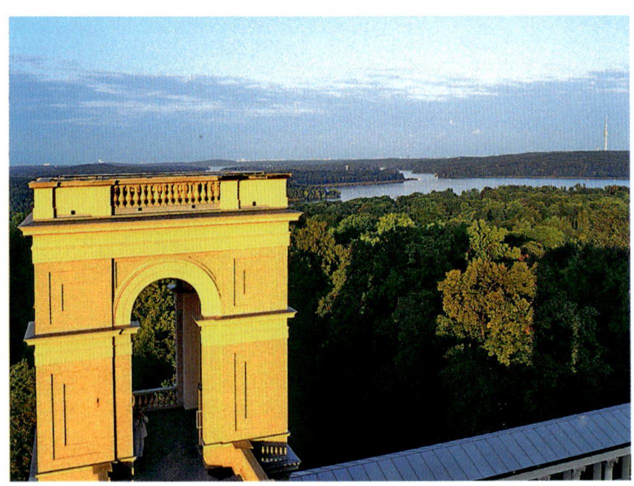

Vom Belvedere auf dem Pfingstberg fällt der Blick hinaus auf die waldreiche Havellandschaft

Belvedere auf dem Pfingstberg

Die durch eine Bogengalerie und einen offenen Aussichtsgang verbundenen Türme des Belvedere auf dem 96 m hohen Pfingstberg (96 m), der höchsten Erhebung Potsdams, sind die faszinierendsten Panoramapunkte der als Weltkulturerbe ausgewiesenen Potsdam-Berliner Schlösser-, Teiche- und Parklandschaft an der Havel. Wie in einer mediterranen Landschaft schweift der Blick von dem Prachtbau über die Wälder und Parks des Havellandes, auf die Pfaueninsel, über das Zentrum Potsdams und bis zum Fernsehturm auf dem Alexanderplatz. Der preußische König Friedrich Wilhelm IV., der „Romantiker auf dem Thron", skizzierte die Pläne für ein Aussichts-Lustschloss auf der die Havellandschaft beherrschenden Anhöhe. 1847–52 errichtete Ludwig Hesse den Bassinhof und die Rückfront mit den Türmen sowie die offene Kolonnadengänge auf den Hofseiten. Nach der Entmündigung des Königs 1858 wurde das Projekt in reduzierter Form zu Ende geführt: Friedrich Stüler errichtete die kuppelgewölbte Pfeilerhalle als Entrée

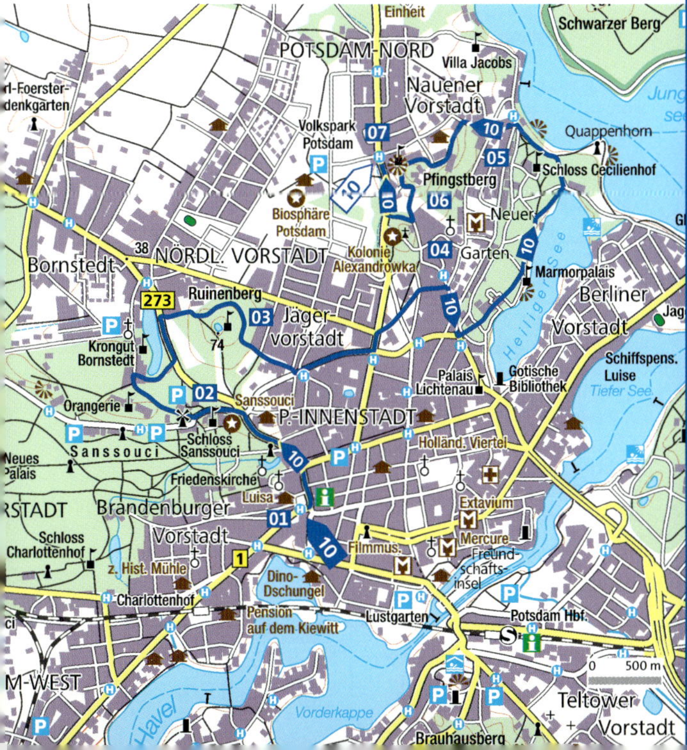

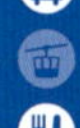
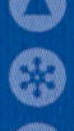

POTSDAM – MARQUARDT

Zum Romantik-Schloss Marquardt

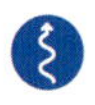 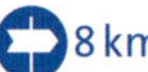 8 km  2:15 h 50 hm 50 hm 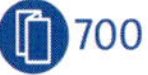 700

START | Volkspark Potsdam, Parkplatz und Haltestelle an der Georg-Hermann-Allee
[GPS: UTM Zone 33 x: 775.305 m y: 5.815.413 m]
CHARAKTER | Bequeme Feldflur-, Alleen- und Parkwanderung, passagenweise auf Nebenstraßen

Vom Potsdamer Volkspark führt der 66-Seen-Wanderweg am Weißer See und am Sacrow-Paretzer-Kanal entlang zum Schloss Marquardt mit dem von Joseph Peter Lenné gestalteten Landschaftsgarten am Schlänitzsee.

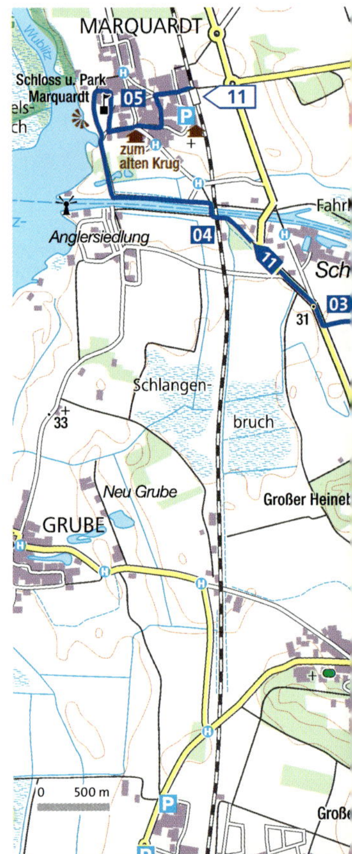

Der **Volkspark Potsdam** 01 befindet sich im Bornstedter Feld im Norden der Landeshauptstadt. Das 65 ha große Gebiet erstreckt sich über drei Kilometer bis zum Jungfernsee im Norden und im Westen bis zur Lennéschen Feldflur, im Süden grenzt es an den Ruinenberg des Parks Sanssouci und an die Nauener Vorstadt sowie im Osten an den Pfingstberg. Von der Mündung der Georg-Hermann-Allee in die Nedlitzer Straße an der **Haltestelle Am Golfplatz** an der Nedlitzer Straße im Nordosten des Volksparks folgt der mit dem Zeichen „Blaupunkt" markierte 66-Seen-Weg kurz der Nedlitzer Straße nordwärts, wechselt in die erste Straße links (Viereckremise) und sofort rechts (Am Golfplatz) und folgt dieser Eichenallee zwischen dem Remisenpark und dem Nedlitzer Holz zur Bushaltestelle **Weißer See** 02 am Lerchensteig in Nedlitz; am gleichnamigen

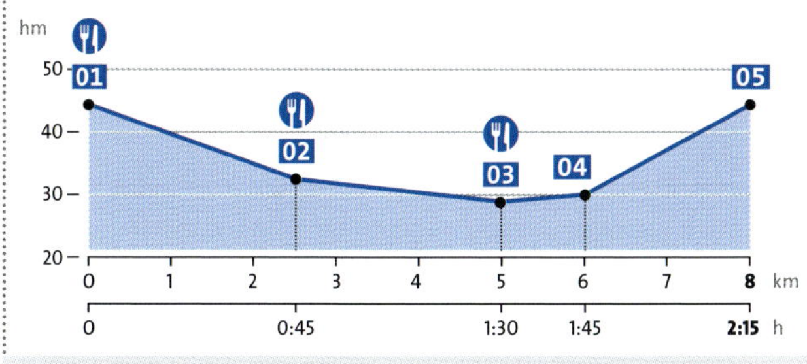

01 Volkspark Potsdam, 44 m; 02 Weißer See, 32 m; 03 Marquardter Chaussee, 29 m; 04 Eisenbahnbrücke, 30 m; 05 Schloss Marquardt, 44 m

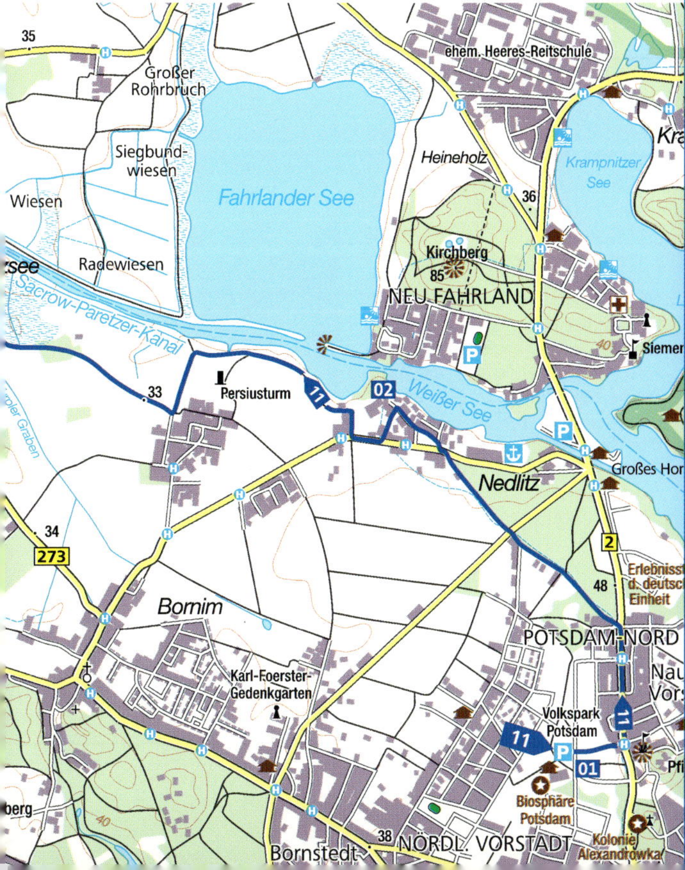

Schloss und Park Marquardt

Schloss und Park Marquardt am Ufer des malerischen Schlänitzsees zählen zu den schönsten Ausflugszielen der Schlösser- und Seenlandschaft rund um Potsdam. Theodor Fontane beschrieb Schloss und Park im Band „Havelland“ seiner Wanderungen durch die Mark Brandenburg. 2009 bildete das Schloss die Kulisse für eine Verfilmung von Fontanes Roman „Effi Briest“. Die Blaue Grotte im Schlosspark wurde im ausgehenden 18. Jh. für Sitzungen der Rosenkreuzer angelegt, auch König Friedrich Wilhelm III. nahm daran teil. Ab 1823 gestaltete Joseph Peter Lenné den Garten zum Landschaftspark um. Das Schloss (1791) erhielt sein heutiges Aussehen im Wesentlichen ab 1893, als der Industrielle Louis Ravené es als neuer Besitzer aufstocken und zu einer L-förmigen Anlage mit Tanzsaal (1913) im Ostflügel erweitern ließ. 1932 pachtete der Hotelkönig Kempinski das Schloss, das in der Folgezeit zu einem beliebten Ausflugsziel avancierte.

Havelsee befinden sich Strandgaststätte und Uferrastplätze. Der Weißer See zwischen den Ortsteilen Nedlitz und Neu Fahrland ist 1,2 km lang und bis zu 340 m breit; er ist Bestandteil der Bundeswasserstraße Sacrow-Paretzer-Kanal.

Der Uferweg am Sacrow-Paretzer-Kanal gibt nun lange Zeit die autofreie Route vor, jenseits des Kanals weitet sich anfangs der Fahrlander See. Die erste Brücke über den Kanal ist die Straßenbrücke der **Marquardter Chaussee** 03 (Bundesstraße 27), die nächste ist die **Eisenbahnbrücke** 04. Auf dem Fußgängersteg neben der Eisenbahnbrücke wechselt der 66-Seen-Wanderweg ans nördliche Kanalufer und folgt dem Uferweg links. Der Uferweg führt bis zum Schlänitzsee, während der 66-Seen-Weg kurz vorher rechts abzweigt und dem romantischen „Königsweg“ in den Landschaftspark von **Schloss Marquardt** 05 folgt. Die Bushaltestelle Schloss Marquardt befindet sich an der Hauptstraße östlich des Parks unweit der Kirche des 700 Jahre alten Dorfs, noch ein Stück weiter östlich befindet sich der Regionalbahnhof.

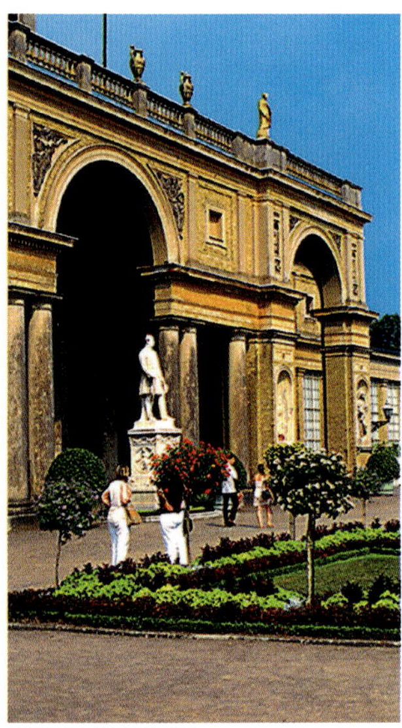

An der neuen Orangerie im Schlosspark von Sanssouci

SACROW – GROSS GLIENICKE

Rund um den Sacrower See

 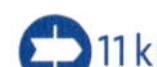 11 km  3:15 h 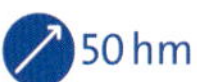 50 hm 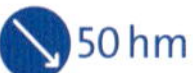 50 hm 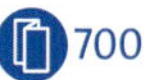 700

START | Parkplatz Sacrower Schloss und Heiligenkirche an der Krampnitzer Straße im Potsdamer Ortsteil Sacrow; Anfahrt auf der B 2 Potsdam – Spandau, abzweigen nach Sacrow; Buslinie Potsdam – Sacrow – Kladow
[GPS: UTM Zone 33 x: 777.795 m y: 5.816.519 m]
CHARAKTER | Leichte Waldwanderung auf fast durchgehend fahrradfähigen Wegen

Höhepunkte dieser schönen Wanderung sind die Wälder rund um den Sacrower See sowie der Sacrower Schlosspark mit der Heilandskirche und faszinierenden Ausblicken auf Potsdam und über die Havel hinweg.

▶ Am straßenabseitigen Ende des **Parkplatzes Sacrower Schloss** 01 führt ein Weg in den Wald zum Eingang des **Sacrower Schlossparks**, den hier die Markierung „Gelbstrich" verlässt. Diese Markierung führt zum von der Havel durchflossenen **Jungfernsee** und folgt dem bewaldeten Ufer rechts. An einer waldfreien Stelle bietet sich ein sehr schöner Blick auf das Casino von Schloss Glienicke jenseits der Havel.
Wenig später taucht der Weg in den **Königswald** ein, wo die gelbe Markierung wenig später am **Jagenstein 7592** 02 rechts Richtung „Forsthaus Zedlitz" abzweigt. Nach Queren der Landstraße führt ein alleeartig von imposanten Eichen gesäumter Waldweg über den **Zedlitzberg** 03 durch das Naturschutzgebiet „Sacrower See und Königswald" und folgt

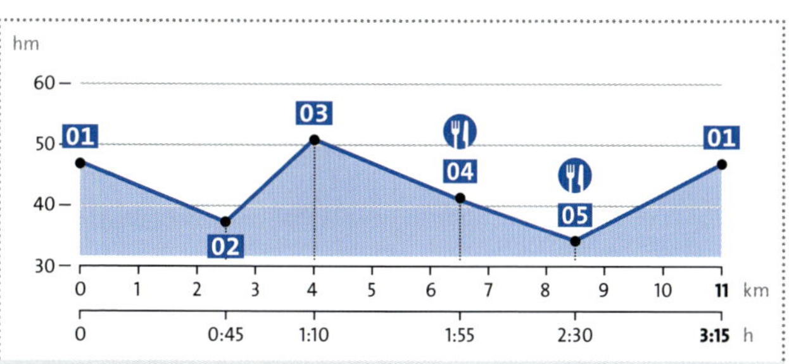

01 Parkplatz Sacrow, 47 m; 02 Jagenstein 7592, 37 m; 03 Zedlitzberg, 51 m; 04 Groß Glienicke, 41 m; 05 Sacrow, 34 m

Heilandskirche

Die 1841–44 von Ludwig Persius am Nordufer des Jungfernsees an der Havel errichtete Heilandskirche mit Blick auf die Schlossanlagen von Klein Glienicke, Babelsberg und Neuem Garten sowie auf die Silhouette von Potsdam ist das bedeutendste Beispiel romantisch-klassizistischer Sakralarchitektur im Berlin-Brandenburger Raum; als Kulturerbe der Menschheit steht sie unter dem Schutz der UNESCO. Im Kalten Krieg lag sie im Grenzgebiet, nach der deutschen Wiedervereinigungerfolgte 1993–96 die Restaurierung. Die von einer offenen Arkadenhalle umgebene „Landschaftskirche" wirkt wie eine dreischiffige Basilika, die malerische Wirkung wird durch die Wasserspiegelung noch gesteigert. Die rosa Backstein-Wandflächen werden durch horizontale Bänder aus blau glasierten Fliesen gegliedert. Der freistehende Campanile trägt eine der ältesten erhaltenen Potsdamer Glocken (1406).

dann dem Hochufer des von einem Schilf- und Buschgürtel gesäumten **Sacrower Sees**. Auch hier lassen einige uralte Eichen aufschauen.
Nach Umgehen des **Jägerhofs** (Institut für Binnenfischerei) bietet sich ein schöner Blick auf den See, am Laichschongebiet lädt eine Sitzbank zum Verweilen ein. Der Uferrundweg führt weiter zum Hotel-Restaurant **Landleben Potsdam**, wo man sich an der Seepromenade des Dorfs **Groß Glienicke** 04 Steaks vom Teterower Rind munden lassen kann; hier bietet

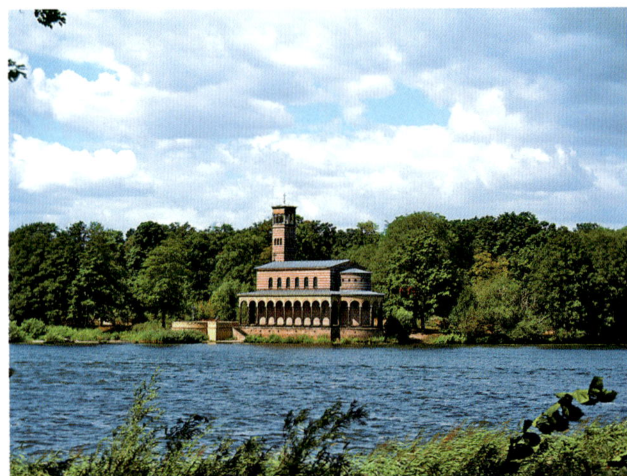

Die Heilandskirche, errichtet auf einer in den Jungfernsee hineinragenden Aufschüttung

sich an einer Badestelle ein weiter Blick über den See.
Auf dem bewaldeten Hochufer führt der angenehme Weg an einer weiteren Bade- und Raststelle vorbei in die Villensiedlung **Sacrow 05**, dort geht es am Ende an der Straße kurz rechts, dann durch den **Schlosspark Sacrow**. Vom Schlossbau zum Ufer des Jungfernsees. Links steht die **Heilandskirche**, rechts führt die Uferpromenade durch den Schlosspark zurück zum Ausgangspunkt.

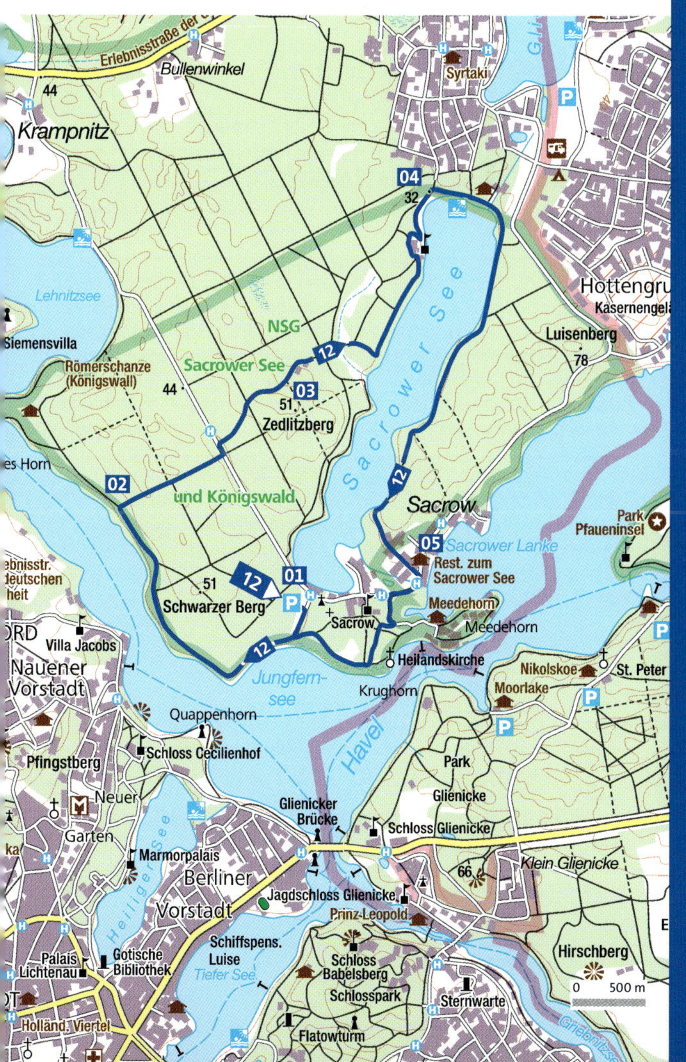

POTSDAM – KOHLHASENBRÜCK – WANNSEE

Grüne Verbindung von Hauptstadt zu Hauptstadt

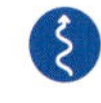

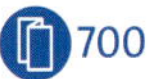

START | Hauptbahnhof Potsdam zwischen Babelsberger Straße (Nordausgang) und Friedrich-Engels-Straße (Südausgang); Anfahrt auf der A 1 Berlin – Potsdam
[GPS: UTM Zone 33 x: 776.682 m y: 5.812.364 m]
CHARAKTER | Bequeme Wald- und Seeuferwanderung auf fast durchgehend fahrradfähigen Wegen

Durch den als UNESCO-Weltkulturerbe ausgewiesenen Park Babelsberg in Potsdam führt der Europäische Fernwanderweg 11 am Griebnitzsee entlang zur Hubertusbaude in Kohlhasenbrück und durch die Wälder des Düppeler Forsts zum Großen Wannsee. Von dort fährt die S-Bahn zurück zum Ausgangspunkt.

▶ Nach Verlassen des **Hauptbahnhofs Potsdam** 01 durch den **Ausgang Nord** und nach Queren der Babelsberger Straße geht es zwischen Wiese und Parkplatz schräg links zur Promenade vor dem Havelkanal **Neue Fahrt**, hinter dem sich die Kuppel der klassizistischen Nikolaikirche zeigt. Die Blaustrich-Markierung des Europäischen Fernwanderwegs 11 folgt der Promenade längs der von Ausflugsbooten belebten Neuen Fahrt rechts, überquert auf einer Holzbrücke die in die Havel mündende Nuthe, unterquert die Nuthestraßenbrücke und erreicht

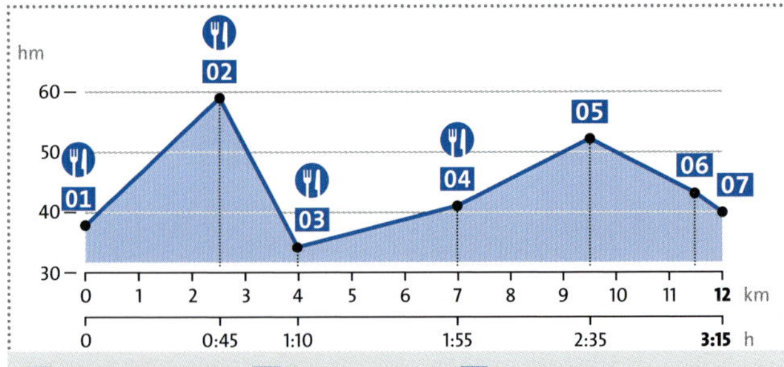

01 Hbf. Potsdam, 38 m; 02 Babelsberg, 59 m; 03 Rest. Prinz Leopold, 34 m; 04 Forsthaus, 41 m; 05 Kurfürstenweg, 52 m; 06 Potsdamer Chaussee, 43 m; 07 S-Bhf. Wannsee, 40 m

Wannsee – Badesee im Westen Berlins

Der Wannsee ist eine 2,74 km² große Havelbucht am Rand des Grunewalds. Das 1907 eröffnete Strandbad am Ostufer verfügt über einen 1.275 m langen und 80 m breiten Sandstrand. Garderobenräume, Duschanlagen sowie Verkaufs- und Dienstleistungseinrichtungen und die überdachte Promenade wurden 1929/30 von Martin Wagner und Richard Ermisch im funktionalistischen Stil der Neuen Sachlichkeit errichtet und stehen unter Denkmalschutz.

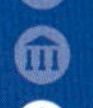

dahinter den **Park Babelsberg** 02 mit dem **Strandbad Babelsberg** am **Tiefer See**. Parallel zum Ufer führt die Blaustrich-Markierung geradeaus weiter am aussichtsreichen **Kleinen Schloss** (Restaurant) vorbei, schwingt rechts auf die Uferlinie der **Glienicker Lake** ein – hier mündet der Teltowkanal in die Havel –, überquert auf der ersten Brücke den Teltowkanal und erreicht das **Restaurant „Prinz Leopold“** 03. Hier wendet sich der Fernwanderweg rechts in die ruhige Waldmüllerstraße, am Ende auf der Wannseestraße kurz links über den Bäkegraben, ehe er durch die von Villen gesäumte Griebnitzstraße auf die Griebnitzseepromenade wechselt. In Buchenwäldern folgt der Weg dem Ufer des lang gestreckten **Griebnitzsees** und schwingt in Sichtweite der Böckmannbrücke links zum **Hotel-Restaurant „Forsthaus“** 04 am Prinz-Friedrich-Leopold-Kanal in **Kohlhasenbrück**. In rustikalem Forsthaus-Ambiente zwischen Wald und Wasser werden Wildspezialitäten serviert.

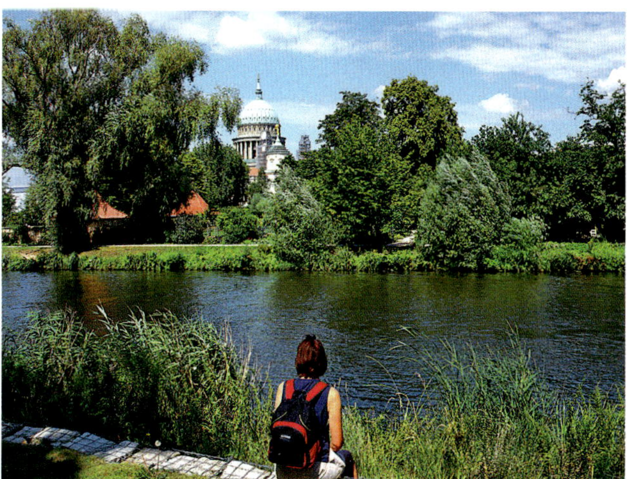

Blick auf die Kuppel der Potsdamer Nikolaikirche

Die alte Ortschaft Kohlhasenbrück an der Grenze zu Potsdam gehört zum Berliner Ortsteil Wannsee des Bezirks Steglitz-Zehlendorf. Unterhalb des Restaurants überquert der E 11 die Verbindung zwischen Griebnitz- und Stölpchensee und taucht ein in die Wälder des Landschaftsschutzgebiets **Düppeler Forst**. Nach Unterqueren der Bahnlinien geht es geradeaus am Rand des Naturschutzgebiets **Großes Fenn**, einem für den Düppeler Forst charakteristischen Moorgebiet, die erste links, am Ende geradeaus und an

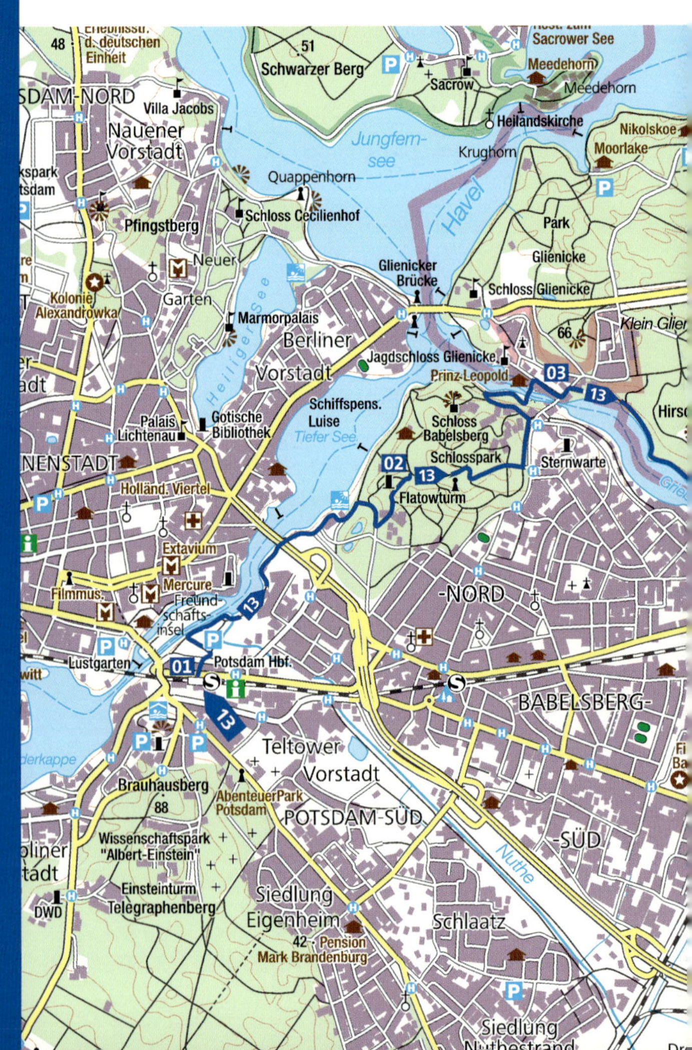

einem Schutzhüttenrondell mit Brunnen vorbei, nun auf dem **Kurfürstenweg** 05. Am Ende des Waldgebiets (Wanderwegeübersichtstafel beachten: Abstecher zum Kleistgrab) führt der Fernwanderweg zur **Potsdamer Chaussee** 06 (Bundesstraße 1) hinab, folgt ihr bis fast zur Wannseebrücke und schwingt dann rechts auf die Ronnebypromenade an der Parkanlage im Süden des **Großen Wannsees** ein. Am Ende leiten die Blaustrich-Markierungen rechts hinauf zum **S-Bahnhof Wannsee** 07.

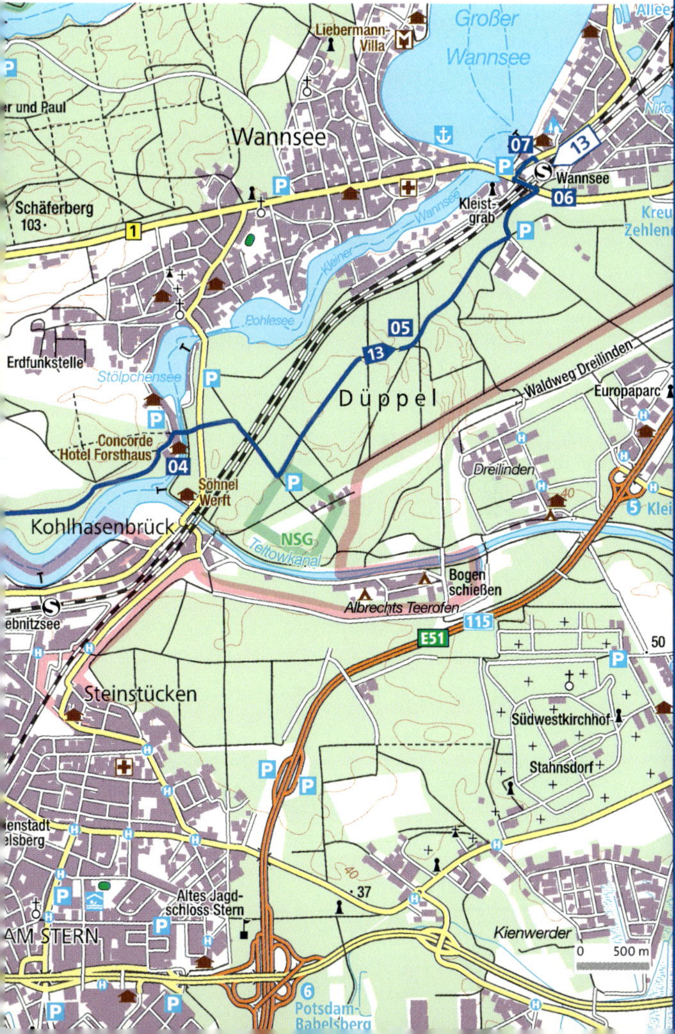

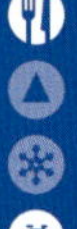

GLIENICKE – PFAUENINSEL – NIKOLSKOE

Weltkulturerbe in der Havel

  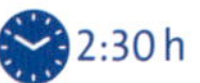 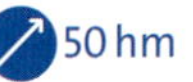 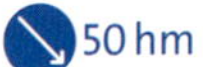 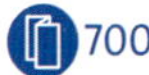

START | Bushaltestelle Schloss Glienicke an der Königstraße; Anfahrt auf der B 1 Potsdam – Berlin, Parkplätze längs der B 1 (Königstraße) [GPS: UTM Zone 33 x: 778.548 m y: 5.814.907 m]
CHARAKTER | Leichte Wald- und Aussichtswanderung auf fast durchgehend fahrradfähigen Wegen

Vom Glienicker Schlosspark führt diese Wanderung längs der Havel zur als UNESCO-Weltkulturerbe ausgewiesenen Pfaueninsel und durch die Laubwälder über dem Hochufer der Havel zum aussichtsreichen Blockhaus Nikolskoe.

▶ Vom Hauptportal auf der Seite der Königstraße ist das klassizistische **Schloss Glienicke** 01 im **Volkspark Glienicke** nach wenigen Schritten erreicht, nach Passieren des Restaurants „Schloss Glienicke Remise" führt der Weg links durch den Landschaftspark zum von Friedrich Schinkel umgebauten **Casino Glienicke**, wo sich ein weiter Blick über die Havel und den Jungfernsee hinweg auf Potsdam mit dem Pfingstberg öffnet. Unterhalb des Casinos führt die Havelpromenade nordwärts teils unter alten Bäumen, teils mit exzellenten Ausblicken – Blickfang ist die Heilandskirche am gegenüberliegenden Ufer des Jungfernsees – an der **Teufelsbrücke** vorbei zum Gartenrestaurant **Moorlake** 02 und weiter zum Fähranleger beim Wirtshaus „Zur Pfaueninsel" gegenüber der **Pfau-**

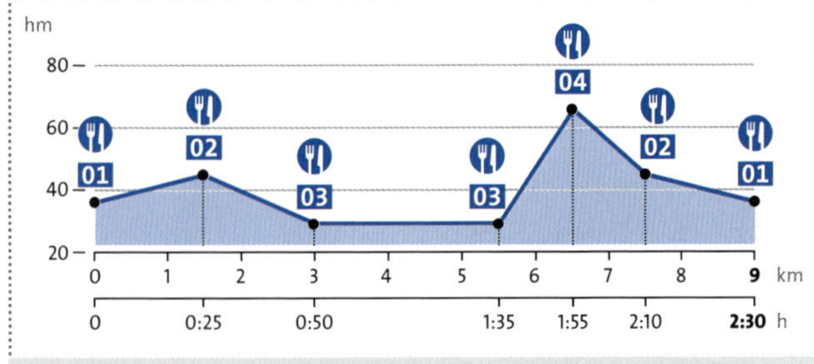

01 Schloss Glienicke, 37 m; 02 Moorlake, 43 m; 03 Fähranleger, 29 m; 04 Blockhaus Nikolskoe, 65 m

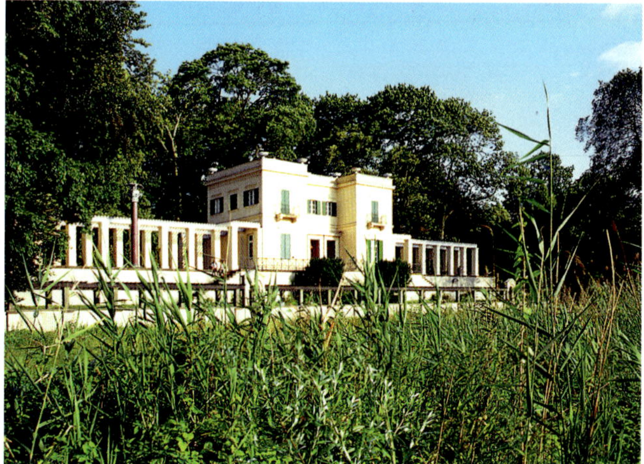

Das Schinkel'sche Casino im Park von Schloss Glienicke

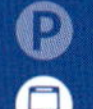

eninsel. Eine Pendelfähre führt auf die autofreie Insel, am Landeplatz der Fähre beim **Fährhaus** 03 (1826) gibt der Hauptweg im Uhrzeigersinn die Route vor. Links liegt das **Kastellanhaus**, in dem

Pfaueninsel

Die Pfaueninsel in der Havel zählt mit dem weißen Schloss, den Garten- und Parklandschaften, dem Luisentempel und dem Rosenlabyrinth zu den herausragenden Sehenswürdigkeiten Berlins; seit 1990 steht das Ensemble aus Architektur und gestalteter Natur als Weltkulturerbe unter dem Schutz der UNESCO. Benannt ist die mit einer Pendelfähre erreichbare, autofreie Insel nach den ab 1795 hier angesiedelten Pfauen. Die Pfauen spazieren frei auf den (Wald-)Wegen umher. Das weiße Schloss entstand 1794–97 als Liebesnest für den mit Luise verheirateten Kronprinzen und nachmaligen König Friedrich Wilhelm III. und seine damalige Geliebte Gräfin Lichtenau. Johann Gottlieb Brendel schuf eine künstliche „gotische" Ruine mit weißer Holzverkleidung und Trompe-l'Œil-Malereien. Die gotisierende Eisenbrücke zwischen den Türmchen wurde 1806 in der Berliner Königlichen Eisengießerei gegossen. Peter Joseph Lenné legte den Rosengarten ab 1821 an, am Beginn der durchgreifenden Umgestaltung der Pfaueninsel zum englischen Landschaftsgarten. Im Rosengarten und im 1989 angelegten Ergänzungsrosengarten (er zeigt die 220 historischen Rosensorten aus Lennés Rosengarten in systematischer Anordnung) verströmen mehr als 1.000 Rosenstöcke aus der Zeit bis 1850 ihren Duft.

der Schlossverwalter und später Hofgärtner bzw. Gutsverwalter wohnte; an den Pyramidenpappeln am Ufer vor dem Haus lag der königliche Landungssteg. Der Weg führt durch einen Laubengang steil bergauf, die junge Linde oben auf der Höhe wurde 1988 in einen 300 Jahre alten hohlen Baum hineingepflanzt; rechts liegt der **Runde Garten**, ein 1822 angelegter Blumengarten, links das 1829/30 nach einem Entwurf von Friedrich Schinkel (1781–1841) und Albert Dietrich Schadow erbaute **Schweizer Haus**. Wenig später erreicht der Weg das kulissenhafte weiße **Schloss**, 1794–96 als künstliche Burgruine errichtet. Am ehemaligen **Palmenhaus**, am Jacobsbrunnen und am Lamabrunnen geht es vorbei zum **Parschenkessel**, einer schilfumgebenen Bucht; auf der Halbinsel dahinter haben Kormorane ihre Nester. Im Norden der Insel erreicht der Weg den turmartigen „gotischen" Bau der **Meierei** (1794/95) und schwingt dann rechts an der **Laichwiese** vorbei; hinter den Wiesen zeigt sich der **Luisentempel**. Am **Kunckelstein** vorbei geht es in Ufernähe weiter zum **Beelitzer Jagdschirm**, einer 1828 durch Anlage eines Teichs entstandene Insel vor der Ostspitze der Pfaueninsel. Weiter südwärts befindet sich einer der schönsten **Rosengärten** Deutschlands, wenig später ist der **Fähranleger** **03** wieder erreicht.

Vom Anleger am Festland geht es kurz rechts und am Ende der Restaurantgebäude auf den Weg, der bergwärts in den Laubwald hinaufführt, an der ersten Kreuzung – rechts ein Aussichtspunkt – geradeaus. An der Kirche **Sankt Peter und Paul**, 1834–37 von August Stüler nach Entwürfen Friedrich Schinkels errichtet, auf **Nikolskoe** bietet sich ein weiter Blick auf die Havel, desgleichen am gleich darauf erreichten Gasthaus **Blockhaus Nikolskoe** **04** (65 m), das auf ein 1819 im russischen Stil errichtetes und nach dem späteren Zaren Nikolaus I. benanntes Blockhaus zurückgeht. Vom Blockhaus an die Straße tretend gehen wir kurz rechts hinauf und zweigen gegenüber einer Parkplatzzufahrt rechts auf den Waldweg ab. Er führt hinab zum am Ausgang eines Tals gelegenen Restaurant **Moorlake** **02**. Dort beginnt am unteren Ende des Parkplatzes links der Waldweg durch den **Glienicker Volkspark** zurück zum **Schloss Glienicke** **01**.

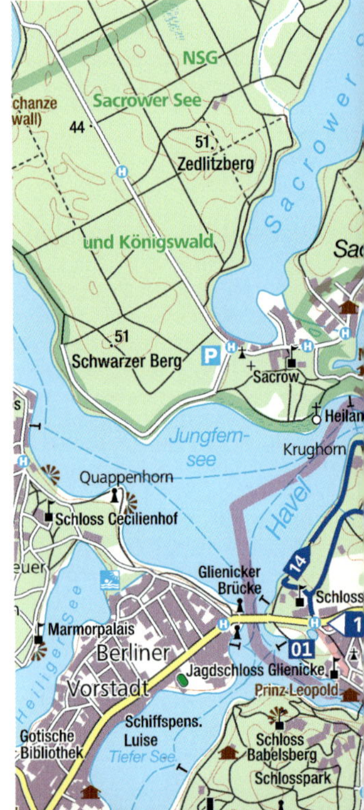

Schloss Glienicke

Schloss Glienicke (37 m) wurde 1824 von Friedrich Schinkel über dem aussichtsreichen Hochufer an der Havel in einem 1816/24-45 von Peter Joseph Lenné als „pleasureground“ angelegten Landschaftspark errichtet und ist Bestandteil des Berlin-Potsdamer UNESCO-Weltkulturerbes. Der englische Name für „Lustgarten“ verweist darauf, dass das Ziel die Schaffung eines romantischen Landschaftsgartens nach englischem Vorbild war. 1824 begann Friedrich Schinkel mit dem Umbau eines alten Billardhauses über dem aussichtsreichen Hochufer an der Havel zum Casino; das Casino bildet heute einen herausragenden Panoramapunkt über der Havel mit einem der besten Sonnenuntergangsblicke. Schinkel leitete auch den Umbau von Schloss Glienicke in Formen des Klassizismus. Heute bildet Schloss Glienicke den Rahmen für Konzerte klassischer Musik, im Sommer finden die Veranstaltungen in der Orangerie des Schlosses statt.

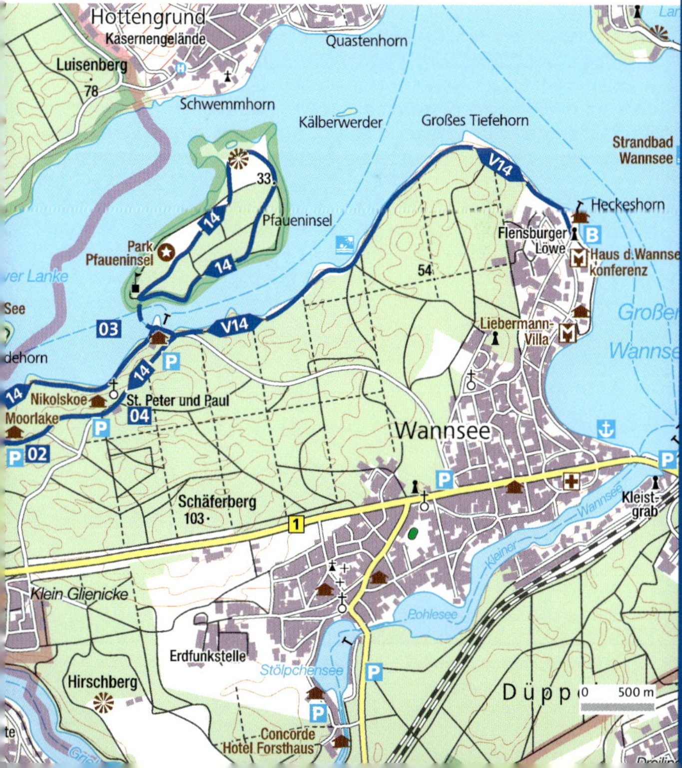

NIKOLASSEE – GRUNEWALDTURM – TEUFELSBERG

Auf dem Havelhöhenweg am Wannsee

 12 km  3:15 h 120 hm 110 hm 700, 745

START | Bahnhof Nikolassee an der Alemannenstraße im Berliner Ortsteil Nikolassee des Bezirks Steglitz-Zehlendorf; Anfahrt auf der A 115 (Avus), Ausfahrt Spanische Allee
[GPS: UTM Zone 33 x: 785.074 m y: 5.817.292 m]
CHARAKTER | Waldwanderung auf Pfaden und Wegen, nicht für Fahrräder zu empfehlen

Der Havelhöhenweg durch den Grunewald zählt zu den attraktivsten Wanderrouten in Berlin. Ihm folgt der Europäische Fernwanderweg 11 bis zur Lieper Bucht und leitet dann via Grunewaldturm über den aussichtsreichen Teufelsberg.

Nach Verlassen des **Bahnhofs Nikolassee** 01 durch den Ausgang „Strandbad Wannsee“ führt links bei den Bushaltestellen eine Fußgängerbrücke über die Avus-Autobahn, wobei nun die Blaustrich-Markierung des Europäischen Fernwanderwegs 11 die Route vorgibt.
Nach Überqueren der Avus geht es auf dem autofreien Rosemeyerweg zu einer Ampelkreuzung und dahinter geradeaus auf der Wander- und Radallee neben dem Wannseebadweg. Vor dem Eingang des **Strandbads Wannsee** 02 geht es rechts, am Ende

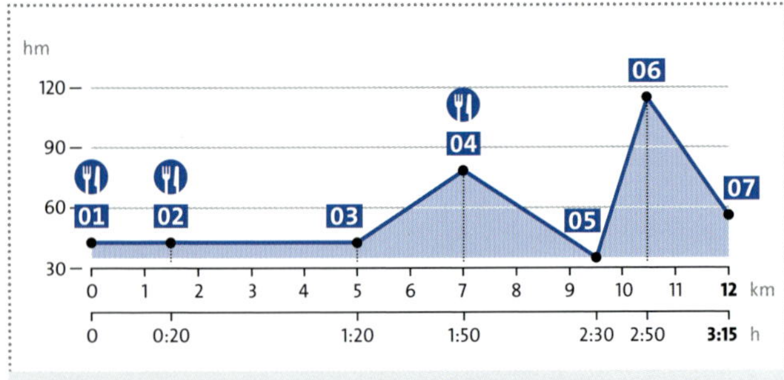

01 Bhf. Nikolassee, 40 m; 02 Wannsee, 40 m; 03 Lieper Bucht, 40 m; 04 Grunewaldturm, 78 m; 05 Teufelssee, 35 m; 06 Teufelsberg, 115 m; 07 S-Bhf. Heerstraße, 56 m

Teufelsberg und Teufelssee

Der Teufelsberg im Grunewald ist eine 1950–72 aus Trümmerschutt errichtete und danach begrünte Doppelkuppe, die mit den gleich hohen Müggelbergen die höchste Erhebung Berlins bildet und faszinierende Ausblicke auf die Stadt und die Havelseen gewährt. Beide Kuppen tragen Freizeitanlagen (Rodelbahn, Kletterfelsen, Skischanze usw.) und sind durch ein dichtes Netz von Spazierwegen erschlossen. Die östliche Kuppe wird als Drachenfluggelände genutzt.
Benannt ist der Teufelsberg nach dem Teufelssee, einem Moorsee mit Badestelle im Naturschutzgebiet Teufelsfenn. Das am See 1872 errichtete Wasserwerk wird heute als Ökowerk genutzt und ist als Baudenkmal ausgewiesen.

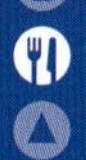

halb links auf einem Waldweg, der zur Havel führt; schon bald laden Sitzbänke an einer Aussichtsstelle mit Blick zur Pfaueninsel zur Rast ein.
Nach Queren der Straße vor der Insel **Schwanenwerder** führen Stufen aufwärts im Wald. An der Abbruchkante des Hochufers geht es im Wald über den halbinselartigen Vorsprung **Großes Fenster**, zwischen den Bäumen bieten sich immer wieder Ausblicke auf den Wannsee.
Schließlich geht es an der Badebucht **Große Steinlanke** längs der oberen Straße (Havelchaussee) links weiter unter alten Eichen bis zur Bushaltestelle „Große Steinlanke", dort halb rechts hinauf auf den Stufen und weiter längs der Abbruchkante des Hochufers; nach dem ersten Zwischenabstieg kann man rechts zum Schlachtensee gehen.
Bald nach Passieren einer Sitzbank mit Blick auf die Insel Lindwerder führt der Weg eine Zeit lang waldeinwärts, bis der Havelhöhenweg zu den Sandstränden der **Lieper Bucht** 03 hinabführt. Bald darauf wechselt der E 11 rechts in den Wald und führt hinauf zum **Grunewaldturm** 04. Aus dem Turm tretend, geht es geradeaus zur Havelchaussee und nach Queren der Straße rechts, bis etwa gegenüber der Bushaltestelle die Blaustrich-Markierung links in den Wald hineinführt. Unten am Wegweiserstein geht es links weiter Richtung Saubucht und nach wenigen Metern halb rechts, am Forsthaus **Alte Saubucht** links und am Ende des Zauns rechts hinab.
Der gleich darauf erreichte Weg bietet Einblicke in das Naturschutzgebiet Saubucht und leitet weiter zum **Teufelssee** 05, wo sich eine Liegewiese und eine Badestelle befinden. Nach Passieren von Bistro und Parkplatz folgt der E 11 kurz der Zufahrt (Teufelsseechaussee) und schwingt sich dann links hinauf auf den **Teufelsberg** 06, auf dem sich ausgezeichnete Ausblicke bieten.
Vom Teufelsberg führt der E 11 über den nördlich anschließenden **Drachenberg**, wo der Abstieg beginnt. Kurz vor dem Waldrand wechseln wir rechts auf die Teufelsseechaussee, die zum **S-Bahnhof Heerstraße** 07 an der Boyenallee im Bezirk **Charlottenburg-Wilmersdorf** führt.

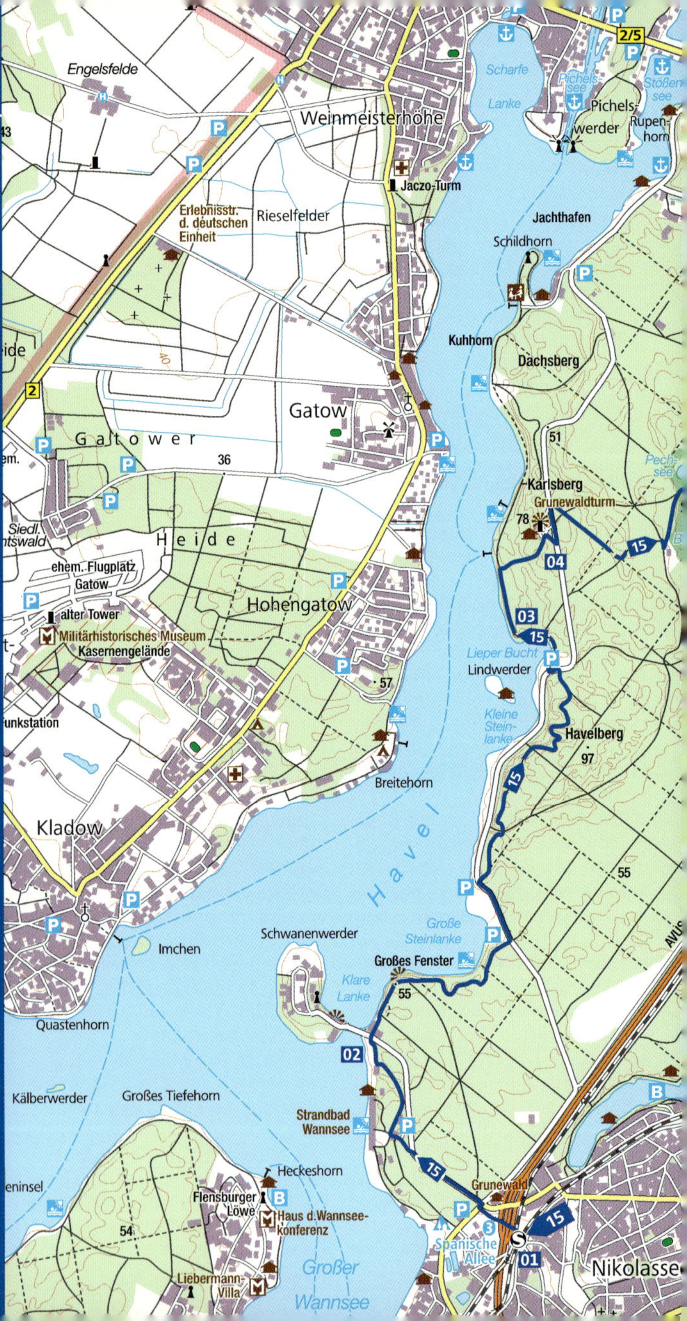

Engelsfelde
Weinmeisterhöhe
Scharfe Lanke
Pichelssee
Pichelswerder
Rupenhorn
Stößensee
2/5
Jaczo-Turm
Erlebnisstr. d. deutschen Einheit
Rieselfelder
Jachthafen
Schildhorn
Kuhhorn
Dachsberg
Gatow
Gatower Heide
36
51
Pechsee
Karlsberg
Grunewaldturm
78
Siedl.
ehem. Flugplatz Gatow
alter Tower
Militärhistorisches Museum
Kasernengelände
Hohengatow
Lieper Bucht
Lindwerder
57
Funkstation
Kleine Steinlanke
Havelberg
97
Breitehorn
Kladow
Havel
55
Schwanenwerder
Imchen
Große Steinlanke
Großes Fenster
Klare Lanke
55
Quastenhorn
Kälberwerder
Großes Tiefehorn
Strandbad Wannsee
Heckeshorn
Flensburger Löwe
Haus d. Wannsee-konferenz
54
Liebermann-Villa
Großer Wannsee
Grunewald
Spanische Allee
Nikolassee
01
02
03
04
15
2
40
43
AVUS

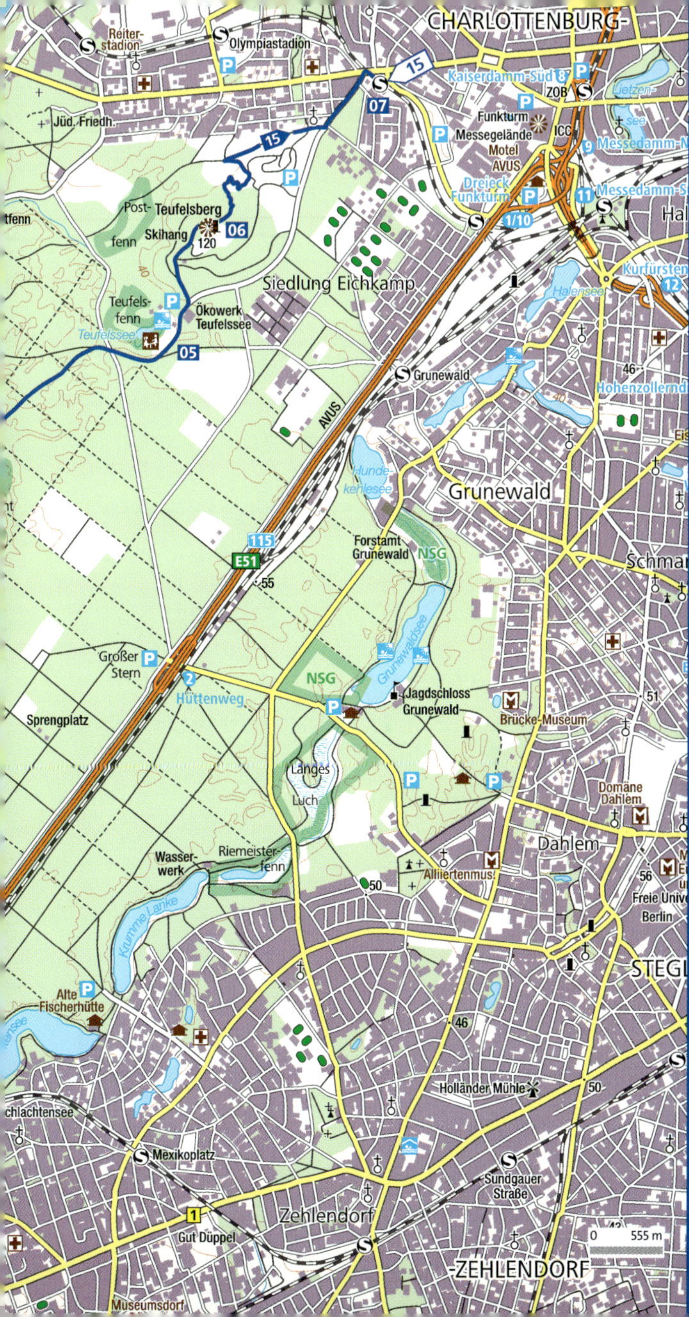

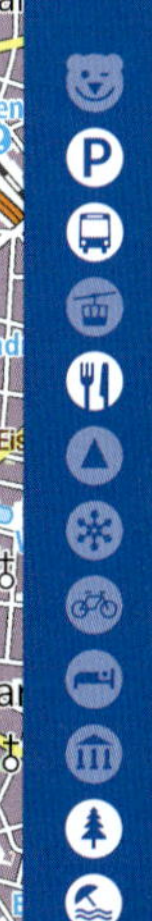

CHARLOTTENBURG-

Reiter-stadion
Olympiastadion
Jüd. Friedh.
Kaiserdamm-Süd
ZOB
Funkturm
Messegelände
ICC
Motel
AVUS
Dreieck Funkturm
Messedamm-
Post-fenn
Teufelsberg
Skihang
120
Siedlung Eichkamp
Teufels-fenn
Teufelssee
Ökowerk Teufelssee
Halensee
Kurfürsten
Grunewald
Hohenzollernd
AVUS
Hunde-kehlesee
Grunewald
Forstamt Grunewald
NSG
E51
115
Schmar
Grunewaldsee
Großer Stern
Hüttenweg
Jagdschloss Grunewald
Brücke-Museum
Sprengplatz
Langes Luch
Domäne Dahlem
Dahlem
Wasser-werk
Riemeister-fenn
Alliiertenmus.
Krumme Lanke
Freie Univ
Berlin
STEGL
Alte Fischerhütte
Holländer Mühle
Schlachtensee
Mexikoplatz
Sundgauer Straße
Zehlendorf
Gut Düppel
-ZEHLENDORF
Museumsdorf
0 555 m

FISCHERHÜTTE – SCHLACHTENSEE – KRUMME LANKE

Seenwanderung im Grunewald

 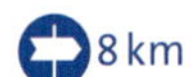 8 km  2:00 h  20 hm 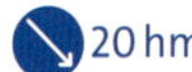 20 hm 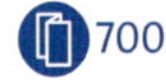 700

START | Parkplatz am Ende der Fischerhüttenstraße in Zehlendorf; Anfahrt auf der A 115 (Avus), Ausfahrt Spanische Allee; U-Bahnhof Krumme Lanke und durch die Fischerhüttenstraße zum Ausgangspunkt [GPS: UTM Zone 33 x: 787.213 m y: 5.819.251 m]
CHARAKTER | Leichte Waldwanderung auf fahrradfähigen Wegen

Die Wanderung rund um die von Wäldern eingefassten Wasserspiegel von Schlachtensee und Krummer Lanke im Grunewald kann man immer wieder unternehmen.
Der Schlachtensee am Rand des Grunewalds im Bezirk Steglitz-Zehlendorf ist einer der ältesten schriftlich belegten Plätze im Berliner Raum, 1242 wird er mit dem wendischen Namen „Slatensee" erstmals erwähnt, der Siedlungsname „Slatdorp" lebt in Café- u. a. Namen bis heute fort. Wie die Legende berichtet, sollen die Slawen vom Slatensee ihren Kultplatz am benachbarten „Tusen" gehabt haben, der nach der Christianisierung in „Nikolassee" umbenannt wurde, nach Nikolaus von Myra. Der „Weihnachtsnikolaus" soll dort einen Knaben vor der „Opferung" (Schlachtung) bewahrt haben. Mit 42,1 ha ist der Schlachtensee fast dreimal so groß wie die Krumme Lanke (15,4 ha), an beiden Seen gibt es Badestellen.

▶ Vor der Wanderwegeübersichtstafel an der Wendeschleife am Ende der **Fischerhüttenstraße**

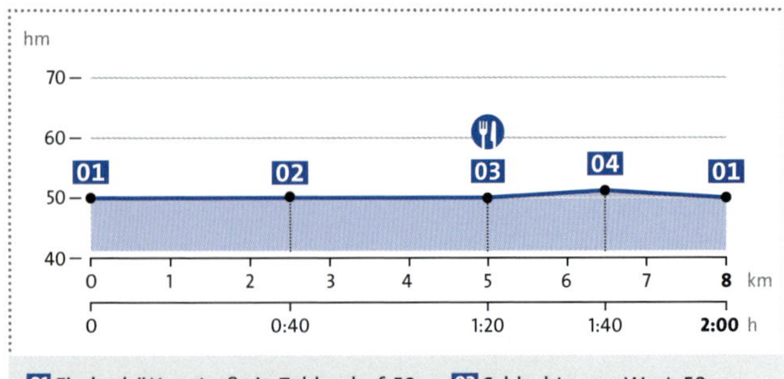

01 Fischerhüttenstraße in Zehlendorf, 50 m; 02 Schlachtensee West, 50 m; 03 Fischerhütte, 50 m; 04 Krumme Lanke Ost, 51 m

in Zehlendorf 01 zeigt das Schild „Schlachtensee" links (südwestwärts) in den Wald hinein zum **Schlachtensee** 02, an dessen Ostbucht das Hotel-Restaurant **Fischerhütte** 03 zur Einkehr einlädt. Im Uhrzeigersinn geht es weiter auf der Uferpromenade, wobei die Blaustrich-Markierung des Europäischen Fernwanderwegs 11 die Route weist. Gegenüber der Fischerhütte befindet sich eine erste Badestelle, die Uferpromenade führt unter alten Laubbäumen am See entlang, Sitzbänke laden zum Verweilen ein, links befinden sich Villengrundstücke, an vielen Stellen wird gebadet, die Uferpassagen mit Schilfgürteln werden renaturiert. Während der Fernwanderweg den See an der Westbucht verlässt, wechselt die Promenade ans Nordufer und folgt ihm unter alten Bäumen zurück Richtung Fischerhütte, anfangs in direkter Nähe zur AVUS.

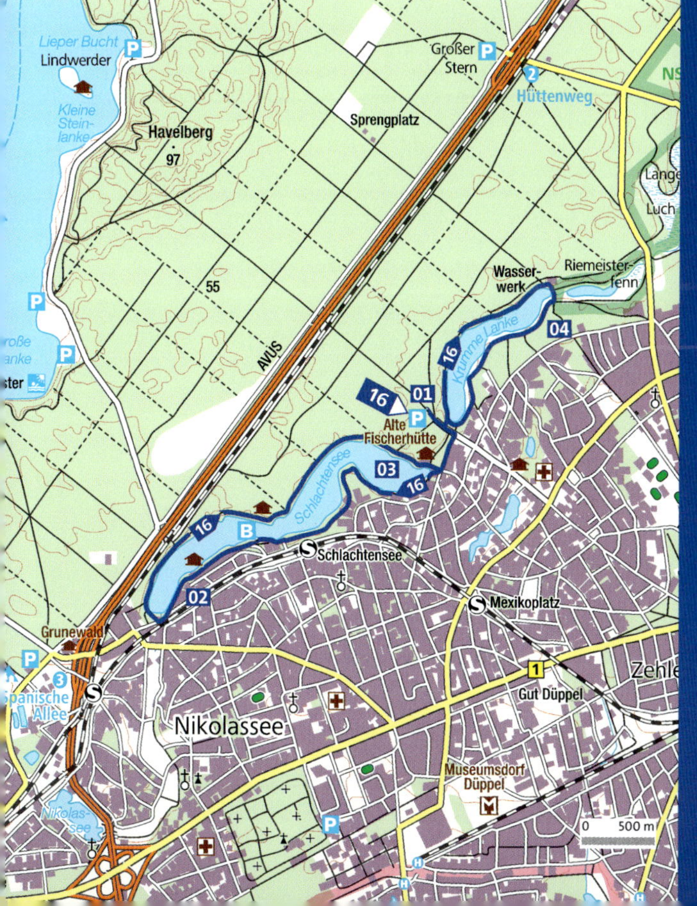

AVUS

Durch den Grunewald wurde ab dem Ersten Weltkrieg als Automobilrennstrecke die AVUS gebaut, die Abkürzung steht für Automobil-Verkehrs- und Übungsstraße. Der Strecke folgt die heutige Bundesautobahn A 115. Die fast 20 km lange Avus mit zwei Fahrbahnen von je 7,80 m Breite war nicht ausschließlich als Rennstrecke ausgelegt, sondern galt bei ihrer Eröffnung 1921 als die bestausgebaute Autostraße Europas. Sie sollte den wichtigen Verkehrsweg von Berlin nach Westen Richtung Magdeburg verbessern. Sieger des gut besuchten ersten Automobilrennens auf der AVUS 1921 war Fritz von Opel, der eine Durchschnittsgeschwindigkeit von 130,4 km/h erreichte.

Auch die Umrundung der **Krummen Lanke** 04 sollte man sich nicht entgehen lassen. Der Weg führt unter alten Laubbäumen dahin, bald laden aussichtsreiche Sitzbänke zur Rast ein. Beim Unterstellpilz am Nordostende des Sees besteht die Möglichkeit, längs des Fenngrabens Richtung Grunewaldsee weiterzuwandern. Nach Überqueren des **Fenngrabens** auf der Brücke taucht wieder die Blaustrich-Markierung des Europäischen Fernwanderwegs 11 auf. Sie führt rechts an einem Badestrand vorbei und leitet unter alten Bäumen parallel zum Ufer der Krummen Lanke zurück zum Ausgangspunkt beim Restaurant **Fischerhütte** 01.

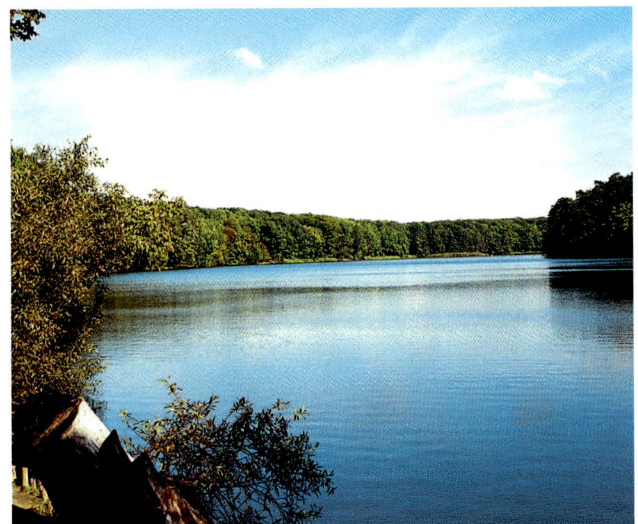

Am Schlachtensee

LIEPER BUCHT – SCHILDHORN – GRUNEWALDTURM

Idyllische Havel- und Grunewald-Promenade

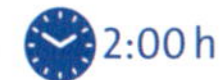

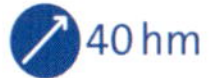

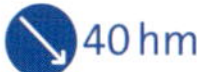

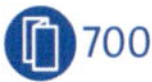

START | Parkplatz an der Lieper Bucht an der Havelchaussee in unmittelbarer Nähe der Bushaltestelle Lindwerder; Anfahrt auf der A 115 (Avus) Berlin – Berliner Ring, Ausfahrt Spanische Allee, weiter Richtung Wannsee und an der ersten Ampelkreuzung rechts auf den Kronprinzessinnenweg
[GPS: UTM Zone 33 x: 785.081 m y: 5.821.551 m]
CHARAKTER | Leichte Ufer- und Waldwege

Der ufernahe Weg längs der Havel zum sagenumwobenen Schildhorn mit dem Stüler-Denkmal zählt zu den schönsten Promenaden des Grunewalds; einen großartigen Rundblick erlaubt der Grunewaldturm.

▶ Vom ersten Badestrand an der **Lieper Bucht** 01 führt die Promenade unterhalb des Parkplatzes zu einem zweiten Strand und an weiteren kleinen Badestellen vorbei. Dahinter geht es mit zahlreichen Aussichtsstellen weiter längs des Uferbereichs. Imposante Eichen und Kiefern begleiten den Weg, der Blick fällt hinüber auf das bewaldete Gatower Ufer der Havel. Später passiert der Weg weitere Badestellen, darunter die unterhalb des **Grunewaldturms** und die am **Kuhhorn**. Der Uferweg leitet weiter zur Badestelle **Schildhorn** 02 an der aussichtsreichen Nordspitze der gleichnamigen Halbinsel; ein Pfad führt zum **Schildhorn-Denkmal** (1845) von Friedrich Stüler. Wenig später lädt beim Parkplatz

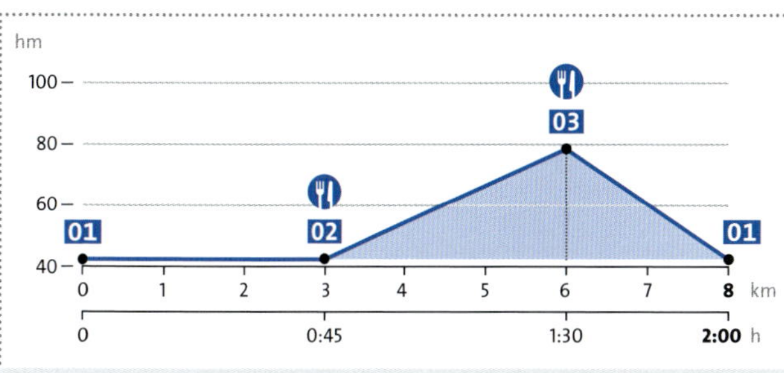

01 Lieper Bucht, 40 m; 02 Schildhorn, 40 m; 03 Grunewaldturm, 78 m

Schildhorn-Denkmal

Der Name der Havelhalbinsel Schildhorn erinnert an die Kämpfe zwischen dem brandenburgischen Markgrafen Albrecht dem Bären und dem Wendenfürsten Jaczo von Köpenick 1157. Nach der Rückeroberung der Brandenburg besiegte Albrecht den Wenden vernichtend bei Spandau. Während der Flucht gelangte Jaczo an die seeartig weite Havel, durchschwamm sie mit seinem Pferd und schüttelte die Verfolger ab. Als ihn kurz vor einer Halbinsel die Kräfte verließen, gelobte er – wie die Legende weiß –, sich taufen zu lassen, sollte ihm das Erreichen des Ufers gelingen. Gerettet, hängte er Schild und Schwert an einen Baum und ließ sich taufen. Zur Erinnerung an die fromme Legende ließ König Friedrich Wilhelm IV. 1845 auf der Halbinsel einen Sandstein-Pfeiler nach einem Entwurf Friedrich Stülers errichten. Stüler gab dem Pfeiler die Form eines Baumstumpfs, an dessen angedeuteten Zweigen Jaczos Waffen hängen; auf halber Höhe hängt der Schild, den krönenden Abschluss bildet ein Scheibenkreuz.

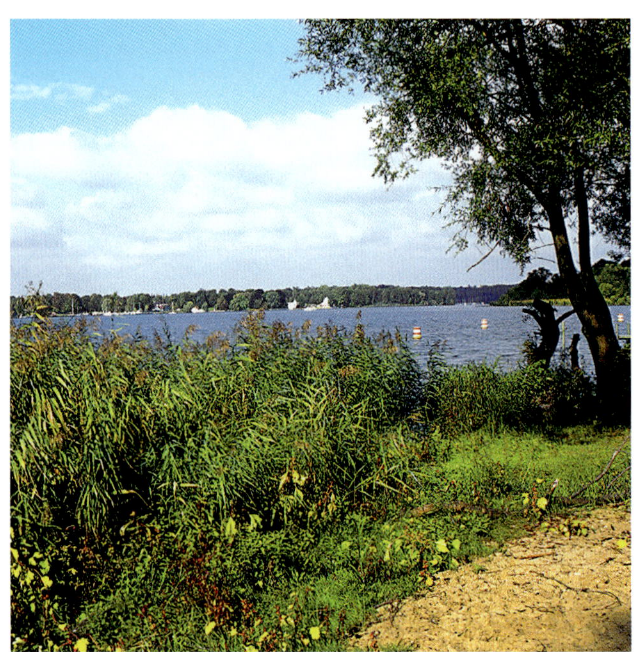

Von der Badestelle unterhalb des Grunewaldturms fällt der Blick über die Havel hinweg zu den Villen von Gatow

das Restaurant des Seehotels „Grunewald" zur Einkehr ein. Hinter dem Ende des Parkplatzes zweigt der Wanderweg rechts auf den Pfad in den Wald hinauf ab, folgt oben der Havelchaussee rechts an der Bushaltestelle „Havelweg" vorbei und wechselt vor der Rechtskurve geradeaus auf den Forstweg Schwarzer Weg Richtung „Forsthaus Alte Saubucht". An der Wegespinne mit der Schutzhütte nahe des namensgebenden Naturschutzgebiets Saubucht leitet die Blaustrich-Markierung des Europäischen Fernwanderwegs 11 rechts weiter durch den Wald zum **Grunewaldturm** 03. Dort führt vom Gartenrestaurant der Weg Richtung „Havel" durch den Wald zurück zur **Lieper Bucht** 01.

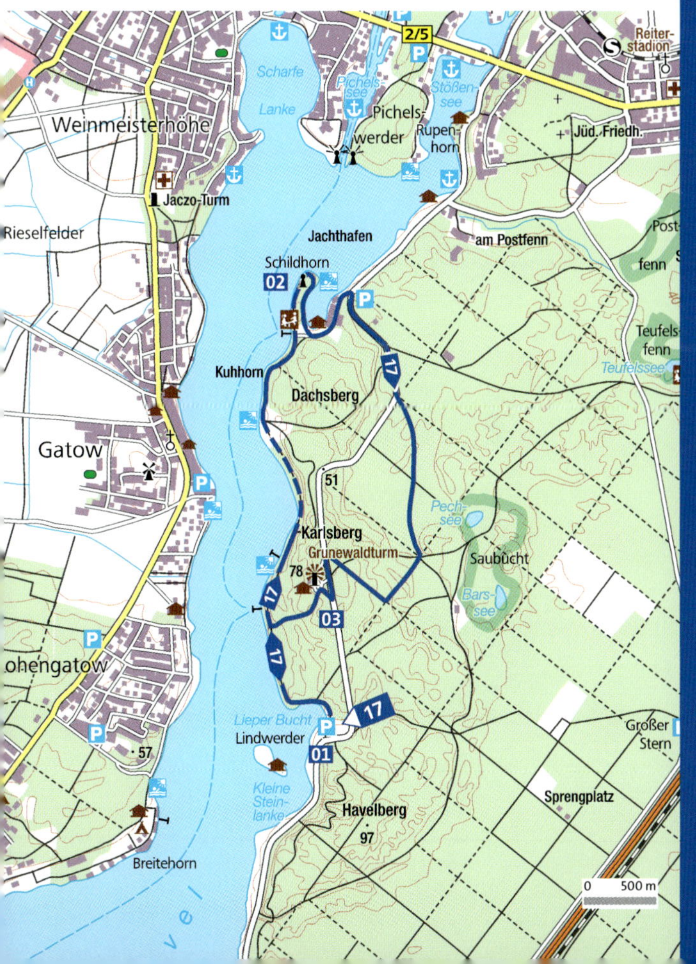

ALT-TREPTOW – WUHLHEIDE – KÖPENICK

Vom Treptower Park spreeaufwärts auf dem E 11

 11 km 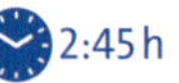 2:45 h 20 hm 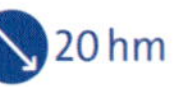 20 hm 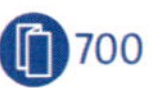 700

START | S-Bahnhof Treptower Park an der Puschkinallee (Bundesstraße 96 a) im Ortsteil Alt-Treptow des Bezirks Treptow-Köpenick in Berlin; Anfahrt auf der A 113, am Ende abzweigen auf die B 96 a Richtung Zentrum
[GPS: UTM Zone 33 x: 802.827 m y: 5.825.264 m]
CHARAKTER | Park- und Waldwanderung auf fahrradfähigen Wegen

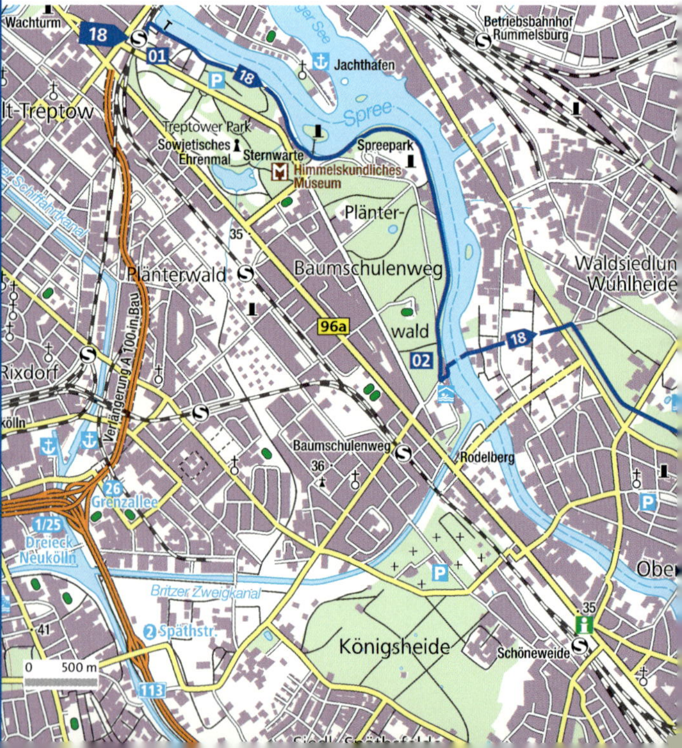

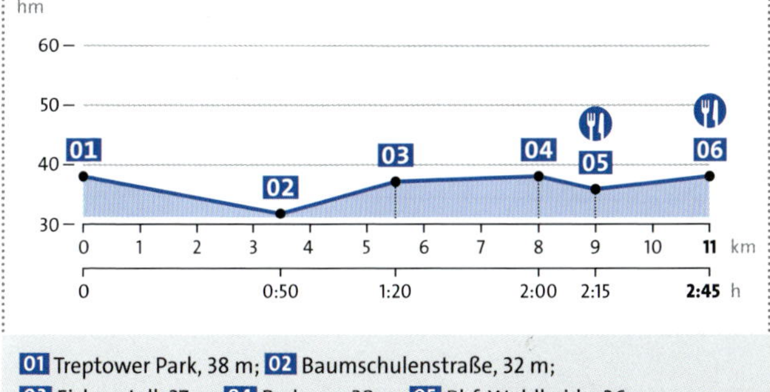

01 Treptower Park, 38 m; 02 Baumschulenstraße, 32 m; 03 Eichgestell, 37 m; 04 Badesee, 38 m; 05 Bhf. Wuhlheide, 36 m; 06 S-Bhf. Köpenick, 38 m

Vom Treptower Park führt der Europäische Fernwander-weg 11 längs der Spree und durch den Volkspark Wuhlheide auf fahrradfähigen Wegen nach Köpenick.

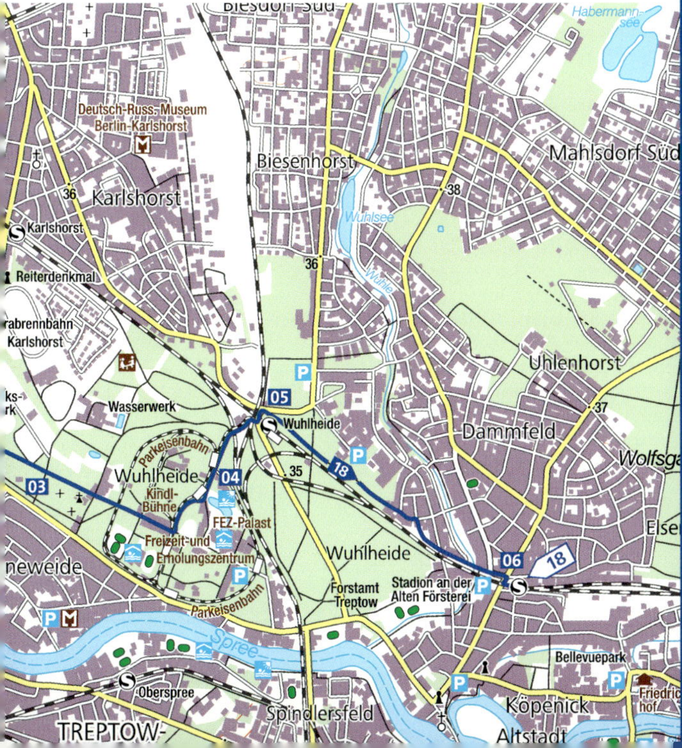

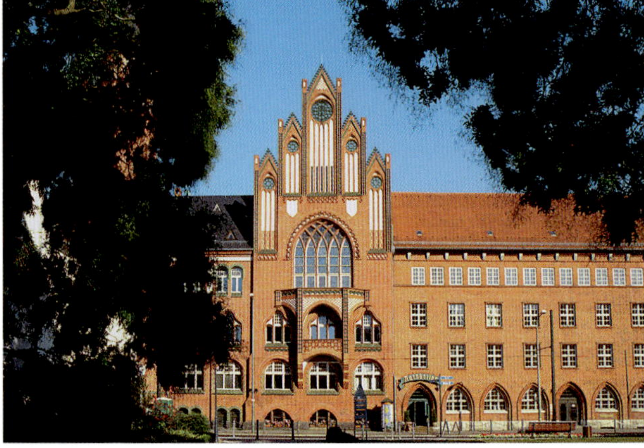

Das Rathaus in Köpenick

▶ Der **Treptower Park** 01 mit dem sowjetischen Ehrenmal für Stalins Rote Armee liegt direkt an der Spree im Ortsteil Alt-Treptow des Bezirks Treptow-Köpenick im Osten Berlins. Vom S-Bahnhof Treptower Park geht es in den Park, wo die Blaustrich-Markierung zur Anlegestelle der Spree-Ausflugsschiffe weist und nun immer der Uferpromenade folgt. Bald ist rechts der Springbrunnen am **Rosengarten** zu sehen, dahinter lohnt der kurze Abstecher zum martialischen **Sowjetischen Ehrenfriedhof**.

Der Fernwanderweg folgt weiter der Spreepromenade, passiert bei der Archenhold-Sternwarte die eiserne Bogenbrücke zur **Insel der Jugend** und führt am Rand des **Plänterwalds** entlang, bis an der Haltestelle **Baumschulenstraße** 02 die städtische Fähre F 11 zur Kleingartenkolonie **Wilhelmstrand** am gegenüberliegende Ufer übersetzt; die Fähre fährt alle 20 Minuten. Dort führt der E 11 zwischen Schrebergärten kurz landeinwärts, Nalepastraße rechts und sofort links Fritz-König-Weg, nach Queren der Rummelsburger Landstraße geradeaus (Am Walde), am Ende geradeaus in den Wald und gleich die erste rechts. An der ersten Straße (Treskowallee) wendet sich der E 11 kurz rechts und biegt kurz vor der Brücke links auf die autofreie Eichenallee **Eichgestell** 03 ein. Sie führt lange Zeit durch den **Volkspark Wuhlheide**.

Nach Passieren des **Badesees** 04 und nach Unterqueren der Bahntrassen und der Straßenbrücke am Ostrand des Parks geht es die Stufen rechts hinauf und über die Straßenbrücke zum Eingang des **Bahnhofs Wuhlheide** 05. Der Fernwanderweg folgt kurz der Köpenicker Straße ostwärts, zweigt dann halb rechts in den Wald hinein ab und führt auf einem schönen Waldweg parallel zur Bahnlinie links. Der Waldweg mündet auf die ruhige Birnbaumer Straße, auf der es kurz geradeaus geht, bis der Fernwanderweg rechts dem Fluss Wuhle zum **S-Bahnhof Köpenick** 06 folgt.

KÖPENICK – SPREETUNNEL – FRIEDRICHSHAGEN

Vom Köpenicker Schloss zur Flaniermeile von Friedrichshagen

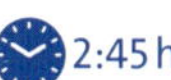

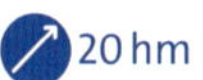

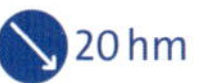

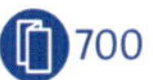

START | S-Bahnhof Köpenick, Bahnhofstraße 1, im Ortsteil Köpenick des Bezirks Treptow-Köpenick im Südosten Berlins [GPS: UTM Zone 33 x: 811.142 m y: 5.821.923 m]
CHARAKTER | Stadt-, Park- und Uferwanderung auf meist fahrradfähigen Wegen

Von der Mündung der Dahme in die Spree und dem Köpenicker Schloss geht es längs der Müggelspree zum Müggelsee und durch den Spreetunnel nach Friedrichshagen.

▶ Nach Verlassen des **S-Bahnhofs Köpenick** 01 durch den Südausgang führt die Bahnhofstraße durch die Köpenicker **Dammvorstadt**, bis links die Seelenbinderstraße abzweigt, die sich hinter dem Mandrellaplatz fortsetzt. An der Bushaltestelle „Gelnitzstraße" taucht die Blaustrich-Markierung des Europäischen Fernwanderwegs 11 auf, leitet rechts in den **Bellevuepark** 02 und zweigt hinter der Erpebrücke rechts auf die von alten Laubbäumen überdachte Promenade längs des Bachs ab. An der Friedrichshagener Straße geht es kurz rechts, dann links in der Grünanlage weiter längs der Erpe bis zu ihrer Mündung in die

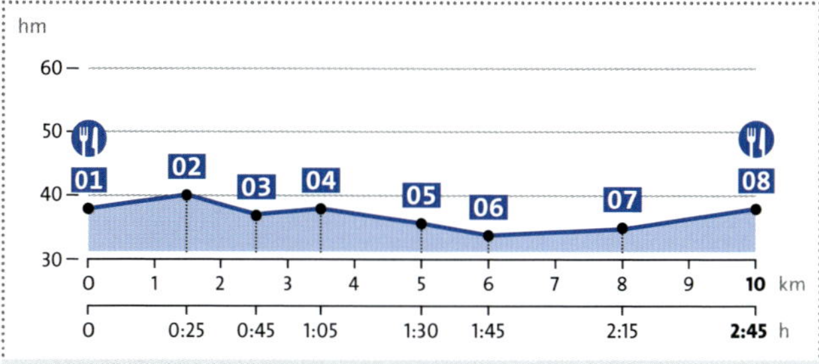

01 S-Bhf. Köpenick, 38 m; 02 Bellevuepark, 40 m; 03 Platz des 23. April, 37 m; 04 Schloss Köpenick, 38 m; 05 Wendenschlossstraße, 36 m; 06 Salvador-Allende-Brücke, 34 m; 07 Spreetunnel, 35 m; 08 S-Bhf. Friedrichshagen, 38 m

Der Hauptmann von Köpenick

Der mehrfach vorbestrafte Schuster Wilhelm Voigt befahl am 16. Oktober 1906 in einer beim Trödler erworbenen Hauptmannsuniform zehn Gardesoldaten, ihn nach Köpenick zu begleiten. Dort ließ er „im Namen des Kaisers" den Bürgermeister u. a. Stadtobere verhaften und beschlagnahmte die Stadtkasse mit 4.000 Mark und 70 Pfennigen. Der Bürgermeister gab später zu Protokoll, er habe geglaubt, einen Wahnsinnigen vor sich zu haben, habe jedoch wegen der Hauptmannsuniform nicht zu widersprechen gewagt. Einen Tag später lief die Großfahndung an, das Regierungspräsidium setzte für Hinweise 2.000 Mark Belohnung aus, die „Köpenickiade" wurde Gesprächsthema in ganz Deutschland. Im Berliner Metropol-Theater marschierten „Soldaten" auf, die nichts weiter taten, als zu allen unsinnigen Befehlen eines „Hauptmanns" zu nicken. Die Köpenickiade wurde zum Symbol für kritiklosen Untertanengeist und avancierte in der Dramatisierung von Carl Zuckmayer (1931) und in mehreren Filmen zu einem der größten deutschen Bühnen- und Leinwanderfolge des 20. Jhs.

Alte Spree; Bänke laden zur Rast ein.

Der Fernwanderweg folgt der Wasserlinie mit Blick auf die Baumgarteninsel; in der Parkanlage **Platz des 23. April** **03** steht rechts das Mahnmal für die Opfer der „Köpenicker Blutwoche". Gute Aussicht bietet die **Dammbrücke** an der Mündung der Dahme in die Spree, südlich der Brücke führt die Dahmepromenade am Rand der Altstadt – links das Köpenicker Rathaus – durch den **Luisenhain** zum barocken **Köpenicker Schloss** **04**. Aus dem Schloss tretend gehen wir halb rechts über den Platz mit den Haltestel-

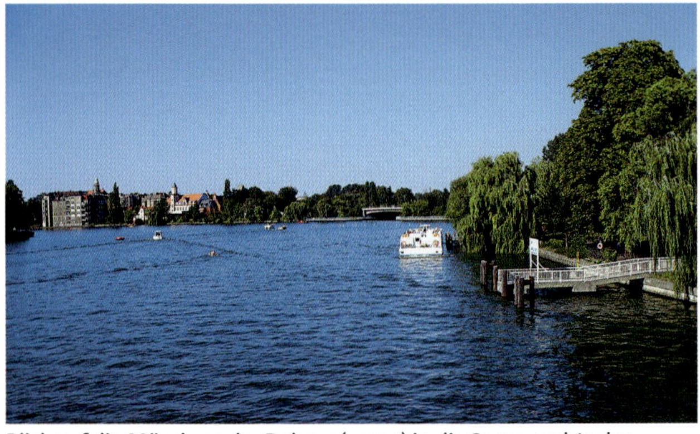

Blick auf die Mündung der Dahme (vorne) in die Spree, rechts der Anleger am Luisenhain

len und geradeaus weiter durch die Grünstraße, am Ende rechts Kietzer Straße, dann Amtsstraße links und am Ende geradeaus über den Parkplatz zur Promenade an der Spree. Der **Stichkanal** zwingt die Promenade rechts zur **Wendenschlossstraße** **05**, ihr folgt der Fernwanderweg bis zur Salvador-Allende-Straße, dort kurz links und vor der **Salvador-Allende-Brücke** **06** rechts auf die Uferpromenade längs der Müggelspree. Kurz vor Erreichen des Spreetunnels befindet sich eine Badestelle mit Liegewiese. Nach Durchqueren des **Spreetunnels** **07** bietet sich ein schöner Blick über den **Müggelsee**. Bei erster Gelegenheit wenden wir uns links und gleich rechts, queren an der Ampel den Müggelseedamm und laufen „die Bölsche" – die Hauptgeschäftsstraße von **Friedrichshagen** mit unterschiedlichsten Einkehrmöglichkeiten und Geschäften – bis zum **S-Bahnhof Friedrichshagen** **08**.

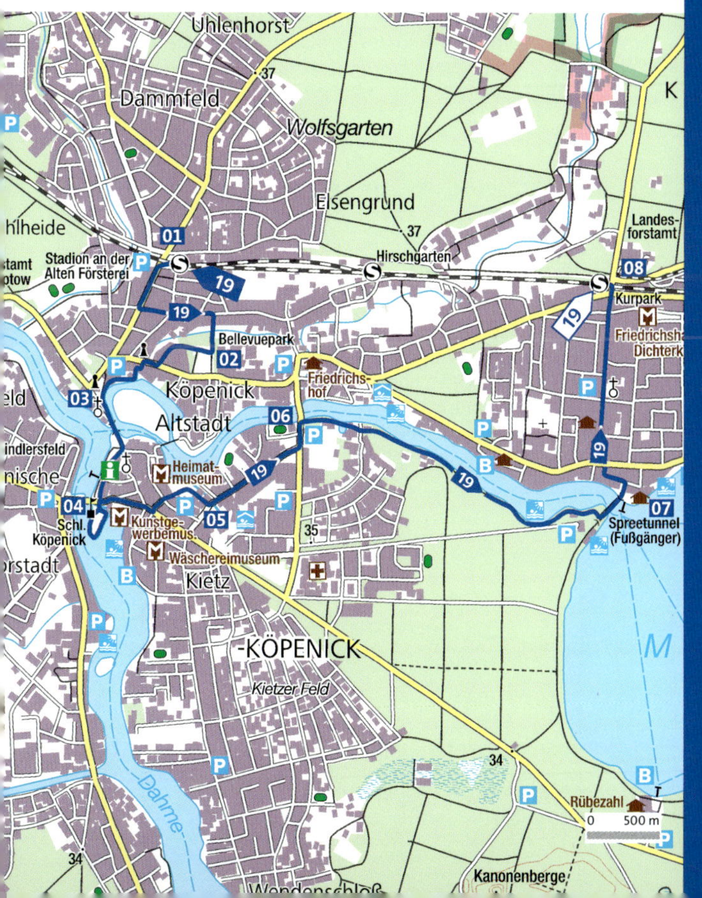

FRIEDRICHSHAGEN – HOPPEGARTEN – NEUENHAGEN

Durch das grüne Erpetal

  12 km  3:10 h  30 hm  30 hm 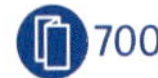 700

START | S-Bahnhof Friedrichshagen am Fürstenwalder Damm 484, Abzweigung Dahleicher Landstraße/Bölschestraße/Schöneicher Straße im Ortsteil Friedrichshagen des Bezirks Treptow-Köpenick; Anfahrt auf der A 10 Berliner Ring-Ost, Ausfahrt Erkner, dann via Erkner weiter Richtung Berlin/Köpenick
[GPS: UTM Zone 33 x: 814.109 m y: 5.821.991 m]
CHARAKTER | Vom Naturbild her idyllische Wiesental- und Waldwanderung auf Wegen, zum Teil schmalen Pfaden und sandigen Waldwegen

Vom Friedrichshagener Kurpark führt der Europäische Fernwanderweg 11 durch die Wiesen und Wälder des Erpetals zur Galopprennbahn Hoppegarten und in die Gartenstadt Neuenhagen.

▶ Der Europäische Fernwanderweg 11, namentlich ausgeschildert und markiert mit unterschiedlichen Strich-Zeichen, unterquert die Bahnanlagen am **S-Bahnhof Friedrichshagen** 01 von Süd (Bölschestraße) nach Nord (Dahlwitzer Landstraße). Nach Unterqueren des Bahnkörpers geht es schräg links durch den **Kurpark Friedrichshagen**, am Asphaltweg hinter dem Kurpark kurz links, dann rechts auf der Brücke über das Neuenhagener Mühlenfließ, die Erpe. Die E11-Markierung führt durch die Kleingartenanlage **Wiesengrund** und wechselt am Wal-

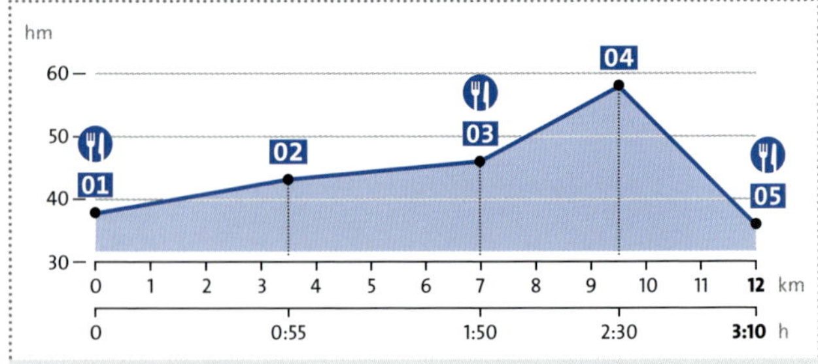

01 S-Bhf. Friedrichshagen, 38 m; 02 Heidemühle, 40 m; 03 Schlosspark Dahlwitz, 46 m; 04 Hoppegarten, 58 m; 05 S-Bhf. Neuenhagen, 36 m

Erpetal

Das weitflächig als Landschaftsschutzgebiet ausgewiesene Erpetal ist ein Relikt der letzten Eiszeit, das seit dem Mittelalter in eine Kulturlandschaft mit Teichen, Mühlen und Wiesen umgestaltet wurde. Die Erpe entspringt bei Altlandsberg auf dem Barnim und mündet an der Köpenicker Baumgarteninsel in die Alte Spree, außerhalb von Berlin heißt sie amtlich „Neuenhagener Mühlenfließ". Die für den Betrieb der (nicht mehr vorhandenen) Wassermühlen aufgestauten Teiche sind heute Feuchtwiesen und bilden ein natürliches Rückstaubecken für Hochwasser, mehr als 350 Arten wild wachsender Farn- und Blütenpflanzen einschließlich verwilderter Kulturpflanzen gedeihen auf dem Grünland.

drand auf die Ravensteiner Promenade, am Ende des Waldstücks schräg rechts An der Trainierbahn. Im Wechsel aus Laubwäldern und Wiesen geht es weiter durch das Landschaftsschutzgebiet Erpetal, besonders aussichtsreich ist die Erpebrücke von **Heidemühle** 02. Ohne die Brücke zu überqueren leitet der Fernwanderweg nordwärts durch den Wald, nach Queren der Friedrichshagener Chaussee geht es weiter auf Wald- und oft feuchten Wiesenwegen durch den **Elsengrund**, und kurz nach Unterqueren der Bundesstraße 1 ist der **Schlosspark Dahlwitz** 03 erreicht. Westlich des Parks führt der E 11 an der Dorfkirche vorbei durch die Rudolf-Breitscheid-Straße, wechselt vor dem Friedhof rechts über den Zochegraben, dahinter links auf der Rennbahnallee, die am Eingang der traditionsreichen **Galopprennbahn Hoppegarten** 04 vorbeiführt, am Ende rechts (Goetheallee). Die erste links abzweigende Straße (Bahnhofstraße) führt zum S-Bahnhof Hoppegarten, während wir am Ende der Goetheallee wieder das Neuenhagener Mühlenfließ erreichen. Durch die Grün- und die Kleiststraße geht es zur Goethestraße, die links zum **S-Bahnhof Neuenhagen** 05 führt.

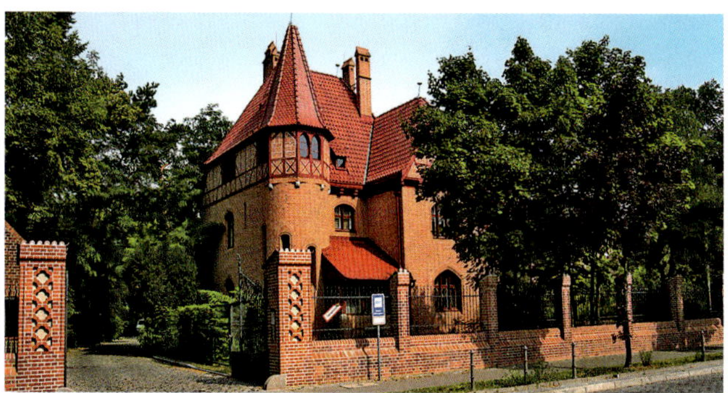

Friedrichshagen, Wasserwerk

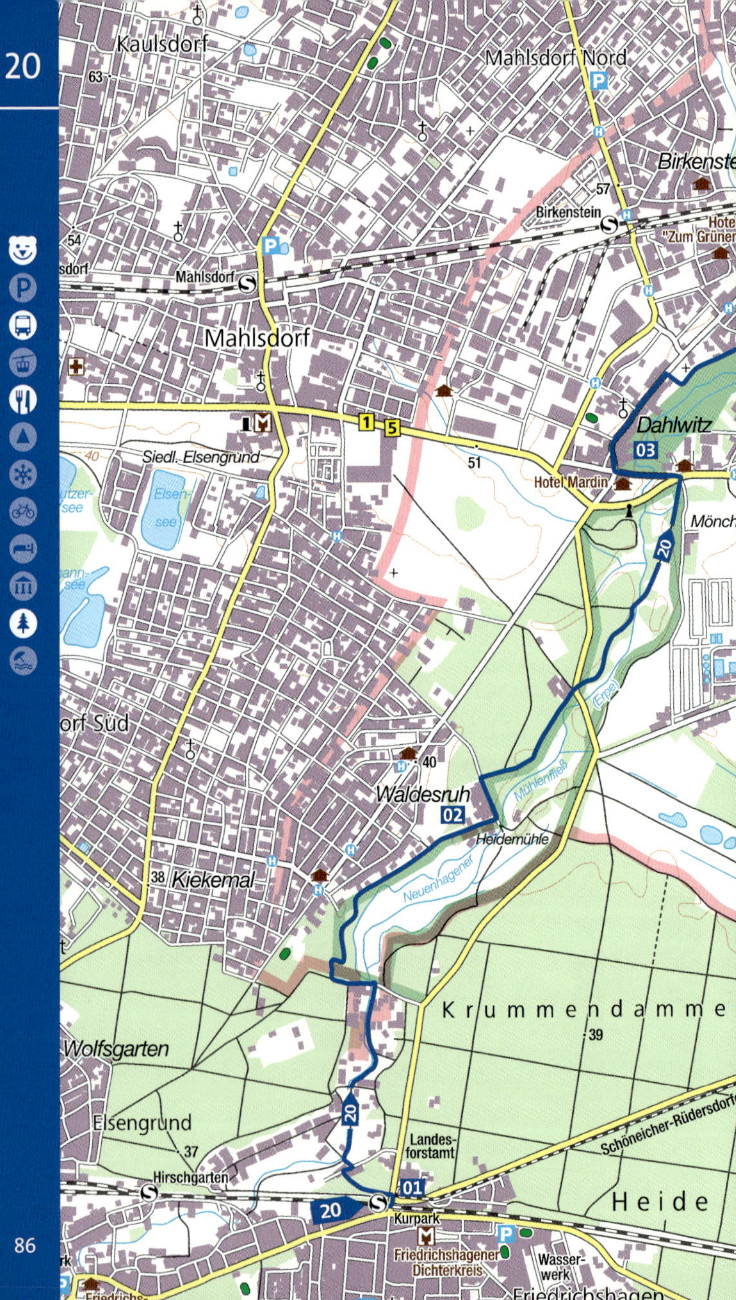
Kaulsdorf
Mahlsdorf Nord
Birkenstein
Hotel "Zum Grünen
Mahlsdorf
Siedl. Elsengrund
Elsensee
Dahlwitz
03
Hotel Mardin
Waldesruh
02
Heidemühle
Mühlenfließ
Erpe
Neuenhagener
Kiekemal
Krummendamme
Wolfsgarten
Elsengrund
Hirschgarten
Landesforstamt
01
20
Kurpark
Friedrichshagener Dichterkreis
Wasserwerk
Friedrichshagen
Schöneicher-Rüdersdorfer
Heide

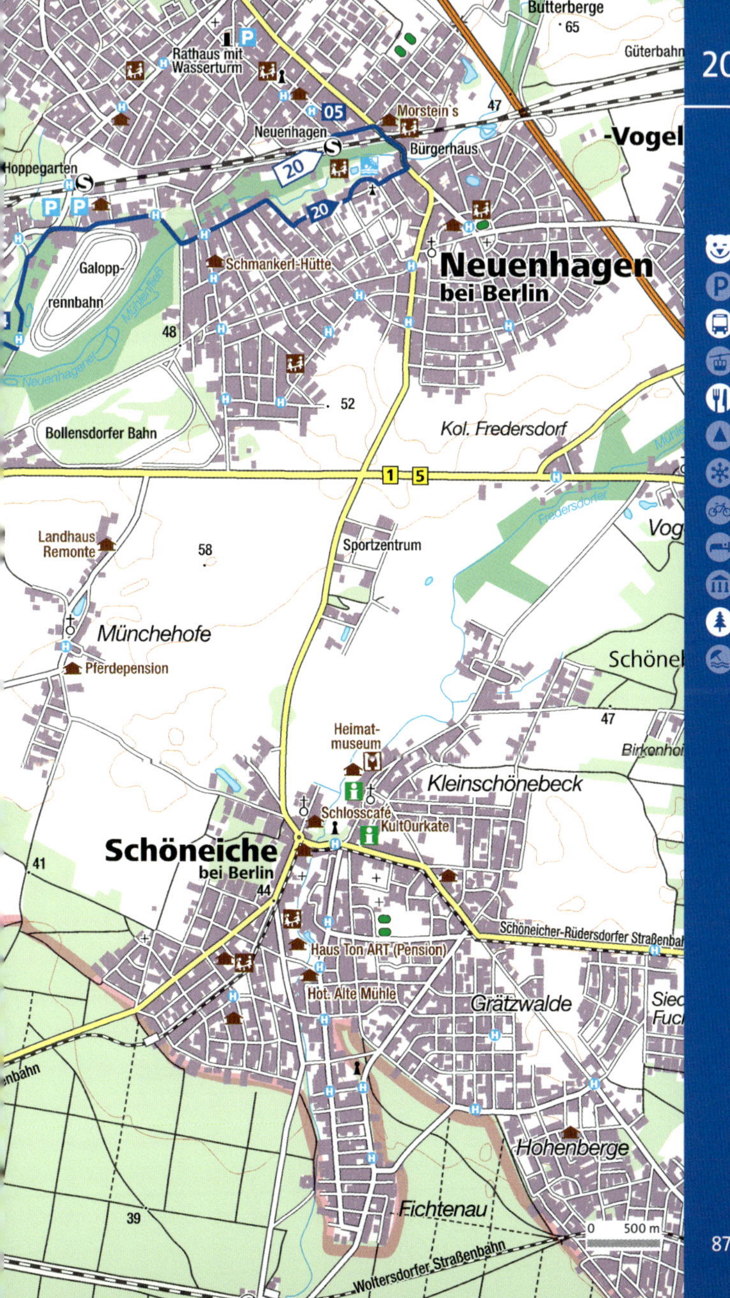

Butterberge
65
Güterbahn
Rathaus mit
Wasserturm
05
Morstein´s
47
-Vogel
Neuenhagen
Bürgerhaus
Hoppegarten
20
20
Schmankerl-Hütte
Galopp-
rennbahn
Neuenhagen
bei Berlin
48
Neuenhagener Mühlenfließ
52
Bollensdorfer Bahn
Kol. Fredersdorf
1
5
Fredersdorfer
Landhaus
Remonte
58
Sportzentrum
Vog
Münchehofe
Pferdepension
Schönek
47
Heimat-
museum
Birkenhoi
Kleinschönebeck
Schlosscafé
KultOurkate
Schöneiche
bei Berlin
41
44
Schöneicher-Rüdersdorfer Straßenbahn
Haus Ton ART (Pension)
Hot. Alte Mühle
Grätzwalde
Hohenberge
Fichtenau
39
0
500 m
Woltersdorfer Straßenbahn

MÜGGELPARK – MÜGGELTURM – MÜGGELHEIM

Vier-Seen-Wanderung über Berlins höchste Berge

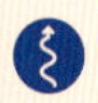 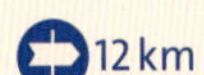 12 km  3:05 h 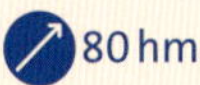 80 hm  80 hm  700

START | Müggelpark an der Josef-Nawrocki-Straße im Ortsteil Friedrichshagen des Bezirks Treptow-Köpenick; die Bushaltestellen Josef-Nawrocki-Straße und Müggelseedamm/Bölschestraße sind jeweils 2 Gehminuten entfernt, 10 Minuten sind es bis zum S-Bahnhof Friedrichshagen am Fürstenwalder Damm 484, Abzweigung Dahleicher Landstraße/Bölschestraße/Schöneicher Straße; Anfahrt auf der A 10 Berliner Ring-Ost, Ausfahrt Erkner, dann via Erkner weiter Richtung Berlin/Köpenick [GPS: UTM Zone 33 x: 814.373 m y: 5.820.689 m]
CHARAKTER | Wald- und Aussichtswanderung auf bequemen Forstwegen ebenso wie auf wurzeligen Pfaden, die festes Schuhwerk erfordern

Zwischen Müggelsee und Langer See erheben sich die Müggelberge mit dem Müggelturm, der ein weites Panorama der Wälder und Seen an der Müggelspree gewährt. Die Promenade am Müggelsee ist fahrradfähig, am Langer See folgt der Wanderweg naturnahen Wurzelpfaden unter alten Eichen, und am Teufelssee führt ein Bohlenweg durchs Moor, der vierte See ist die Große Krampe bei Müggelheim.

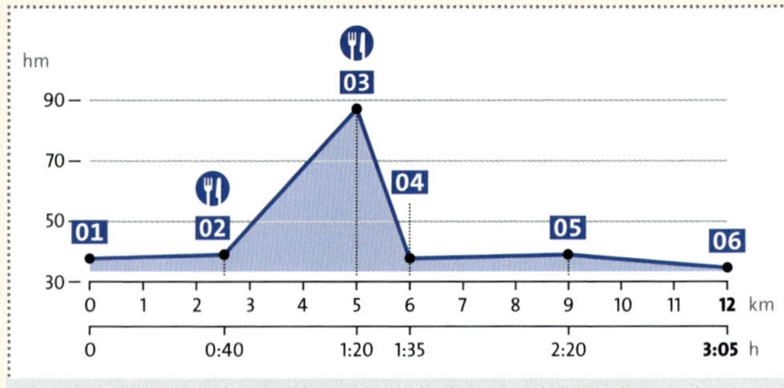

01 Müggelpark, 37 m; 02 Rübezahl, 38 m; 03 Müggelturm, 88 m; 04 Marienlust, 37 m; 05 Krampenburg, 38 m; 06 Müggelheim, 35 m

Müggelturm und Teufelssee

Der 29,61 m hohe Müggelturm auf dem mittleren (88 m) der bis zu 115 m hohen Müggelberge bietet ein faszinierendes Panorama der Wald-, Seen- und Stadtlandschaft im grünen Osten Berlins. Der jetzige Turm wurde 1961 in Stahlskelettbauweise mit verglasten Balkons und Aussichtsplattform erbaut (1996 grundlegend saniert), nachdem der 1889 im Stil einer chinesischen Pagode errichtete Holzturm einem Brand zum Opfer gefallen war. Der sagenumwobene Teufelssee am Nordfuß der Müggelberge ist ein von Mooren umgebener Toteissee. Nach dem Abschmelzen des Eises füllte sich die Senke mit Wasser, der auf diese Weise entstandene See verlandete im Lauf der Jahrtausende und ist heute nur noch bis zu 3 m tief. Sagen preisen seine schaurige Schönheit, verwunschene Gestalten sollen an ihm umgehen, einst soll sich hier ein Altar des Teufels befunden haben. Am Rand des Moors betreiben die Berliner Forsten ein Natur-„Lehrkabinett", an dem ein lohnenswerter Naturlehrpfad beginnt.

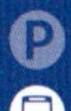

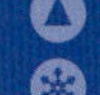

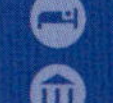

▶ Am **Müggelpark** 01 in **Friedrichshagen** unterquert der 1926/27 als Fußgängerunterführung erbaute, 120 m lange, **Spreetunnel** die hier aus dem Müggelsee austretende Müggelspree. Er verläuft 8,5 m unter der Sohle der Spree, auch im Sommer herrschen kühle Temperaturen. Nach Unterqueren des Flusses führt die Müggelseepromenade durch die ufernahen Wälder zur Schiffsan-

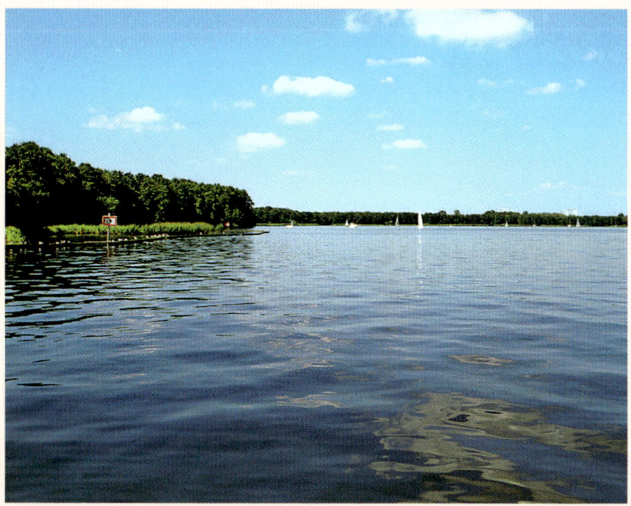

Müggelsee

legestelle **Rübezahl** 02 am gleichnamigen Restaurant und durch einen Eichenwald zum nächsten Schiffsanleger **Müggelseeperle**. Hier geht es rechts durch den Wald zur Bushaltestelle „Müggelseeperle“ am Müggelheimer Damm, an der Straße kurz rechts und bei erster Gelegenheit schräg links in den Kiefernmischwald hinein zum Lehrpfad am Rand des **Teufelsmoors** mit Erlenbruchwald, Erlen-Grauweidenstreifen und Einblicken in Wollgrasflächen. Schließlich zweigt links der Bohlenweg längs des sagenumwobenen Teufelssees ab; der Blick fällt hinauf zum Müggelturm.

Am Ende des Bohlenwegs geht es rechts weiter, bis links die steile Stufenanlage zum **Müggelturm** 03 abzweigt.

Vom Biergarten unterhalb des Müggelturms führen Stufen Richtung „Marienlust“ hinab, unten geht es geradeaus zum ehemaligen Schiffsanleger **Marienlust** 04 am Langer See, hier beginnt links der Uferweg unter zum Teil uralten Eichen; Sitzbänke laden zur Rast ein. Seit 1880 wird auf dem Langer See die Grünauer Regatta ausgetragen, seit 1891 auf einer 2000 m langen geraden Strecke. Erster markanter Punkt ist ein FKK-Badestrand mit Wiese, auch im weiteren Verlauf finden sich immer wieder Badestellen, auf der Hirtenwiese befand sich früher ein Campingplatz. Die **Krampenburg** 05 beim Campingplatz „Kuhle Wampe“ ist ein Fähranleger, dessen Name an ein früheres Aussichtslokal erinnert. Von hier folgt der Grünstrich-Wanderweg dem Westufer des Sees Große Krampe durch den Wald in den ländlich geprägten Ort **Müggelheim** 06, am Ende links zur Bushaltestelle Alt-Müggelheim.

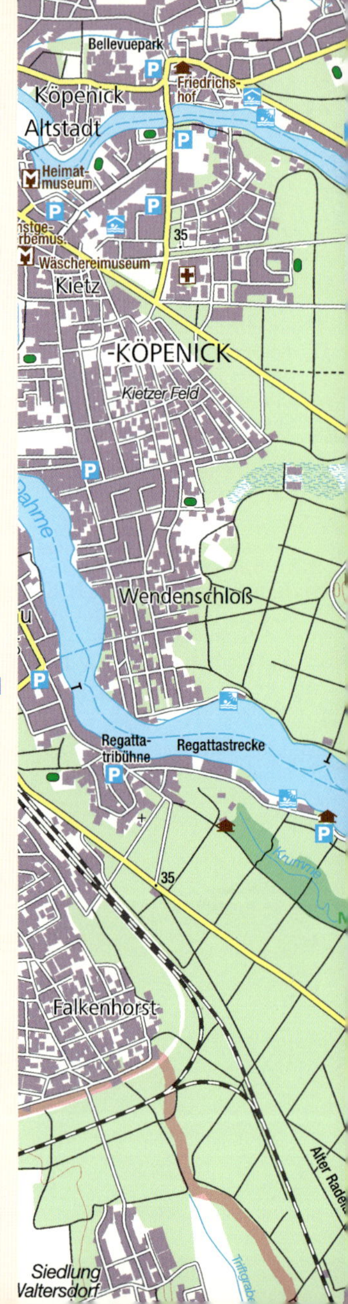

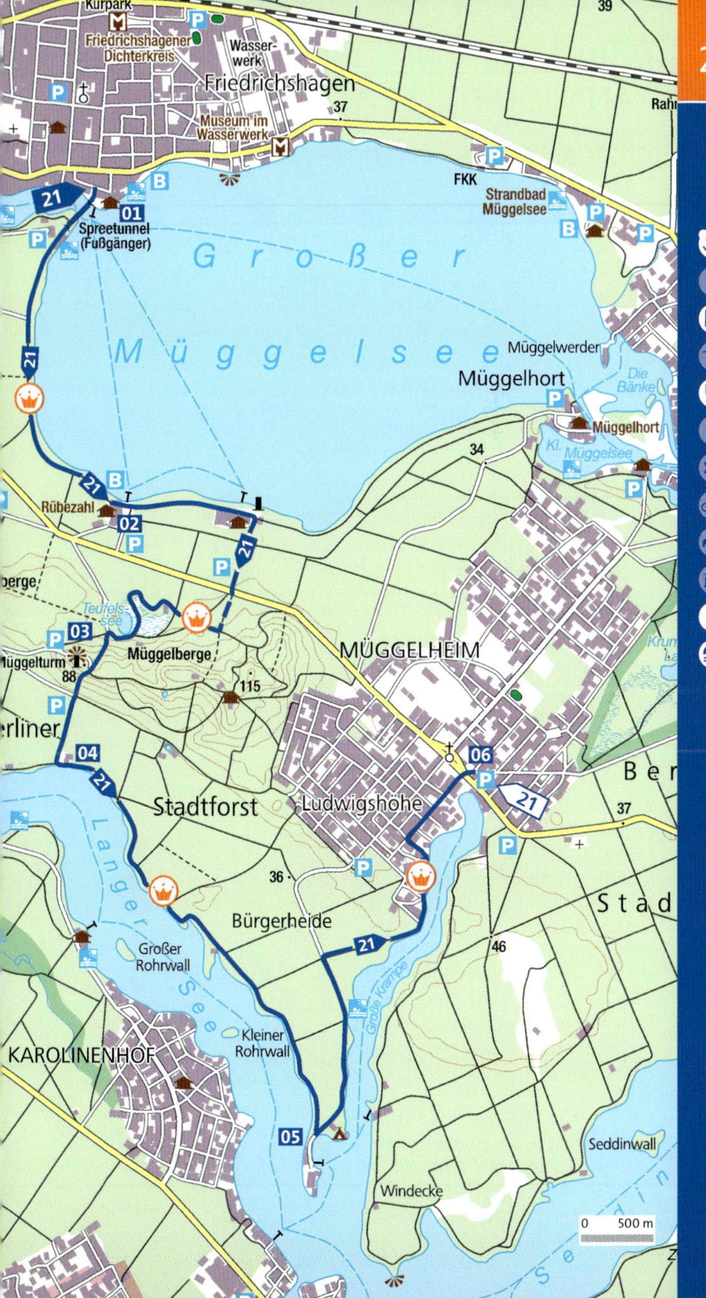
Kurpark
Friedrichshagener Dichterkreis
Wasser-werk
Friedrichshagen
Museum im Wasserwerk
39
37
Rahr
FKK
Strandbad Müggelsee
Spreetunnel (Fußgänger)
Großer Müggelsee
Müggelwerder
Müggelhort
Die Bänke
Müggelhort
Kl. Müggelsee
34
Rübezahl
Teufelssee
Müggelberge
Müggelturm
88
115
MÜGGELHEIM
Stadtforst
Ludwigshöhe
Langer See
Großer Rohrwall
Kleiner Rohrwall
Bürgerheide
36
46
37
Große Krampe
KAROLINENHOF
Seddinwall
Windecke
0 500 m
01
02
03
04
05
06
21

RÜBEZAHL – RAHNSDORF – FRIEDRICHSHAGEN

Rund um den größten Berliner See

 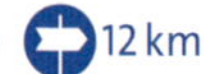 12 km  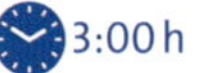 3:00 h  40 hm  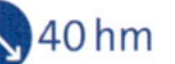 40 hm 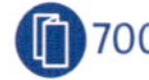 700

START | Rübezahl, Bushaltestelle und Parkplatz am Müggelheimer Damm in Köpenick im Berliner Bezirk Treptow-Köpenick; nächster S-Bahnhof ist Köpenick. Buslinie Köpenick – Rübezahl – Müggelheim [GPS: UTM Zone 33 x: 814.769 m y: 5.818.330 m]
CHARAKTER | Waldwanderung auf gepflegten, fahrradfähigen Wegen

Am schönsten ist die Umrundung des größten Berliner Sees, wenn die Fähre von Müggelhort nach Müggelwerderweg fährt. Verkehrt sie nicht, muss man einen allerdings schönen Umweg spreeaufwärts bis zur Triglawbrücke unternehmen – diese längere Variante ist eher mit dem Fahrrad zu empfehlen, am Ausgangspunkt gibt es einen Fahrradverleih.

Die täglich geöffneten Rübezahl-Strandterrassen mit Restaurant und Biergarten beim Ausflugsschiffsanleger **Rübezahl** 01 sind die meistbesuchte Großgaststätte am Müggelsee. Schon Anfang des 20. Jhs. schipperten Berliner Ausflügler über den Müggelsee und stärkten sich hier im Lokal von Gustav Müller, der mit seinem wallenden Bart dem schlesischen Berggeist ähnlich sah.
Vom Schiffsanleger führt die Müggelseepromenade durch schönen Eichenwald zum Schiffsanleger **Müggelseeperle** und im Wechsel von Waldpassagen und aussichtsreichen Buchten zum

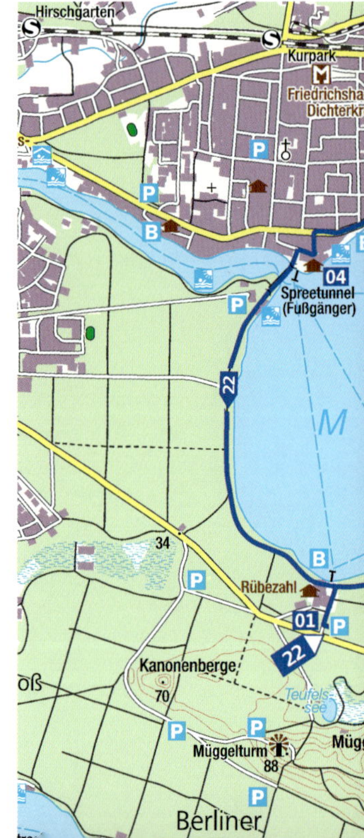

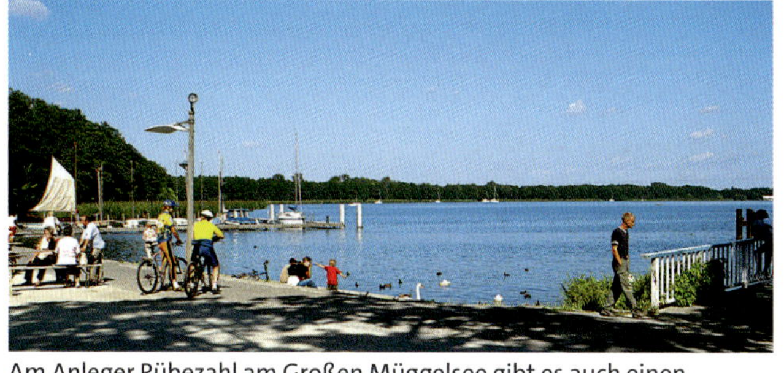

Am Anleger Rübezahl am Großen Müggelsee gibt es auch einen Fahrradverleih

Hotel Müggelhort **02** an der Mündung der Müggelspree in den Müggelsee. Hier setzt die im Sommerhalbjahr verkehrende Fähre F 23 über die Müggelspree und die Bänke-Bucht zur Haltestelle

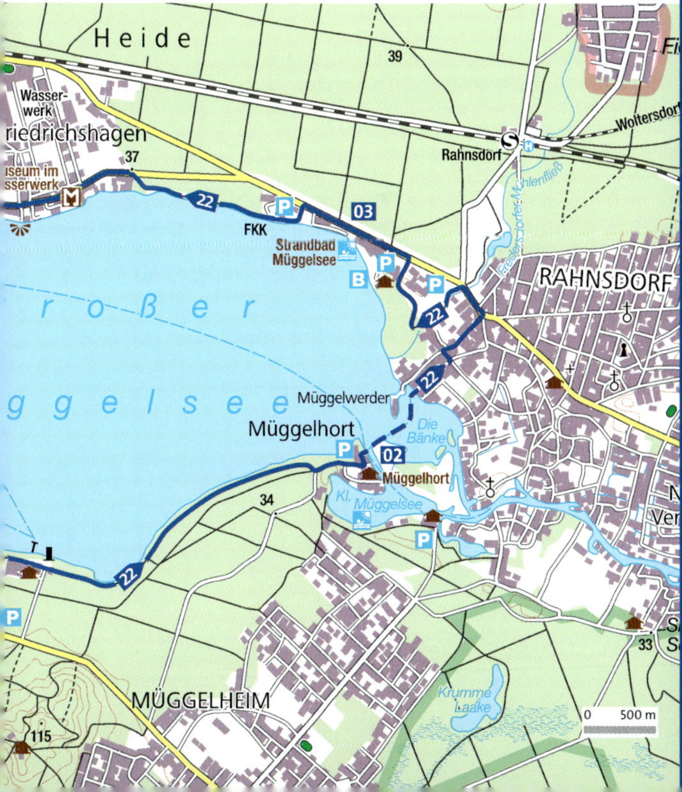

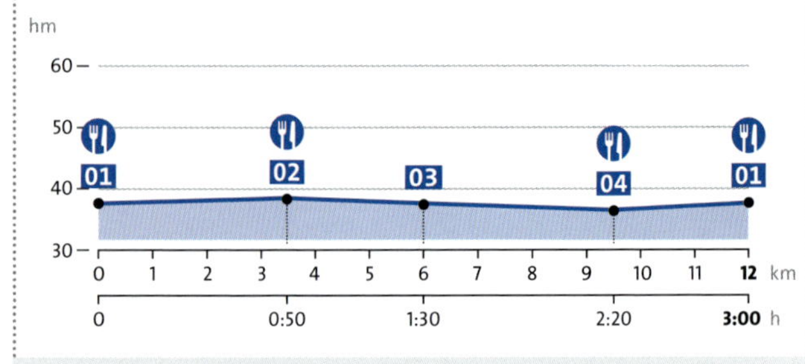

01 Rübezahl, 38 m; 02 Hotel Müggelhort, 39 m; 03 Strandbad Müggelsee, 38 m; 04 Müggelpark, 37 m

Müggelwerderweg in **Rahnsdorf** über.
Auf dem Müggelwerderweg geht es kurz landeinwärts, die erste links, am Ende auf der Seestraße wenige Meter rechts, bis links die Brückenstraße abzweigt und nach Überqueren des Fredersdorfer Mühlenfließes den Grünstrich-Wanderweg erreicht. Er führt durch einen Erlenbruchwald zum Fürstenwalder Damm und folgt der Straße links am **Strandbad Müggelsee** 03 vorbei und wechselt dann links auf die naturschöne Hochuferpromenade. Am **Institut für Gewässerökologie** wird der Grünstrich-Wanderweg auf den Müggelseedamm abgedrängt; auf der Josef-Nawrocki-Straße geht es schließlich links ab zum **Müggelpark** 04. Dort unterquert der 1926/27 als Fußgängerunterführung erbaute, 120 m lange, **Spreetunnel** die aus dem Müggelsee austretende Müggelspree. Nach Unterqueren des Flusses führt die Müggelseepromenade durch die ufernahen Wälder zurück zum Ausgangspunkt an der Schiffsanlegestelle **Rübezahl** 01 am gleichnamigen Restaurant.

Müggelsee und Müggelberge

Der Große Müggelsee ist der größte See Berlins und neben dem Wannsee der bedeutendste Wassersport- und Badesee der Bundeshauptstadt. Eichen- und Buchenwälder säumen im Westen und Süden den 7,3 km^2 großen, bis zu 8 m tiefen, von der Spree durchflossenen See in einem Gletscherzungenbecken des Warschau-Berliner Urstromtals. Auf seiner Südseite erheben sich die waldbedeckten Moränen der bis zu 115 m hohen Müggelberge mit dem Müggelturm, der ein Panorama des Müggellands mit seinen Wäldern und Seen gewährt.
In Rahnsdorf mündete ursprünglich die Spree in den See; zur Verbesserung der Schiffbarkeit wurde ihr Lauf verlegt, die Mündung der „Müggelspree“ am Müggelhort wurde erst 1877/78 geschaffen.

FRIEDRICHSHAGEN – MÜGGELHORT – WILHELMSHAGEN

Vom Müggelsee zu den Spreelagunen von Neu-Venedig

  14 km  3:30 h 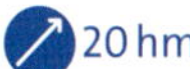 20 hm  20 hm  700

START | In einer abwechslungsreichen Mischung aus Natur und Kultur, Wasser und Wald führt diese fahrradfähige Streckenwanderung von Friedrichshagen in die Spreelagunen-Siedlung „Neu-Venedig"; vom S-Bahnhof Wilhelmshagen fährt die S-Bahn zurück zum Ausgangspunkt
[GPS: UTM Zone 33 x: 814.109 m y: 5.821.991 m]
CHARAKTER | Wald- und Aussichtswanderung auf bequemen Forstwegen ebenso wie auf wurzeligen Pfaden, die festes Schuhwerk erfordern

Vom denkmalgeschützten neugotischen Gebäude des **S-Bahnhofs Friedrichshagen** 01 führt die **Bölschestraße** südwärts, gesäumt von Geschäften und Restaurants. An der Bushaltestelle Müggelseedamm/Bölschestraße am Ende geht es links versetzt geradeaus durch die Josef-Nawrocki-Straße zum **Müggelpark** 02, wo sich unter Platanen ein schöner Blick über den **Müggelsee** bietet (Ausflugsschiffsanlegestelle). Am Müggelpark unterquert der 1926/27 als Fußgängerunterführung erbaute, 120 m lange, **Spreetunnel** die aus dem Müggelsee austretende Müggelspree. Er verläuft 8,5 m unter der Sohle der Spree, auch im Sommer herrschen kühle Temperaturen. Nach Unterqueren des Flusses führt

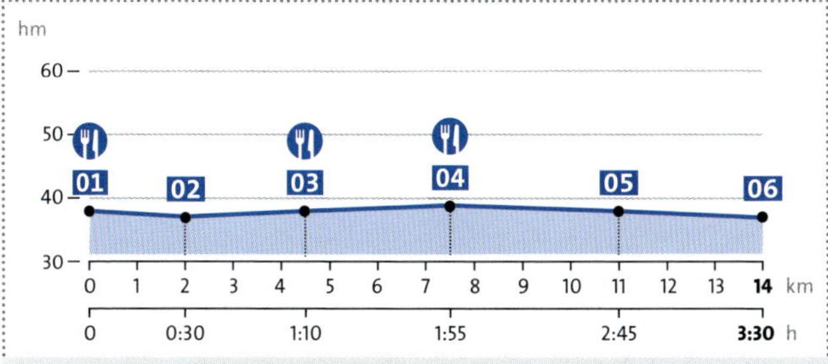

01 S-Bhf. Friedrichshagen, 38 m; 02 Müggelpark, 37 m; 03 Rübezahl, 38 m; 04 Müggelhort, 39 m; 05 Triglawbrücke, 38 m; 06 Bhf. Wilhelmshagen, 37 m

die Müggelseepromenade durch die ufernahen Wälder zur Schiffsanlegestelle **Rübezahl** 03 am gleichnamigen Restaurant. Vom Schiffsanleger führt die Müggelseepromenade geradeaus weiter durch schönen Eichenwald zum Schiffsanleger **Müggelseeperle** und im Wechsel von Waldpassagen und aussichtsreichen Buchten in Richtung des **Waldrestaurants Müggelhort** 04 an der Mündung

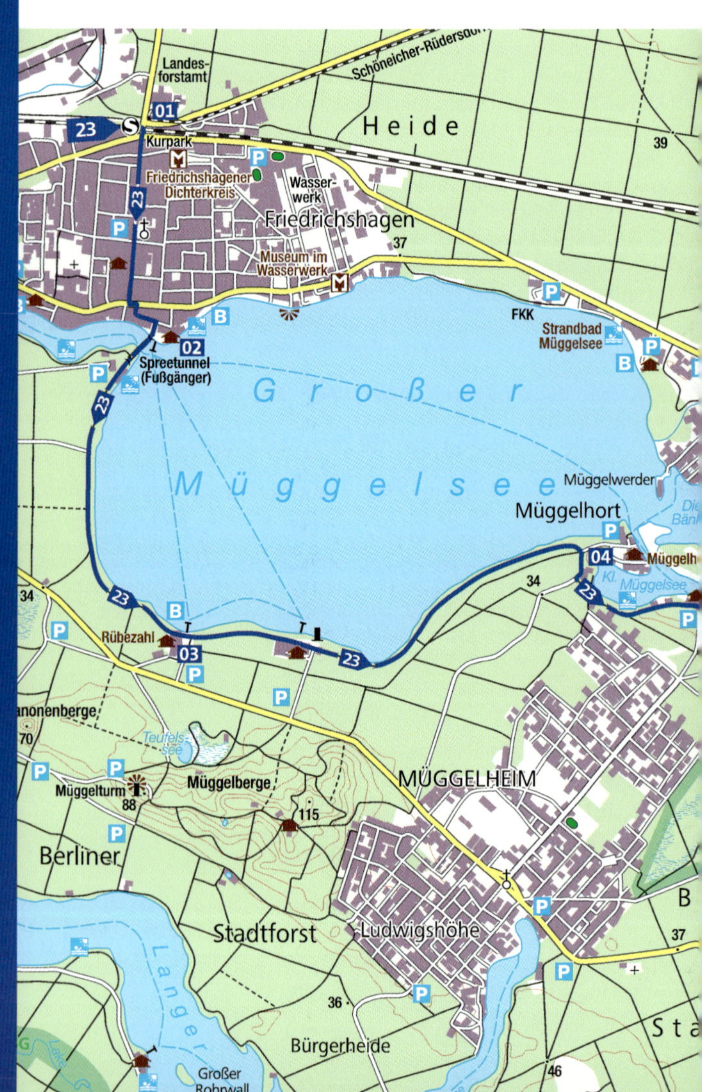

der Müggelspree in den Müggelsee.

Kurz vor dem Waldrestaurant zweigt die Rotstrich-Markierung des Europäischen Fernwanderwegs 11 rechts ab und führt in der **Köpenicker Bürgerheide** aufwärts, oben links versetzt im Wald zur **Badestelle** mit Sandstrand am **Kleinen Müggelsee**. Schließlich wechselt der Blaustrich-Wanderweg auf die kleine Schönhorster

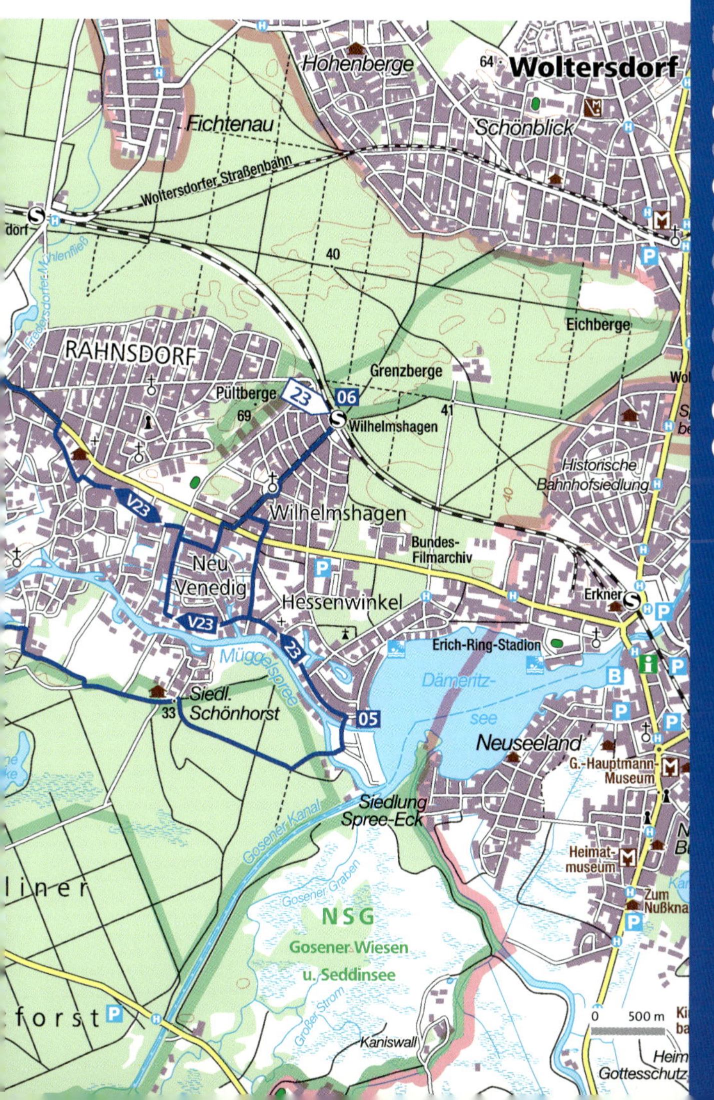

Straße und folgt ihr durch lichten Hochwald zwischen den Naturschutzgebieten Müggelheimer Wiesen (links) und Krumme Lake in die Waldsiedlung **Schönhorst**. Dort wechselt er am Ende rechts auf einen Waldweg, überquert auf einer hölzernen Stegbrücke den Alten Spreearm und führt dahinter links zur **Triglawbrücke** 05, die einen schönen Blick über die Müggelspree hinweg zum Dämeritzsee bietet. Kurz nach Verlassen der Brücke geht es links weiter an Villen vorbei Im Haselwinkel, geradeaus übergehend in die Biberpelzstraße.

Kurz vor dem eigentlichen **Neu-Venedig** (geradeaus!) geht es rechts durch den Lagunenweg und nach Queren der Fürstenwalder Allee durch die Nickelswerder Straße zur Taborkirche; dort halb rechts weiter (Schönblicker Straße) zum **S-Bahnhof Wilhelmshagen** 06.

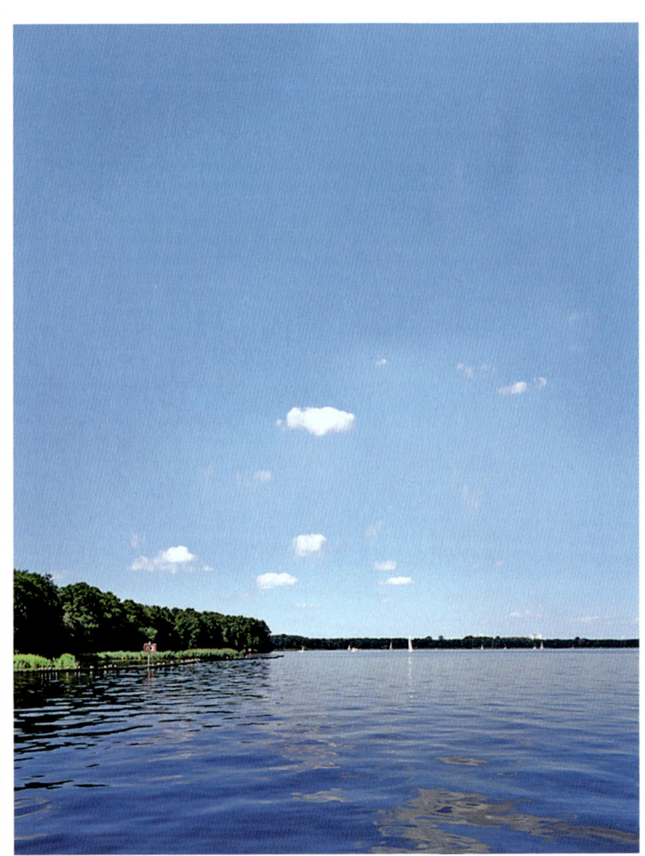

Am Westufer des Müggelsees

RÜBEZAHL – TEUFELSSEE – MÜGGELTURM

Über die Müggelberge

 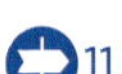 11 km 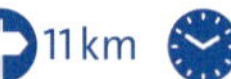 2:50 h 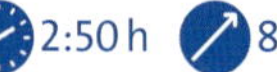 80 hm 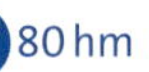 80 hm 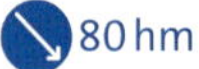 700 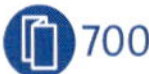

START | Rübezahl, Bushaltestelle und Parkplatz am Müggelheimer Damm in Köpenick im Berliner Bezirk Treptow-Köpenick; nächster S-Bahnhof ist Köpenick; Buslinie Köpenick – Rübezahl – Müggelheim [GPS: UTM Zone 33 x: 814.769 m y: 5.818.330 m]
CHARAKTER | Waldwanderung mit steilem Auf- und Abstieg

Der Naturlehrpfad am sagenumwobenen Teufelssee, der Panoramablick vom Müggelturm und der Uferweg am Langen See sind die Höhepunkte dieser Waldwanderung über die Müggelberge.

▶ Vom Schiffsanleger **Rübezahl** 01 an den gleichnamigen Strandterrassen führt die Müggelseepromenade ostwärts durch einen Eichenwald zum nächsten Schiffsanleger **Müggelseeperle**. Hier geht es rechts durch den Wald zur Bushaltestelle „Müggelseeperle" am Müggelheimer Damm und geradeaus in den Kiefernmischwald. In sachtem Anstieg führt der sandige Weg in Richtung der Müggelberge, an der ersten Wegekreuzung – bei der kleinen Schutzhütte – zweigt der mit dem Grünstrich-Zeichen markierte Naturlehrpfad durch ein Trockental rechts hinab ab zur Raststelle am Forsthaus. Hier leitet die **Lehrkabinett**-Beschilderung geradeaus auf dem Lehrpfad am Rand des **Teufelsmoors** mit Erlenbruchwald, Erlen-Grauweidenstreifen und Einblicken in Wollgrasflächen. Schließlich

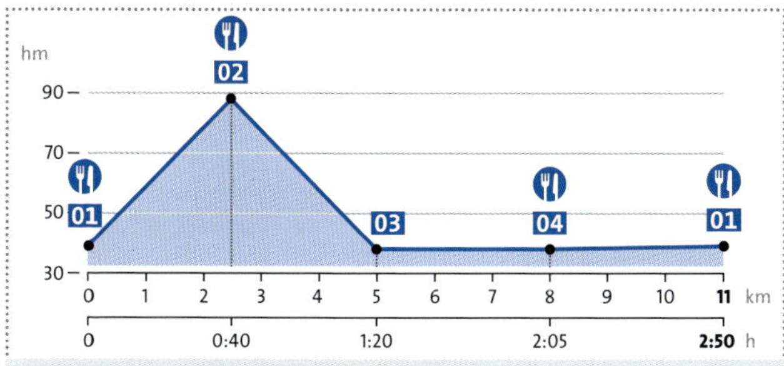

01 Rübezahl, 38 m; 02 Müggelturm, 88 m; 03 Marienlust, 37 m; 04 Wendenschloss, 37 m

Teufelssee in den Müggelbergen

Der sagenumwobene Teufelssee am Nordfuß der Müggelberge ist ein von Mooren umgebener Toteissee. Nach dem Abschmelzen des Eises füllte sich die Senke mit Wasser, der auf diese Weise entstandene See verlandete im Lauf der Jahrtausende und ist heute nur noch bis zu 3 m tief. Sagen preisen seine schaurige Schönheit, verwunschene Gestalten sollen an ihm umgehen, einst soll sich hier ein Altar des Teufels befunden haben. Am Rand des Moors betreiben die Berliner Forsten ein Natur-„Lehrkabinett", an dem ein lohnenswerter Naturlehrpfad beginnt. „Es ist hier, wie es immer war", heißt es in Theodor Fontanes Beschreibung der Wanderung auf die Müggelberge, „und während jetzt die Abendnebel von den Seen her aufsteigen und ihre Schleier auch um den Rand der Kuppe legen, auf der wir stehen, ist es, als stiege die alte Zeit mit aus der Tiefe herauf ..."

zweigt links der Bohlenweg längs des sagenumwobenen **Teufelssees** ab; der Blick fällt hinauf zum Müggelturm. Am Ende des Bohlenwegs geht es rechts weiter, bis links die Stufenanlage zum **Müggelturm** 02 abzweigt.

Vom Biergarten unterhalb des Müggelturms führen Stufen Richtung „Marienlust" hinab, unten führt die Parkplatzzufahrt geradeaus und hinter dem Parkplatz zum ehemaligen Schiffsanleger **Marienlust** 03 am **Langer See**. Der

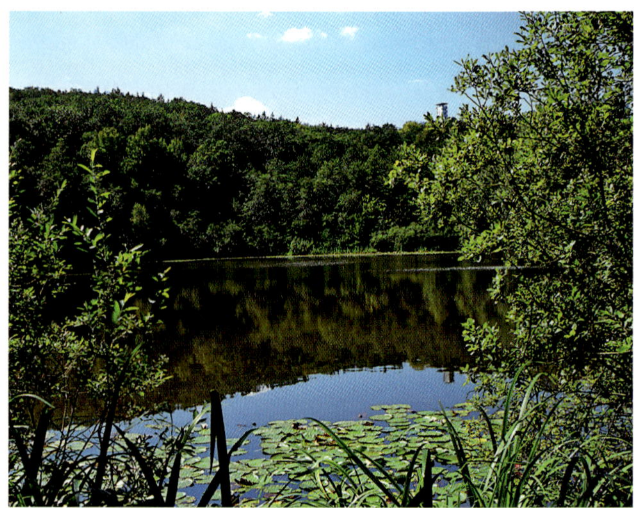

Am Fuß der Müggelberge liegt der sagenumwobene Teufelssee; rechts oben der Müggelturm

Uferweg gibt rechts unter zum Teil uralten Eichen die Route vor. Am **Seebad Wendenschloss** **04** zweigt nach Passieren des ersten Gebäudes rechts ein schnurgerader Weg ab; sobald ein leicht diagonal versetzter Weg kreuzt, folgen wir diesem schräg rechts, halten an der Sitzbankkreuzung diese Richtung, zuletzt links schwingend und nehmen an der Gabelung wenige Meter später den linken Weg, am Ende rechts zur Müggelturmstraße, auf dieser links zur Bushaltestelle Chausseehaus am Müggelheimer Damm. Hier queren wir die Straße, gehen in das Landschaftsschutzgebiet hinein und gelangen zum Müggelsee. Die Müggelseepromenade führt rechts durch den Wald zurück zum Ausgangspunkt am Anleger **Rübezahl** **01**.

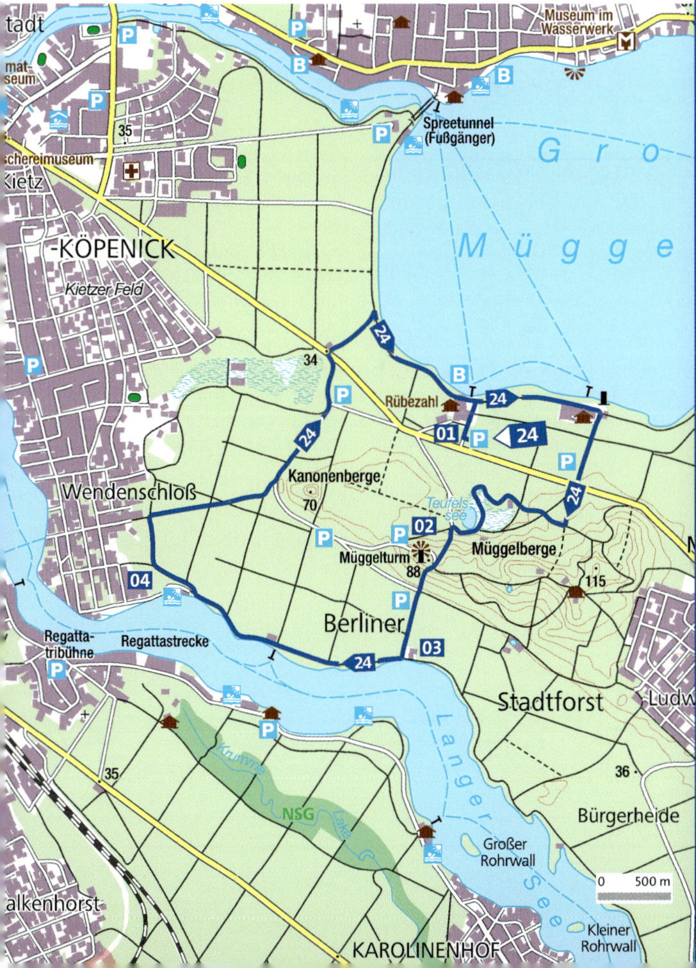

MÜGGELHEIM – GROSSE KRAMPE – SEDDINSEE

Rund um den Seddinberg

  10 km  1:55 h 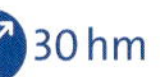 30 hm 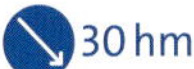 30 hm 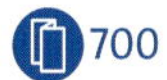 700

START | Bushaltestelle Alt-Müggelheim am Gosener Damm im Ortsteil Müggelheim im Bezirk Treptow-Köpenick im Osten Berlins [GPS: UTM Zone 33 x: 817.325 m y: 5.816.950 m]
CHARAKTER | Waldwanderung auf zum Teil wurzeligen Wegen

Längs der Ufer der Dahme-Bucht Große Krampe und des Seddinsees sowie auf der Rollskistrecke durch den Berliner Stadtforst Köpenick führt diese Waldwanderung rund um den Seddinberg.

▶ Von der Bushaltestelle **Alt-Müggelheim** 01 folgen die Rot- und Grünstrich-Markierung dem Gosener Damm kurz ortsauswärts (ostwärts), am Parkplatz hinter den Häusern wechseln die Markierungen halb rechts in den Wald und führen rechts hinab zur **Großen Krampe**, wo der Uferweg links weiterführt. Der Waldweg schlängelt sich am Fuß des Hochufers entlang mit schönen Ausblicken auf den schmalen Rinnensee, dessen von Schilf gesäumtes Ostufer als Laichschongebiet ausgewiesen ist.
Mehrfach laden am Uferweg Sitzbänke zur Rast ein, zwischendurch verschmälert sich der Weg zum Pfad, an der Landspitze **Windecke** 02 ganz im Süden fällt der Blick hinüber auf die Sportbootanleger und die Brücke von Schmöckwitz, ab dem Inneren der **Kleinen Krampe** geht es auf einem Waldweg weiter am aussichtsreichen **Windwall**-Ufer entlang, schließlich lädt eine Wiese mit weitem Blick auf den **Seddin-**

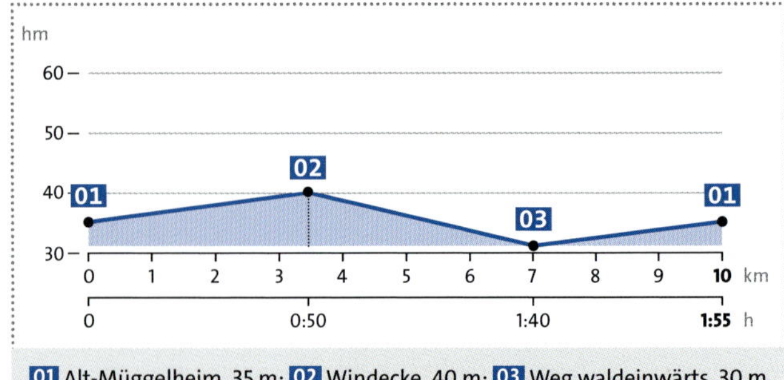

01 Alt-Müggelheim, 35 m; 02 Windecke, 40 m; 03 Weg waldeinwärts, 30 m

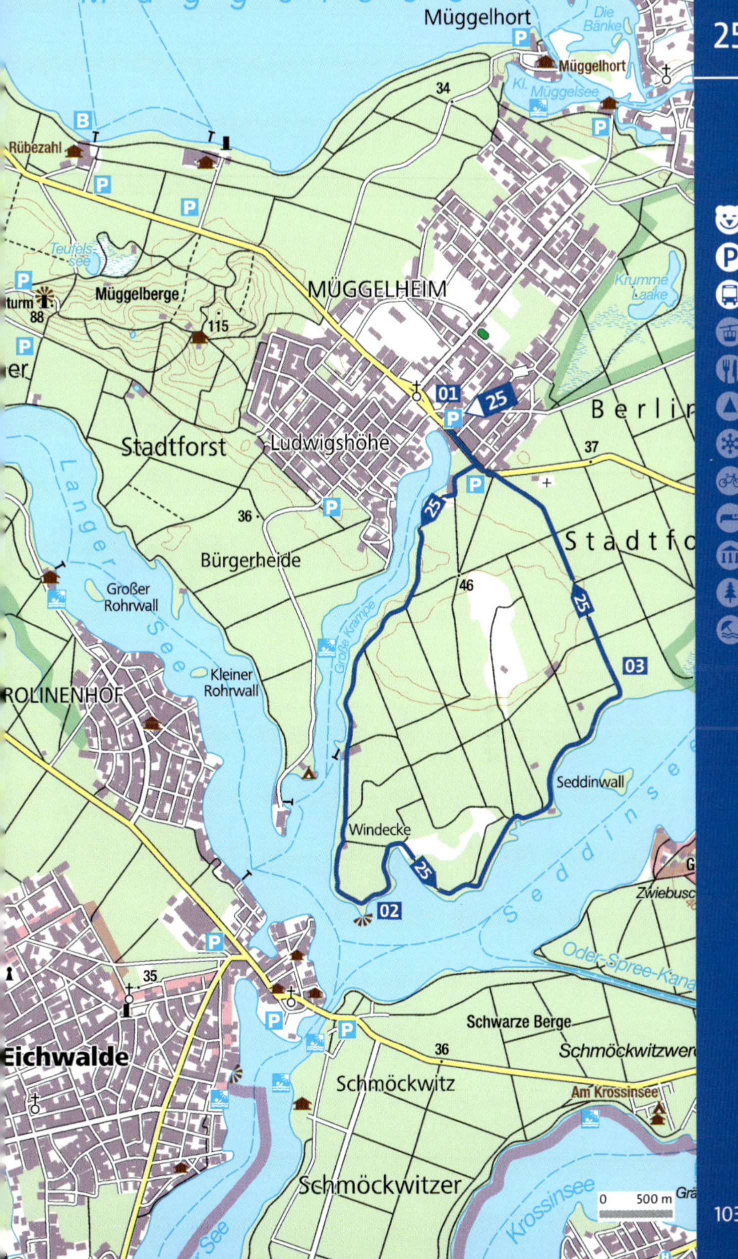
Müggelsee
Müggelwerder
Müggelhort
Die Bänke
Müggelhort
Kl. Müggelsee
34
Rübezahl
Teufelssee
Müggelberge
turm
88
115
MÜGGELHEIM
Krumme Laake
01
25
Berlin
Stadtforst
Ludwigshöhe
37
Langer See
36
Bürgerheide
Stadtforst
46
Großer Rohrwall
Große Krampe
25
03
ROLINENHOF
Kleiner Rohrwall
Seddinwall
Windecke
Seddinsee
25
02
Zwiebusch
Oder-Spree-Kanal
35
Schwarze Berge
36
Schmöckwitzwerder
Eichwalde
Schmöckwitz
Am Krossinsee
Schmöckwitzer
Krossinsee
0 500 m

Alt-Müggelheim

Müggelheim ist eine der wenigen ansatzweise noch bäuerlich geprägten Siedlungen auf dem Gebiet des Bundeslands Berlin. Die spindelförmige Zwei-Straßen-Anlage Alt-Müggelheim umschließt die Kirche und die Dorfschule und bildet den historischen Kern der 1747 für reformierte Bauern aus der Pfalz gegründeten Kolonistensiedlung. Bis Ende des 19. Jhs. war dies das Dorf, erst ab den 1920er Jahren erfolgte eine Vergrößerung durch zahlreiche Gartengrundstücke.

see zur Rast ein. Wenn rechts die baumbestandene Insel Seddinwall zurückgeblieben ist, zweigt an einem Unterstellpilz in etwa auf Höhe der Kanu-Naturcamping-Insel Kleiner Seddinwall ein **Weg waldeinwärts** 03 ab. Schon bald mündet der Weg auf einen Asphaltweg, den Winterweg (Rollskistrecke). Er führt im Wald geradeaus und zurück zum Ausgangsort **Alt-Müggelheim** 01.

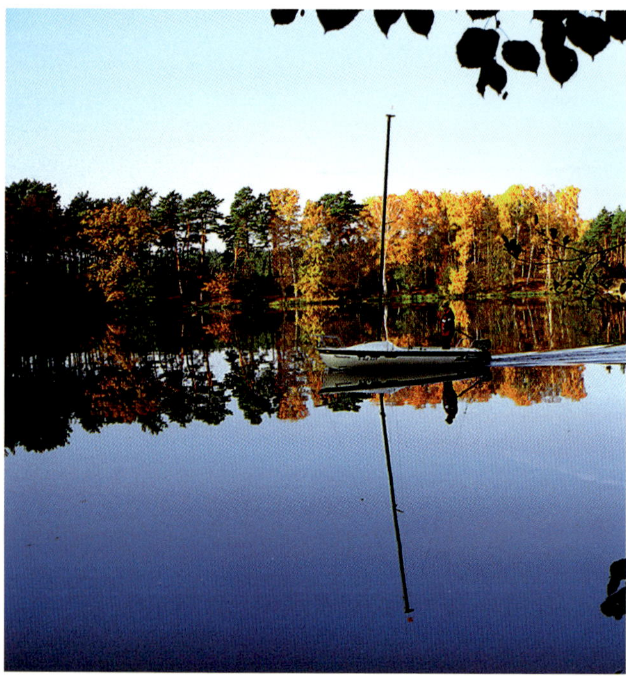

Morgen an der Großen Krampe; am gegenüberliegenden Ufer verläuft der Grottewitzwanderweg

WERNSDORF – GOSEN

Letzte Schleuse am Oder-Spree-Kanal

 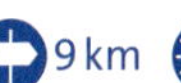  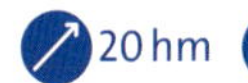 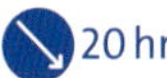 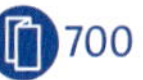

9 km | 2:20 h | 20 hm | 20 hm | 700

START | Wernsdorf-Dorfaue, Parkplatz und Bushaltestelle am Gasthaus Zur Linde an der Dorfstraße in Wernsdorf, Ortsteil der Stadt Königs Wusterhausen; Buslinie Königs Wusterhausen – Berlin-Schmöckwitz
[GPS: UTM Zone 33 x: 819.836 m y: 5.812.592 m]
CHARAKTER | Waldwanderung auf bequemen Wegen

Vom Schleusendorf Wernsdorf im äußersten Westen des Oder-Spree-Kanals führt diese Waldwanderung rund um den Wernsdorfer See mit der Möglichkeit, einen Abstecher in die Gosener Berge zu unternehmen.

▶ Von der Dorfaue bei der 500-jährigen Linde im Kirchdorf **Wernsdorf** 01 führt die Dorfstraße nach Westen ortsauswarts Richtung Berlin, nach Überqueren des südlichsten Ausläufers des **Wernsdorfer Sees** ist das Gebiet von **Schmöckwitz** im Berliner Bezirk Treptow-Köpenick erreicht. Nach Passieren der Bushaltestelle **Schmöckwitzwerder** zweigt rechts die anfangs kopfsteingepflasterte Wernsdorfer Straße ab, führt an einem als Seminargebäude genutzten Herrenhaus vorbei und erreicht den von Wäldern gesäumten **Oder-Spree-Kanal**.
Nach Überqueren des Kanals auf der Stegbrücke führt der leicht wurzelige Uferweg links durch den Wald bis zur Mündung des Kanals in den **Seddinsee** 02; an dieser aussichtsreichen Stelle endet der Kanal. Der 1891 eröffnete Oder-Spree-Kanal führt auf einer Länge von knapp 85 km von Eisenhütten-

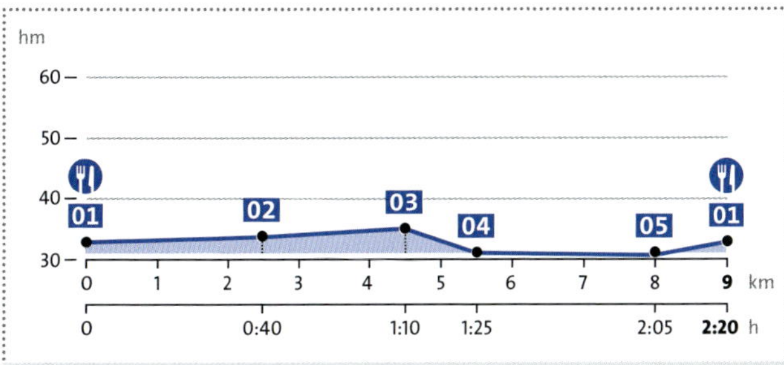

01 Wernsdorf, 33 m; 02 Seddinsee, 34 m; 03 Gosen, 35 m;
04 Wernsdorfer See, 32 m; 05 Wernsdorfer Schleuse, 31 m

Gosener Berge

Die bis zu 79 m hohen Gosener Berge (Gosenberge) an der Berliner Schweiz sind auf Postkarten aus Kaisers Zeiten als steile, teils bewaldete, dünenartige Sandberge zu sehen, von denen der Blick auf den Seddinsee und den Wernsdorfer See schweift. 1904 wurde eine Werksbahn errichtet – der Damm ist am Eichwalder Ausbau noch zu sehen –, um die Quarzsandvorkommen aus den Gosener Bergen abzufahren, 1905 eröffnete das Ausflugslokal „Schillerwarte“, ein Jahr später wurde ein Aussichtsturm auf dem Gipfel errichtet. 1932 versiegten die Quarzsand-Vorkommen, und in der Zeit des Kalten Kriegs wurden die Gosener Berge von der DDR-Staatssicherheit zu Trainingszwecken genutzt, waren weiträumig abgesperrt, und der Aussichtsturm „verschwand“. Nach der Wiedervereinigung entstand die Wohnanlage „Bergpark Gosen“, Gaststätten eröffneten, Kanuten finden eine Einsatzstelle am Seddiner See.

stadt an der Oder zum Seddinsee in Berlin. Als Warentransportweg zwischen Ost- und Mitteleuropa wurde mit seinem Bau bereits im 16. Jh. begonnen. An der Mündung des Kanals wechselt der Weg rechts ans Ufer des Seddinsees, unter alten Ahornen, Eichen und Buchen fällt der Blick hinaus auf den von Wäldern umrahmten See. Vor den ersten Häusern der **Berliner Schweiz** schwingt der

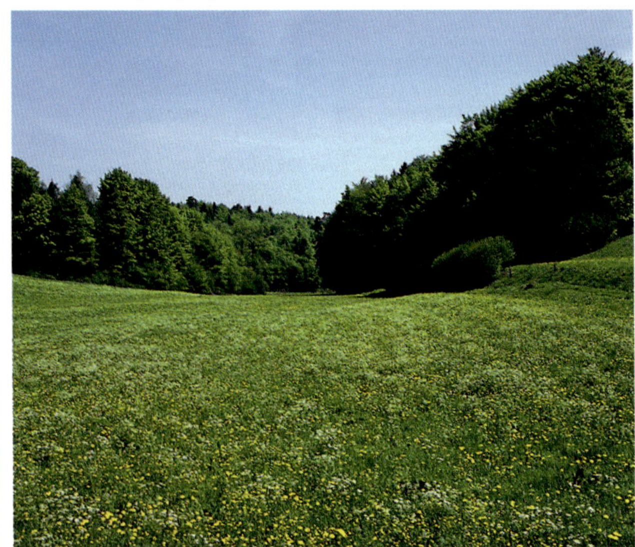

Wiesen und Wäldchen prägen das Land im Naturschutzgebiet

Weg kurz landeinwärts, führt halb links Am Zwiebusch zwischen Wochenendhäusern hindurch (der Abstecher zu den **Gosener Bergen** ist ausgeschildert) und wechselt dann wieder ans Ufer, zuletzt geht es auf der Siedlungszufahrt Eichwalder Ausbau in das Kirchdorf **Gosen** **03**.

Am Ende der Straße Eichwalder Ausbau geht es rechts versetzt geradeaus auf dem Lehrpfad Wernsdorfer See. Nach kurzem Blick auf den verlandenden **Wernsdorfer See** **04** taucht der Weg in das von Bruchwäldern geprägte Naturschutzgebiet ein, an der Sitzbank am Ende des Walds wendet er sich rechts und erreicht bald wieder den Wald.

An den ersten Häusern von Wernsdorf zeigt das Wanderschild links hinauf zur Brücke vor der **Wernsdorfer Schleuse** **05**, und nach Überqueren des Oder-Spree-Kanals längs der Straße ist wieder die Dorfaue von **Wernsdorf** **01** erreicht.

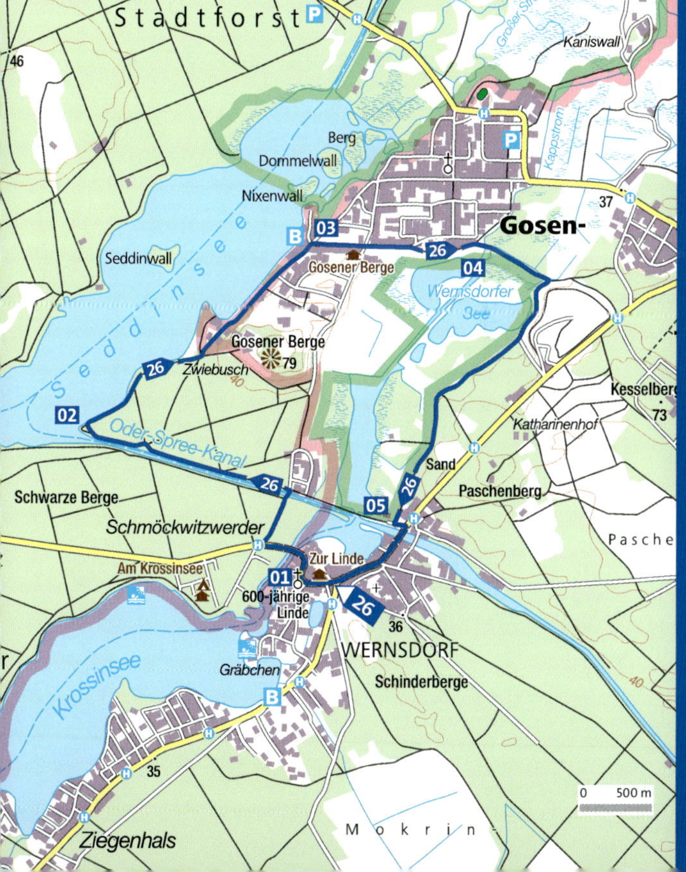

SCHMÖCKWITZ – SCHMÖCKWITZWERDER

Vier Seen am Schmöckwitzer Werder

  12 km  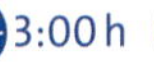 3:00 h  20 hm  20 hm 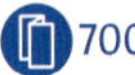 700

START | Straßenbahnhaltestelle Alt-Schmöckwitz am Ende der Straße Adlergestell in Schmöckwitz, Ortsteil im Bezirk Treptow-Köpenick im Osten Berlins
[GPS: UTM Zone 33 x: 816.360 m y: 5.812.915 m]
CHARAKTER | Waldwanderung auf fahrradfähigen Wegen

Aussichtsreiche Uferwege führen an Dahme, Zeuthener See, Großem Zug, Krossinsee, Oder-Spree-Kanal und Seddinsee über den Schmöckwitzer Werder am äußersten Südostrand der Müggellandschaft und des Berliner Stadtgebiets.

▶ Vom Grünanlagenplatz **Alt-Schmöckwitz** 01 – korrekt mit langem „ö" auszusprechen – im Zentrum des alten Fischerdorfs und heutigen Naherholungsorts geht es in Verlängerung der Zufahrtsstraße ostwärts zur **Schmöckwitzer Brücke** über die Dahme: Rechts weitet sich der Zeuthener See, links der Seddinsee. Nach Überqueren der Brücke zweigt rechts die Promenade Richtung „Rettungsstation" ab, führt an einem Badestrand vorbei und leitet in den Wald hinein zum Hotel und Jugendgästehaus „Teikyo Berlin" einer japanischen Privatuniversität. Hinter dem Hotel-Gästehaus geht es rechts hinab auf den ufernahen Weg unter Laubbäumen, immer wieder fällt der Blick hinaus auf den von der Dahme durchflossenen **Zeuthener See**. Im Wei-

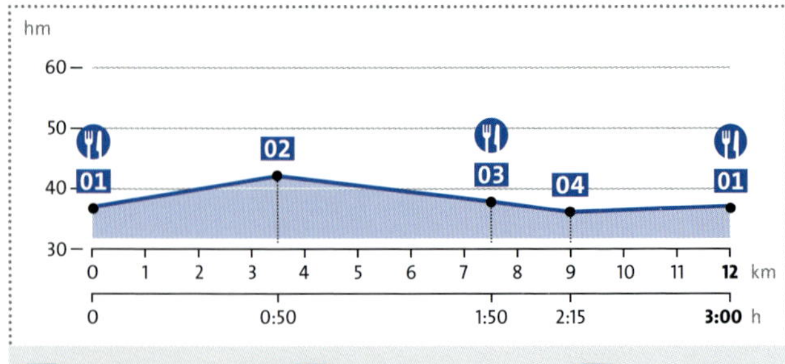

01 Alt-Schmöckwitz, 37 m; 02 Rauchfangswerder, 42 m; 03 Ghs. Krossinsee, 38 m; 04 Oder-Spree-Kanal, 36 m

ler **Rauchfangswerder** 02 mündet der Uferweg auf den Schmöckwitzer Damm und folgt ihm an der Bushaltestelle „Fährallee“, an der Feuerwehr und am Friedhof vorbei ortsauswärts durch den Wald, am Ende links Böhmallee und in der Kurve geradeaus auf den Waldweg, der an einem Rast- und Badeplatz auf das von Laubbäumen und Kiefern bestandene Hochufer des Rinnensees **Großer Zug** einschwingt. Nach Passieren einer Landenge weitet sich rechts der **Krossinsee**, am Uferweg laden Bänke zur Rast ein; mitten durch den Großen Zug und den Krossinsee verläuft die Grenze zwischen den Bundesländern Berlin und Brandenburg. Ein hervorragender

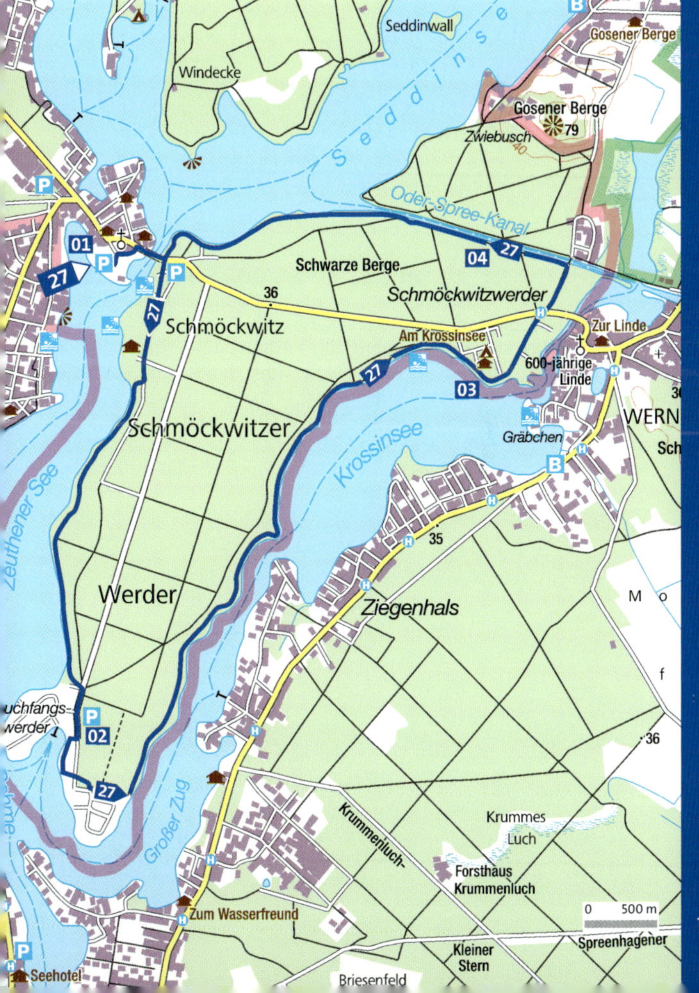

Dahme – die „wendische Spree“

Im Rahmen seiner „Wanderungen durch die Mark Brandenburg“ unternahm Theodor Fontane Mitte des 19. Jhs. eine Bootstour auf der „wendischen Spree“. Den 95 km langen Fluss charakterisierte er so: „An der Brücke zu Cöpenick treffen zwei Flüsse beinahe rechtwinklig zusammen: die eigentliche Spree und die wendische Spree, letztere auch die Dahm geheißen. Die wendische Spree, mehr noch als die eigentliche, bildet eine große Anzahl prächtiger Seeflächen, die durch einen dünnen Wasserfaden verbunden sind. Ein Befahren dieses Flusses bewegt sich also in Gegensätzen, und während eben noch haffartige Breiten passiert wurden, auf denen eine Seeschlacht geschlagen werden könnte, drängt sich das Boot eine Viertelstunde später durch so schmale Defilés, dass die Ruderstangen nach rechts und links hin die Ufer berühren. Und wie die Breite, so wechselt auch die Tiefe. An einer Stelle Erdtrichter und Krater, wo die Leine des Senkbleis den Dienst versagt, und gleich daneben Pfuhle und Tümpel, wo auch das flachgehendste Boot durch den Sumpfgrund fährt.“

Blick zurück bietet sich an der Badestelle beim Gasthaus am Campingplatz „Krossinsee“ vor **Schmöckwitzwerder**, wo auch eine **Gaststätte** 03 zur Einkehr lädt. Dahinter geht es zur Wernsdorfer Straße, dort wenige Meter rechts und vor der Bushaltestelle „Schmöckwitzwerder“ links in die am **Oder-Spree-Kanal** 04 vor einer Fußgängerbrücke endende Sackgasse.

Die Promenade längs des Kanals führt links zum **Seddinsee**, dort links, und schon ist wieder die Schmöckwitzer Brücke erreicht, die über die Dahme nach **Alt-Schmöckwitz** 01 zurückführt.

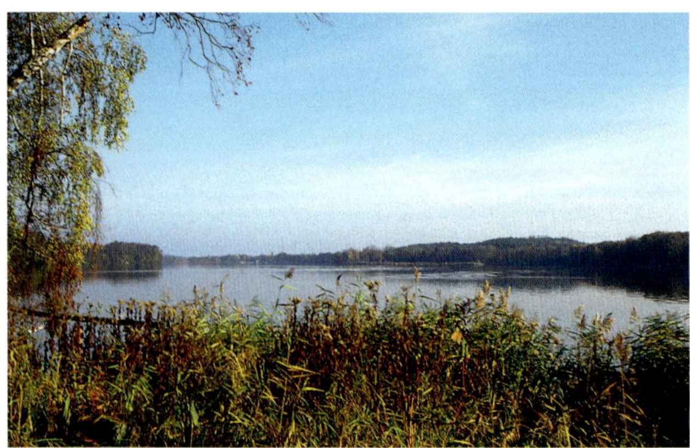

Seddinsee mit Blick auf die Gosener Berge

FRIEDRICHSBAUHOF – GUSSOW

Am Dolgensee

  8 km  2:00 h  10 hm 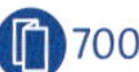 10 hm 700

START | „Kuddels Lustige Stube“, Landgasthof an der Dahmestraße 25 im Ortsteil Friedrichsbauhof der Gemeinde Heidesee; Anfahrt auf der B 246 Bestensee – Prieros und am Ortsanfang von Prieros links abzweigen Richtung Friedrichsbauhof
[GPS: UTM Zone 33 x: 825.191 m y: 5.798.565 m]
CHARAKTER | Wald- und Wiesenwanderung auf fahrradfähigen Wegen

Die Wanderung am Rand des Dolgensee-Naturschutzgebiets besticht durch Ruhe und harmonisch wirkende Natur.

Der Landgasthof „Kuddels Lustige Stube“ in **Friedrichsbauhof** 01 ist eine beliebte Ausflugsgaststätte in herrlicher Lage an der Mündung der Dahme in den Dolgensee; der Gasthof hat einen Bootsanleger, im Biergarten kann man den Blick auf die Dahme genießen, auch der Dahmeradweg führt an „Kuddels Lustiger Stube“ vorbei. Von der Wegeübersichtstafel beim Gasthof geht es südwärts zum Waldrand und dort auf dem Dahmeradweg rechts Richtung Gussow.
Über Brachwiesen schweift der Blick auf einen Gehölzgürtel, hinter dem der **Dolgensee** liegt. Bald tritt der Weg in den Wald ein, zwischen den Bäumen zeigt sich der von Verlandungszonen gesäumte See, von dem immer wieder das Rufen der Vögel, die dort ein Rückzugsgebiet gefunden haben, herüberdringt.
Nach Überqueren des **Heidekrautgrabens** erstreckt sich rechts der von Krüppelkiefern gebildete „Gespensterwald“. Schließlich er-

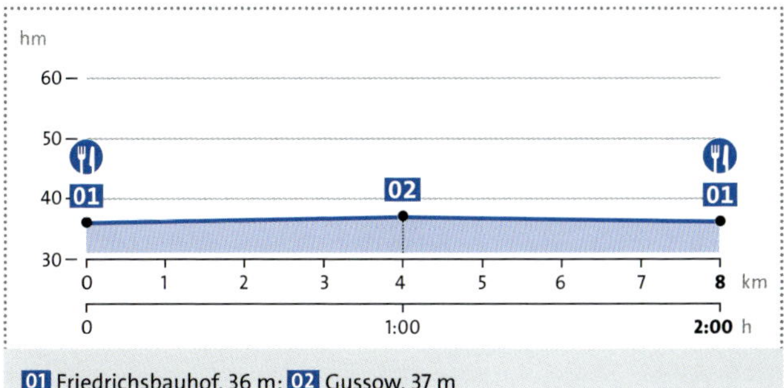

01 Friedrichsbauhof, 36 m; 02 Gussow, 37 m

reicht der Weg eine Wegespinne, hier geht es schräg rechts weiter auf der Prieroser Straße, dieser Wirtschaftsweg führt nach **Gussow** 02, wo man am Wasser sitzen und den Schiffen zusehen kann. Danach geht es auf derselben Route am Dolgensee entlang zu „Kuddels Lustiger Stube“ in **Friedrichsbauhof** 01.

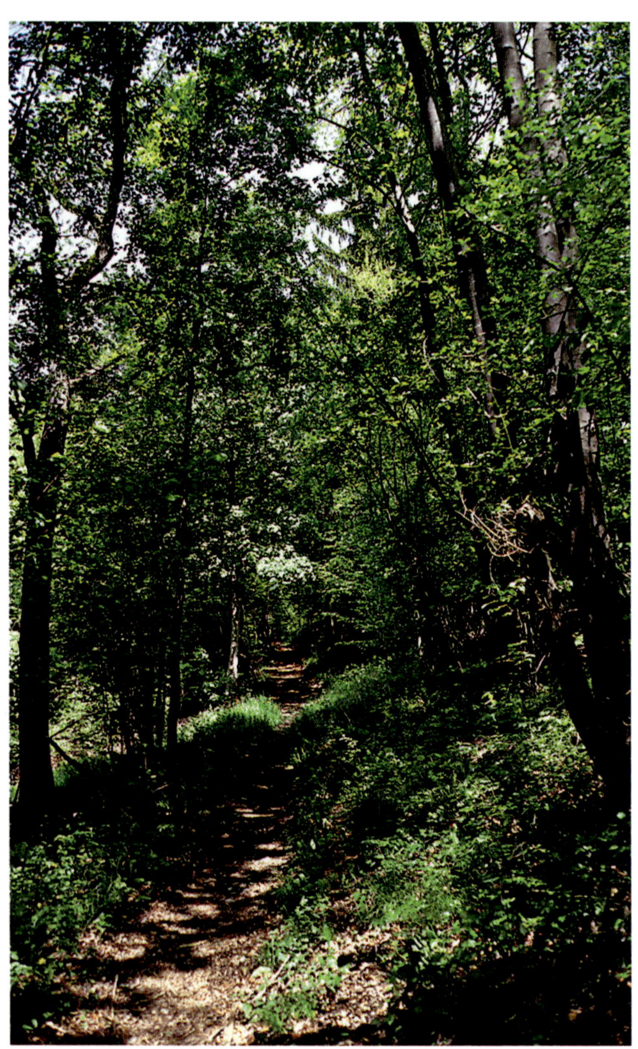

Auf dem „guten Weg“ Richtung Gussow

Dolgensee

Der von der Dahme durchflossene Dolgen- oder Trüber See steht unter Naturschutz „wegen der besonderen Eigenart des Gebietes als bisher weitgehend intakter Lebensraum mit vorwiegend unverbauten Uferzonen und seiner regionalen Bedeutung als Überwinterungsgebiet für Wasservögel“. Die Schilfbestände, Erlenbruchwälder und wechselfeuchten Wiesen der Uferzonen sind Standorte seltener, in ihrem Bestand bedrohter, wild wachsender Pflanzengesellschaften und Lebensräume bedrohter Tierarten. Um den See führt kein Wanderweg, an den Orten Friedrichsbauhof und Gussow am Ein- und Ausfluss der Dahme gibt es nicht einmal Brücken, sodass dieser See eine relativ große Einsamkeit bewahrt hat. Theodor Fontane erwähnt ihn: Er segelte auf ihm mit der „Sphinx“.

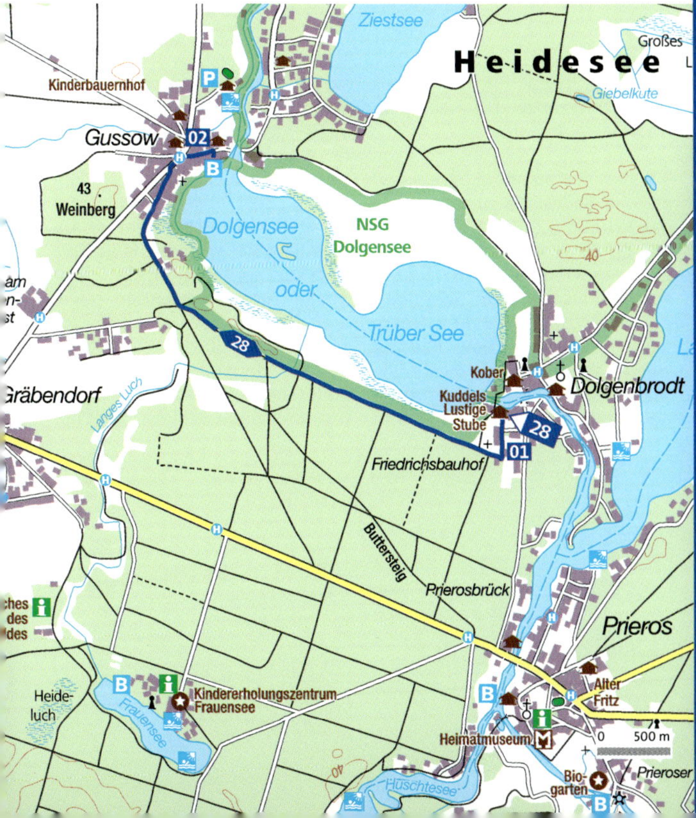

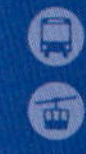
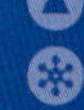

29

KRUMMENSEE – BESTENSEE

Durch das naturschöne Sutschketal

  9 km  2:30 h 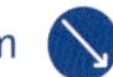 60 hm 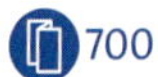 60 hm 700

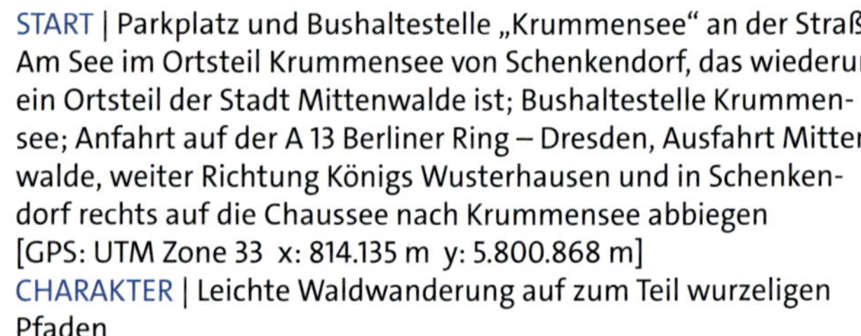

START | Parkplatz und Bushaltestelle „Krummensee“ an der Straße Am See im Ortsteil Krummensee von Schenkendorf, das wiederum ein Ortsteil der Stadt Mittenwalde ist; Bushaltestelle Krummensee; Anfahrt auf der A 13 Berliner Ring – Dresden, Ausfahrt Mittenwalde, weiter Richtung Königs Wusterhausen und in Schenkendorf rechts auf die Chaussee nach Krummensee abbiegen [GPS: UTM Zone 33 x: 814.135 m y: 5.800.868 m]
CHARAKTER | Leichte Waldwanderung auf zum Teil wurzeligen Pfaden

Das Sutschketal ist das naturschönste Wandertal im Naturpark Dahme-Heideseen.

Vom Restaurant „Strandhaus“ an der Badestelle am Westufer des Krummer Sees in **Krummensee** **01** führt die Straße Am See kurz nordwärts Richtung Schenkendorf, bis vor dem Bahnübergang rechts der asphaltierte Radweg abzweigt. Vom Radweg zweigt wenig später rechts die Markierung blau ab, überquert den Pritzelgraben und folgt ihm im Wald südwärts zum **Krummer See**. Unter alten Bäumen folgt der auch namentlich ausgeschilderte „Wanderweg Sutschketal“ mit zahlreichen Aussichtsstellen dem Ufer des **Sees**, in dem gebadet und geangelt wird. An der Siedlung **Am Steinberg** **02** wird der Pfad bzw. Weg kurz vom Ufer auf die ruhige Straße Am Krummensee abgedrängt, kehrt aber bald zum See zurück. Schließlich überquert der Rundwanderweg den sumpfigen Zuflussbereich auf einem Lattensteg. Am gegenüberliegenden Ufer

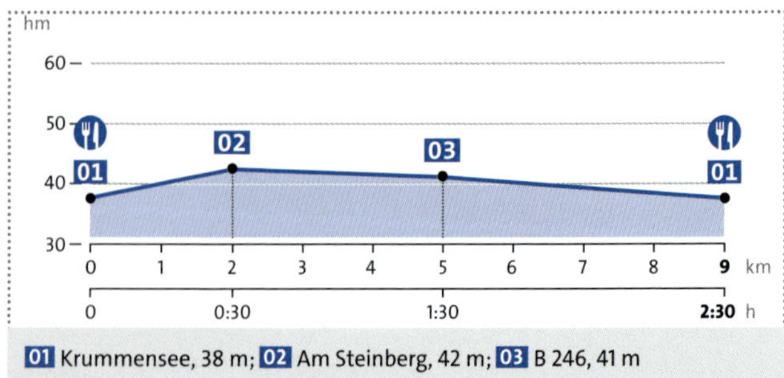

01 Krummensee, 38 m; **02** Am Steinberg, 42 m; **03** B 246, 41 m

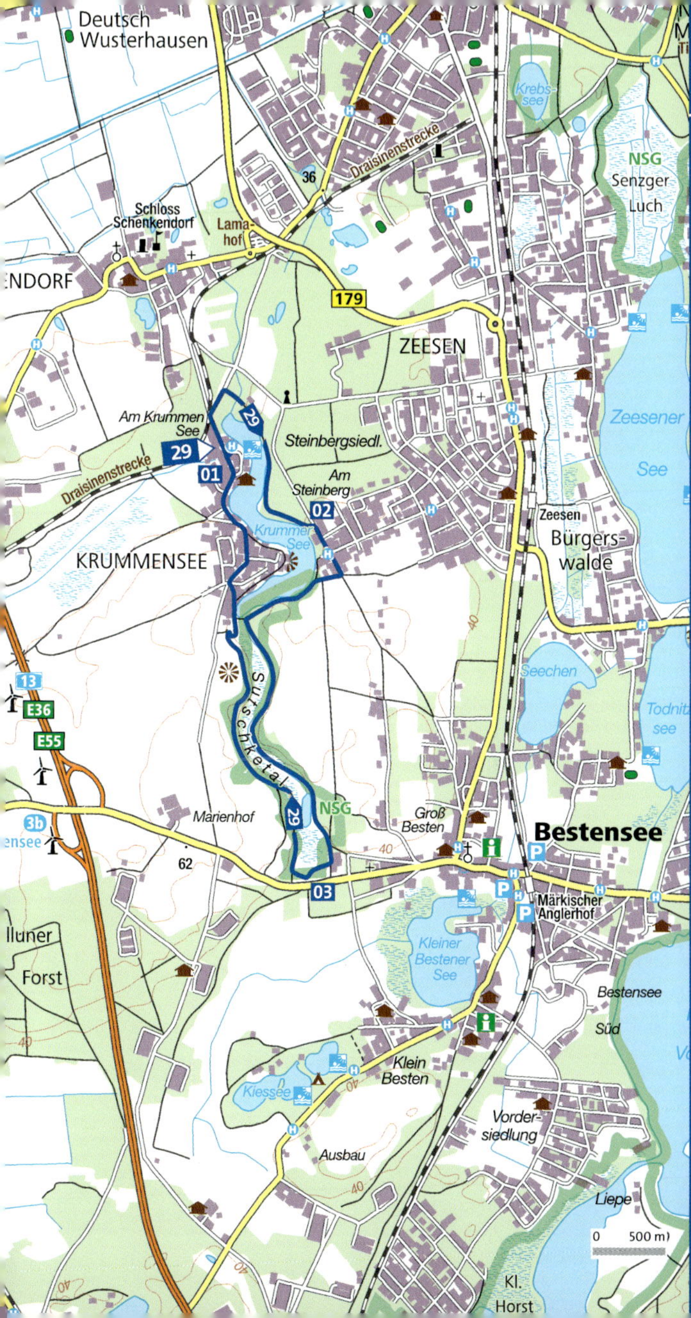

Deutsch Wusterhausen
Schloss Schenkendorf
Lama-hof
Draisinenstrecke
36
179
ZEESEN
Krebs-see
NSG
Senzger Luch
Am Krummen See
29
01
Steinbergsiedl.
Am Steinberg
02
Krummer See
KRUMMENSEE
Zeesener See
Zeesen
Bürgers-walde
Sutschketal
Seechen
Todnitzsee
13
E36
E55
3b
Marienhof
62
NSG
Groß Besten
Bestensee
03
Märkischer Anglerhof
Kleiner Bestener See
Bestensee Süd
Klein Besten
Kiessee
Ausbau
Vorder-siedlung
Liepe
Kl. Horst
0 500 m

Sutschketal

Das Sutschketal zwischen Krummensee und Bestensee ist eine lang gestreckte Gletscherabflussrinne mit Mooren, Kleingewässern und abwechslungsreichem Wald. 1995 wurde es als Naturschutzgebiet ausgewiesen „als Standort seltener, in ihrem Bestand bedrohter wild wachsender Pflanzengesellschaften, insbesondere von Schwimmblattgesellschaften, Röhrichten, Erlenbrüchen, Seggenrieden und Feuchtwiesen sowie naturnahen Stieleichenwäldern, Trockenrasen und Saumgesellschaften an den Hängen". Ein weiterer Schutzzweck galt dem Sutschketal „als Lebensraum bestandsbedrohter Tierarten, insbesondere als Brut- und Nahrungsgebiet für zahlreiche Klein- und Großvogelarten, vor allem von Tauchern, Rallen und Entenvögeln sowie als Rückzugsgebiet für bestandsbedrohte Lurche und Kriechtiere und zahlreicher Insektenarten".

führt die Markierung im **Sutschketal** aufwärts auf einem Waldpfad, der zu den urtümlichsten Talpfaden im Berliner Raum zählt. Leider ist das Tal recht kurz, und sogleich nach Passieren des **Sutschkesees** stößt der Pfad im Norden der Gemeinde **Bestensee** auf die **Bundesstraße 246** 03. Hier führt die Markierung blau kurz links (ostwärts) weiter, zweigt wiederum links ab und senkt sich zurück ins Sutschketal, nun auf dem Weg im Osthang. Wo kurz oberhalb des Krummer Sees der bekannte Brückensteg auftaucht, geht es wieder über den Zufluss und danach rechts zurück zum Ausgangspunkt an der Badestelle am Restaurant „Strandhaus" in **Krummensee** 01.

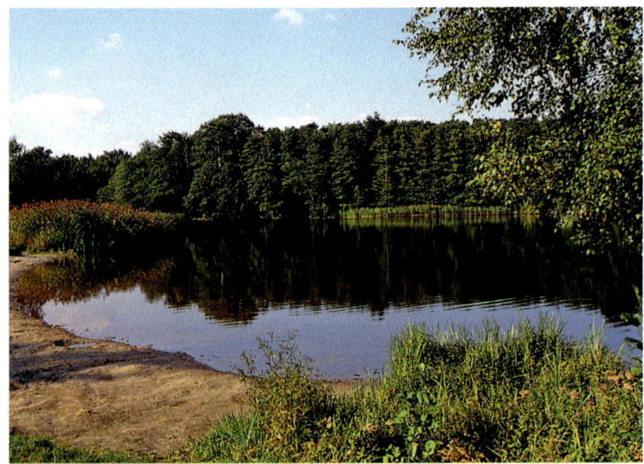

Am Krummer See

TEUPITZ – TORNOW

Im Herzen des Schenkenländchens

  8 km 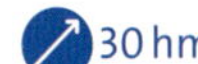 2:00 h  30 hm  30 hm 700

START | Teupitz, Post, Bushaltestelle und Parkplätze an der großen Kreuzung Post-/Bahnhof-/Linden-/Buchholzer Straße am Hotel „Schenk von Landsberg" in Teupitz; Anfahrt auf der A 13 Schönefelder Kreuz – Dresden, Ausfahrt Teupitz [GPS: UTM Zone 33 x: 815.684 m y: 5.786.071 m]
CHARAKTER | Bequeme Wald- und Wiesenwanderung auf zum Teil sandigen Wegen

Die Naturschutzgebiete Briesensee-Klingespring am Tornower See und das Wiesental des Mühlenfließ zählen zu den Höhepunkten dieser Wald-, Seeufer- und aussichtsreichen Wiesenwanderung.

▶ An der Kreuzung Post-/Bahnhof-/Linden-/Buchholzer Straße in **Teupitz** 01 geht es wenige Meter die Buchholzer Straße aufwärts und an der Bushaltestelle links auf die parallel verlaufende sandige Straße „Kreisgarten" neben Gartengrundstücken, am Ende schräg links auf die Waldstraße, wo die Blaupunkt-Markierung des 66-Seen-Wegs die Routenführung übernimmt. Die ungeteerte Waldstraße führt in einen Kiefernforst hinein, in dem bald der kleine idyllische **Nicolassee** 02 zum Rasten und Baden einlädt. Hier verzweigt sich der 66-Seen-Weg: Diesseits (= westlich des Sees) führt ein Strang südwärts durch den Wald zur Straße, dort kurz links und die erste (Schwarzer Weg) rechts nach **Tornow** 03, wo sich Uferrastplätze am von Schilfgürteln und Wald umgebenen **Tütschensee** befinden.

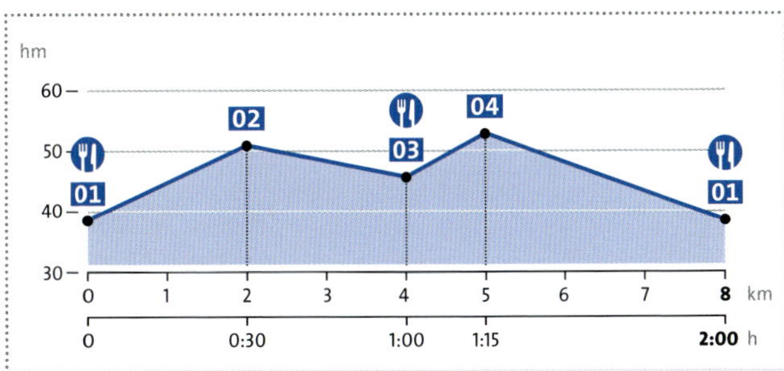

01 Teupitz, 39 m; 02 Nicolassee, 51 m; 03 Tornow, 46 m; 04 Tornower See, 53 m

Teupitz – Zentrum des Schenkenländchens

Die auf einer Halbinsel im Teupitzer See gelegene Teupitzer Burg war von ca. 1350 bis 1718 Sitz der Schenken von Landsberg, die von hier aus über das 20 Ortschaften umfassende „Land Teupitz" herrschten. Von diesen Herren leitet sich der Name „Schenkenländchen" für das Gebiet rund um Teupitz ab mit seiner idyllischen Naturausstattung: Wälder, Heidelandschaften, Wiesen und Felder im Verein mit Seen, Fließen, Sumpf- und Niederungsgebieten. Die ehemalige, stark befestigte Burg fungiert heute als Hotel.

An der Verzweigung nach Passieren des Sees führt der 66-Seen-Weg links, vor dem Friedhof rechts, dann geradeaus durch die Lindenallee Teupitzer Straße zum Dorfplatz (Bushaltestelle), hier rechts durch die Dorfstraße und gleich links durch die Seestraße zum **Tornower See** 04 und am Ufer entlang in einem als Naturschutzgebiet ausgewiesenen Waldstück mit uralten Bäumen. Der Weg passiert eine Badestelle und den eindrucksvollen **Klingespring**-Erosionstrog und folgt weiter dem Ufer (der ausgeschilderte Abstecher zum **Briesensee** führt nicht direkt zum See, sondern zu einer Anhöhe mit Blick hinab auf den See) mit Weidengebüschen, Erlen, Birken und Seggen, begleitet von den Tafeln eines Naturlehrpfads. Schließlich verlässt der 66-Seen-Weg den Tornower See und führt zu einer nahen Wegekreuzung. Hier verlassen wir den 66-Seen-Weg und folgen dem Weg Hohe Mühle rechts. Der Weg führt noch einmal ans Ufer des Tornowsees und dann geradeaus durch den Wald zur Teupitzer Straße; kurz links und sofort rechts, bis am Tornower Weg wieder die Blaupunkt-Markierung des 66-Seen-Wegs auftaucht und links zurück nach **Teupitz** 01 führt.

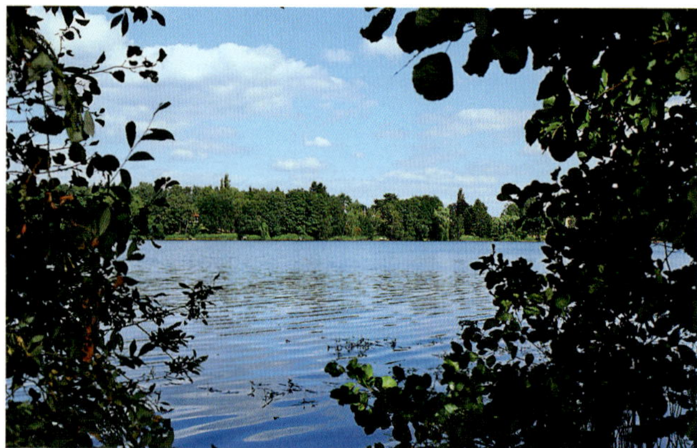

Am Tornower See

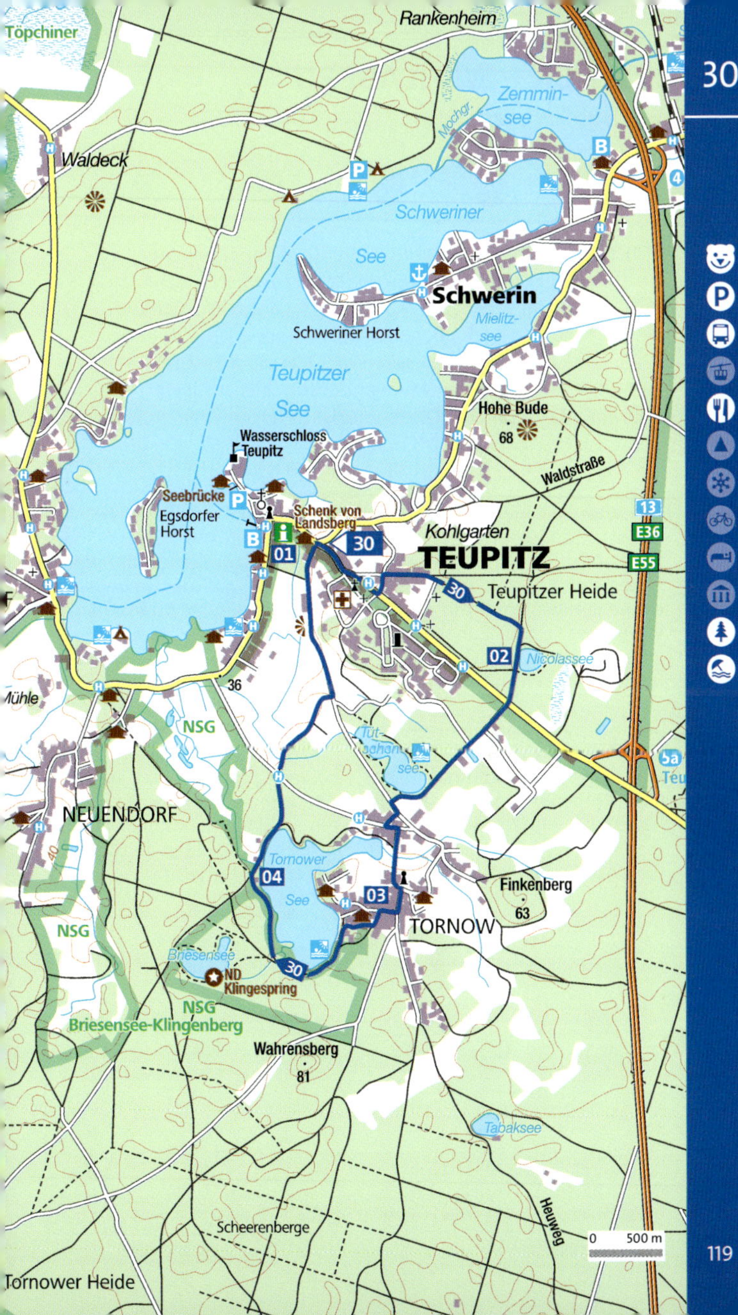

Töpchiner
Rankenheim
Zemmin-
see
Waldeck
Schweriner
See
Schwerin
Mielitz-
see
Schweriner Horst
Teupitzer
See
Hohe Bude
68
Wasserschloss
Teupitz
Waldstraße
Seebrücke
Egsdorfer
Horst
Schenk von
Landsberg
Kohlgarten
TEUPITZ
30
01
13
E36
E55
Teupitzer Heide
02
Nicolassee
36
NSG
NEUENDORF
Tornower
See
04
03
Finkenberg
63
TORNOW
NSG
Briesensee
ND
Klingespring
NSG
Briesensee-Klingenberg
Wahrensberg
81
Tabaksee
Heuweg
Scheerenberge
Tornower Heide
0
500 m

31

KÖTHEN – WEHLABERG

Heideseen und Krausnicker Berge

 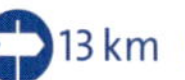 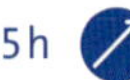 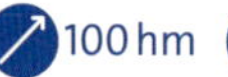 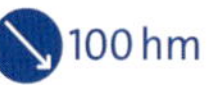 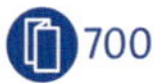

13 km | 3:15 h | 100 hm | 100 hm | 700

START | Parkplatz und Wanderwegeübersichtstafel an der Dorfstraße in Köthen, Ortsteil der Stadt Märkisch Buchholz; Anfahrt auf der A 13 Berlin – Dresden, Ausfahrt Teupitz und weiter nach Märkisch Buchholz, dort weiter nach Köthen [GPS: UTM Zone 33 x: 829.335 m y: 5.780.587 m]
CHARAKTER | Bequeme Waldwanderung teils auf festen Wegen, teils auf Wurzelpfaden, Orientierungssinn ist hilfreich

Die Köthener Heideseen zählen zu den Landschaftsperlen rund um Berlin. Sie erstrecken sich zu Füßen der Krausnicker Berge, in denen der Aussichtsturm auf dem Wehlaberg einen Rundblick gewährt, der bei klarer Sicht bis zum Berliner Fernsehturm reicht.

▶ An der Wanderwege-Übersichtstafel im Heidedorf **Köthen** 01 am Segel- und Kanuwanderrevier **Köthener See** weisen die Blaustrich-Markierung des Europäischen Fernwanderwegs 10, die Markierung „Blaue Scheibe" des 66-Seen-Wegs und die Markierung „Grüne Scheibe" des Heideseenrundwegs die Route waldwärts auf der ungeteerten Großwasserburger Straße, von Anfang an in einer idyllischen Landschaft mit Wiesen, artenreichen Wäldern und alten Laubbäumen. An der Abzweigung zum Gestüt am Pichersee vorbei führt der Weg waldeinwärts, an einer Verzweigung mit Sitzbank unter alten Eichen weisen die Markierungen rechts zum waldumrahmten **Pichersee** und leiten im Laubwald weiter zum **Mittelsee**.

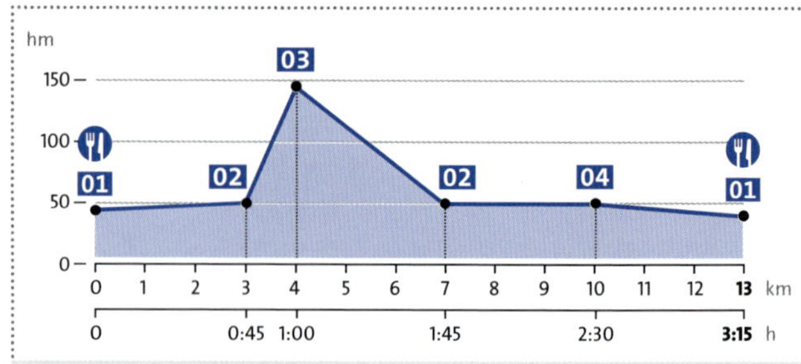

01 Köthen, 45 m; 02 Schwanensee, 50 m; 03 Wehlaberg, 144 m; 04 Schibingsee, 50 m

Kurz vor dem nächsten See, dem Schwanensee, zweigt der 66-Seen-Weg rechts ab, während wir dem E 10 und dem Heideseenrundweg geradeaus am **Schwanensee** 02 entlang folgen. An der Wegekreuzung bald nach Passieren der Sitzbank am Ende des Schwanensees zeigt das Schild „Wehlaberg" links unter Buchen und Eichen bergan, der Weg führt zum hölzernen Aussichtsturm **Wehlaberg** 03, die waldbedeckte höchste Erhebung der Krausnicker Berge. Bald darauf mündet der Waldweg auf einen befestigten

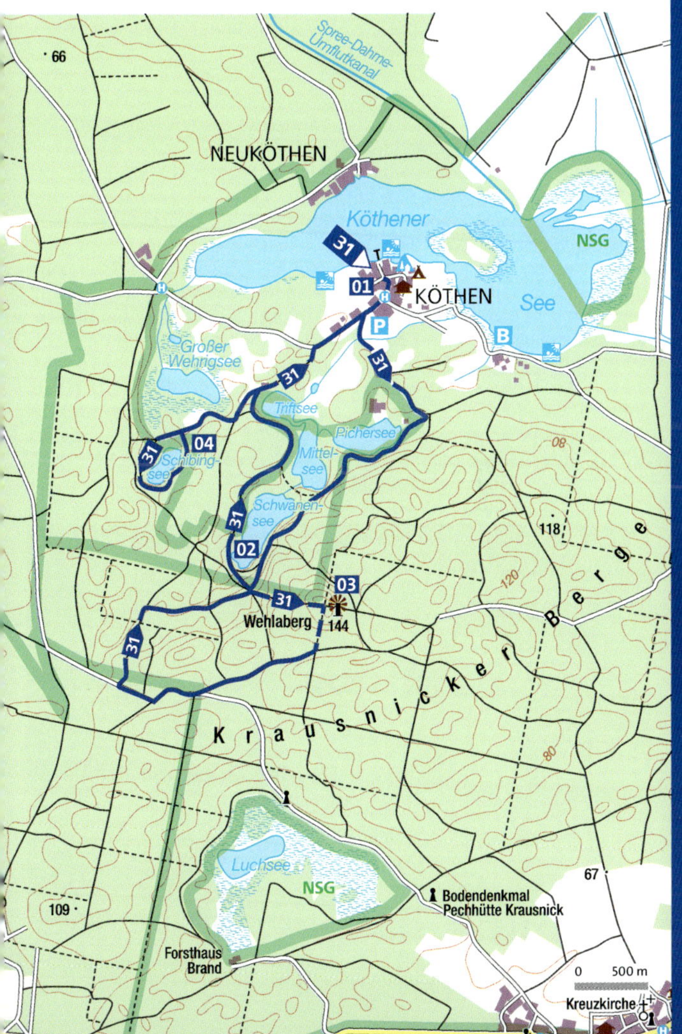

Krausnicker Berge

Die waldbedeckten Moränen der im Wehlaberg in 144 m gipfelnden Krausnicker Berge bilden die Nordwestgrenze des Unterspreewalds. Das von Gletschern überformte Relief dieser Berge zeigt tief eingeschnittene Erosionstäler, Steilhänge und plateauartige Bereiche, in Gletschertrögen liegen die von Schilfgürteln und Wald umgebenen sieben Seen, von denen einige als Angelgewässer ausgewiesen sind – eine Oase der Stille und ein Rückzugsgebiet für selten gewordene Pflanzen und Tiere.

Forstweg, dem die Blaustrich-Markierung des E 10 rechts hinab folgt zum Standort des einstigen sächsisch-preußischen Grenzpfahls **Bunter Stiel**, wenig später schwingt der Fernwanderweg rechts in das Biosphärenreservat hinein und führt zurück zur bekannten Wegekreuzung kurz vor dem Schwanensee im Naturschutzgebiet. Hier zweigt der grün markierte Heideseenrundweg links ab, wendet sich gleich wieder rechts und folgt einem Wurzelweg unter Eichen parallel zum Westufer des **Schwanensees** 02, zahlreiche Stellen laden am Ufer zur Rast ein.

An der Stegbrücke am Ende des Sees geht es geradeaus und links, nun im Gleichlauf mit dem 66-Seen-Weg parallel zum Ufer des **Mittelsees** und weiter zum **Triftsee**. An der Verzweigung dahinter lohnt links die Umrundung des naturschönen **Schibingsees** 04, dann geht es zurück zur Verzweigung am **Triftsee**, von dem die Grünpunkt- und die Blaustrich-Markierung geradeaus zurück in das Heidedorf **Köthen** 01 führen.

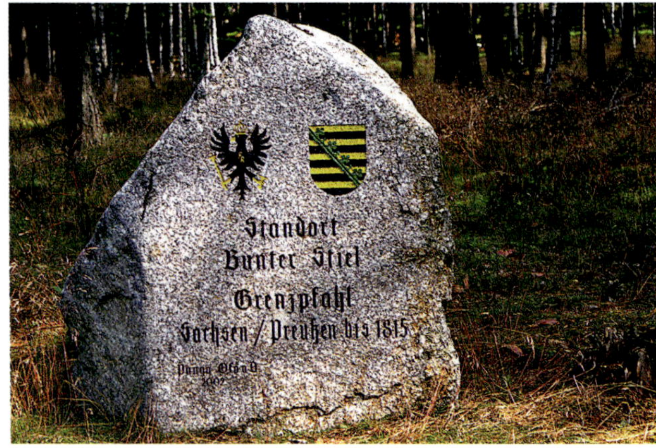

In der Nähe des Wehlabergs bei den Köthener Heideseen verlief die preußisch-sächsische Grenze

SCHLEPZIG – BUCHENHAIN

Naturlehrpfad im Unterspreewald

  6 km  1:40 h 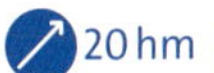 20 hm 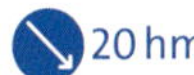 20 hm 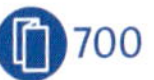 700

START | Wanderparkplatz Naturlehrpfad Buchenhain vor dem westlichen Ortsrand von Schlepzig an der Straße nach Krausnick; alternativ Bushaltestelle bzw. Großparkplatz am Kahnfährhafen in Schlepzig, von dort wenige Minuten zu Fuß; Anfahrt auf der A 13 Dresden – Berlin, Ausfahrt Teupitz und weiter nach Märkisch Buchholz, dort auf der B 179 (bzw. der Ausschilderung folgend) nach Schlepzig; die nächsten Bahnhöfe befinden sich in Lübben und Schönwalde [GPS: UTM Zone 33 x: 834.619 m y: 5.775.730 m]
CHARAKTER | Leichte Waldwanderung

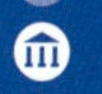

Das Naturschutzgebiet Buchenhain bei Schlepzig befindet sich in einem ehemaligen Sumpfgebiet, an den Ufern von Zerniasfließ, Wasserburger Spree, Schiwa- und Puhlstrom wachsen schon im zeitigen Frühjahr Wasserschwertlilien und Sumpfdotterblumen, später die Schwanenblume. Abhängig von der Jahreszeit sind während der Wanderung auf dem Naturlehrpfad Kranich, Seeadler, Schwarz- und Weißstorch zu beobachten.

▶ Vom **Naturlehrpfad-Parkplatz** geht es längs der Straße kurz in Richtung des Spreewalddorfs **Schlepzig 01**, bis der Naturlehrpfad Buchenhain vor dem **Zerniasfließ** rechts auf einen von alten Pappeln gesäumten Weg abzweigt.
Das 1910 angelegte Zerniasfließ bildet eine Hauptroute für den Bootsverkehr durch den Unterspreewald. Kurz nach Passieren eines Wehrs wechselt der Naturlehrpfad vor der Quaasspree

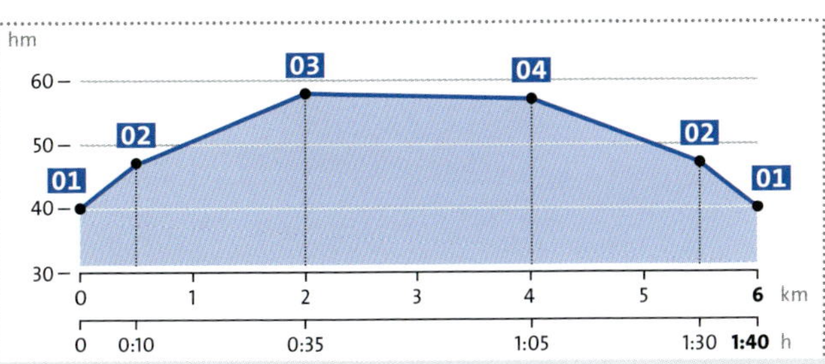

01 Schlepzig, 40 m; 02 Wussegk-Aussichtsturm, 47 m; 03 Mollenhauers Hütte, 58 m; 04 Forsthaus Buchenhain, 57 m

Spreewalddorf Schlepzig

Das Spreewalddorf Schlepzig ist ein beliebter Ausgangspunkt für Kahnfahrten, Wanderungen und Radtouren im Unterspreewald. Der Kahnfährhafen, die Alte Mühle, die Fachwerkkirche und das Bauernmuseum in einem 200 Jahre alten Bauernhof sowie zahlreiche Einkehr- und Unterkunftsmöglichkeiten liegen am Spreeradweg und am Europäischen Fernwanderweg 10. Am Kahnfährhafen an der Quaasspree herrscht meist ein buntes Treiben, Wasserwanderer starten oder legen unter den alten Bäumen eine Rast ein, Urlaubergruppen steigen in die spreewaldtypischen Stakkähne. Jenseits der Quaasspree beginnt der Auenwald: eine undurchdringliche Wildnis aus Wasser, Erlen- und Bruchwäldern und uralten Eichen.

rechts auf den im 14. Jh. angelegten **Archendamm**, den von alten Laubbäumen bewachsenen ältesten Deich im Unterspreewald. Der **hölzerne Wussegk-Aussichtsturm** 02 bietet einen eindrucksvollen Blick auf die Fließe: Spree und Quaasspree kreuzen sich hier, weiter westlich zweigt der Wussegk-Strom von der Quaasspree ab. Der Naturlehrpfad führt westwärts weiter durch einen Erlen-Eichen-Stieleichen-Wald, überquert den Schiwastrom und folgt dem **Puhlstrom** zur Straße. Nach Queren der Straße folgt der Naturlehrpfad einem schönen Waldweg durch Buchenwälder, schon bald laden bei **Mollenhauers Hütte** 03 Bänke am Puhlstrom zur Rast ein.

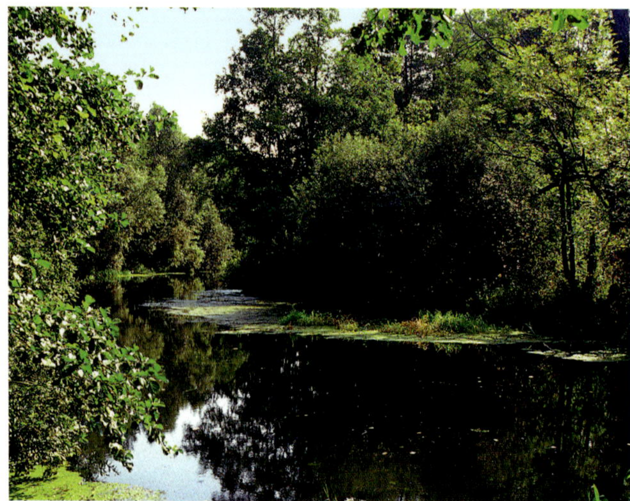

Am Zerniasfließ

Hier verlässt der Naturlehrpfad den Strom, führt ostwärts tiefer in den Wald hinein und wendet sich an einer Verzweigung mit alter Buche rechts. Beim **Forsthaus Buchenhain** 04 geht es auf der Zufahrt rechts zurück zur Straße (Bushaltestelle Buchenhain), nach Queren der Straße südwärts zum **Schiwastrom**, wo die bekannte Route wieder erreicht ist: links zum **Wussegk-Aussichtsturm** 02 und links auf dem Archendamm zurück zum Ausgangspunkt, dem Wanderparkplatz vor dem Spreewalddorf **Schlepzig** 01.

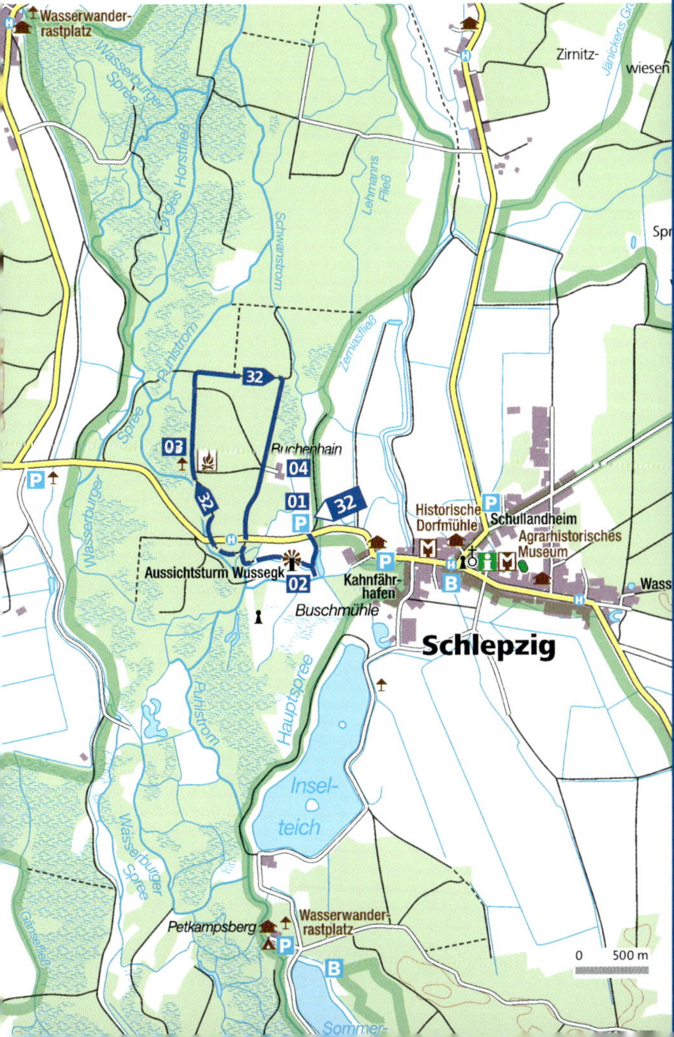

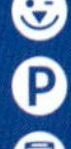
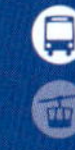
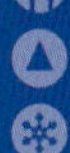

33

SCHLEPZIG – LÜBBEN

Auf dem E 10 durch den Unterspreewald

 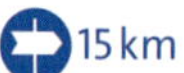

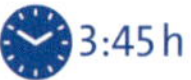

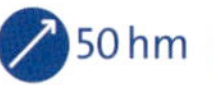

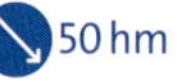

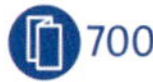

START | Parkplätze bei der „Kahnfährhafenstelle" an der Dorfstraße in Schlepzig; Anfahrt auf der A 13 vom Berliner Ring Richtung Dresden bis zur Ausfahrt Teupitz und weiter nach Märkisch Buchholz, dort auf der B 179 nach Schlepzig; der nächste Bahnhof befindet sich in Lübben
[GPS: UTM Zone 33 x: 835.223 m y: 5.775.514 m]
CHARAKTER | Aussichtsreiche Wiesen-, Deich- und Teichewanderung auf fahrradfähigen Wegen

Vom pittoresken Spreewalddorf Schlepzig folgt der Europäische Fernwanderweg 10 der Hauptspree durch Feuchtwiesen- und Auenwaldnaturschutzgebiete in die Schlossstadt Lübben. Wer nur eine Kurzwanderung unternehmen möchte, umrundet zwischen Petkamsberg und Schlepzig den Inselteich (5 km).

▶ Vom Parkplatz am Kahnfährhafen in **Schlepzig** 01 führt die Dorfstraße ortseinwärts, bis die Blaustrich-Markierung des E 10 an der Alten Mühle, wo die Quaasspree in die Hauptspree mündet, rechts auf die Dammstraße abzweigt. Der Fahrweg folgt dem Ufer des fischreichen Inselteichs, der parallel zur Hauptspree angelegt wurde. An der Dümme-Ecke im Südwesten des Sees trifft der Weg auf die Hauptspree und folgt ihr in Richtung des Spreewaldgasthauses **Petkampsberg** 02. Einem deichartig erhöhten Schotterweg folgt der Fernwanderweg weiter südwärts zwischen der Hauptspree und dem Sommerteich so-

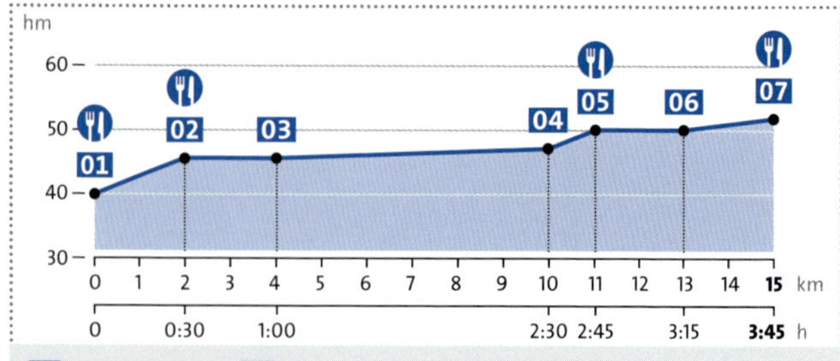

01 Schlepzig, 40 m; 02 Petkampsberg, 46 m;
03 Bibersdorfer Wiesen, 46 m; 04 Spreewaldbahn-Brücke, 48 m;
05 Lehnigksberg, 50 m; 06 Der Hain, 50 m; 07 Lübben, 52 m

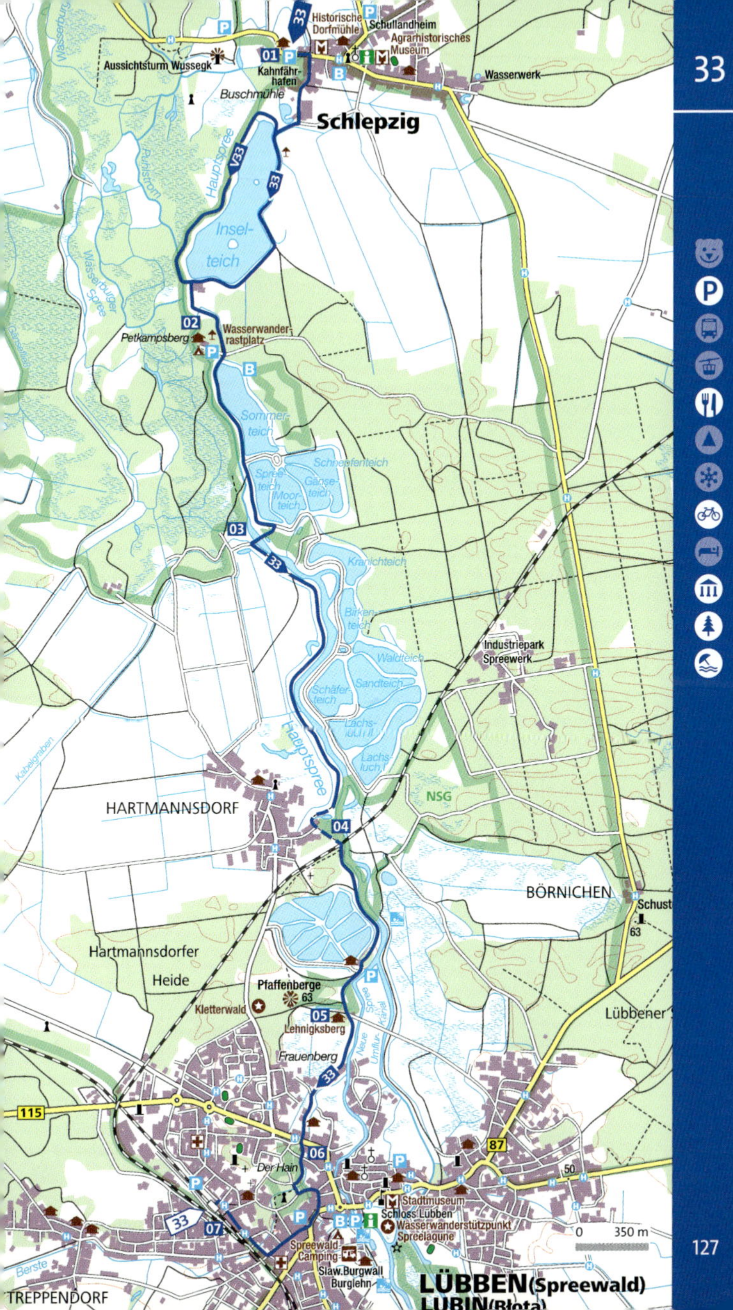
Historische Dorfmühle
Schullandheim
Agrarhistorisches Museum
Aussichtsturm Wussegk
Kahnfährhafen
Buschmühle
Wasserwerk
Schlepzig
Hauptspree
Puhlstrom
Wasserburger Spree
Inselteich
Petkampsberg
Wasserwanderrastplatz
Sommerteich
Schnepfenteich
Spreeteich
Gänseteich
Moorteich
Kranichteich
Birkenteich
Waldteich
Schäferteich
Sandteich
Lachsluch II
Lachsluch I
Industriepark Spreewerk
Kabelgraben
HARTMANNSDORF
NSG
BÖRNICHEN
Hartmannsdorfer Heide
Pfaffenberge
Kletterwald
Lehnigksberg
Frauenberg
Neue Spree
Umflut-Kanal
Lübbener
Der Hain
Stadtmuseum
Schloss Lübben
Wasserwanderstützpunkt Spreelagune
Spreewald-Camping
Slaw. Burgwall Burglehn
Berste
TREPPENDORF
LÜBBEN (Spreewald)
LUBIN (Błota)
0 350 m

Schlossstadt Lübben

Lübben ist das Tor zum auenwaldreichen Unterspreewald und zu den Grünlandflächen des Oberspreewalds. Hauptsehenswürdigkeiten sind neben dem Hain-Naturschutzgebiet an der Berste die Schlossinsel mit dem Spätrenaissance-Bau des Schlosses (1682) und die spätgotische Paul-Gerhardt-Kirche mit dem Grabmal des Kirchenlieddichters, der 1667 in Lübben starb. Die Schlossinsel bildet den Rahmen für Veranstaltungen wie den „Inselmusiksommer". Der Lübbener Hain ist ein Auenwald-Naturschutzgebiet mit mehr als 200 Eichen, die ein Alter von 180 bis 250 Jahren erreichen. Bereits 1909 wurde er als Naturdenkmal von außerordentlicher Bedeutung und seltener Schönheit unter Schutz gestellt. Das Liuba-Denkmal an der Berste erinnert daran, dass dieses Gebiet in vorgeschichtlicher Zeit der slawischen Fruchtbarkeits- und Liebesgöttin Liuba geweiht gewesen sei; Liuba gilt als Namensgeberin der Spreewald-Städte Lübben und Lübbenau.

wie weiteren Teichen, an denen Reiher, Möwen u. a. Wasservögel jagen. Nach Passieren des Hartmannsdorfer Wehrs erstrecken sich links des Wegs die **Biebersdorfer Wiesen** **03**. Alte Hudewälder, Birken-Eichen-Wald, Auenwald, Heidebereiche, Sandrasen und Feuchtwiesen wechseln sich

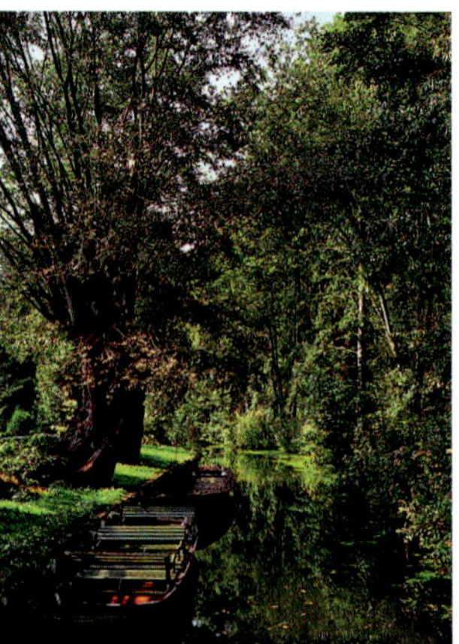

Spreewaldboote auf der Spree bei Schlepzig

malerisch ab. Nach Überqueren eines Bahndamms führt der Weg durch das Naturschutzgebiet Wiesenau, einem Ensemble aus Altarmen, Teichen, Feuchtwiesen, Verlandungszonen und Gehölzen. Dahinter folgt der Weg der Hauptspree und dann dem Umflutkanal zur Trasse der **Spreewaldbahn** **04**, die zum Fuß- und Radweg umfunktioniert wurde. Auf den Bahnbrücken geht es über den Umflutkanal und die Neue Spree zum Gasthaus **Lehnigksberg** **05**. Vom Gasthaus führt der Lehnigksberger Weg am Rand der Auenlandschaft der Schützenwiesen längs der Neuen Spree südwärts Richtung Lübben und wechselt dann auf den Weg längs des Spreenebenflusses Berste. Nach Queren der Berliner Chaussee beim Kahnfährhafen am Nordrand von Lübben taucht er in das parkartige Naturschutzgebiet **Der Hain** **06** ein. Dort zeigen die Schilder links in die Altstadt von **Lübben** **07**, während es rechts zum Bahnhof geht. Von dort fährt der Bus zurück nach Schlepzig.

GRUBENSEE – GODNASEE

Wald- und Badetour an den Blocksbergen

 10 km  2:30 h 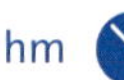 40 hm 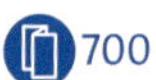 40 hm 700

START | Parkplatz Grubensee an der Limsdorfer Dorfstraße westlich von Limsdorf, Ortsteil der Stadt Storkow; Anfahrt auf der A 12 Berliner Ring – Frankfurt a. d. Oder, Ausfahrt Storkow [GPS: UTM Zone 33 x: 841.890 m y: 5.790.634 m]
CHARAKTER | Waldwanderung auf Forstwegen und sandigen bzw. wurzeligen Pfaden

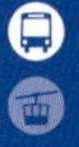

Vom Grubensee bei Limsdorf führt der 66-Seen-Wanderweg im Hang der bewaldeten Blocksberge zum Godnasee, einem idyllischen Badesee.

▶ Vom **Parkplatz Grubensee** 01 an der Limsdorfer Dorfstraße führt ein Weg am Ufer des **Grubensees** südwärts. Der bis zu 25 m tiefe Quellsee ist ein beliebter Badesee und bildet den südlichen Anfang der Glubigseenkette. Ein Fließ verbindet ihn mit dem Melangsee und dem Springsee sowie weiter nördlich mit dem Glubigsee. An all diesen Seen führt der 66-Seen-Weg entlang, dessen Blaupunkt-Markierung an der Südbucht des Grubensees auftaucht. In stetem Anstieg leitet sie im Wald durch den Hang der **Blocksberge** 02, die mit bis zu 111 m das höchste Gebirge der Region bilden; an die alte Grenzfunktion dieser sagenumwobenen Berge erinnert der Name „Grenzberg" für den Südausläufer; heute verläuft hier die Grenze zwischen den Landkreisen Oder-Spree und Dahme-Spree. Ohne den Blocksbergen so weit südwärts zu folgen, winkelt der 66-Seen-Weg im Hang rechts ab, senkt sich

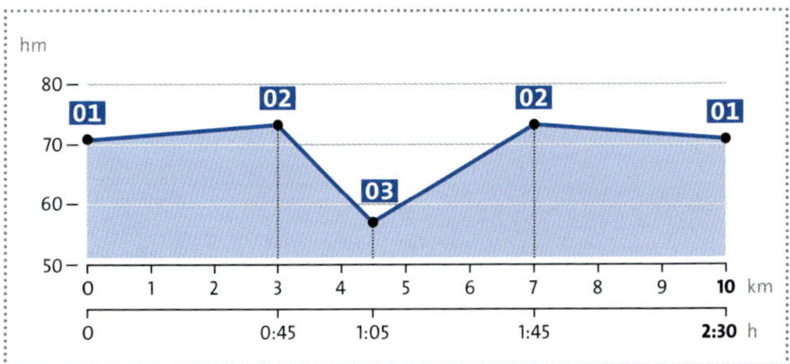

01 Parkplatz Grubensee, 71 m; 02 Blocksberge/Hang, 73 m; 03 Godnasee, 57 m

Neuendorfer See

Vom Godnasee führt der 66-Seen-Wanderweg westwärts weiter zum nahen Neuendorfer See. Der kleine Ort Neuendorf in der Gemeinde Unterspreewald ist Namensgeber dieses buchtenreichen Sees, an dem es mehrere Campingplätze gibt. Der etwa 300 ha große See im Biosphärenreservat Spreewald wird von der Spree durchflossen, die bei Neuendorf einmündet und ihn bei Alt-Schadow verlässt. Alt-Schadow am Neuendorfer See ist der nördlichste Ort im Biosphärenreservat Spreewald. In Seenähe befinden sich zwei Campingplätze.

zum **Godnasee** 03 und folgt dem Westufer. Wenn der 66-Seen-Weg vor dem ersten Berg rechts zur Straße abzweigt, gehen wir auf dem Uferpfad geradeaus, umrunden den See und schwingen wieder auf den 66-Seen-Weg ein, der durch das Blocksberge-Gebiet nordwärts und zurück zum **Grubensee** 01 führt.

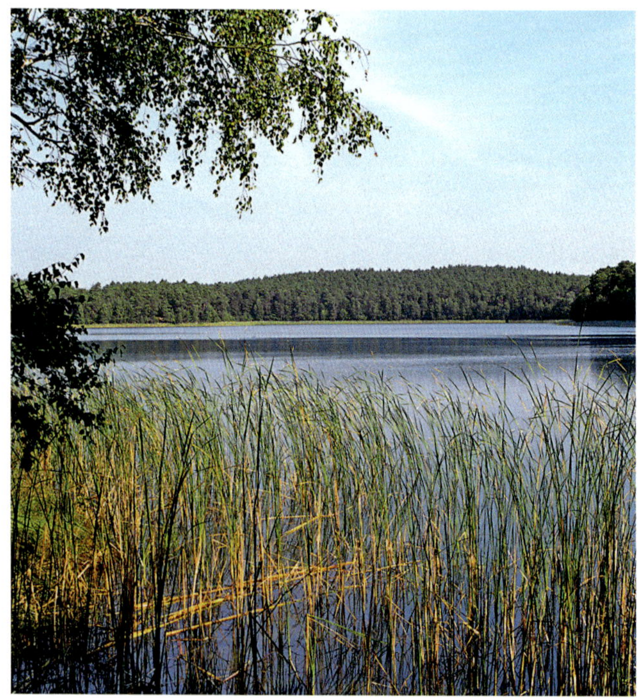

Hinter dem Godnasee erheben sich die Blocksberge

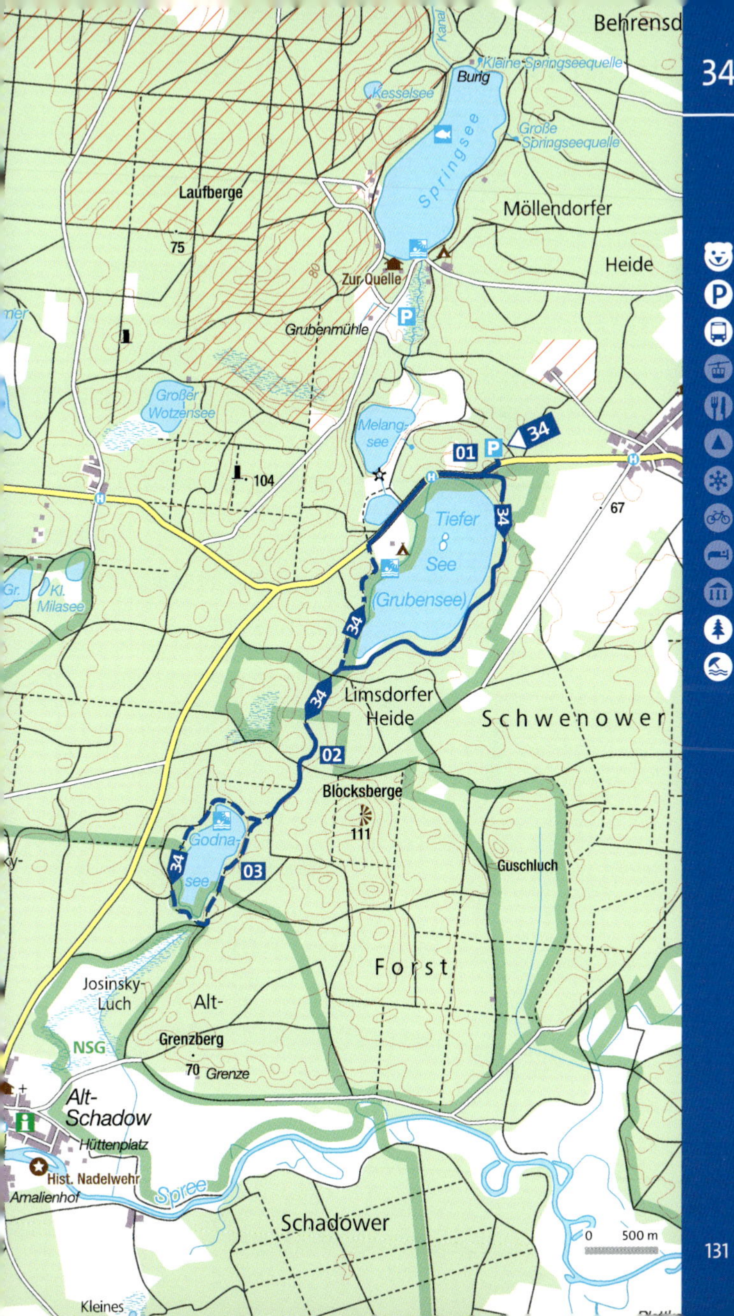

Behrensd
Kleine Springseequelle
Burg
Kesselsee
Springsee
Große Springseequelle
Laufberge
Möllendorfer
Heide
75
Zur Quelle
Grubenmühle
Großer Wotzensee
Melangsee
34
01
104
67
Tiefer See (Grubensee)
Gr.
Kl. Milasee
Limsdorfer Heide
Schwenower
02
Blocksberge
111
Godnasee
03
Guschluch
Forst
Josinsky-Luch
Alt-
NSG
Grenzberg
70
Grenze
Alt-Schadow
Hüttenplatz
Hist. Nadelwehr
Amalienhof
Spree
Schadower
0
500 m
Kleines

WENDISCH RIETZ – GLUBIGSEE

Rund um die Glubigseen

 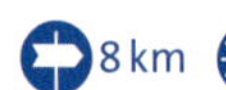 8 km 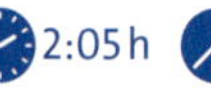 2:05 h 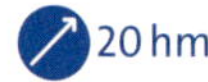 20 hm  20 hm  700

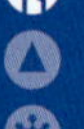
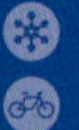
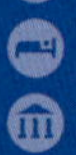

START | Bahnhof Wendisch Rietz, Am Bahnhof 1 in Wendisch Rietz, Bahnlinie Königs Wusterhausen – Grunow; Anfahrt auf der A 12 Berlin – Frankfurt a. d. Oder, Ausfahrt Storkow, von Storkow auf der B 246 nach Wendisch Rietz, wo die Bundesstraße Beeskower Allee heißt [GPS: UTM Zone 33 x: 842.242 m y: 5.795.877 m]
CHARAKTER | Leichte Waldwanderung

An den Glubigseen entlang führt diese stille Waldwanderung zum Springsee und am Ostufer des Großen Glubigsees zu einem urtümlichen Bruchwaldgebiet.

▶ Vom **Bahnhof Wendisch Rietz** 01 am Scharmützelsee folgt der mit dem Zeichen Blaupunkt markierte 66-Seen-Weg der Bundesstraße (Beeskower Chaussee) auf einem durch einen Wald- und Grünstreifen getrennten Rad- und Fußweg in wenigen Minuten ostwärts zur Verzweigung beim Kleinen Glubigsee am Hotel-Restaurant „Fischhaus".

Während der 66-Seen-Weg geradeaus und dann am Ostufer weiterführt, zweigt der Glubigsee-Rundweg (gelbe Scheibe) rechts ab zum **Kleinen Glubigsee** 02 und taucht dann in die Wälder ein. In deutlicher Distanz zum Großen Glubigsee leitet der Rundweg durch Wälder und Forste und schwingt schließlich auf einen Betonplattenweg am Rand des Standortübungsplatzes Storkow ein: rechts erstrecken sich Kiefernforste, links wachsen naturnahe Wälder. Am einsam in den Wäldern gelegenen historischen **Alten Postheim** – der älteste Teil

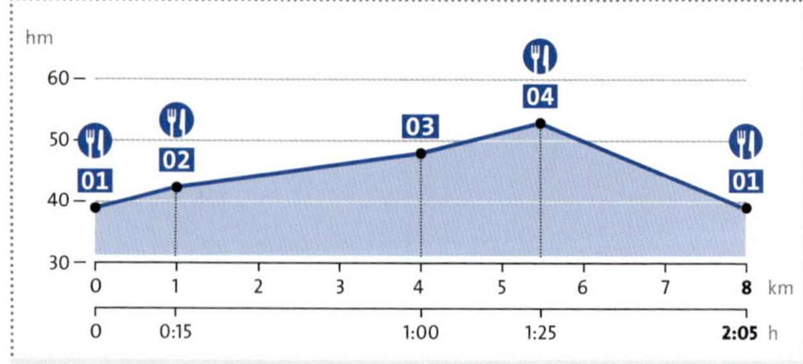

01 Bhf. Wendisch Rietz, 39 m; 02 Kleiner Glubigsee, 42 m; 03 Springsee, 48 m; 04 Großer Glubigsee Ost, 52 m

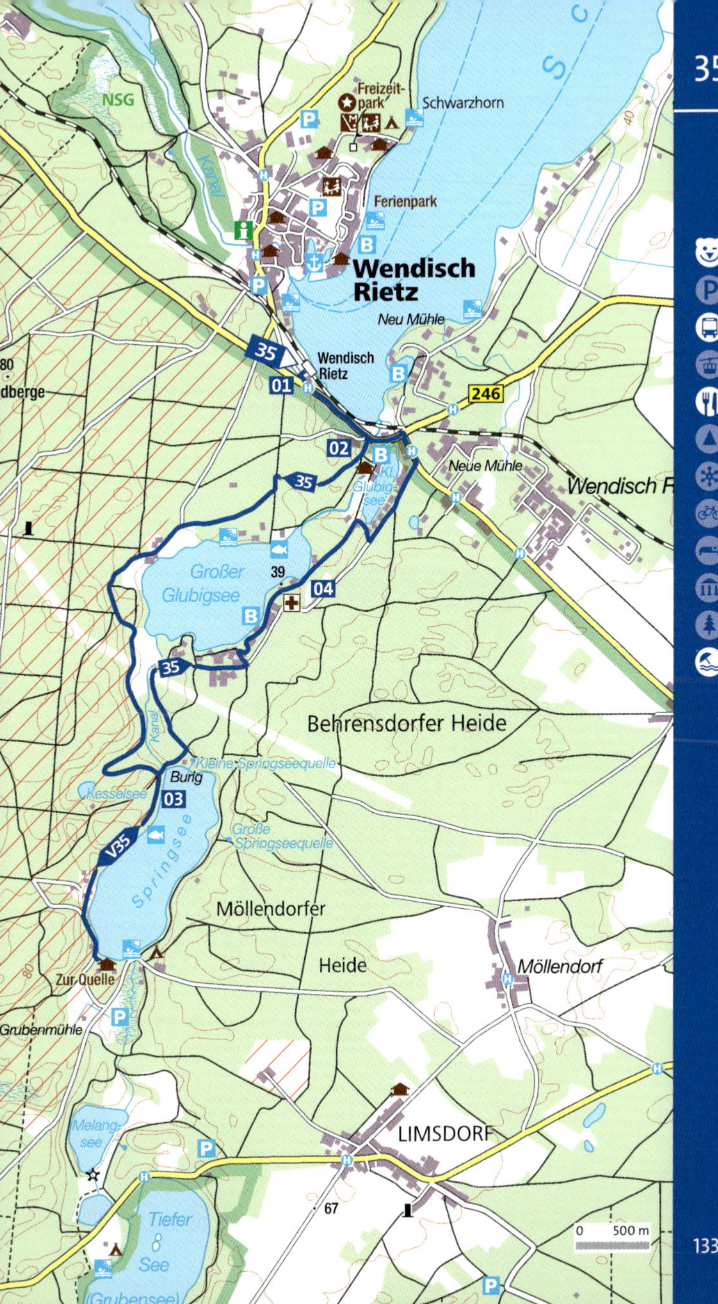
NSG
Kanal
Freizeit-
park
Schwarzhorn
Ferienpark
Wendisch
Rietz
Neu Mühle
Wendisch
Rietz
246
Neue Mühle
Wendisch R
Kl.
Glubig-
see
Großer
Glubigsee
39
Behrensdorfer Heide
Kleine Springseequelle
Burg
Kesselsee
Große
Springseequelle
Springsee
Möllendorfer
Heide
Möllendorf
Zur Quelle
Grubenmühle
Melang-
see
LIMSDORF
67
Tiefer
See
(Grubensee)
0 500 m
80
dberge

stammt aus dem 19. Jh. und ist in den vergangenen Jahrzehnten durch An- und Umbauten erweitert worden – trifft der Weg ans Ufer des **Großen Glubigsees** und folgt dem Rand der Verlandungszone mit Schilfgürteln und Bruchwald, bei einer Sitzbank bietet sich ein erstklassiger Blick auf den See. Schließlich erreicht der Rundweg die Verzweigung am Ausfluss des **Springsees** **03**: weit schweift der Blick hinaus auf diesen von Wäldern umrahmten See. Nach Überqueren der Brücke über den Ausfluss des Springsees wechselt der Glubigsee-Rundweg links auf einen angenehmen Waldweg, nun im Gleichlauf mit dem 66-Seen-Wanderweg. In gemeinsamer Routenführung geht es nordwärts durch den Wald zum **Ferienpark Am Glubigsee** **04** und mit weiten Ausblicken am Ufer entlang. Kurz nach Passieren der Oberbergklinik tauchen 66-Seen- und Glubigsee-Rundweg in einen Bruchwald ein, der passagenweise auf Holzknüppelstegen durchquert wird. Schließlich schwingt der Wanderweg rechts hinauf und folgt einer ruhigen Waldstraße zur Mühle an der Bundesstraße (Beeskower Chaussee) zwischen Kleinem Glubig- und Scharmützelsee. Längs der Beeskower Chaussee führt der 66-Seen-Wanderweg links zurück zum Ausgangspunkt am **Bahnhof Wendisch Rietz** **01**.

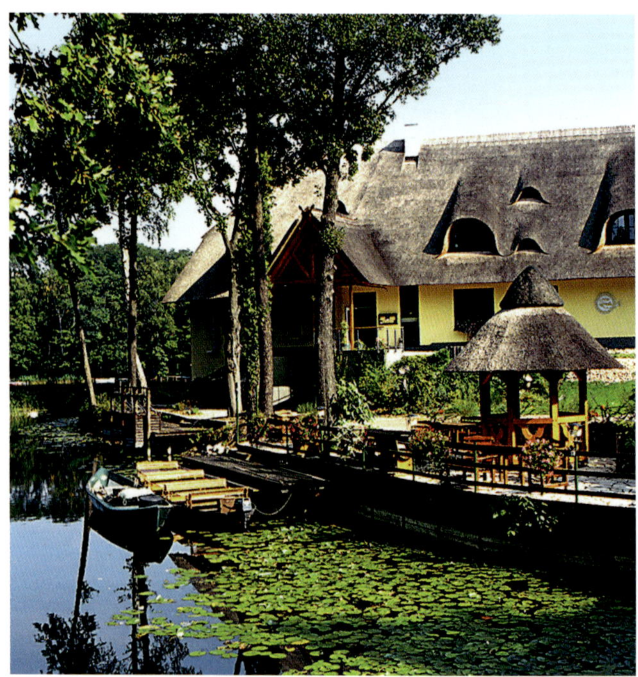

Das reetgedeckte „Fischhaus" am Kleinen Glubigsee

STORKOW – BINNENDÜNE WALTERSBERGE

Weißdünen im Binnenland

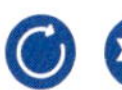  3,5 km  0:55 h  40 hm  40 hm 700

START | Restaurant Alter Weinberg an der Reichenwalder Straße 64 in Storkow; Anfahrt auf der A 12 Berliner Ring – Frankfurt a. d. Oder, Ausfahrt Storkow; Storkow hat einen Bahnhof an der Linie Königs Wusterhausen – Grunow
[GPS: UTM Zone 33 x: 837.795 m y: 5.801.687 m]
CHARAKTER | Überwiegend Waldwanderung

Der Lehrpfad Binnendüne Waltersberge erschließt mit zahlreichen Informationstafeln Entstehung, Geschichte, Ökologie sowie Flora und Fauna einer der größten Binnendünen in Deutschland. Auch der 66-Seen-Wanderweg rund um Berlin durchquert das Naturschutzgebiet Binnendüne Waltersberge.

▶ An den Waltersbergen in **Storkow 01** beginnt der Aufstieg in die vom Wind aufgewehte und von Pflanzen verfestigte Düne. Am Ende der letzten Eiszeit vor 10.000 Jahren entstand die 500 m lange und bis zu 40 m hohe Weißdünenlandschaft, auf der sogar Steppenpflanzen wachsen. Mit ihrer 36 m Höhe kann sich die Binnendüne Waltersberge mit dem Storkower Kirchturm messen. Oben bietet sich ein fantastischer Rundblick über Wälder, Grünfluren und dem Storkower See.
Der Name des Restaurants **Alter Weinberg** erinnert daran, dass Teile der Düne früher als Weinberg genutzt wurden. Vom Restaurant an der Reichenwalder Straße führt der mit dem Blaupunkt-Zeichen

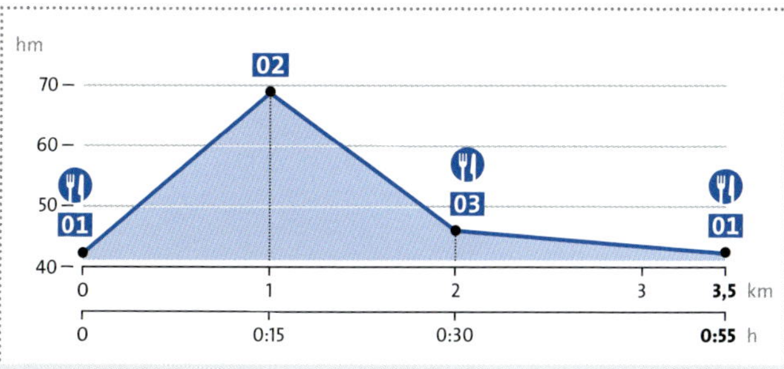

01 Storkow, 42 m; 02 Binnendüne, 69 m; 03 Hirschluch, 46 m

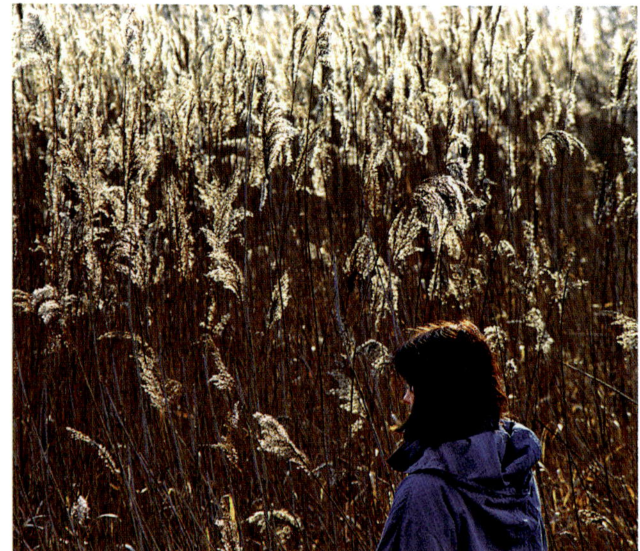

Reetgürtel am See

markierte 66-Seen-Wanderweg hinauf in das Naturschutzgebiet **Binnendüne Waltersberge**. Schon bald zweigt der Naturlehrpfad rechts ab und erreicht über eine Stufenanlage den **Aussichtspunkt Binnendüne** 02 am historischen **Weinberg**. Nach Darstellung der Informationstafel wurde die Düne jahrhundertelang als Hudegebiet genutzt; besonders die alten Landschafrassen seien mit dem mageren Futter der Sandtrockenrasen gut zurechtgekommen. Charakteristische Pflanzengesellschaften auf der Binnendüne sind Silbergras- und Grasnelkenfluren, Schafschwingelrasen sowie Flech-

Weiß-, Grau- und Braundünen

Dünen sind durch Windverfrachtung gebildete Sandanhäufungen. Durch Umverlagerung des hellen („weißen“) Quarzsandes landeinwärts durch den Wind entstehen Weißdünen, die bis zu mehrere Meter hoch sein können und von Pionierpflanzen durchwurzelt werden. Fehlt die Salzwasserzufuhr, so wäscht der Regen das Salz aus der Weißdüne aus, und aus der Weiß- entsteht die kalkarme Graudüne, auf der sich die Sanddistel, das Sandglöckchen u. a. saure Böden liebende Pflanzen ansiedeln. Schreitet die Bodenbildung fort, so lassen sich Krähenbeere, Kriechweide und Besenheide auf der Graudüne nieder, die nun eine braune Farbe annimmt und als Braundüne bezeichnet wird.

ten-Kiefernwälder und -forsten. 1493 wurde erstmals ein Winzer und 1518 der Weinberg erwähnt. Um 1590 wird von einem Weinberg mit einer Größe von 14 Morgen (rund 3,6 ha) berichtet. 1898 zeugten noch zwei Gebäudereste auf dem Gipfel und einzelne Weinreben von dem Anbau. Geblieben ist der Name Weinberg für die höchste Erhebung der Waltersberge und für das Gasthaus „Alter Weinberg“ am Fuß der Düne. Nördlich des Aussichtspunkts befinden sich im **Hirschluch** 03 das „Café Düne“ und die Bildungsstätte Hirschluch, über zwei weitere kurze Stufenanlagen gelangt man im Wald nordwärts und stößt wieder auf den 66-Seen-Wanderweg: Links führt er zurück zum **Ausgangspunkt** 01 am Restaurant Alter Weinberg.

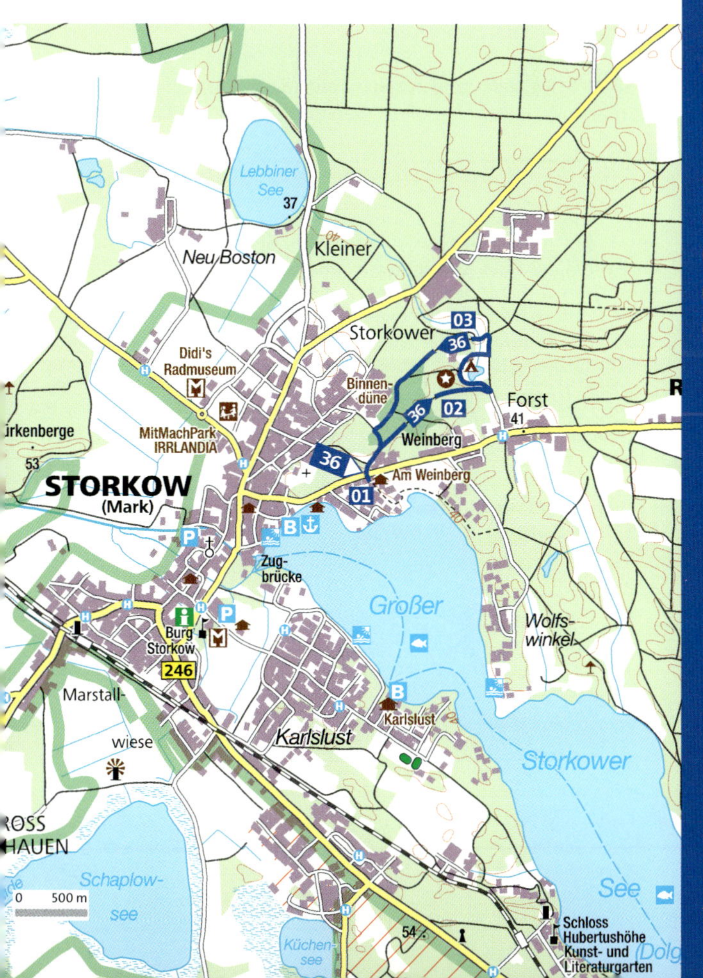

BAD SAAROW – KOLPIN – STORKOW

Auf dem 66-Seen-Wanderweg durch das Storkower Land

 14 km 3:25 h 90 hm 80 hm 700

START | Bahnhof Bad Saarow-Pieskow am Bahnhofsplatz in Bad Saarow; Bahnlinie Fürstenwalde – Bad Saarow; Anfahrt A 12 Berlin – Frankfurt a. d. Oder, Ausfahrt Fürstenwalde West und weiter Richtung Bad Saarow-Pieskow
[GPS: UTM Zone 33 x: 845.327 m y: 5.805.758 m]
CHARAKTER | Wald- und aussichtsreiche Feldflurwanderung auf schmalen Waldwegen und -pfaden und sandigen Feldwegen

Vom Moorheilbad Bad Saarow leitet der 66-Seen-Wanderweg durch Wälder und aussichtsreiches Grünland zu den Kolpiner Seen, führt an den Waltersbergen über eine der größten Binnendünen in Deutschland und erreicht die Schlossstadt Storkow, die ebenso wie der Ausgangsort Bad Saarow mit der Bahn erreichbar ist.

▶ Vom 1911/12 errichteten **Bahnhof Bad Saarow-Pieskow** 01 geht es geradeaus über den Bahnhofsplatz und durch die Ulmenstraße, an der gleich darauf die Blaupunkt-Markierung des 66-Seen-Wanderwegs auftaucht, links in den **Kurpark** abzweigt und am aussichtsreichen Ufer des **Scharmützelsees** rechts zur **Anlegestelle der Ausflugsschiffe** 02 führt. Hier verlässt der 66-Seen-Weg den See, führt aufwärts zu einem Parkplatz, dort links und wechselt wenig später an der Bushaltestelle Lindenstraße auf einen

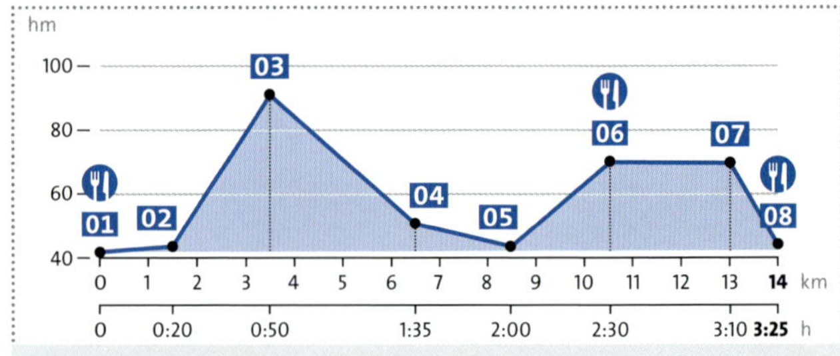

01 Bhf. Bad Saarow-Pieskow, 40 m; 02 Hafen, 41 m; 03 Marienhöhe, 92 m; 04 Großer Kolpiner See, 50 m; 05 Kleiner Kolpiner See, 41 m; 06 Reichenwalde, 70 m; 07 Binnendüne, 69 m; 08 Storkow, 42 m

Waldweg oberhalb der Häuser. Beim Parkplatz am Ende geht es rechts im Wald zu den aufgelassenen Tongruben an der **Marienhöhe** **03**, Tische und Bänke laden zur Rast ein. Auf dem Friedhofsweg verlässt der Wanderweg den Wald beim Gehöft **Marienhöhe**, taucht wenig später wieder in den Wald ein und erreicht schließlich das Ufer des **Großen Kolpiner Sees** **04**. Der Wanderweg folgt dem Ufer rechts herum an der Badestelle vorbei, mündet bei der Bushaltestelle Kolpin-Stadion in die Hauptstraße und folgt ihr links ins Zentrum von **Kolpin**, an der Verzweigung links Richtung „Reichenwalde“ auf der Reichenwalder Chaussee am **Kleinen Kolpiner See** **05** entlang. In Ufernähe geht es ostwärts, bis rechts der schnurgerade Sandweg Am Forst/Triftweg abzweigt und im Wechsel aus Wald, Feldern und Gehölzen nach **Reichenwalde** **06** führt: Bei der Einmündung des Wegs auf die Hauptstraße rechts und gleich darauf links hinaus in die Feldflur. Nach längerer Waldwanderung erreicht der Weg die **Binnendüne Waltersberge** **07** (siehe Tour 36), deren höchster Punkt ein hervorragendes Panorama der Umgebung einschließlich des Storkower Sees bietet. Von der Düne geht es hinab zum Restaurant „Alter Weinberg“, dessen Name daran erinnert, dass Teile der Düne früher als Weinberg genutzt wurden. Die Reichenwalder Straße führt ortseinwärts nach **Storkow** **08**.

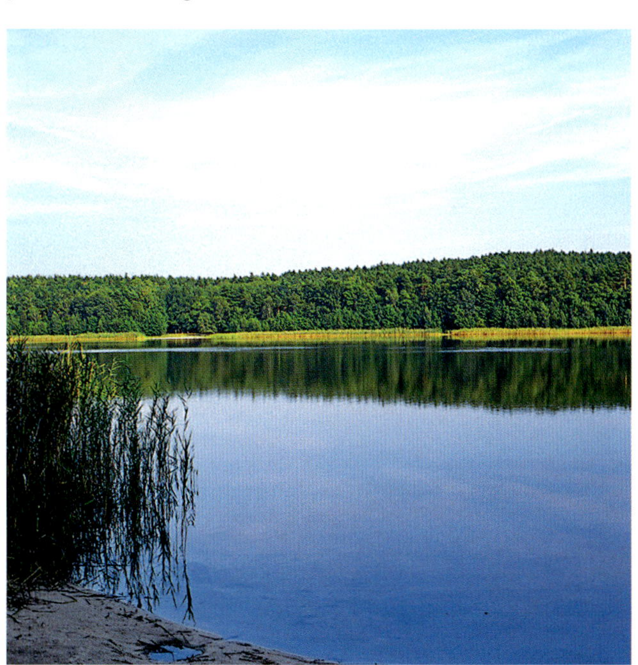

Am Großen Kolpiner See

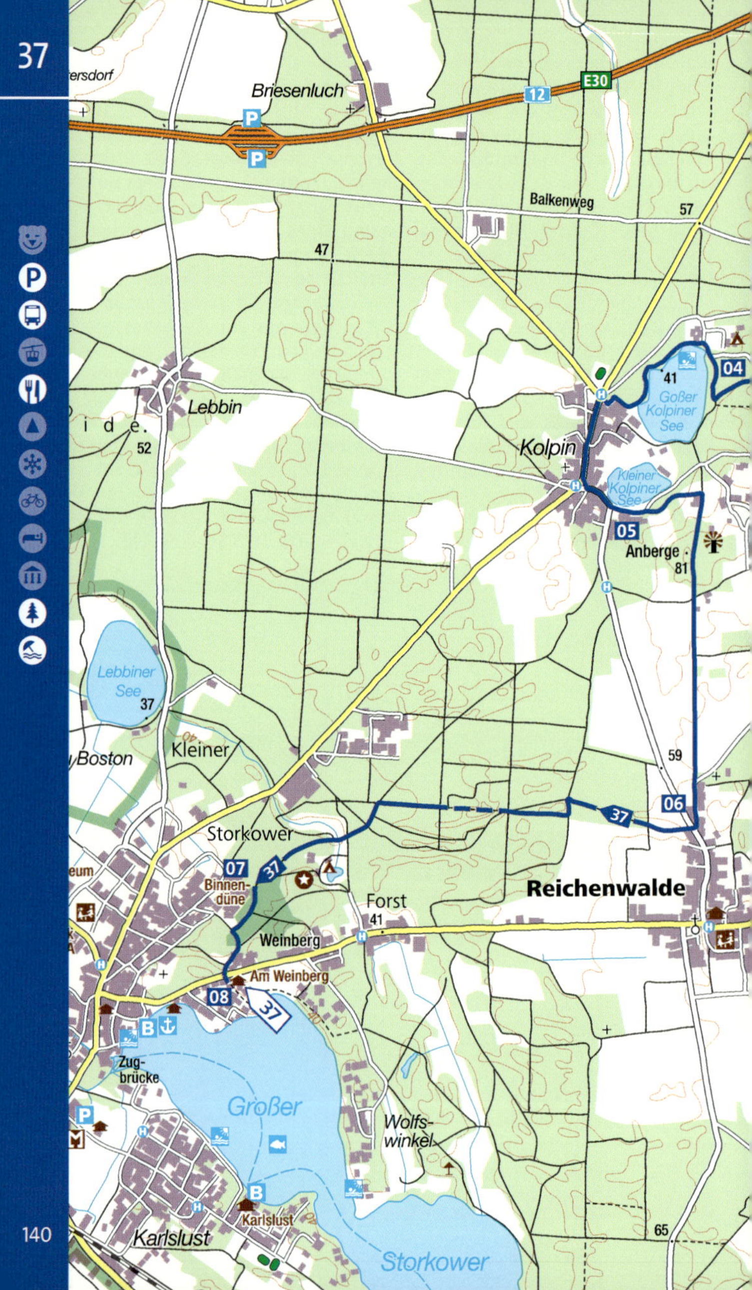
Briesenluch
E30
12
Balkenweg
57
47
Lebbin
52
Kolpin
Goßer Kolpiner See
41
04
Kleiner Kolpiner See
05
Anberge
81
Lebbiner See
37
Boston
Kleiner
59
06
37
Storkower
07
37
Binnen-düne
Forst
41
Reichenwalde
Weinberg
Am Weinberg
08
37
Zug-brücke
Großer
Wolfs-winkel
Karlslust
Karlslust
65
Storkower

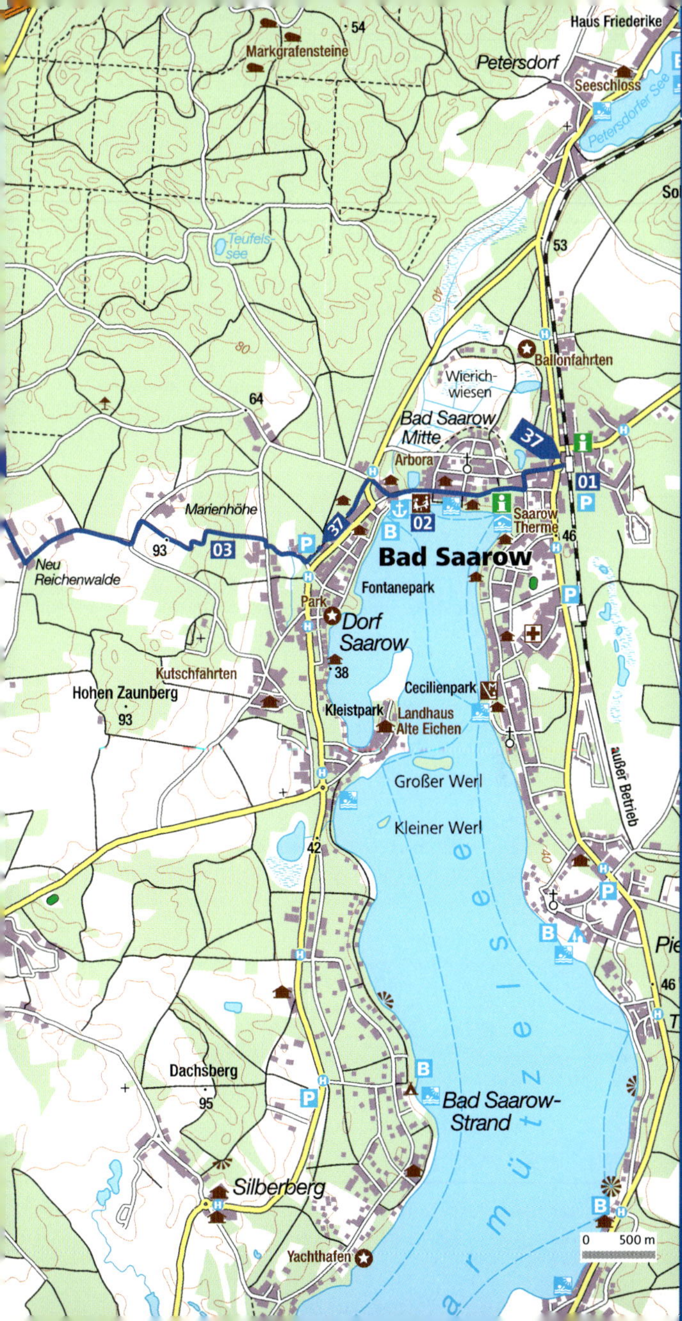

Haus Friederike
Markgrafensteine
54
Petersdorf
Seeschloss
Petersdorfer See
Teufelssee
53
80
40
Ballonfahrten
Wierichwiesen
64
Bad Saarow Mitte
37
Arbora
01
Marienhöhe
02
Saarow Therme
46
93
03
Neu Reichenwalde
Bad Saarow
Fontanepark
Park
Dorf Saarow
38
Kutschfahrten
Hohen Zaunberg
93
Cecilienpark
Kleistpark
Landhaus Alte Eichen
außer Betrieb
Großer Werl
Kleiner Werl
42
40
Scharmützelsee
Pie
46
Dachsberg
95
Bad Saarow-Strand
Silberberg
Yachthafen
0 500 m

BAD SAAROW – BAD SAAROW-STRAND

Uferpromenade am Scharmützelsee

 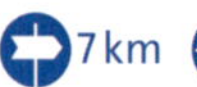 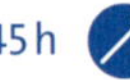 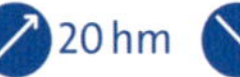 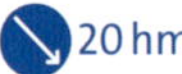 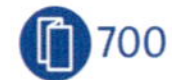

START | Bahnhof Bad Saarow-Pieskow am Bahnhofsplatz in Bad Saarow; Bahnlinie Fürstenwalde – Bad Saarow; Anfahrt A 12 Berlin – Frankfurt a. d. Oder, Ausfahrt Fürstenwalde West und weiter Richtung Bad Saarow-Pieskow
[GPS: UTM Zone 33 x: 845.327 m y: 5.805.758 m]
CHARAKTER | Teils sehr aussichtsreiche Spazierwanderung auf fast durchgehend gepflegten Wegen und ruhigen Villenstraßen

Von den Landhausvillen des Kurorts Bad Saarow folgt der Wanderweg dem Westufer des Scharmützelsees zur Badestelle Bad Saarow-Strand. Entweder nimmt man denselben Weg zurück oder lässt sich von einem der Ausflugsschiffe zum Anleger am Kurpark zurückfahren. Die Wanderung kann bis zur Südbucht des Scharmützelsees verlängert werden, wo sich eine weitere Schiffsanlegestelle befindet, die 28 km lange Gesamtumrundung des Sees ist mit dem Fahrrad zu empfehlen.

Das Thermalsole- und Moorheilbad **Bad Saarow** liegt am Scharmützelsee, dem „Märkischen Meer". In der nach Plänen des Gartenarchitekten Ludwig Lesser ab 1906 am Nordufer des Scharmützelsees angelegten Landhaussiedlung finden sich zahlreiche Villengrundstücke der Jugendstilzeit. 1914 wurde ein Moorbad eröffnet, in dem das Moor der Wierichwiesen genutzt wurde. In den goldenen 20er Jahren wurde der Ort Treffpunkt bzw. Wohnort von Prominenz aus Po-

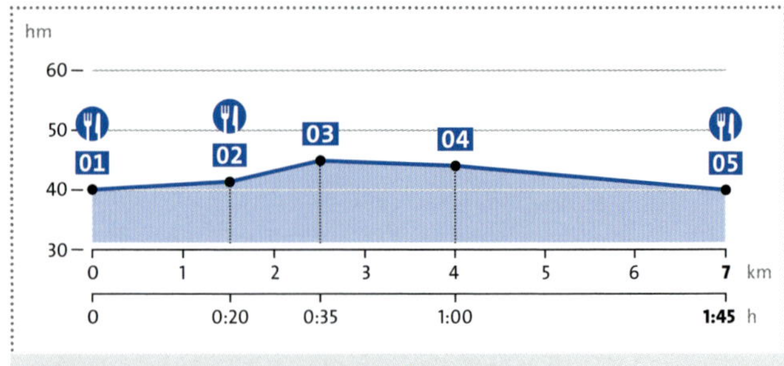

01 Bhf. Bad Saarow-Pieskow, 40 m; 02 Hafen, 41 m;
03 Saarow-Dorf, 45 m; 04 Alte Eichen, 44 m; 05 Bad Saarow-Strand, 40 m

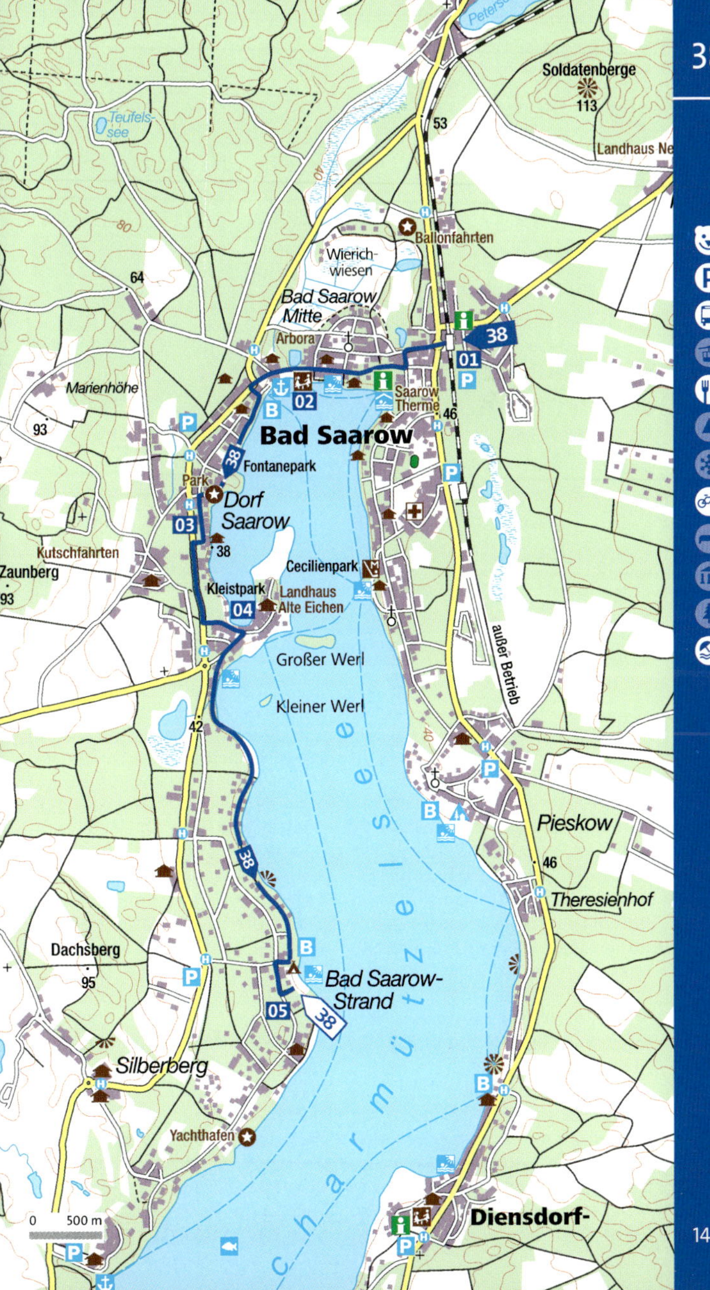
Soldatenberge
113
Landhaus Ne
Teufels-
see
53
Ballonfahrten
Wierich-
wiesen
Bad Saarow
Mitte
64
Arbora
38
01
Marienhöhe
02
Saarow
Therme
93
Bad Saarow
46
Fontanepark
Park
Dorf
Saarow
03
38
Kutschfahrten
Zaunberg
93
Cecilienpark
Kleistpark
Landhaus
Alte Eichen
04
außer Betrieb
Großer Werl
Kleiner Werl
42
Pieskow
46
Theresienhof
Scharmützelsee
Dachsberg
95
Bad Saarow-
Strand
05
38
Silberberg
Yachthafen
0
500 m
Diensdorf-

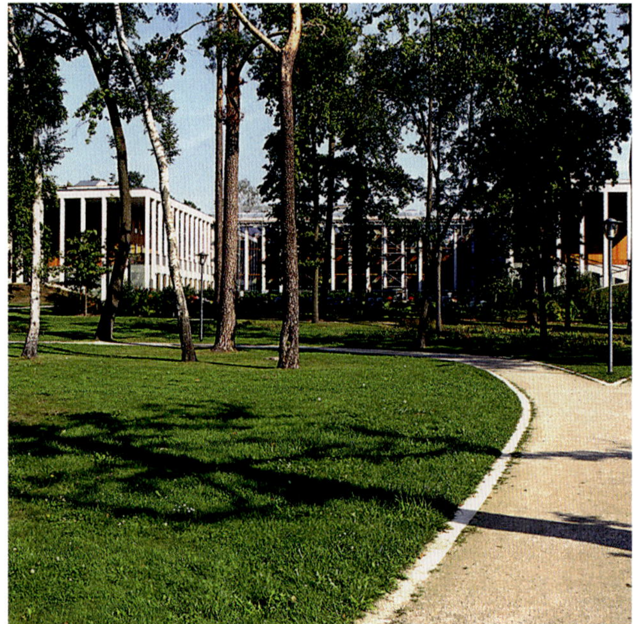

Thermalbad in Bad Saarow

litik und Kunst. Obwohl der Ort keine Stadtrechte besitzt, nennt er sich „Qualitätsstadt Bad Saarow“. Vom 1911/12 errichteten **Bahnhof Bad Saarow-Pieskow** 01 geht es geradeaus über den Bahnhofsplatz und durch die Ulmenstraße, an der gleich darauf die Blaupunkt-Markierung des 66-Seen-Wanderwegs auftaucht, links in den **Kurpark** abzweigt und am aussichtsreichen Ufer des **Scharmützelsees** rechts zum **Anleger Bad Saarow-Hafen** 02 der Ausflugsschiffe führt.

Der Scharmützelsee liegt als 12 km langer und bis zu 2 km breiter Rinnensee zwischen den bewaldeten Moränenrücken des Oder-Spree-Seengebiets. Bis zum Anleger Saarow-Strand sind die Schiffe 30 Minuten unterwegs; fährt gerade ein Ausflugsschiff ab, steigt man am Anleger Saarow-Strand aus und wandert von dort ohne Zeitdruck zurück.

Der Uferweg führt am Restau-rant „Fischkopf“ vorbei südwärts zur Halbinsel mit dem **Sportboothafen** und dem **Fontanepark**. Durch Ufer- und Platanenstraße, ruhige Seitenstraßen mit Villenbebauung, geht es weiter, die Platanenstraße setzt sich südwärts als Wanderweg fort, der schließlich in die Regattastraße mündet und **Saarow-Dorf** 03 erreicht; hier befindet sich der Schiffsanleger Alte Eichen. Vom **Kreisverkehr Alte Eichen** 04 geht es wenige Meter südwärts längs der Silberberger Chaussee, bis der Uferweg wieder links in die Wälder abzweigt und nach **Bad Saarow-Strand** 05 führt.

PETERSDORF – RAUENER STEINE

Durch die Rauener Berge

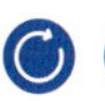 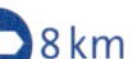 8 km  2:00 h 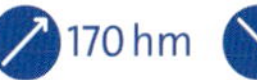 170 hm  170 hm 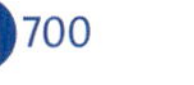 700

START | Wanderparkplatz an der Nordbucht des Petersdorfer Sees in Petersdorf bei Bad Saarow (50 m) an der Abzweigung der Straße Zum Seebad von der Durchgangsstraße Am See; in der Nähe befindet sich die Bushaltestelle „Seeschloss" beim gleichnamigen Restaurant (Am See); Anfahrt auf der A 12 Berlin – Frankfurt a. d. Oder, Ausfahrt Fürstenwalde-West und weiter Richtung Bad Saarow [GPS: UTM Zone 33 x: 845.963 m y: 5.808.751 m]
CHARAKTER | Waldwanderung auf teils wurzeligen Pfaden

Die Rauener Berge sind von der Eiszeit gestaltete Endmoränenhügel zwischen dem Berliner Urstromtal und dem Scharmützelsee, dem größten See Brandenburgs. Schon die artenreichen Laubwälder machen die Rauener Berge zu einem herausragenden Wandergebiet, ein besonderes Ziel liegt in der Nähe der höchsten Erhebung: die Rauener Steine zählen zu den größten Findlingen des mitteleuropäischen Tieflands.

▶ Von der Wanderwegeübersichtstafel am Parkplatz in **Petersdorf** 01 leitet eine Promenade aussichtsreich am Ufer des **Petersdorfer Sees** entlang zum **Freibad**. Dahinter folgt der Weg unter Bäumen weiter dem Ufer, der Blick schweift über den See hinweg in die Wälder der Rauener Berge, am Weg stehen Informationstafeln eines Naturlehrpfads. Vor dem ersten Grundstück zweigt der Lehrpfad rechts ab und erreicht bei Rastplätzen und der Bushaltestelle Petersdorfer **Dorfanger** 02 die Straße. Hier geht es halb links die Alte Dorfstraße hinauf, wobei die Blaupunkt-Markierung des

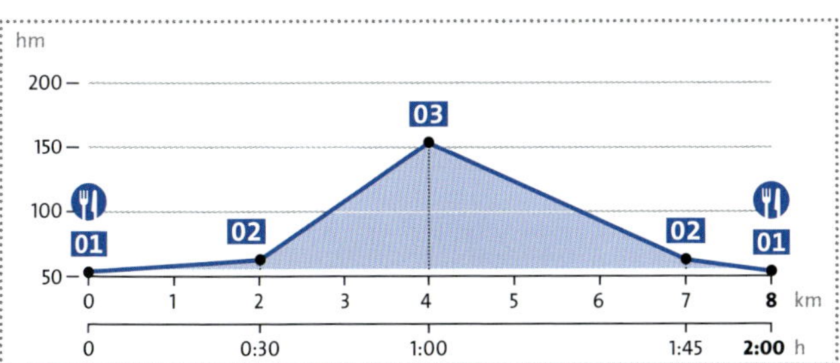

01 Petersdorf, 50 m; 02 Dorfanger, 60 m; 03 Rauener Steine, 154 m

66-Seen-Wanderwegs auf dem Dorfberg die Route weist; in der Rechtskurve geradeaus auf dem Feldweg, am Betonplattenweg geradeaus und an der Gabelung am Waldrand halb rechts in den Wald hinein. Auf stillen Waldwegen und -pfaden leitet der 66-Seen-Wanderweg in sachtem Auf und Ab durch die meist von abwechslungsreichem Mischwald bestandenen Rauener Berge, überschreitet die höchste Erhebung (154 m) und erreicht wenig später den Rastplatz an den **Rauener Steinen** 03 (Markgrafensteine). Die mächtigen Granitblöcke lagern unter alten Eichen, der kleinere der beiden Steine ist 5,7 m hoch – davon 3,7 m sichtbare Höhe –, bis zu 5,8 m lang und bis zu 5,5 m breit. Der größere Stein war 8,5 m hoch und bis zu 7,8 m lang; 1829 wurde er unter Leitung des Architekten Friedrich Schinkel in zwei Teile gesprengt, aus dem einen Teil modellierte Schinkel die 75 t schwere Schale, die 1834 im Lustgarten vor dem Alten Museum in Berlin aufgestellt wurde und bis heute dort zu bewundern ist; der zweite, tischähnlich abgeplattete Teil liegt bis heute vor Ort. Von einem in der Nähe lagernden dritten Stein, der früher die Stadtgrenze von Fürstenwalde markierte, ist nichts mehr übrig. Aus ihm wurden vier Säulen gefertigt, die bekannteste ist die Adlersäule auf dem Belle-Alliance-Platz in Berlin. Von den Rauener Steinen geht es durch die Eichenallee geradeaus weiter, an der Verzweigung halb links auf dem Asphaltweg und bald wieder links (Grünstrich) auf einem grasigen Waldweg, am Ende links (Grünstrich) Richtung Bad Saarow, am unmarkierten Wegedreieck links. Schließlich taucht bei einer Schutzhütte die Gelbstrich-Markierung auf und leitet links zurück nach **Petersdorf** 01, zuletzt auf der bekannten Route des 66-Seen-Wanderwegs. Am Hotel-Restaurant „Seeschloss" vorbei geht es links zurück zum Ausgangspunkt an der Nordbucht des Petersdorfer Sees.

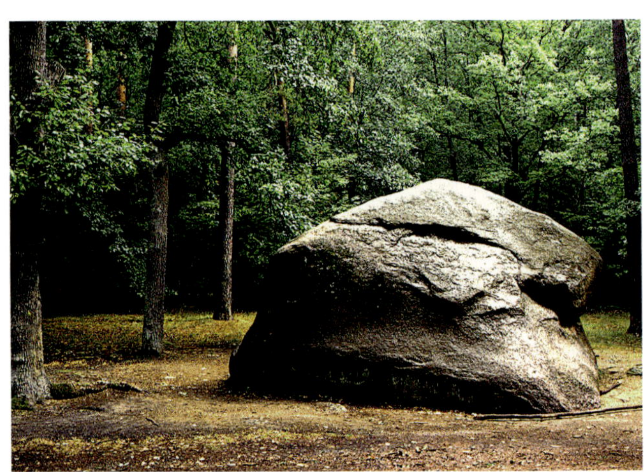

Der Kleine Rauener Stein ragt 3,70 Meter in die Höhe

Wasserski am Petersdorfer See

Petersdorf liegt zwischen den Rauener und den Dubrower Bergen am Petersdorfer See, einem beliebten Angel- und Badegewässer. Am autofreien Ostufer befindet sich in idyllischer Waldlage das Strandbad. Kinder können auf einer Wasserskianlage über den See düsen.

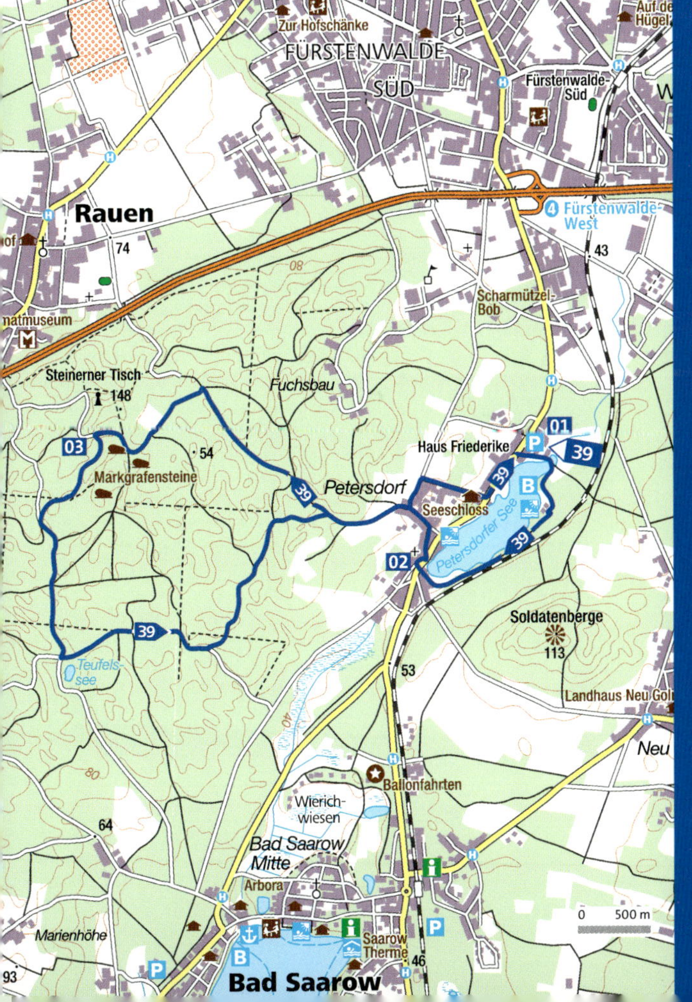

HANGELSBERG – FÜRSTENWALDE

Durch das grüne Spreetal

 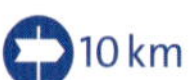 10 km 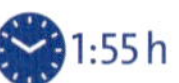 1:55 h 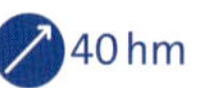 40 hm 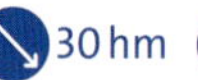 30 hm  700

START | Bahnhof Hangelsberg an der Bahnhofstraße; Linie Berlin – Fürstenwalde – Frankfurt a. d. Oder; Anfahrt auf der A 10 Berliner Ring-Ost, Ausfahrt Erkner und weiter über Grünheide nach Hangelsberg
[GPS: UTM Zone 33 x: 834.680 m y: 5.816.991 m]
CHARAKTER | Wald- und Wiesenwanderung auf zum Teil schmalen Pfaden

Von Hangelsberg an der Müggelspree führt der 66-Seen-Weg durch die Wiesen und Wälder des idyllischen Spreetals in die Domstadt Fürstenwalde.

▶ Vom Bahnhof des Kirchdorfs **Hangelsberg** 01, eines beliebten Ausflugsorts vor den Toren Berlins, folgt die Blaupunkt-Markierung des 66-Seen-Wanderwegs kurz der Bahnhofstraße südwärts, zweigt vor dem Waldstück links ab und folgt dann dem Berliner Damm zum Imbiss an der Bushaltestelle **Hangelsberg Mazurek** 02. Mit weitem Blick auf die Müggelspree geht es weiter Am Anger und am Spreeuferplatz zurück zur Landstraße, der der 66-Seen-Weg ein Stück weit Richtung Fürstenwalde folgt und taucht dann endgültig in die Wälder über dem Tal des windungsreichen Flusses ab, den Erlen, Weiden und Schilfgürtel säumen, auf dem Wasser fühlen sich Schwäne und Enten heimisch, auch der Otter soll hier wieder gesichtet worden sein. Nach Unterqueren einer Hochspannungsleitung geht es rechts weiter am Ufer zum **Stauwehr** bei der

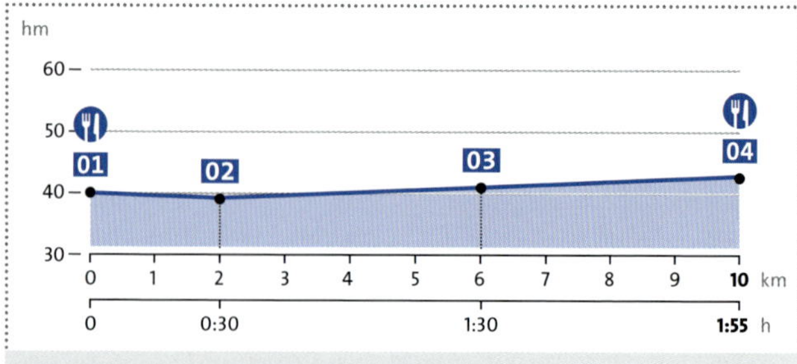

01 Hangelsberg, 40 m; 02 Mazurek, 39 m;
03 Abzweig Oder-Spree-Kanal, 41 m; 04 Fürstenwalde, 43 m

Schleuse Große Tränke. Hier beginnt die Müggelspree, gegenüber zweigt der **Oder-Spree-Kanal** 03 ab. Zwar ist der ab hier Fürstenwalder Spree genannte Fluss nun kanalisiert, doch der Wanderweg bleibt nördlich des Kanals an den Altarmen. Am Restaurant „Marco Polo" in **Fürstenwalde** 04 verlässt der 66-Seen-Wanderweg die Spree und wendet sich links Richtung Altstadt und Bahnhof; die Alternative dazu ist die neue Uferpromenade.

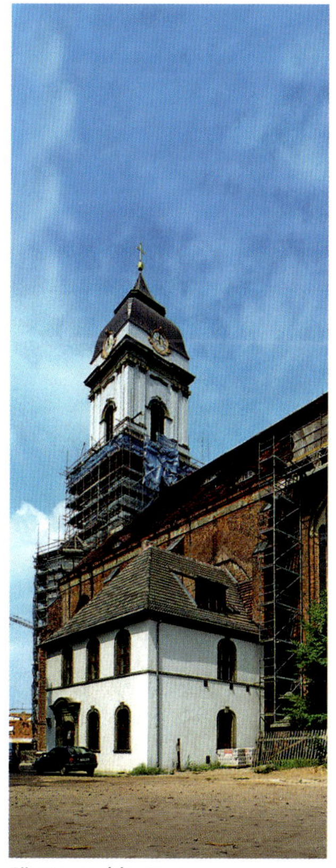

Fürstenwalde, Dom

Domstadt Fürstenwalde

Fürstenwalde an der Spree ist die dritte märkische Domstadt neben Havelberg und Brandenburg. Der spätgotische Mariendom wurde ab 1373 als Hauptkirche des 1555 aufgehobenen Bistums Lebus errichtet und ist das Wahrzeichen der Stadt. Das spätgotische Alte Rathaus (um 1500) am Marktplatz beherbergt heute u. a. eine Kunstgalerie. Im „Bürgerhaus" zwischen Rathaus und Dom ist das Stadtmuseum untergebracht.

Das Spreeufergelände zwischen Stadtpark und Spreebrücke wurde im Zuge der Bewerbung zur Landesgartenschau unter dem Motto „Alte Stadt an neuen Ufern" neu gestaltet und 2007 feierlich eröffnet. Zentraler Baustein ist die durchgehende Uferpromenade als Bestandteil des Spreeradwegs. Das landschaftlich reizvolle Ufergelände mit Ruhebereichen, Themengärten und Liegewiesen wird auch für Feste genutzt.

Nahe der großen Spreewiese befindet sich der Goetheplatz, ein ehemaliger Schützenplatz, der durch seinen sehr alten Baumbestand auffällt.

Der 2012 fertiggestellte Martinigarten, benannt nach einem früheren Fürstenwalder Stadtrat, stellt die Verbindung des Uferbereichs über die Karl-Marx-Straße zum Bahnhof her.

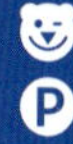
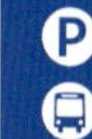

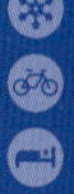

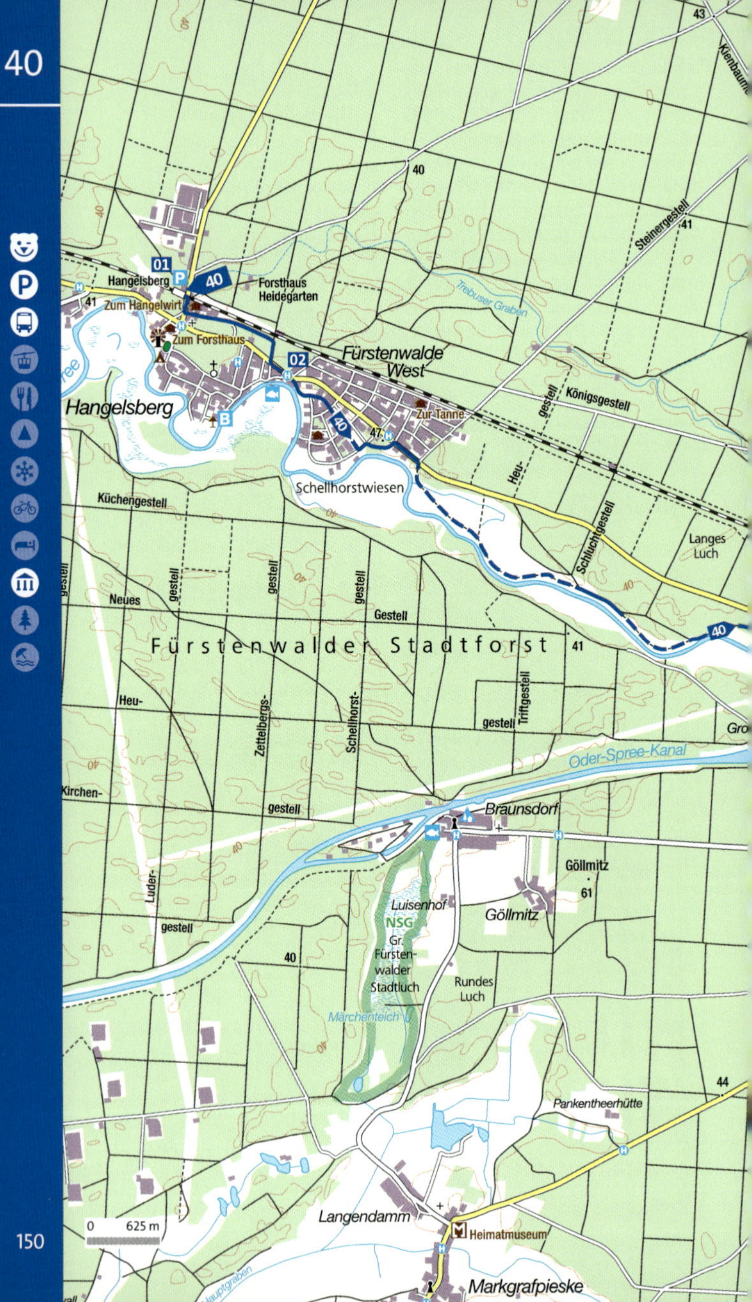
Hangelsberg
Zum Hangelwirt
Zum Forsthaus
Forsthaus Heidegarten
Fürstenwalde West
Zur Tanne
Schellhorstwiesen
Trebuser Graben
Steinergestell
Königsgestell
Heu-gestell
Schluchtgestell
Langes Luch
Küchengestell
Neues gestell
Gestell
Fürstenwalder Stadtforst
Heu-
Zetteibergs-gestell
Schellhorst-gestell
Triftgestell
Kirchen-
Oder-Spree-Kanal
Braunsdorf
Göllmitz
Luder-gestell
Luisenhof
NSG
Gr. Fürsten-walder Stadtluch
Rundes Luch
Märchenteich
Pankentheerhütte
Langendamm
Heimatmuseum
Markgrafpieske
Hauptgraben
0 625 m

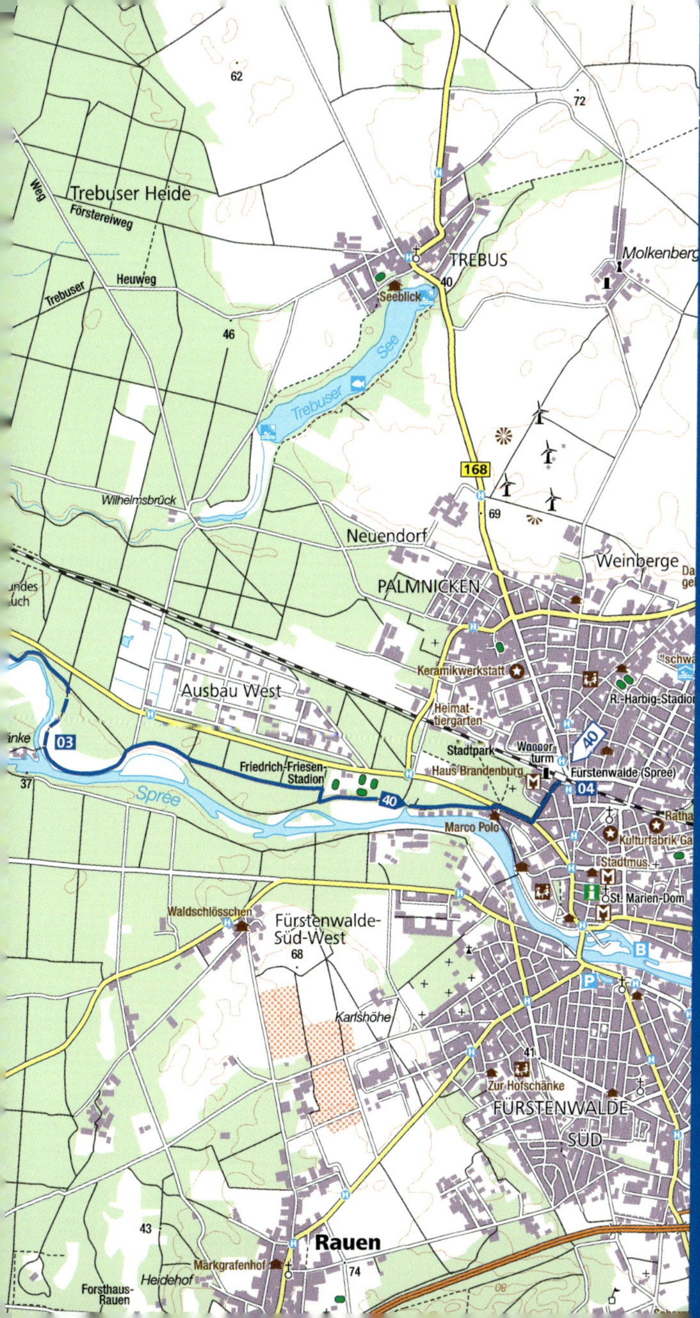

Trebuser Heide
Förstereiweg
Weg
Trebuser
Heuweg
62
72
TREBUS
Molkenberg
Seeblick
40
46
Trebuser See
168
69
Wilhelmsbrück
Neuendorf
Weinberge
PALMNICKEN
Ausbau West
Keramikwerkstatt
R.-Harbig-Stadion
Heimat-tiergarten
Stadtpark
Wasserturm
Fürstenwalde (Spree)
03
04
Friedrich-Friesen-Stadion
Haus Brandenburg
Spree
37
Marco Polo
Kulturfabrik
Stadtmus.
St. Marien-Dom
Waldschlösschen
Fürstenwalde-Süd-West
68
Karlshöhe
41
Zur Hofschänke
FÜRSTENWALDE SÜD
43
Rauen
Markgrafenhof
74
Heidehof
Forsthaus-Rauen

FANGSCHLEUSE – KLEIN WALL – KIENBAUM

Durch das Löcknitztal

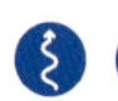 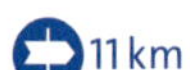  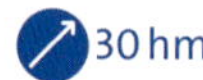 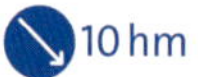 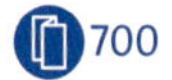

11 km | 2:45 h | 30 hm | 10 hm | 700

START | Bahnhof Fangschleuse an der Karl-Marx-Straße in der Gemeinde Grünheide/Mark; Bahnlinie Berlin – Fürstenwalde – Frankfurt a. d. Oder, mit dem Auto A 10 Berliner Ring-Ost, Ausfahrt Erkner und weiter nach Grünheide
[GPS: UTM Zone 33 x: 828.046 m y: 5.817.238 m]
CHARAKTER | Waldwanderung auf zum Teil sandigen Wegen

Die Löcknitz schlängelt sich zwischen Kienbaum und Erkner durch ein Tal, dessen Wiesen seit einem halben Jahrhundert nicht mehr landwirtschaftlich genutzt werden. Theodor Fontane bezeichnete das Löcknitztal als „das lieblichste Tal der Mark".

▶ Vom **Bahnhof Fangschleuse** 01 führt die Karl-Marx-Straße kurz nordwärts durch den Wald zum Denkmal für die Opfer des Nationalsozialismus im Löcknitztal. Hier an der Löcknitzbrücke beginnt der Löcknitztalweg, dem die Blaupunkt-Markierung des 66-Seen-Wanderwegs flussaufwärts folgt.

Lehrtafeln informieren über das Naturschutzgebiet, an der **Fontanekiefer** laden Sitzbänke zur Rast ein, der Wanderweg wechselt geradeaus auf einen sandigen Forstweg, der zur Waldsiedlung **Klein Wall** 02 führt; hier kann man sich im Fischimbiss die Forelle munden lassen. In Klein Wall verzweigen sich die Wanderwege. Während der 66-Seen-Weg weiter zum Bahnhof Hangelsberg führt (von dort fährt die Bahn zurück zum

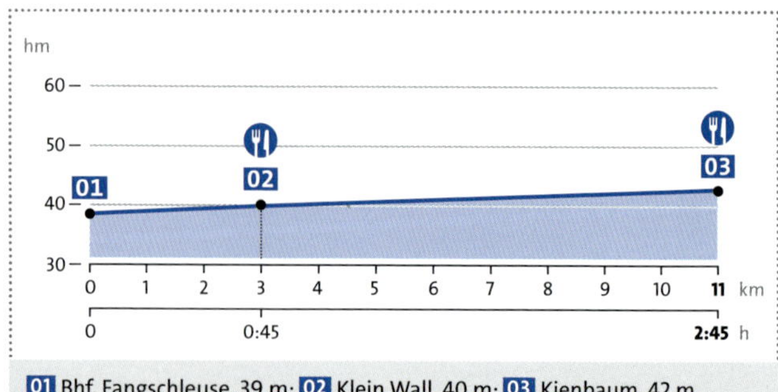

01 Bhf. Fangschleuse, 39 m; 02 Klein Wall, 40 m; 03 Kienbaum, 42 m

Löcknitztal

Im bis zu 100 m breiten Löcknitztal haben sich ausgedehnte Niedermoore gebildet, hier finden sich Bruch- und Auwaldreste, großflächige Röhrichtbestände, Uferabbrüche, Sandbänke sowie Prall- und Gleithänge. In diesem Biotopverbund hat eine reiche Flora und Fauna einen Lebensraum gefunden. Wiesenorchideen und Sonnentau sind ebenso heimisch wie Sumpfschildkröte und Eisvogel, auch für die Wanderungen der Fischotter bildet die Löcknitz ein wichtiges Verbindungsgewässer. Das dichte Blätterdach über der Löcknitz und das bis an die Ufer reichende Buschwerk vermitteln einen Hauch von Regenwald direkt vor den Toren Berlins.

Ausgangsbahnhof Fangschleuse), bleibt der mit dem Rotstrich markierte Löcknitztalweg im bewaldeten Hang über dem Löcknitztal. Schließlich spitzt die Dorfkirche von **Kienbaum** 03 aus den Wäldern, und das Ziel ist erreicht. Von der Dorfstraße in Kienbaum fährt der Bus zurück zum Bahnhof Fangschleuse.

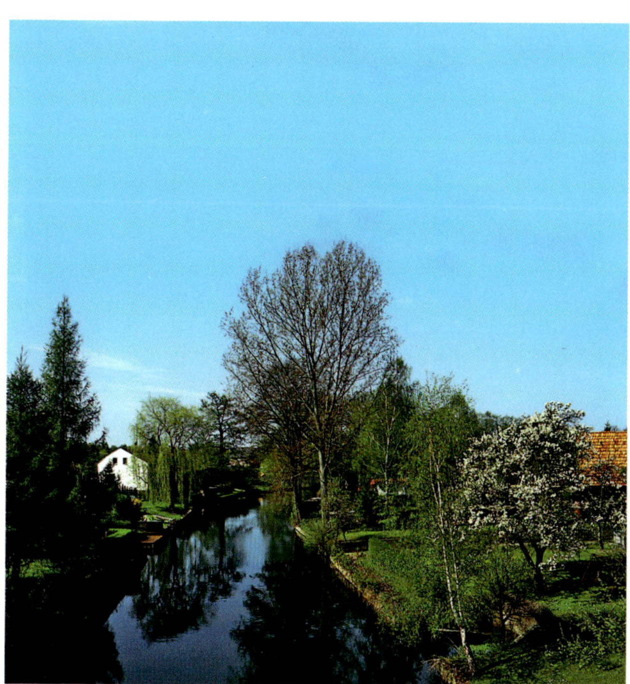

Fangschleuse: Blick auf Löcknitz

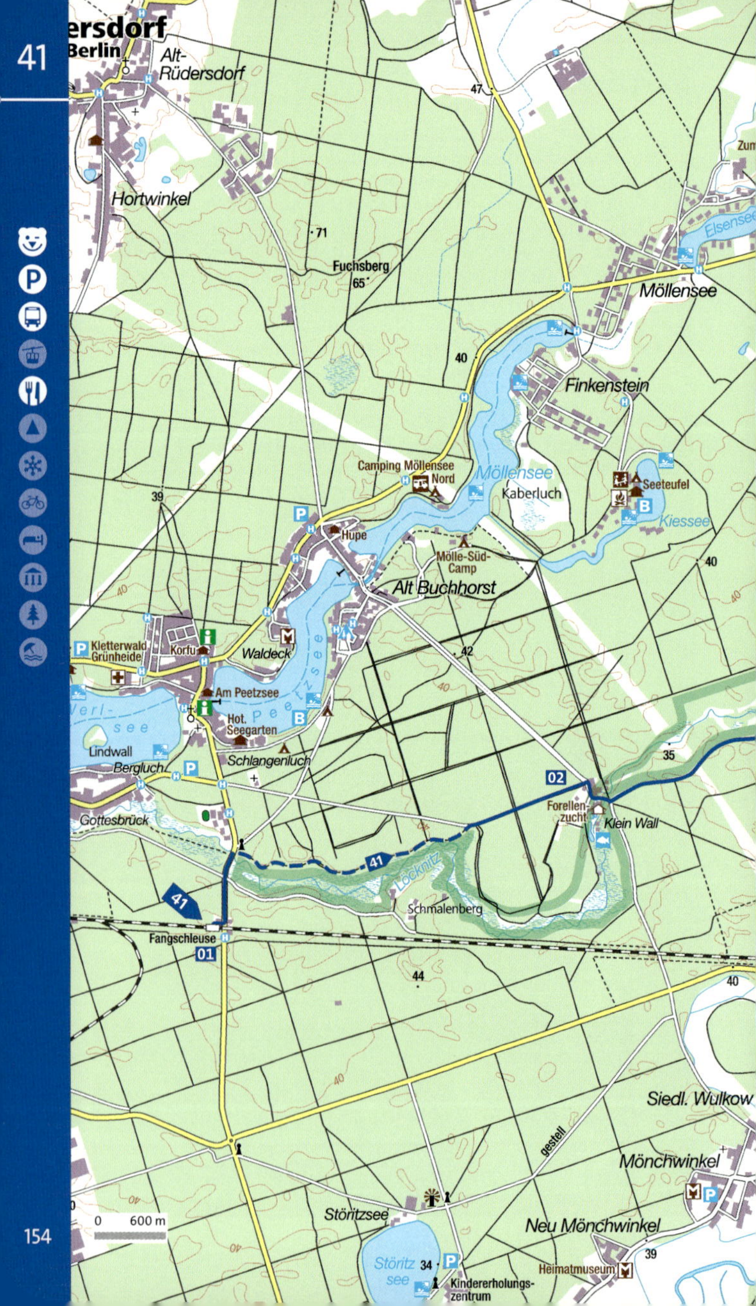

ersdorf
Berlin
Alt-Rüdersdorf
Hortwinkel
Fuchsberg
Möllensee
Finkenstein
Elsensee
Camping Möllensee Nord
Möllensee
Kaberluch
Seeteufel
Kiessee
Hupe
Mölle-Süd-Camp
Alt Buchhorst
Kletterwald Grünheide
Korfu
Waldeck
Am Peetzsee
Peetzsee
Werlsee
Hot. Seegarten
Lindwall
Bergluch
Schlangenluch
Gottesbrück
Forellenzucht
Klein Wall
Löcknitz
Schmalenberg
Fangschleuse
01
02
41
Siedl. Wulkow
Mönchwinkel
Neu Mönchwinkel
Störitzsee
Störitzsee
Kindererholungszentrum
Heimatmuseum
0 600 m

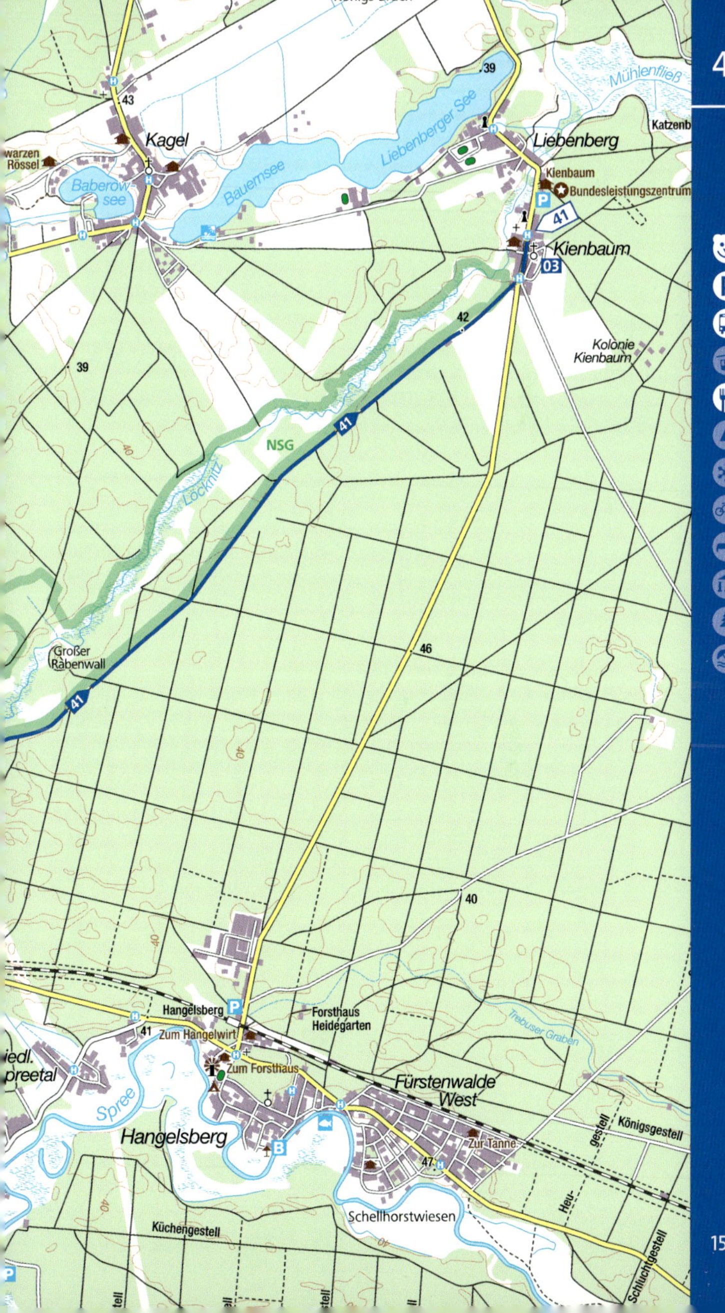
Kagel
Baberow-see
Bauernsee
Liebenberger See
Liebenberg
Mühlenfließ
Kienbaum
Bundesleistungszentrum
Kienbaum
Kolonie Kienbaum
NSG
Löcknitz
Großer Rabenwall
Hangelsberg
Zum Hangelwirt
Zum Forsthaus
Forsthaus Heidegarten
Trebuser Graben
Fürstenwalde West
Spree
Hangelsberg
Zur Tanne
Königsgestell
Schellhorstwiesen
Küchengestell
Schluchtgestell

42

ALT BUCHHORST – NEU FINKENSTEIN

Rund um den Möllensee

  7 km  1:45 h  30 hm 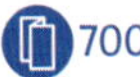 30 hm 700

START | Bushaltestelle „Grünheide Alt Buchhorst“ am Restaurant „Zur Hupe“ an der Kreuzung Hubertusstraße/Fürstenwalder Straße/Alt Buchhorster Straße im Ortsteil Alt Buchhorst der Gemeinde Grünheide/Mark; Bus Erkner – Grünheide – Alt Buchhorst; mit dem Auto auf der A 10 Berliner Ring-Ost, Ausfahrt Erkner und weiter nach Grünheide
[GPS: UTM Zone 33 x: 828.671 m y: 5.820.439 m]
CHARAKTER | Bequeme Waldwanderung

Der Möllensee ist mit 74,2 ha der größte der Grünheider Seen. Er ist einer der wenigen Seen der Region, deren Ufer noch fast vollständig begehbar sind.

▶ Im Ortsteil **Alt Buchhorst** 01 der Gemeinde Grünheide zweigt am Restaurant „Zur Hupe“ von der Hubertusstraße ortseinwärts die Alt Buchhorster Straße ab. Wir verlassen sie gleich links auf der Burgwallstraße, deren Name an eine bronzezeitliche Befestigungsanlage erinnert. Am Ende der Burgwallstraße führt der gelb markierte Seerundweg durch den Wald zum Hochufer des **Möllensees**; die bekannteste von mehreren Hangquellen dort ist die **Spiegelquelle**, die Forstrat Spiegel 1912 fassen ließ. Wenig später erreicht der Seerundwanderweg den Campingplatz **Mölle Nord**, an dem Bademöglichkeit besteht. Dahinter geht es weiter am quellenreichen Hochufer zur Möllensee-Halbinsel und auf einem schmalen Waldpfad bis zum Rastplatz mit Schutzhütte an der Nordostbucht; Buschwerk und Bäume reichen fast überall bis ans Ufer. Von der

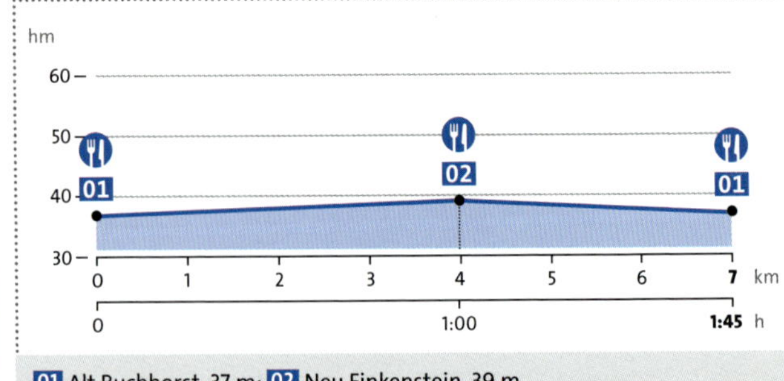

01 Alt Buchhorst, 37 m; 02 Neu Finkenstein, 39 m

Nordostbucht folgt die gelbe Seerundweg-Markierung dem „Weg zur Erholung“ kurz südwärts, wechselt rechts auf dem Finkensteiner Weg durch die kleine Datschasiedlung **Neu Finkenstein** 02, hinter der ein Waldweg am ehemaligen Torfstich Kaper Luch vorbei bis zur Holzbrücke („Kiesbrücke“) über den **Kieskanal** führt, wo eine Schutzhütte zur Rast einlädt. Der Kanal wurde vor dem Ersten Weltkrieg ausgebaggert, um einen Abtransport

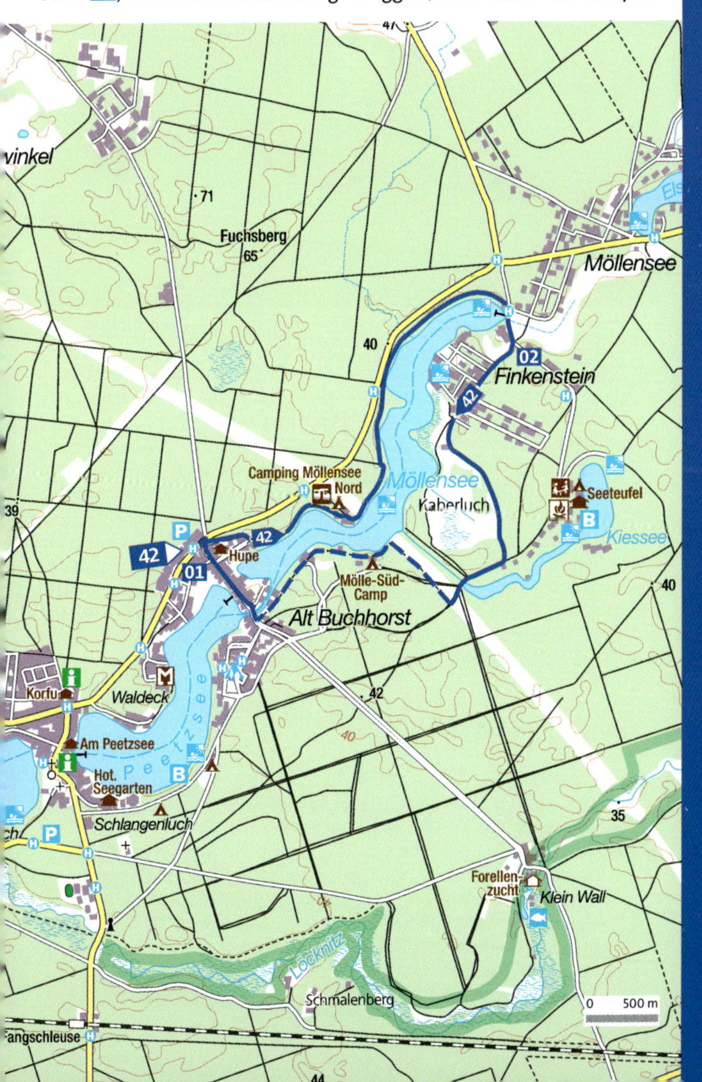

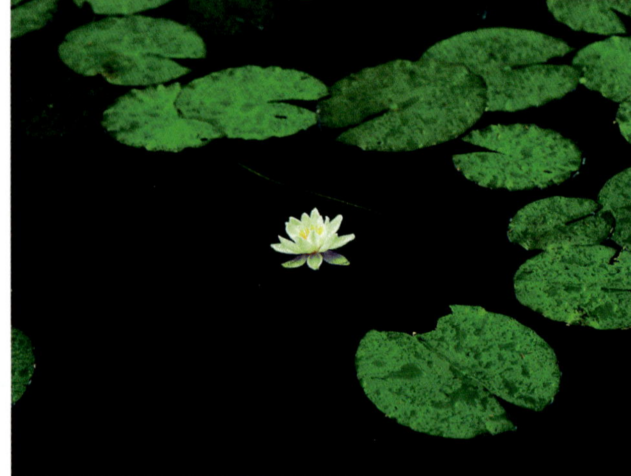

Teichrose am Möllensee

der reichen Kiesvorkommen zu ermöglichen; er beginnt am **Kiessee**, an dem sich im Bereich des Kageler Campingplatzes eine Badestelle befindet. Nach Überqueren der Kiesbrücke folgt die gelbe Rundweg-Markierung dem Kieskanal rechts zurück zum **Möllensee** und leitet am Seeufer links weiter. Hinter dem Zeltplatz **Mölle-Süd-Camp** fallen einige alte Gebäude auf, der sogenannte **Sprudel**. Hier wurde bis 1937 das Mineralwasser „Grünheider Marksprudel" produziert. Am Ende des Möllensees folgt die gelbe Markierung dem Verbindungskanal zwischen Möllen- und Peetzsee zur Alt-Buchhorster Kanalbrücke: Hier wendet sich die Markierung rechts und führt durch die Alt Buchhorster Straße am Restaurant „Casa Al-Tedesco" vorbei zurück zum **Ausgangspunkt** 01 am Restaurant „Zur Hupe" bei der Bushaltestelle an der Hubertusstraße.

Grünheider Seen

Die Grünheider Seenkette in der eiszeitlichen Schmelzwasserrinne zwischen dem Dämeritzsee in Erkner und dem Roten Luch ist ein beliebtes Ausflugs-, Bade- und Campinggebiet. Acht Seen reihen sich wie Perlen an einer Schnur und bieten überall schöne Plätze am Wasser, der größte ist der Möllensee, auch Bauern-, Baberow-, Elsen-, Preetz- und Werlsee liegen in der Schmelzwasserrinne. Natursandstrände laden an heißen Sommertagen dazu ein, sich bei einem Bad zu erfrischen, am Wasser befinden sich Restaurants, Biergärten, Hotels, Ferienwohnungen und Campingplätze – meist mit großer Terrasse und schönem Blick auf einen der Seen.

ERKNER – WOLTERSDORF – RÜDERSDORF

Vom Flaken- zum Kalksee

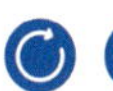  10 km  2:35 h  65 hm 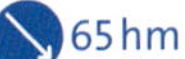 65 hm  700

START | Löcknitz-Anleger, Parkplatz, Bushaltestelle und Schiffsanleger an der Fangschleusenstraße in Erkner; der Bahnhof Erkner an der Bahnhofstraße ist fünf Gehminuten entfernt, Anfahrt mit dem Auto A 10 Berliner Ring-Ost, Ausfahrt Erkner [GPS: UTM Zone 33 x: 823.776 m y: 5.818.684 m]
CHARAKTER | Abwechslungsreiche Bachtal-, „Berg-“ und Waldwanderung

Flaken- und Kalksee vor den Wäldern der Rüdersdorfer Heide sind schon seit dem 19. Jahrhundert beliebte Ausflugsseen; Theodor Fontane verbrachte 1897 seinen Urlaub im Seebad Rüdersdorf, am Löcknitzidyll beginnt der Seeuferwanderweg zum Kalksee.

▶ Die Gaststätte **Löcknitzidyll** am **Anleger Löcknitz** ist der Knotenpunkt aller Wanderwege von **Erkner 01**. Dem Löcknitzufer nordwärts folgen der mit dem Blaupunkt-Zeichen markierte 66-Seen-Wanderweg und der mit dem Rotstrich-Zeichen markierte Theodor-Fontane-Weg. Im Juli/August 1887 verbrachte Fontane seinen Urlaub im Seebad Rüdersdorf am Kalksee; Gasthaus und Seebad waren auf dem Grundstück der alten Ziegelei Kalksee um 1865 neu erbaut worden. Schon bald erreicht der Wanderweg den Flakensee und folgt seinem Ostufer zum Schiffsanleger und den Ausflugsgaststätten an

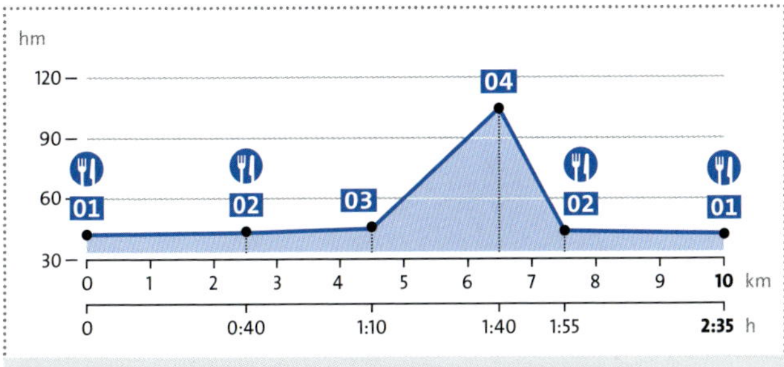

01 Erkner, 40 m; **02** Woltersdorfer Schleuse, 42 m; **03** Rüdersdorf, 43 m; **04** Kranichsberge, 105 m

Erkner – Stadt im Osten Berlins

Erkner liegt in waldreicher Umgebung zwischen dem Dämeritzsee, einer Ausweitung der Spree, und dem Flakensee, in dem im Stadtbereich die Löcknitz mündet. 1712 wurde in Erkner eine Posthalterei für die neue Postlinie von Berlin nach Frankfurt an der Oder eingerichtet. Ab 1748 siedelten sich im Zuge der friderizianischen Binnenkolonisierung drei Pfälzer Bauernfamilien im heutigen Ortsteil Neuseeland an, später verlegten sie ihre Höfe an den östlichen Teil der heutigen Buchhorster Straße; einer dieser Höfe mit dem ältesten Haus Erkners beherbergt das Heimatmuseum Erkner. Der preußische König Friedrich II. ließ 1752 in Erkner eine aus 1.500 Bäumen bestehende Maulbeerplantage anlegen, von der heute noch ein Baum in der Friedrichstraße erhalten ist. 1842 wurde die Berlin-Frankfurter Eisenbahn mit dem Haltepunkt Erkner eröffnet; wegen des großen Zuspruchs von Berliner Ausflüglern wurde er schon 1843 zum Bahnhof erweitert. In der Villa Lassen (Gerhart-Hauptmann-Straße 1–2), in der der spätere Literaturnobelpreisträger 1885–1889 gelebt hat, ist das Gerhart-Hauptmann-Museum mit einer ständigen Ausstellung zum Leben, Werk und Wirken des Dichters sowie einer Forschungsbibliothek untergebracht.

der **Woltersdorfer Schleuse** 02. Der Flakensee hat seinen Zufluss von Norden vom Kalksee über das Kalkfließ und im Südosten über die Löcknitz; seinen Abfluss hat er nach Südwesten über das Flakenfließ durch Erkner zum Dämeritzsee. Am Südende des Kalkfließes befindet sich die Schleuse Woltersdorf mit einer Fallhöhe von 2,10 m.

Von der Woltersdorfer Schleuse führt der 66-Seen-Weg weiter nordwärts, der **Kalksee** erweitert sich immer mehr, an seinem Ostufer liegt das **Seebad Rüdersdorf** 03. Rüdersdorf an Kalk- und Stienitzsee ist ein Inbegriff des Kalksteinabbaus vor den Toren Berlins. Im ehemals größten Kalksteinbruch und -verarbeitungsgebiet Mitteleuropas wurde der

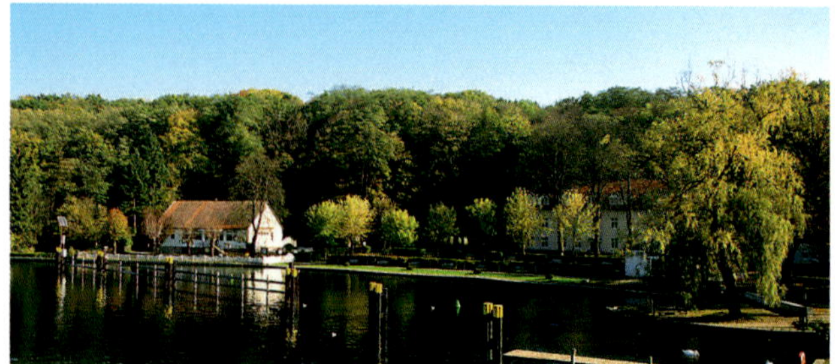

Flakensee und Kranichsberge

Museumspark Rüdersdorf eingerichtet. Seit über 750 Jahren wurden hier Kalkstein abgebaut und die Baustoffe für das Brandenburger Tor, die Terrassen von Schloss Sanssouci und andere bedeutende Bauwerke im Berliner Raum verwendet. Durch den Abbau entstand der größte geologische Aufschluss Norddeutschlands mit einer Länge von 4 km und einer Breite von 2 km.

Am Schiffsanleger Rüdersdorf machen wir kehrt und folgen demselben Uferwanderweg zurück zur Woltersdorfer Schleuse, wo an klaren Tagen der ausgeschilderte kurze Abstecher zum Aussichtsturm auf die **Kranichsberge** 04 lohnt. Der Rundblick umfasst das seen- und waldreiche Müggel-Spree-Land und reicht an klaren Tagen bis zum Fernsehturm am Alexanderplatz. Eine Ausstellung im Turm erinnert an den Filmdrehort Woltersdorf zu Ufa-Zeiten.

Zurück an der **Woltersdorfer Schleuse** 02 führen der 66-Seen-Wanderweg und der Theodor-Fontane-Weg wie beim Hinweg der Strandpromenade südwärts zum Ausgangspunkt am **Löcknitzidyll** 01.

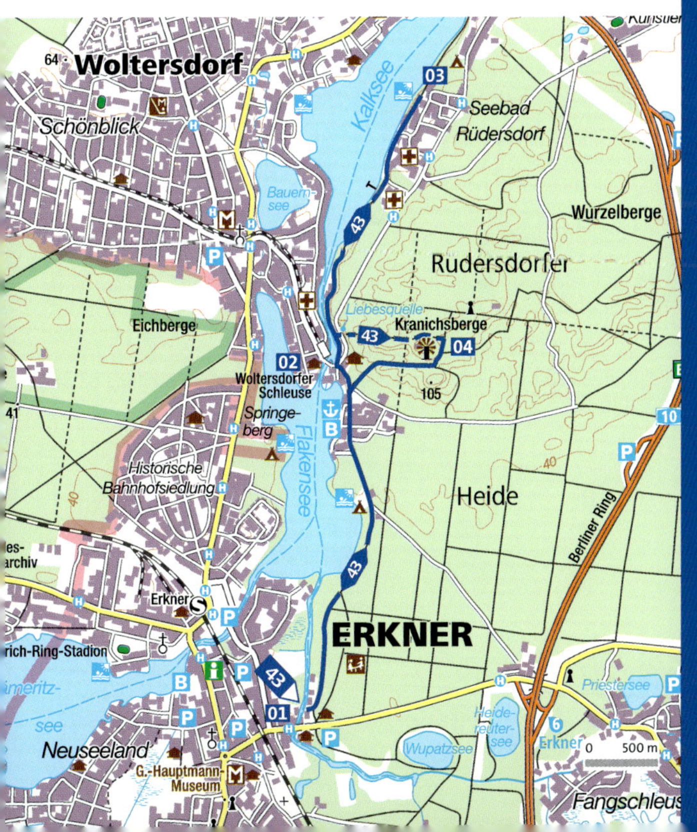

44

EGGERSDORF – WESENDAHLER MÜHLE

Rund um Bötz- und Fängersee

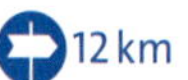

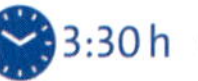

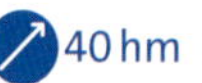

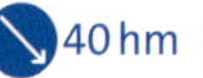

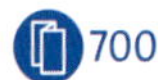

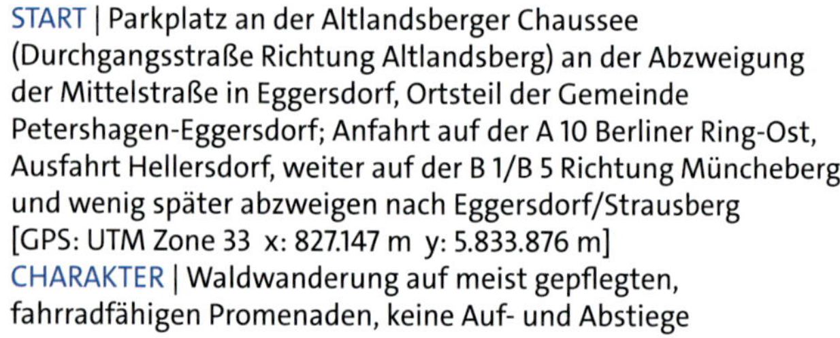
START | Parkplatz an der Altlandsberger Chaussee (Durchgangsstraße Richtung Altlandsberg) an der Abzweigung der Mittelstraße in Eggersdorf, Ortsteil der Gemeinde Petershagen-Eggersdorf; Anfahrt auf der A 10 Berliner Ring-Ost, Ausfahrt Hellersdorf, weiter auf der B 1/B 5 Richtung Müncheberg und wenig später abzweigen nach Eggersdorf/Strausberg [GPS: UTM Zone 33 x: 827.147 m y: 5.833.876 m]
CHARAKTER | Waldwanderung auf meist gepflegten, fahrradfähigen Promenaden, keine Auf- und Abstiege

Bötz- und Fängersee liegen am Rand des Blumenthals, eines der größten geschlossenen Waldgebiete nördlich von Berlin – eine wunderbare Wald- und Uferwanderung auf fast durchgehend gepflegten Wegen unter immer wieder uralten Bäumen.

▶ Vom Parkplatz an der Altlandsberger Chaussee in **Eggersdorf** 01 führt eine Stichstraße zum bereits 1906 erbauten Hotel **Seeschloss**, dahinter leitet ein Fußweg weiter über das Mühlenfließ zum **Strandbad Bötzsee**. Hier können Boote gemietet werden. Der Bötzsee im Strausberg-Blumenthaler Wald- und Seengebiet ist ein fast allseits von Wald umgebener Rinnensee. Am Nordrand des Strandbads beginnt der Uferpfad. Der pfadartig schmale Weg führt im Wald über dem Seeufer entlang, schwingt vor der Nordbucht landeinwärts zu einem Waldparkplatz und folgt der Zufahrt zum Wasserwerk im Westen der Mühlensiedlung

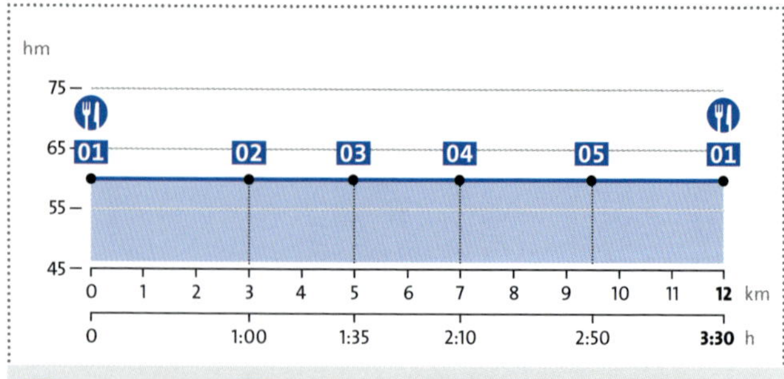

01 Eggersdorf, 60 m; 02 Spitzmühle-West, 60 m; 03 Wesendahler Mühle, 60 m; 04 Spitzmühle-Ost, 60 m; 05 Postbruch, 60 m

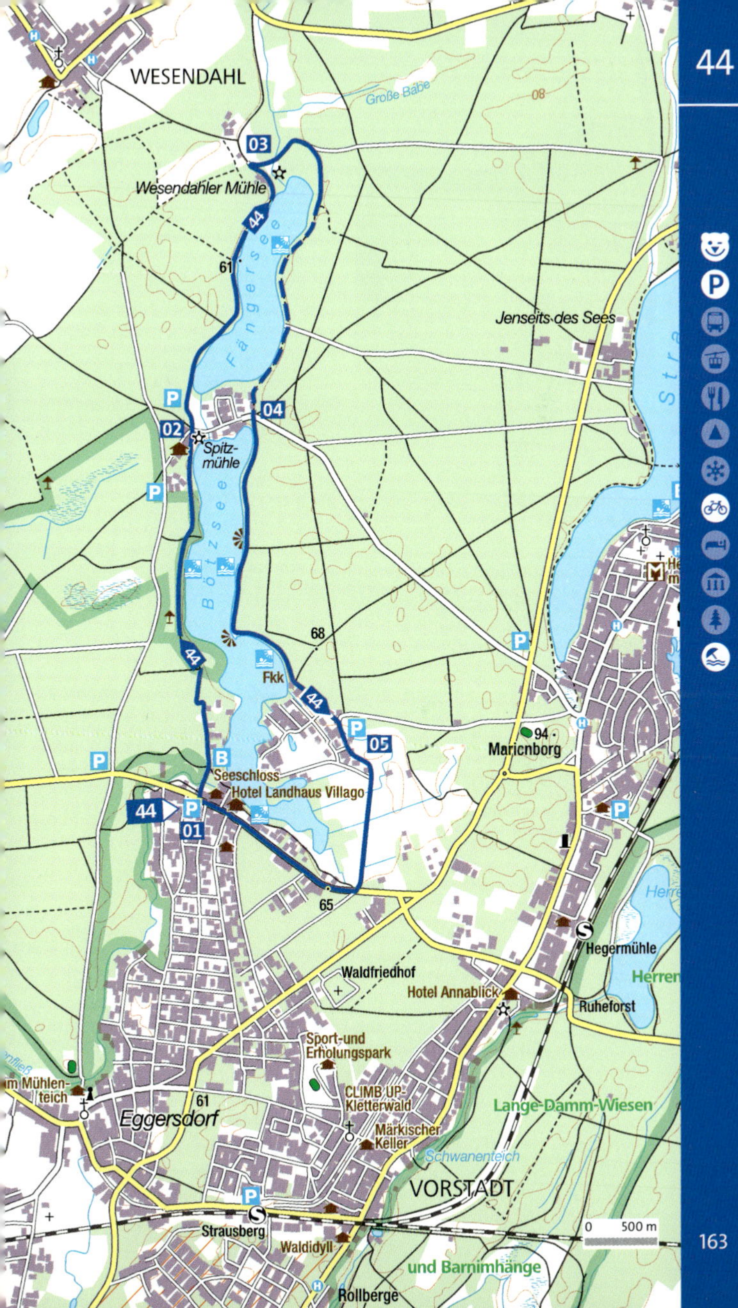
WESENDAHL
Große Babe
03
Wesendahler Mühle
44
Fängersee
61
Jenseits des Sees
04
02
Spitz-
mühle
Bötzsee
68
Fkk
44
44
05
94
Maricnborg
Seeschloss
Hotel Landhaus Villago
44
01
65
Hegermühle
Waldfriedhof
Hotel Annablick
Ruheforst
Sport-und
Erholungspark
CLIMB UP-
Kletterwald
Lange-Damm-Wiesen
Mühlen-
teich
61
Eggersdorf
Märkischer
Keller
Schwanenteich
VORSTADT
Strausberg
Waldidyll
und Barnimhänge
Rollberge
0
500 m

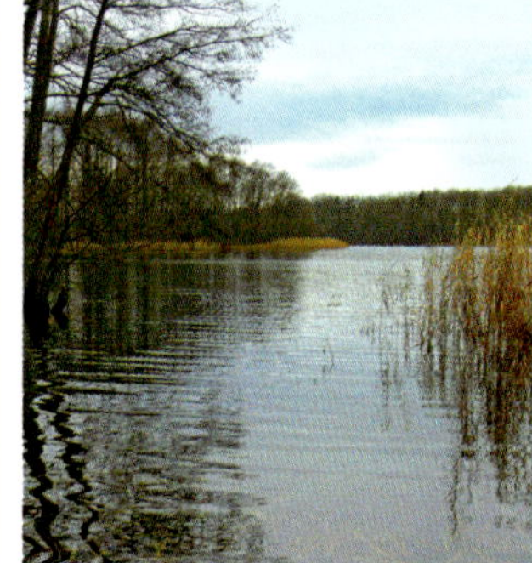
Herbst am Bötzsee

Spitzmühle 02. Hier standen am Nordende des Bötzsees die Ausflugsgaststätten „Alte Spitzmühle" und „Neue Spitzmühle", beide sind derzeit geschlossen. Von der Straße Spitzmühlenweg führt die Blaupunkt-Markierung des 66-Seen-Wegs nordwärts am Wasserwerk vorbei und folgt einem Forstweg unter alten Eichen am weitflächig verlandeten und von Reet gesäumten Westufer des **Fängersees** entlang. In landschaftlich schöner Routenführung schlängelt sich der Weg durch den Wald zur **Wesendahler Mühle** 03 an der Nordbucht. Die vor über 800 Jahren gegründeten Mühle war früher wie die Spitzmühle ein beliebtes Ausflugsrestaurant, das derzeit jedoch geschlossen hat.
Von der Wesendahler Mühle führt die Blaupunkt-Markierung des 66-Seen-Wanderwegs ans Ostufer des Fängersees und folgt ihm im Wald am Rand des Schilfgürtels südwärts, Sitzbänke laden zum Verweilen ein. Zwischen Fänger- und Bötzsee tangiert der Weg wieder das historische Mühlengelände der **Spitzmühle** 04 und wechselt geradeaus ans Ostufer des Bötzsees. Auch an diesem Ufer laden Sitzbänke zu aussichtsreicher Rast ein, auf der Landzunge unter der ersten Hochspannungsleitung hat sich ein FKK-Badeplatz etabliert, an der nächsten Hochspannungsleitung verlässt der Weg das Ufer und folgt der Straße Am Walde an den Häusern der Siedlung **Postbruch** 05 vorbei, übergehend in den „Hauptweg": Der Hauptweg leitet durch die Bruchwiesen zurück nach Eggersdorf, zuletzt geht es an der Durchgangsstraße rechts zurück zum **Ausgangspunkt** 01.

Bötzsee

Der Bötzsee im Strausberg-Blumenthaler Wald- und Seengebiet ist ein fast allseits von Wald umgebener Rinnensee am Europäischen Fernwanderweg 11 auf dessen Route von Altlandsberg nach Strausberg. An der Südbucht befindet sich das barrierefreie Strandbad Bötzsee mit Bootsverleih, an mehreren weiteren Stellen haben sich Badeplätze ausgebildet. Der See und sein Ostufer liegen auf dem Gebiet der Stadt Strausberg, der Namensgeberin des Strausberger Seengebiets, während an die Südbucht die Wohngemeinde Petershagen-Eggersdorf grenzt und das Westufer zur Gemeinde Altlandsberg gehört. Die Mühlen haben im Bereich des Sees eine lange Tradition, die Alte und die Neue Spitzmühle an der Nordbucht am Übergang zum Fängersee waren viel besuchte Ausflugslokale ebenso wie die Wesendahler Mühle an der Nordbucht des Fängersees.

STRAUSBERG – STRAUSBERG-NORD

Rund um den Straussee

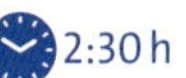

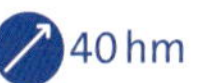

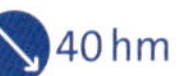

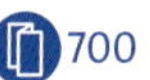

START | S-Bahnhof Strausberg-Stadt an der Hohensteiner Chaussee; mit dem Auto A 10 Berliner Ring-Ost, Ausfahrt Hellersdorf, weiter auf der B 1/B 5 Richtung Müncheberg und wenig später abzweigen nach Strausberg
[GPS: UTM Zone 33 x: 831.147 m y: 5.836.479 m]
CHARAKTER | Waldwanderung auf insgesamt fahrradfähigen Wegen ohne Auf- und Abstiege

Die Uferpromenade am Straussee eignet sich gut für geruhsame Spaziergänge und bietet seit dem Ausbau für Rollstuhlfahrer auch Mobilitätsbehinderten Möglichkeiten der Erholung mit Blick auf den See. Der Straussee zählt zu den Top Ten der beliebtesten Seen im Raum rund um Berlin: hier kann man baden, angeln, tauchen und segeln. Dem Süden des Sees folgt auch der 66-Seen-Wanderweg. Wer ihm durch den Blumenthal-Wald weiter zur Spitzmühle folgt, kann die Wanderung zu einer „Drei-Seen-Wanderung"erweitern.

▶ Vom S-Bahnhof **Strausberg-Stadt** 01 führt die Hohensteiner Chaussee zur Ampelkreuzung vor der historischen Strausberger Stadtmauer. Die Müncheberger Straße leitet geradeaus, bis vor der Marienkirche die Wandermarkierungen auftauchen und links durch die als Fußgängerzone ausgewiesene Große Straße führen, am Ende befindet sich rechts der Anleger der **Straussee-Fähre** 02. Die unter Denkmalschutz stehende Seilfähre mit elektrischer Oberleitung pendelt ca. alle 30 Minuten über den See (Abkür-

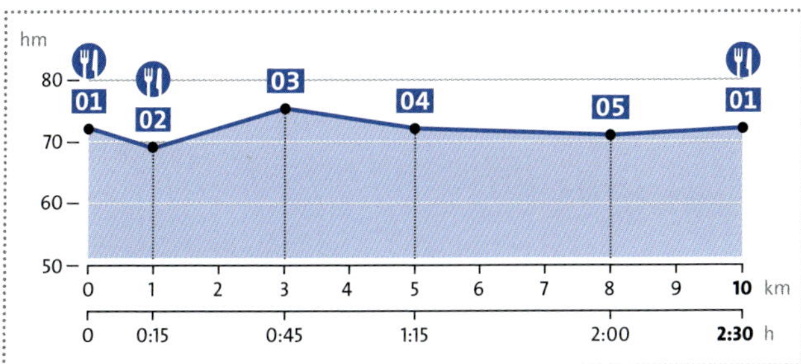

01 Strausberg, 72 m; 02 Straussee-Fähre, 69 m; 03 Straussee-Süd, 75 m; 04 Fähre-West, 72 m; 05 Straussee-Nord, 71 m

Strausberg

Die Barnimstadt Strausberg liegt im Herzen des Strausberger Seen- und Waldgebiets zwischen den Naturparks Märkische Schweiz und Barnim und ist dank der S-Bahn ein rasch erreichbares und viel besuchtes Naherholungsziel von Berlin aus. Die von klassizistischen Bauwerken, darunter dem Rathaus (1819), geprägte Altstadt liegt am Ostufer des Straussees, über den eine unter Denkmalschutz stehende Seilfähre mit elektrischer Oberleitung pendelt. Auf der Seeseite befinden sich auch die besterhaltenen Reste der mittelalterlichen Stadtmauer, die die Bürger- und Mönchestadt auf 1.600 m umgab. Den besten Blick auf Strausberg genießt man vom Westufer des Straussees aus: Altstadtbildprägend ist der mächtige Westturm der spätgotischen Marienkirche.

zungsmöglichkeit). Vom Fähranleger geht es am Spielplatz und am Seegasthof vorbei, dahinter beginnt am Strandbad die Promenade zum Bootsverleih. Aussichtsreich folgt der fahrradfähige Weg dem von alten Bäumen gesäumten Ufer, links im Hang begleiten Gärten und Villen den Weg, der hin und wieder mit dem Blaupunkt-Zeichen des 66-Seen-Wanderwegs markiert ist. Vor einer Hochspannungsleitungsschneise in **Straussee-Süd** 03 wechselt die Seepromenade scharf rechts ans Westufer des Straussees und folgt ihm zum **Fähranleger** 04. Hier besteht wieder die Möglichkeit abzukürzen, während die Seepromenade dem bewaldeten Ufer zur **Nordbucht** 05 folgt. Hier rechts, dann wechselt die Promenade rechts auf die Badstraße und führt zurück nach **Strausberg** 01.

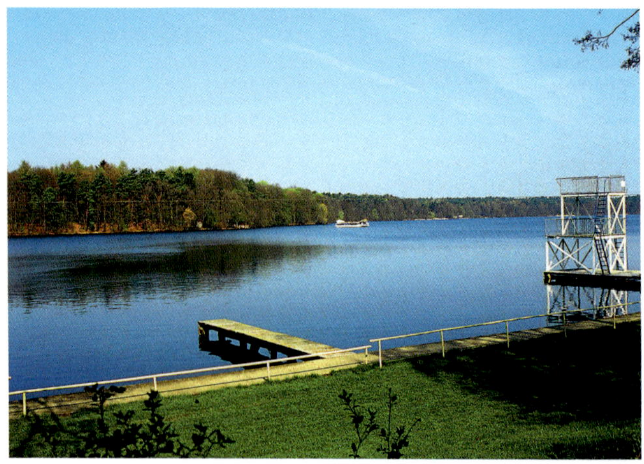

Die Fähre über den Straussee

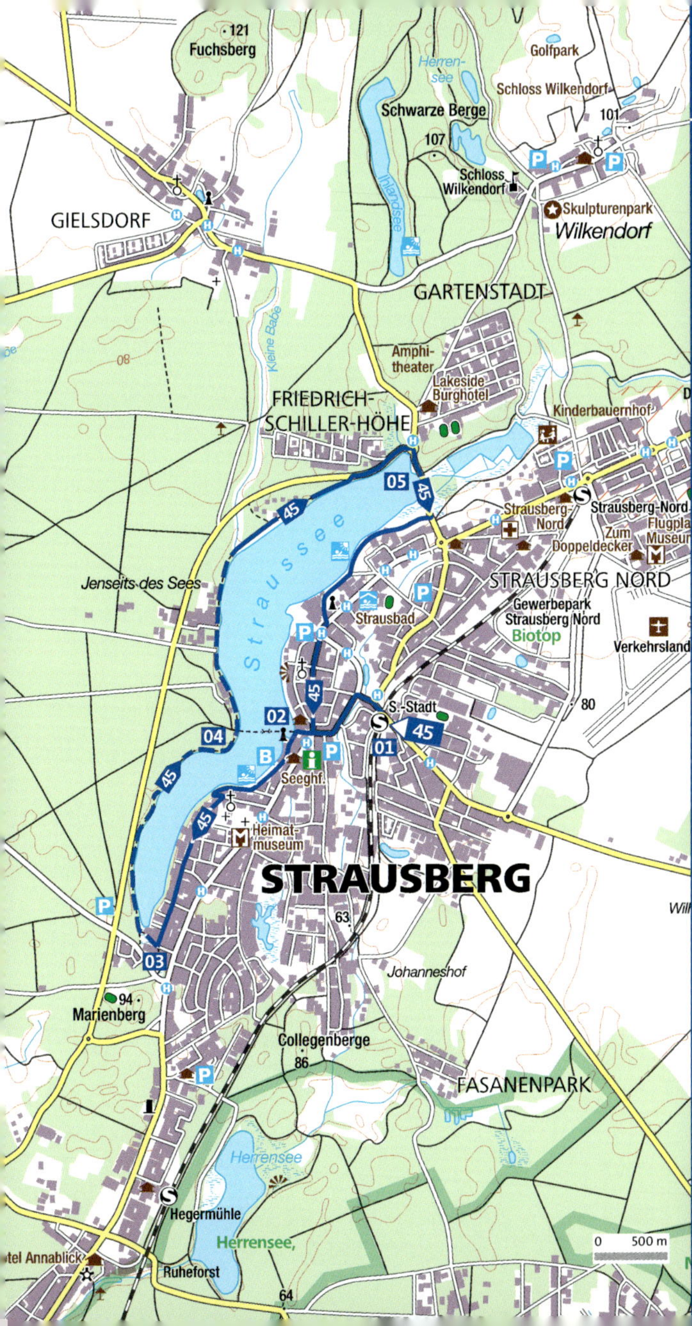

121
Fuchsberg
Herrensee
Golfpark
Schloss Wilkendorf
Schwarze Berge
101
107
Schloss Wilkendorf
Skulpturenpark
Wilkendorf
GIELSDORF
Inlandsee
GARTENSTADT
Kleine Babe
08
Amphitheater
Lakeside Burghotel
FRIEDRICH-SCHILLER-HÖHE
Kinderbauernhof
05
45
Straussee
Strausberg-Nord
Strausberg-Nord
Flugplatz Museum
Zum Doppeldecker
Jenseits des Sees
STRAUSBERG NORD
Strausbad
Gewerbepark Strausberg Nord
Biotop
Verkehrsland
80
S.-Stadt
02
04
01
Seeghf.
Heimatmuseum
STRAUSBERG
63
03
Johanneshof
94
Marienberg
Collegenberge
86
FASANENPARK
Herrensee
Hegermühle
Herrensee,
Hotel Annablick
Ruheforst
64
0 500 m

BUCKOW – BOLLERSDORF

Rund um den Schermützelsee

 7 km  2:00 h  80 hm  80 hm 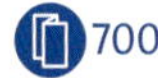 700

START | Parkplatz Am Fischerberg am südlichen Ortsrand von Buckow; wer mit dem Bus anreist, steigt an der Haltestelle Buckow-Strand an der Wriezener Straße in die Wanderung ein; Anfahrt auf der A 10 Berliner Ring-Ost, Ausfahrt Hellersdorf, weiter auf der B 1/B 5 Richtung Müncheberg, dort abzweigen nach Buckow [GPS: UTM Zone 33 x: 843.163 m y: 5.835.108 m]
CHARAKTER | Wald- und Promenadenwanderung auf zum Teil steilen Wegen und Wurzelpfaden; der Panoramaweg wird offiziell als „schwer" eingestuft; die Wanderung ist nicht für Fahrräder geeignet

Die Schermützelsee-Runde bietet hervorragende Ausblicke auf den größten See der Märkischen Schweiz, zudem lässt sich die Wanderung mit einer Ausflugsfahrt kombinieren. Beim Strandbad legen stündlich die Ausflugsschiffe zu etwa 50-minütigen Rundfahrten über den See ab mit Zwischenstopps an den am Wanderweg gelegenen Gaststätten „Johst am See" und „Fischerkehle".

▶ Am straßenabseitigen Rand des Parkplatzes Am Fischerberg am südlichen Ortsrand von **Buckow** **01** befinden sich die Wanderwegeschilder. Der mit dem Zeichen „Grünpunkt" mar-

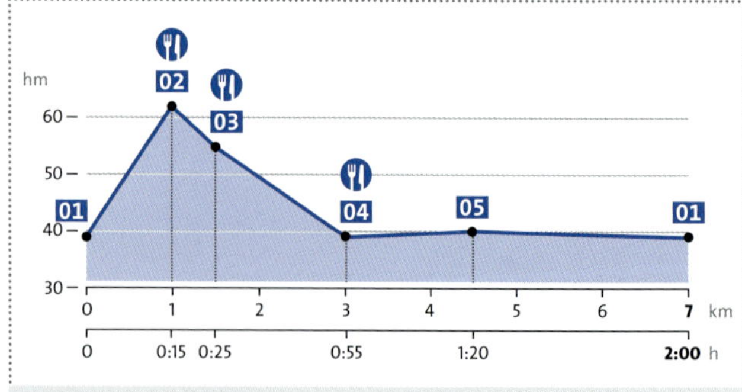

01 Buckow, 39 m; **02** Panoramablick, 62 m; **03** Wegende, 55 m; **04** Bollersdorf, 39 m; **05** Strandbad, 40 m

kierte Seerundwanderweg folgt der Zufahrtsstraße der Seeuferrestaurants und Schiffsanleger rechts, während wir dem mit dem Zeichen Rotpunkt markierten „Panoramaweg“ geradeaus aufwärts in den Wald an einer aussichtsreichen Grillstelle vorbei folgen. Auf dem ersten rechts abzweigenden Waldweg (Naturlehrpfad) erreicht der Panoramaweg an der Schutzhütte **Panoramablick** 02 die Abbruchkante des Steilhangs über dem See. Gleich darauf kann man rechts über die **Josefstreppe** zur Schiffsanlegestelle **Fischerkehle** beim gleichnamigen Restaurant absteigen, während der Panoramaweg weiter durch den Wald führt, teilweise auf Treppen und Stegen, an der zweistämmigen **Windhosenkiefer** lädt erneut eine Schutzhütte zu aussichtsreicher Rast ein, dann senkt sich der Weg zur Bucht am **Ende des Wegs** 03 Am Fischerberg, und man kann sich entscheiden, ob man dem Panoramaweg wieder auf einer Treppe den Hang hinauf oder dem Grünpunkt-Rundweg geradeaus auf einem Waldweg folgt. Wenig später mündet der

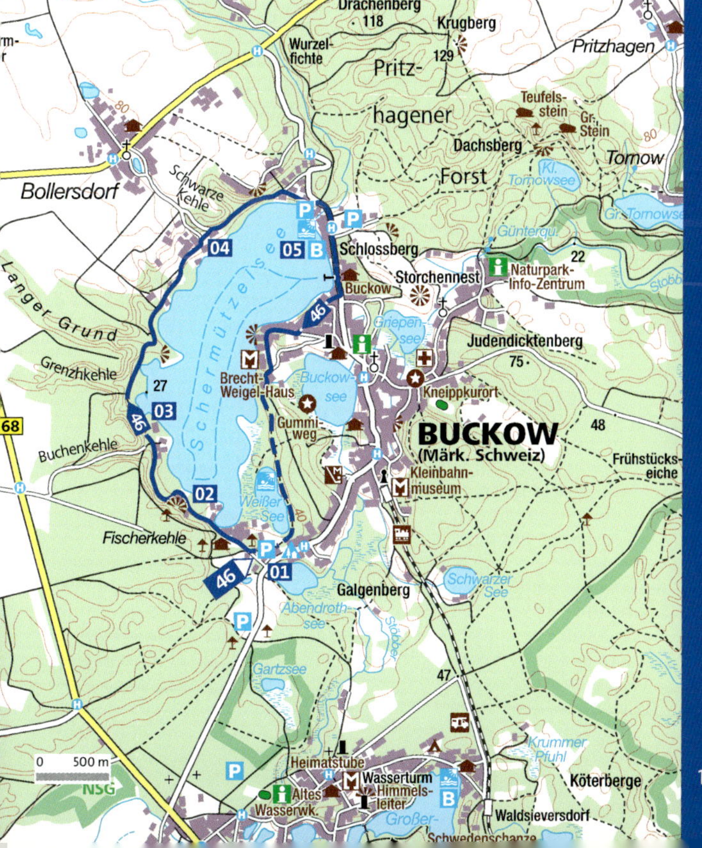

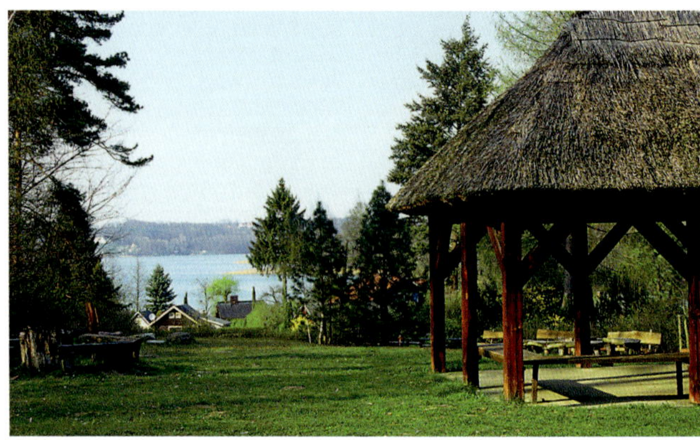

Grillhütte mit Blick auf den Schermützelsee

Panoramaweg an der Schlucht **Grenzkehle** auf den Grünpunkt-Rundweg, und dieser führt teils im Wald, teils mit schönen Ausblicken weiter und berührt mehrere Moore. Im Hotel **Johst am See** in **Bollersdorf** 04 besteht Einkehrmöglichkeit, und bald nach Passieren der **Schwarzen Kehle**, wo ab 1851 Kohle abgebaut wurde, erreicht der Rundwanderweg den Parkplatz am nördlichen Ortsrand von Buckow. Hier geht es längs der Wriezener Straße zum **Strandbad** 05. Nach Verlassen des Seeuferbereichs zweigt der Rundwanderweg halb rechts in die Ringstraße ein und erreicht auf der Bertolt-Brecht-Straße das Literaturmuseum **Brecht-Weigel-Haus**.

Durch schöne Wälder (links der **Kurpark**: Ausblick von der Ferdinandshöhe) geht es weiter zum **Weißen See**, wenig später ist der **Ausgangspunkt** 01 erreicht.

Schermützelsee

Der Schermützelsee ist mit 146 ha der größte See der Märkischen Schweiz. Das fischreiche Gewässer erlaubt dank der Wasserqualität Sichttiefen bis zu 6 m. Wichtigster Zufluss ist das Sophienfließ, das von Norden durch ein Schluchttal herabströmt. Über den Buckowsee entwässert der Schermützelsee in den Stobber, der ostwärts den Altfriedländer Teichen zufließt. Der Panoramaweg über die Berge im Westen des Sees erlaubt erstklassige Ausblicke, der höchste und aussichtsreichste Berg am Schermützelsee ist die Bollersdorfer Höhe (82 m) oberhalb der Schwarzen Kehle 54 m über dem Spiegel des Schermützelsees. Sie bietet ein beeindruckendes Panorama der wald- und seenreichen Buckower Beckenlandschaft zwischen den Orten Pritzhagen, Münchehofe, Waldsieversdorf und Bollersdorf, markant treten auch die „Kehlen“ genannten Erosionsschluchten hervor, die die Berge im Westen des Sees gliedern.

BUCKOW – PRITZHAGENER MÜHLE

Höchster Berg und schönstes Tal der Märkischen Schweiz

  11 km  2:45 h 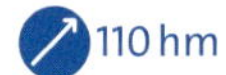 110 hm 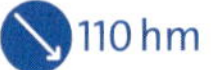 110 hm 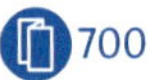 700

START | Bushaltestelle Buckow-Strand (30 m) an der Wriezener Straße in Buckow; ein ausgeschilderter Wanderparkplatz befindet sich in unmittelbarer Nähe am Weinbergsweg an der Schule, ein zweiter am nördlichen Ortsrand; Anfahrt auf der A 10 Berliner Ring-Ost, Ausfahrt Hellersdorf, weiter auf der B 1/B 5 Richtung Müncheberg, dort abzweigen nach Buckow
[GPS: UTM Zone 33 x: 843.453 m y: 5.837.265 m]
CHARAKTER | Waldwanderung auf zum Teil wurzeligen Pfaden, passagenweise steil

Die Ausblicke vom Krugberg und vom Dachsberg sowie die Idylle des unter Naturschutz stehenden Stobbertals zählen zu den Höhepunkten dieser abwechslungsreichen Waldwanderung.

Vom **Strandbad Schermützelsee** im Kneippkurort **Buckow** 01 geht es längs der Wriezener Straße wenige Minuten nordwärts, bis am nördlichen Ortsrand rechts der Gelbpunkt-Wanderweg in die artenreichen Wälder des Naturschutzgebiets **Sophienfließ** hinauf abzweigt. Die Bodenerosion durch Regen- und Schmelzwasser hat das noch immer eindrucksvolle Wurzelwerk der 160–180 Jahre alten **Wurzelfichte** freigelegt, an der Sitzbänke zur Rast laden; die Fichte hingegen wurde vom Orkan Kyrill 2007 umgeworfen.
An den Wurzeln überquert der Wanderweg den Bach, führt kurz in Bachabwärtsrichtung durch

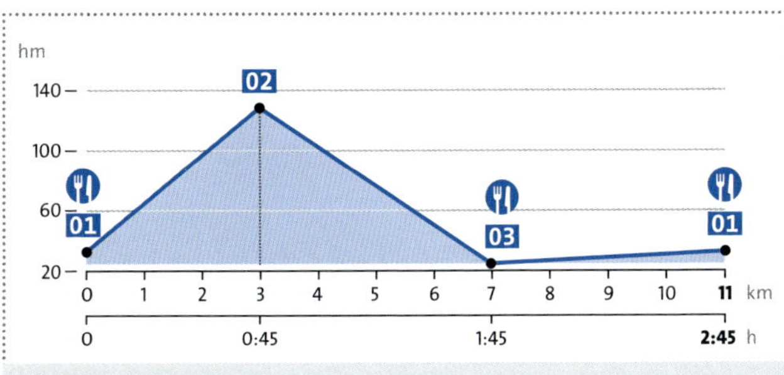

01 Buckow, 30 m; 02 Krugberg, 129 m; 03 Pritzhagener Mühle, 25 m

den Wald und zweigt dann links in die **Drachenkehle** hinauf ab. In der teilweise schluchtartig eingetieften Drachenkehle geht es steil aufwärts, an der oberen Ausmündung rechts und an der Verzweigung links am Waldrand hinauf auf den **Krugberg** 02. Vom Krugberg führt die Gelbpunkt-Markierung am Waldrand zurück und an der Verzweigung geradeaus in die obere Haselkehle. Dort links und gleich rechts weiter am Waldrand zur Kreuzung mit dem Poetensteig am **Finkenherd**. Der mit dem Zeichen „Grünstrich" markierte Poetensteig führt mit Richtungsangabe „Tornowseen" links weiter im Wald, schon bald ist der auf einer Kuppe lagernde **Teufelsstein** ausgeschildert (Abstecher 1 Minute), wenig später zweigt rechts die eindrucksvolle Wolfsschlucht ab, während der Poetensteig geradeaus auf den aussichtsreichen **Dachsberg** führt. Steil stürzt der geländergesicherte „Gipfel" ab zum Kleinen Tornowsee im Tal am Bergfuß. An der Abbruchkante führt der Poetensteig weiter zu einer Verzweigung bei einer Schutzhütte und senkt sich zu den wenigen Häusern von **Tornow** am Ufer des **Großen Tornowsees**, wo Bademöglichkeit besteht. Am Zufluss geht es durch das Naturschutzgebiet **Stobbertal** zur Gaststätte **Pritzhagener Mühle** 03.

Von der Gaststätte geht es auf demselben Weg zurück zum Großen Tornower See und hier links zur Verzweigung mit Wanderwege-Übersichtstafel. Der Rotpunkt-Wanderweg taucht in das naturschöne **Stobbertal** ein und führt aufwärts zur **Güntherquelle**, deren eisenhaltiges Wasser früher als Trinkwasser genutzt wurde.

Bei der Quelle befindet sich das **Informationszentrum der Naturparkverwaltung Märkische Schweiz**. Nun ist es nicht mehr weit auf dem Hopfenweg, an dessen Ende Gelbstrich und Gelbpunkt rechts zurück nach **Buckow** 01 führen.

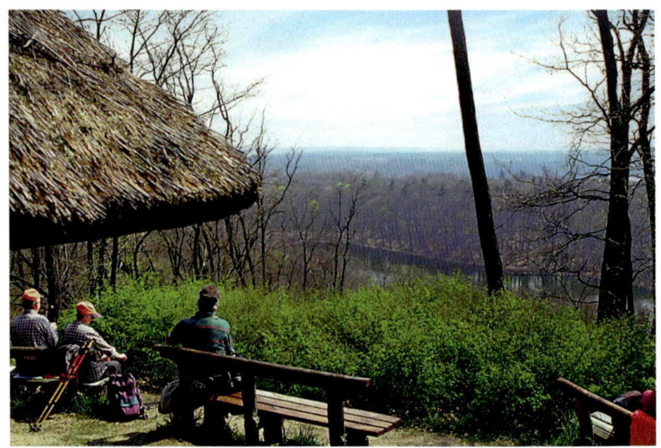

Eine reetgedeckte Schutzhütte lädt auf dem aussichtsreichen Dachsberg zur Rast ein

Sophienfließ und Wurzelfichte

Das Naturschutzgebiet Sophienfließ umfasst ein urtümliches Schluchttal nördlich des Kneippkurorts Buckow. Das Sophienfließ, ein stark eisenhaltiger Bach, ist der wichtigste Zufluss des Schermützelsees. Das Fließ entwickelt bei starken Niederschlägen eine große Erosionskraft, gebärdet sich dann wie ein Wildbach und hat ein schluchtartiges Waldtal ausgetieft. Der Wanderpfad führt passagenweise bis zu 10 m oberhalb des Bachs durch den Steilhang, Brücken und Stege schützen Quell- und Feuchtgebiete an den Stellen, an denen der Wanderpfad auf dem Talgrund verläuft. Die Wurzelfichte am Sophienfließ war ein Wahrzeichen der Kurstadt Buckow. Das für Fichten ungewöhnlich mächtige Wurzelwerk des rund 170 Jahre alten Baums wurde durch Bodenerosion bei hohen Wasserständen freigelegt. 2007 wurde die Fichte vom Orkan Kyrill gefällt, das skurrile Wurzelwerk ist erhalten und weiterhin ein beliebtes Fotomotiv.

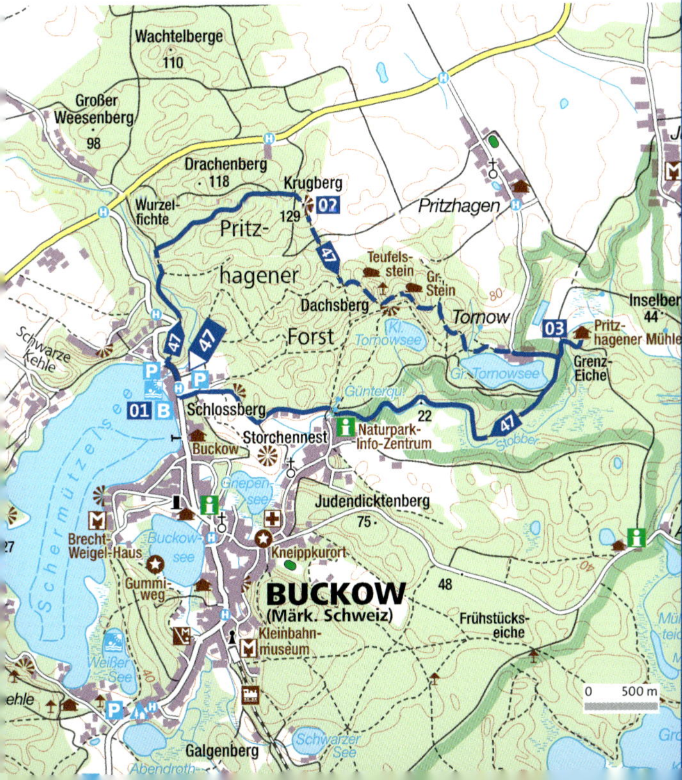

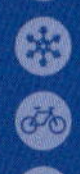

48

ALTFRIEDLAND – KARLSDORF

Altfriedländer Vogelteiche

  7 km   1:45 h  20 hm 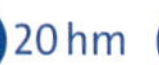 20 hm  746

START | Altfriedland, Parkplatz an der Kreuzung der Wriezener Straße (B 167) mit der Kastanienallee; Anfahrt auf der A 10 Berliner Ring,Ost, Ausfahrt Hellersdorf, weiter auf der B 1 über Müncheberg nach Jahnsfelde, dort abzweigen nach Trebnitz und Neuhardenberg [GPS: UTM Zone 33 x: 852.103 m y: 5.842.898 m]
CHARAKTER | Wald- und Wiesenwanderung auf zum Teil sandigen Wegen

Das Klosterdorf Altfriedland ist Namensgeber der Altfriedländer Teiche, einer großen Seen- und Teichelandschaft, die als Europäisches Vogelschutzgebiet ausgewiesen ist.

▶ Vom **Parkplatz** 01 am Karpfenteich an der Abzweigung der Kastanienallee von der Wriezener Straße folgt der Wanderweg der Kastanienallee im Südbuchtbereich des **Klostersees** ein Stück durch den ehemaligen **Gutspark** zur Fischerstraße, die links ins Zentrum von **Altfriedland** 02 führt. Wie auf einer Landzunge liegt das winzige Kirchdorf Altfriedland zwischen Klostersee und Kietzer See im Nordosten des Naturparks Märkische Schweiz. Um 1230 gründeten Zisterzienserinnen in diesem idyllischen „Friedensland" an der Stobber ein Kloster, das sich zu einem Wirtschafts- und Kulturzentrum im Grenzbereich von Brandenburg, Pommern und Polen entwickelte. Vom 1546 aufgehobenen Kloster zeugen noch Ruinen sowie die ehemalige Klosterkirche Sanctae Mariae, ein Feldsteinbau, der heute als luthe-

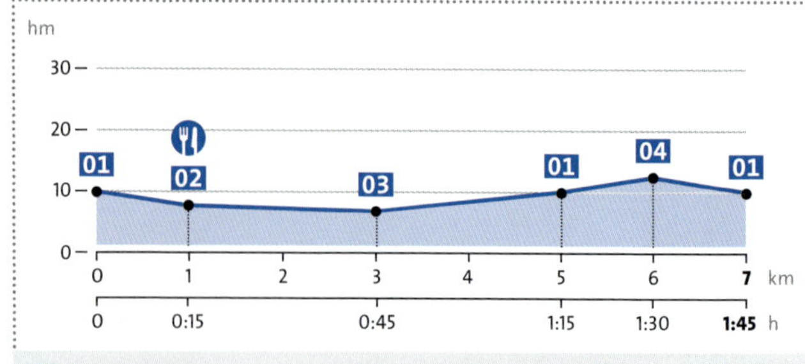

01 Parkplatz Altfriedland, 10 m; 02 Altfriedland, 8 m; 03 Landstraße, 7 m; 04 Karlsdorf, 12 m

rische Dorfkirche fungiert. Neben der Kirche und den Ruinen finden sich im historischen Ortskern das Pfarrhaus (1633), eine Gutsanlage mit Park, das Gasthaus „Zur Wende“ sowie altehrwürdige Eichen, Ahorne, Kastanien und Linden, darunter die „Nonneneiche“. Unter der „Napoleoneiche“ soll der Kaiser der Franzosen 1812 während seines Kriegs gegen Russland gefrühstückt haben.

Vom Ort leitet die Klosterstraße nordwärts zum **Bäckersteig** über den Stöbber. Zwischen dem Fluss und dem Erlenbruchwald bietet eine Beobachtungskanzel Blick auf das Vogelschutzgebiet **Kietzer See**. Vorbei an einem alten Torfstich führt der Weg zur Landstraße, längs der es kurz links geht; rechts öffnet sich der Blick ins Oderbruch, im Nordwesten zeigen sich die Höhen des Barnim. Nach

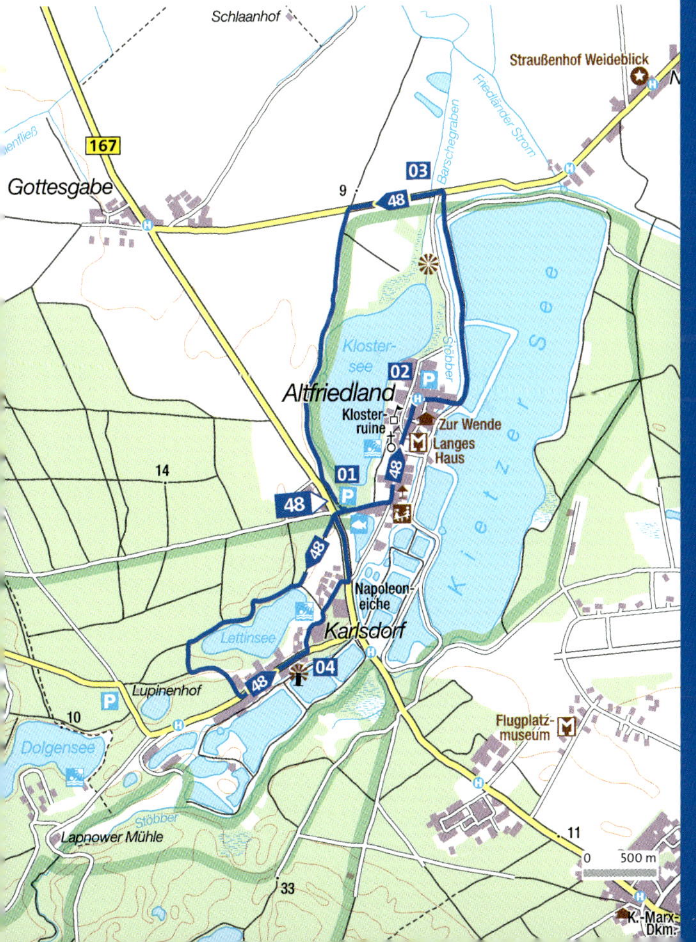

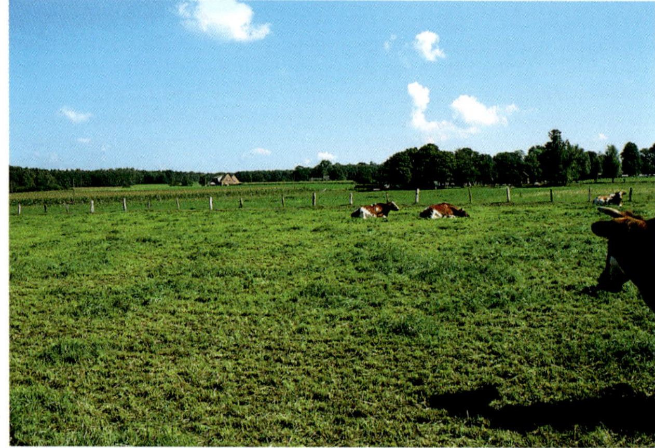

Grünland und Wälder umgeben die Vogelteiche

wenigen Minuten zweigt links ein Feldweg ans aussichtsreiche Westufer des Klostersees ab. Der Weg taucht zuletzt in den Wald ein und erreicht die **Landstraße** **03**. Dort geht es kurz links und nach Passieren des Parkplatzes rechts am Klosterseegraben entlang zur Stegbrücke vor dem **Lettinsee**. Auf der Nordseite des Sees leitet der Uferweg weiter durch den Wald, überquert schließlich den Klosterseegraben und erreicht die Durchgangsstraße in **Karlsdorf** **04**. An der Bushaltestelle vorbei geht es links durchs Dorf und am Beginn des Gehölzes schräg links durch die Bungalowsiedlung am Lettinsee zurück zum Ausgangspunkt an der Wriezener Straße.

Altfriedländer Teiche

Die Altfriedländer Teiche sind als Paradies unter Anglern ebenso bekannt wie unter Vogelkundlern, die rund 250 ha große Seen- und Teichelandschaft ist als Europäisches Vogelschutzgebiet ausgewiesen. Sie ist Nahrungsrevier für Weiß- und Schwarzstörche, See- und Fischadler, hier brüten Reiher- und Tafelente, Flussseeschwalbe und Beutelmeise, Graugans, Lach- und Silbermöwe und Eisvogel, alljährlich ist das Gebiet Rastplatz für rund 7.000 Gänse auf ihrem Weg zu den Winter- bzw. Sommerquartieren. Die extensive Teichewirtschaft hat in der Gegend eine lange Tradition, in seiner heutigen Form entstand das Gewässergebiet, als 1965–72 ein riesiger Niedermoorkomplex vernichtet und stattdessen 19 Teiche zum Zweck großindustriell-intensiver LPG-Fischzucht angelegt wurden. Seit dem Ende der Planwirtschaft hat sich das Gebiet wieder naturnah entwickelt, 1999 wurden zwei künstliche Brutinseln im Kietzer See angelegt.

STRAUSBERG – WILKENDORF – GIELSDORF

Zu den Lattseen im Blumenthal-Wald

  15 km  3:50 h  40 hm  40 hm  700

START | S-Bahnhof Strausberg-Nord; Anfahrt mit dem Auto A 10 Berliner Ring-Ost, Ausfahrt Hellersdorf, weiter auf der B 1/B 5 Richtung Müncheberg und wenig später abzweigen nach Strausberg [GPS: UTM Zone 33 x: 832.444 m y: 5.838.070 m]
CHARAKTER | Waldwanderung auf insgesamt fahrradfähigen Wegen

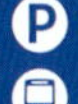
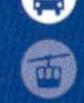

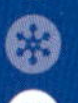

Von Strausberg führen Waldwege durch das Hügelland des Oberbarnim zu den Lattseen.

▶ Nach Queren der Prötzeler Chaussee vor dem **S-Bahnhof Strausberg-Nord** 01 führt der mit dem Grünstrich-Zeichen markierte Wilkendorfer Weg nordwärts. Am Ende der Bebauung liegt links im Wald der Rote Hof am Torfstichsee, während der Wilkendorfer Weg geradeaus weiterführt und sich als „Nordweg“ fortsetzt. In **Wilkendorf** 02 geht es am **Golfpark Schloss Wilkendorf** und den Schlossteichen entlang durch den Hochwald zu einer Wegespinne, an der sich die alten Verbindungswege Gielsdorf – Blumenthal, Wilkendorf – Heidekrug (alte Berliner Straße) und Strausberg – Gielsdorf – Blumenthal treffen. Der Weg führt rechts weiter, ehe er an einer alten Eiche links in den **Lattseegrund** 03 abzweigt. Die Lattseen liegen in einer eiszeitlichen Schmelzwasserrinne, die im Forst Blumenthal mit lang gestreckten Tälern und bandförmigen Rinnen-

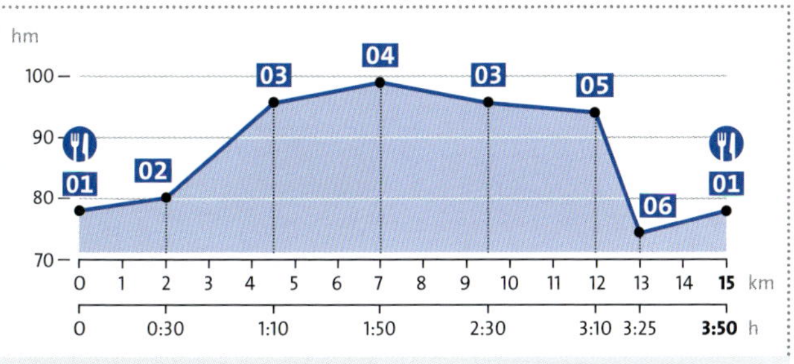

01 Strausberg-Nord, 78 m; 02 Wilkendorf, 90 m; 03 Lattseegrund, 96 m; 04 Lattseen-Nord, 99 m; 05 Gielsdorfer Straße, 94 m; 06 Straussee, 74 m

Blumenthal

Der Blumenthal ist ein großes geschlossenes Waldgebiet nordöstlich von Berlin. Mit kleinen Seen, Lichtungen und undurchdringlichen Dickichten erstreckt er sich zwischen Leuenberg, Gielsdorf, Prötzel und Tiefensee. Maiglöckchen, Glockenblumen, Wiesenrauten und Ginsterbüsche blühen überall im Wald, der seinen Namen nach diesem Blumenreichtum trägt beziehungsweise nach einer versunkenen Stadt, die seit Jahrhunderten vom Wald überwuchert ist. „Der Blumenthal hat seine Romantik", urteilte Theodor Fontane bei seinen Wanderungen durch die Mark Brandenburg: „Etwas von dem Zauber Vinetas [der untergegangenen Stadt an der Ostsee] ist um ihn her, und die Sage von untergegangenen Städten, verschwunden in Wasser und Wald, begleitet den Reisenden auf Schritt und Tritt."

seen beginnt und ihre Fortsetzung im Ihlandsee, Straussee, Herrensee und dem Naturschutzgebiet Lange Dammwiesen zum Großen Stienitzsee nimmt. Der Weg führt am Ostufer des **Großen Lattsees** nordwärts durch schönen Mischwald. An der Verzweigung am Ende des 1,67 ha großen **Sees** 04 kann man am gegenüberliegenden Ufer zurückgehen (Richtung „Gielsdorf"), aber es ist lohnend, auch die weiter nördlich gelegenen **Kleinen Lattseen** zu umrunden, ehe man den Rückweg antritt. Westlich der Lattseen geht es zurück zur bekannten Wegespinne im Süduferbereich des Großen Lattsees; wer einkehren will, folgt hier der Ausschilderung ins nahe Kirchdorf Gielsdorf, während unser Wanderweg den Gielsdorf-Wanderweg bald verlässt und südwärts am **Ihlandsee** vorbei zur Straße führt. Hier rechts, dann längs der **Gielsdorfer Chaussee** 05 in die Strausberger **Gartenstadt** und zum **Straussee** 06. Hier links zurück zum Wilkendorfer Weg und rechts zum Ausgangspunkt, dem **S-Bahnhof Strausberg-Nord** 01.

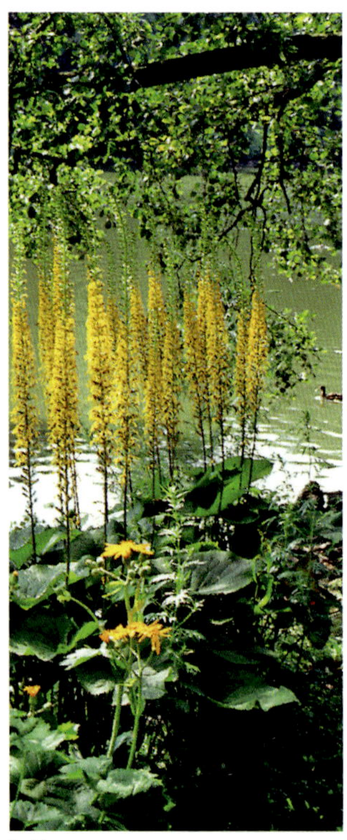

Lattseen

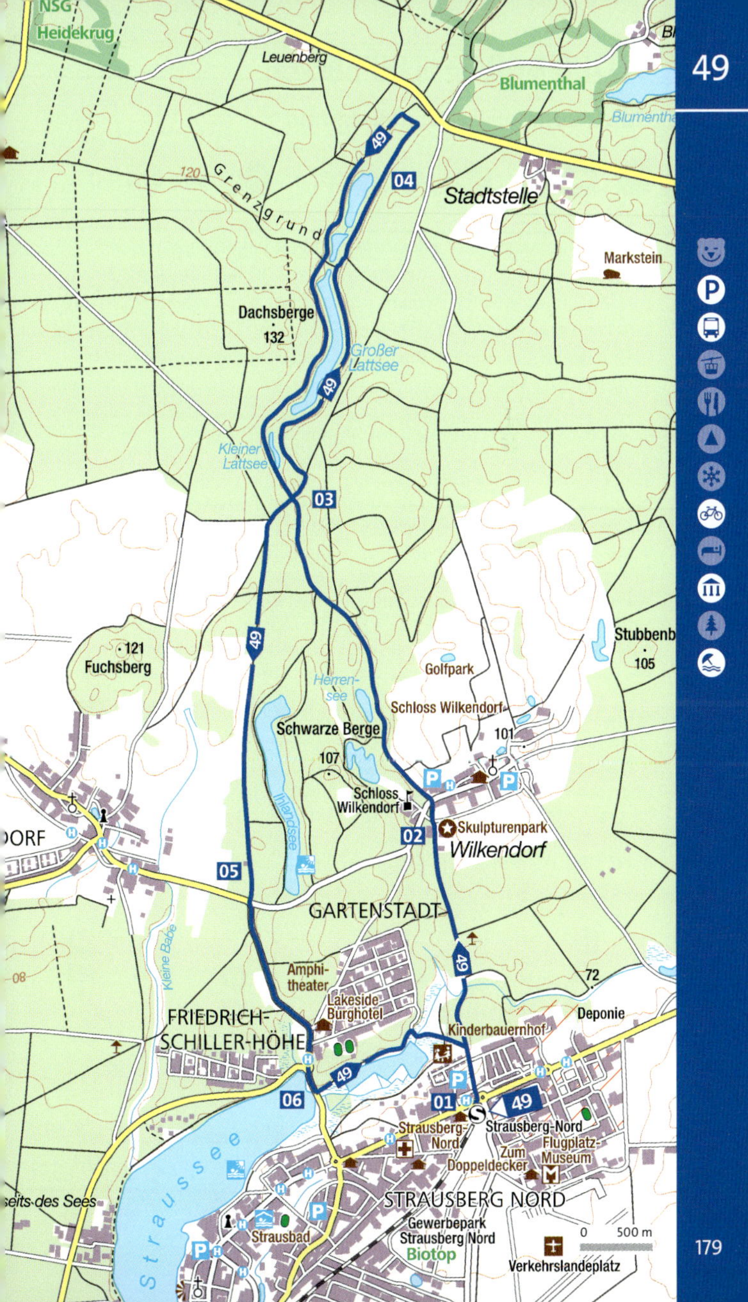
NSG
Heidekrug
Leuenberg
Blumenthal
Grenzgrund
Stadtstelle
Markstein
Dachsberge
132
Großer Lattsee
Kleiner Lattsee
Fuchsberg
121
Golfpark
Stubbenb
105
Herrensee
Schloss Wilkendorf
Schwarze Berge
107
101
Schloss Wilkendorf
Skulpturenpark
Wilkendorf
Ihlandsee
GARTENSTADT
Amphitheater
Lakeside Burghotel
Kinderbauernhof
72
Deponie
FRIEDRICH-SCHILLER-HÖHE
Kleine Babe
Strausberg-Nord
Strausberg-Nord
Flugplatz-Museum
Zum Doppeldecker
STRAUSBERG NORD
Gewerbepark Strausberg Nord
Biotop
Verkehrslandeplatz
Strausbad
Straussee
0 500 m
01
02
03
04
05
06

LEUENBERG – TIEFENSEE

Durch den üdlichen Gamengrund

 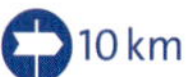 10 km 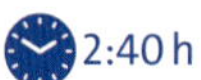 2:40 h 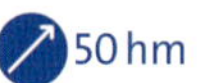 50 hm 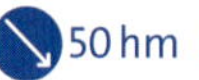 50 hm 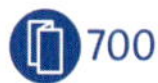 700

START | Bushaltestelle am Dorfanger von Leuenberg in der Gemeinde Höhenland; Anfahrt auf der A 10 Berliner Ring-Nord, Ausfahrt Hohenschönhausen und auf der B 158 weiter Richtung Bad Freienwalde [GPS: UTM Zone 33 x: 830.111 m y: 5.850.519 m]
CHARAKTER | Waldwanderung auf teils sandigen und steilen Wegen und Pfaden

Südlich des Höhendorfs Leuenberg liegt in einem der schönsten Wandertäler des Barnim die Seenkette im südlichen Gamengrund. Um die drei Seen führen Rundwanderwege („Drei-Seen-Weg"), sodass sich die Wanderung je nach optimalen Gegebenheiten auf dem Hin- und Rückweg am Ost- oder am Westufer durchführen lässt. Der Name Bahnhofstraße erinnert daran, dass das Höhendorf **Leuenberg** ab 1898 über die Wriezener Bahn mit Berlin und Wriezen sowie dem weiter entfernten Königsberg in der Neumark (heute polnisch: Chojna) verbunden war. Seit 1998 wird der Abschnitt zwischen Tiefensee und Wriezen, an dem Leuenberg liegt, nicht mehr bedient, seit 2000 besteht auf dem Abschnitt Tiefensee – Leuenberg – Sternebeck die Möglichkeit, Fahrten mit einer Draisine zu unternehmen, sodass die Strecke für Ausflugsfahrten wieder genutzt wird. An der Bahnhofstraße befindet sich das Restaurant „Das Forsthaus".

▶ Von der Bushaltestelle am **Leuenberger Dorfanger** 01 mit Kirche, Dorfteich und Alter Schule geht es längs der Bundesstraße 158 (Ber-

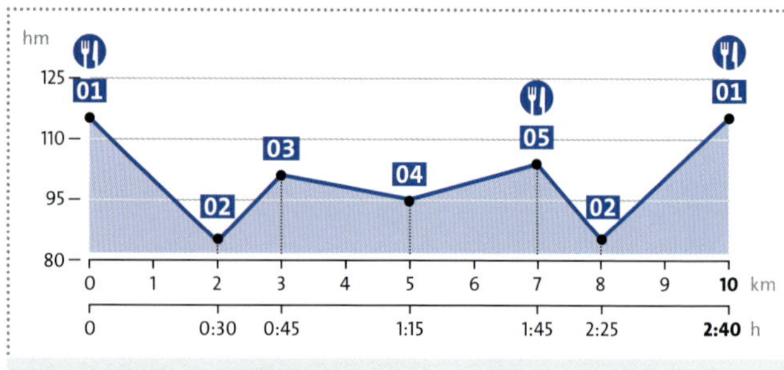

01 Leuenberg, 115 m; 02 Draisinenbahn, 86 m; 03 Camping Tiefensee, 102 m; 04 Gamensee-Süd, 95 m; 05 Badestelle Mittelsee, 98 m

liner Straße) kurz Richtung Berlin, bis der mit dem Blaupunkt-Zeichen markierte 66-Seen-Wanderweg halb links hinab zum **Langer See** abzweigt. Die Blaupunkt-Markierung des 66-Seen-Wegs weist hier weiter die Route, und zwar am Westufer des von Wald umgebenen Sees; am Ostufer liegt die Badestelle. An der Südspitze des Sees gilt es, in bergigem Gelände zur **Draisinenbahnstrecke** 02 hinaufzusteigen, oben öffnet sich der „Malerblick zum Mittelsee", dann führt der 66-Seen-Weg steil hinab in den bewaldeten Hang über dem **Mittelsee**. Am Anfang des nächsten Sees, des **Gamensees**, führt der Wanderweg kurz über den **Camping Tiefensee** 03 und schlängelt sich dann wieder naturschön am Seeufer entlang, an dessen **Südspitze** 04 an einem Sandstrand ein Rastplatz zum Verweilen einlädt. An der Südspitze treten wir über die **Badestelle Mittelsee** 05 den Rückweg an und folgen dem Ostufer der drei Rinnenseen zurück ins Höhendorf **Leuenberg** 01.

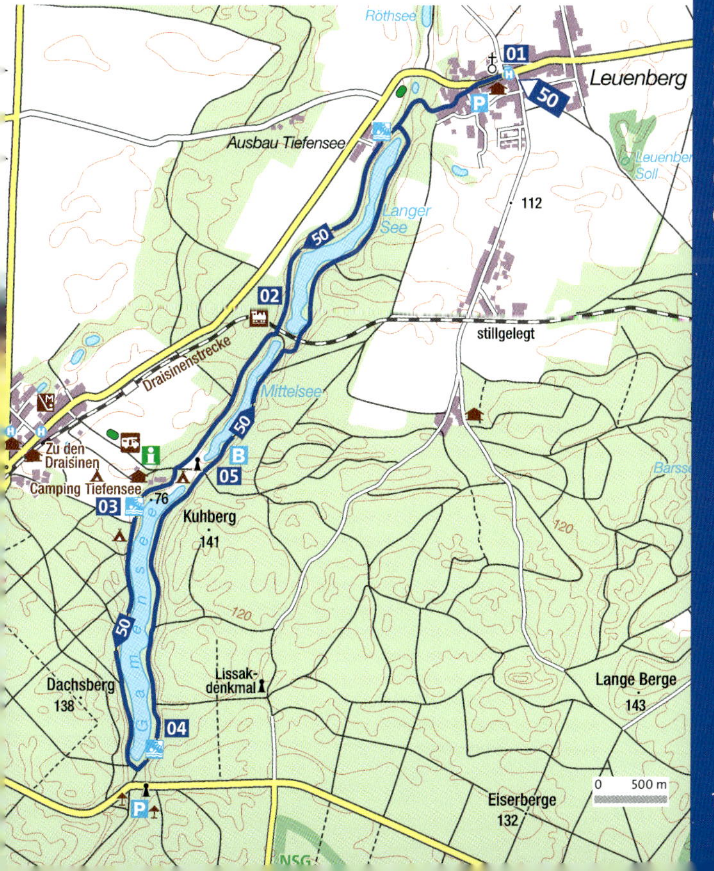

GAMENSEE – TEUFELSSEE – BUCHSEE

Durch den nördlichen Gamengrund

  11 km 2:50 h  30 hm 30 hm  700

START | Parkplatz am Großen Gamensee in der Gemeinde Falkenberg/Mark an der Straße von Dannenberg/Mark nach Kruge; Anfahrt auf der A 11 Berliner Ring – Stettin, Ausfahrt Finowfurt und auf der B 167 durch Eberswalde bis Falkenberg [GPS: UTM Zone 33 x: 831.203 m y: 5.857.487 m]
CHARAKTER | Zum Teil sandige Waldwege

Der nördliche Gamengrund mit seinen Wäldern und Seen ist eines der faszinierendsten Wandergebiete im Osten des Barnim.

▶ Der Ort Dannenberg in der Mark liegt auf der höchsten Erhebung des Barnimplateaus inmitten einer ausgeprägten Seen- und Mischwaldlandschaft. Er gehört zu den ältesten Dörfern des oberen Barnim.
Der Gamengrund, eine Seerinne, die die Barnimhochfläche durchzieht, weist hier ein teilweise mittelgebirgsartiges Relief auf. Die Straßenanbindung Dannenbergs erfolgt in Ost-West-Richtung über Krummenpfahl. Die Straße **Krummenpfahl** 01 führt zur Siedlung **Gamensee**, an der die Wanderung beginnt; die Siedlung liegt im Landschaftsschutzgebiet Gamengrund unmittelbar oberhalb des Gamensees; sie dient ausschließlich der Erholungsnutzung und besteht aus ca. 100 Freizeit- und Wochenendhäusern. Von der Straße Krummenpfahl zweigt die Blaupunkt-Markierung des 66-Seen-Wegs mit Richtungsangabe „Leuenberg 10 km“ südwärts in die Wälder des **Gamengrunds** ab. Der Name des bald erreichten

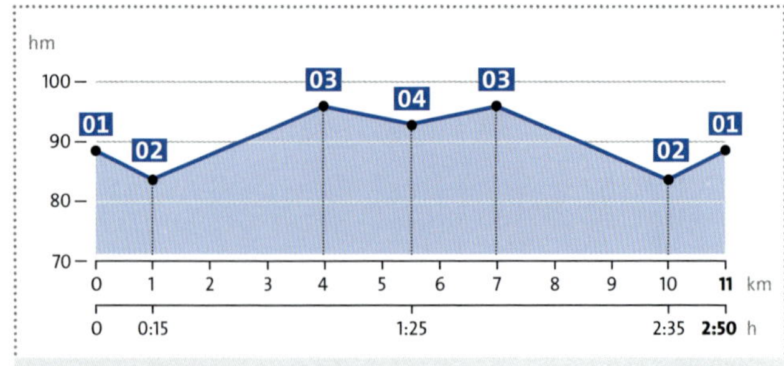

01 Krummenpfahl, 88 m; 02 Teufelssee, 84 m;
03 Espensuhlenhütte, 96 m; 04 Buchsee, 93 m

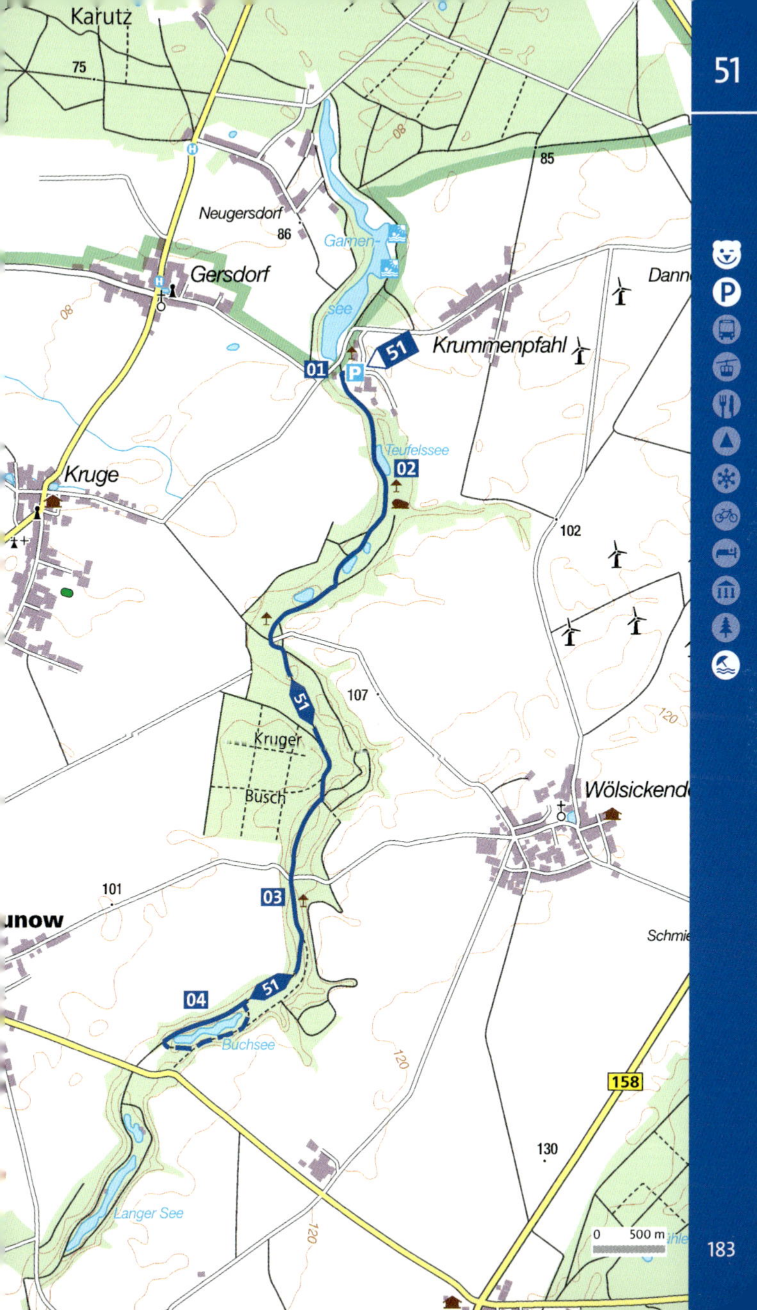
Karutz
75
85
Neugersdorf
86
Gamen-
see
Gersdorf
Danne
Krummenpfahl
51
01
02
Teufelssee
Kruge
102
107
Kruger
Busch
Wölsickende
101
unow
03
Schmie
04
51
Buchsee
158
130
Langer See
0
500 m

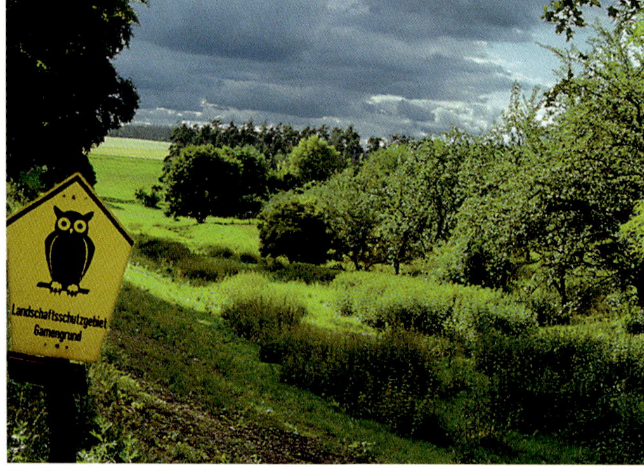

Der Gamengrund

Teufelssees 02 erinnert daran, dass es noch Anfang des 20. Jhs. im Gamengrund gespukt hat. Bald nach Passieren der **Rittmeisterhütte**, einer Schutzhütte, führt der Waldweg an drei weiteren Seen vorbei, dann geht es weiter durch die Wälder, ehe bald nach Passieren der **Espensuhlenhütte** 03 der **Buchsee** 04 erreicht ist. Nach Umrunden dieses Waldsees kehren wir zurück zum Parkplatz am **Großen Gamensee**. Hier erfrischt an heißen Tagen der Sprung ins kühlende Nass: am Ostufer befindet sich die Badestelle.

Gamengrund

Der Gamengrund ist eine zum Teil schluchtartig in die Barnimhochfläche eingeschnittene Seenrinne, die sich von Falkenberg-Neugersdorf auf einer Länge von rund 15 km südwärts bis an den Rand der Strausberger Seen erstreckt. Dank seiner Naturnähe zählt das zu 95 % bewaldete Tal mit seinen fast 20 Seen, Wasserlöchern und Teichen zu den schönsten Wanderrouten im Osten Brandenburgs. Meist ist das Tal 300 bis 400 m breit, an einigen Stellen erreichen die Flanken geradezu mittelgebirgsähnliche Steilheit. Während der Teil nördlich des Höhendorfs Leuenberg keine touristische Infrastruktur wie Bäder und Gaststätten aufweist, ist der Abschnitt bei Tiefensee südlich von Leuenberg ein Ausflugsbrennpunkt mit Campingplatz und mehreren Einkehrmöglichkeiten. Wegen der Abgeschiedenheit ranken sich vor allem um den Nordteil mehrere Sagen, denen zufolge Tote und kopflose Kälber zu nächtlicher Stunde im Gamengrund spuken und mit Wanderern und Reisenden nach Sonnenuntergang allerlei Schabernack treiben.

SCHÖNHOLZ – SPECHTHAUSEN

Nonnenfließ und Schwärzetal

 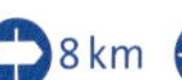 8 km 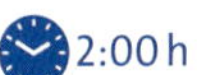 2:00 h 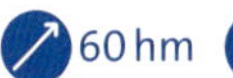 60 hm  60 hm  700

START | Sempf's Landgasthaus, Schönholzer Dorfstraße 35 im Ortsteil Schönholz der Gemeinde Melchow; mit dem Auto Anfahrt auf der A 11 Berliner Ring – Stettin, Ausfahrt Lanke via Lanke und Biesenthal nach Melchow
[GPS: UTM Zone 33 x: 820.974 m y: 5.858.498 m]
CHARAKTER | Insgesamt bequeme Waldwege mit einigen kleineren steilen Auf- und Abstiegen

 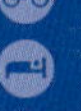 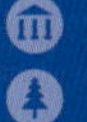

Das Nonnenfließtal ist das schönste Wandertal im Naturpark Barnim, wegen seiner herausragenden Schönheit und seinem überregional bedeutsamen Bestand an vom Aussterben bedrohten Tierarten steht es zusammen mit dem angrenzenden Schwärzetal unter Naturschutz. Wer abkürzen oder eine kleine Rundwanderung unternehmen will, startet in Spechthausen: Wanderwege führen beidseits des Nonnenfließes entlang.

▶ Im Waldweiler **Schönholz** 01 führt die Schönholzer Dorfstraße nordostwärts, markiert mit dem Blaupunkt-Zeichen des 66-Seen-Wanderwegs. Wo die Dorfstraße links abwinkelt, wechselt der 66-Seen-Weg rechts auf die Bernauer Heerstraße, den historischen Heer- und Handelsweg von Spandau über den Barnim nach Eberswalde.
Der Weg taucht in den Wald ein und erreicht an der alten **Steinernen Brücke** das Nonnenfließ im Naturschutzgebiet **Nonnenfließ-Schwärzetal** 02. Hier verlassen wir den 66-Seen-Weg und folgen dem Wanderweg auf der Nonnenfließ-Ostseite talabwärts

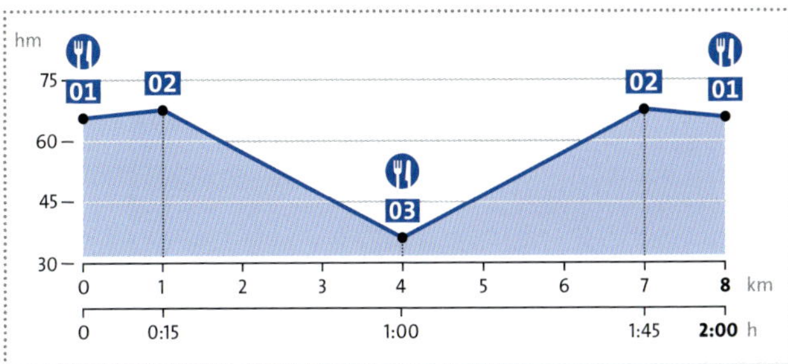

01 Schönholz, 65 m; 02 Nonnenfließ-Süd, 72 m; 03 Spechthausen, 35 m

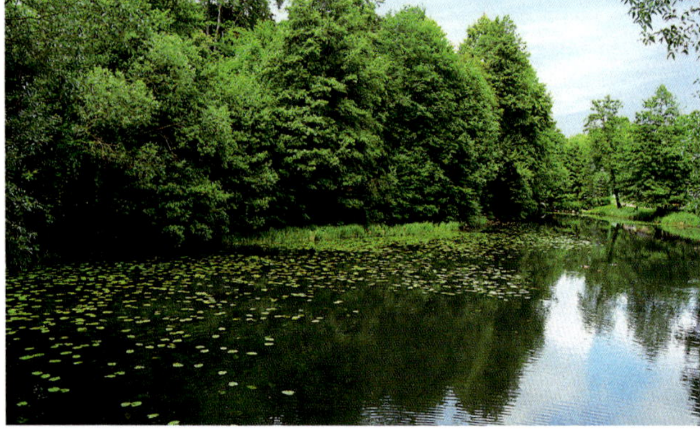

Spechthausen

zur **Liesenkreuzbrücke** über das Nonnenfließ. Der Wanderweg schlängelt sich weiter durch artenreiche Wälder und erreicht den Eberswalder Ortsteil **Spechthausen** 03, wo das Nonnenfließ am Dorfteich in die Schwärze mündet. Das Papiermühlendorf Spechthausen liegt an der Märkischen Eiszeitstraße und war fast 200 Jahre lang eine berühmte Büttenpapiermanufaktur. König Friedrich der Große gründete 1781 eine Manufaktur, die sich auf hochwertige Wasserzeichenpapiere aller Art spezialisierte (Urkunden, Banknoten, Aktien), das Wasserzeichen mit dem Specht bürgte für höchste Qualität. Auch das ehemalige Forsthaus Geschirr östlich des Nonnenfließes verdankt seine Entstehung der

Nonnenfließ

Als tief eingeschnittene eiszeitliche Schmelzwasserrinne bildet das Nonnenfließtal einen schluchtartigen Übergang zwischen der Barnimhochfläche und dem Eberswalder Urstromtal, kilometerweit schlängelt sich der sommerkühle Bach durch das mittelgebirgsähnliche Tal, in dessen Steilhängen alte Buchen und Traubeneichen wachsen, während das Fließ von Erlen, Eschen, Hainbuchen, Ulmen und Bergahornen, von Quellen, Quell- und Hochstaudenfluren, Röhrichten und Wiesen gesäumt wird. Im blitzsauberen, schnell fließenden Wasser fühlen sich Weich- und Krebstiere, Fische und Rundmäuler wohl. Das Nonnenfließ entspringt beim Fachwerkkirchdorf Tuchen und mündet nach 11 km in Spechthausen in die Schwärze. Das gesamte Nonnenfließtal und Teile des Schwärzetals wurden 1996 unter Naturschutz gestellt. Vor 300 Jahren trieb die Kraft des Wassers die Räder von sechs Mühlen an, geblieben sind die Namen Neue Mühle und Schönholzer Mühle sowie einige gemauerte Brücken aus der Mühlenzeit.

Papiermanufaktur; 1816 wurde es als Lumpenschneiderei errichtet, heute befindet sich im Gebäude das Restaurant-Café „Waldhof Spechthausen".
Am schönsten ist es, auf demselben Weg längs des Nonnenfließes zurückzuwandern, wer eine alternative Route sucht, folgt in Spechthausen der Landstraße kurz Richtung Melchow/Bernau und zweigt links auf den Schneidermühlenweg ab. Er führt durch die Wälder über dem Nonnenfließtal aufwärts zur Kreuzung bei der **Liesenkreuzbrücke** und setzt sich hier geradeaus unter dem Namen Keyser Damm fort. Nahe der **Steinernen Brücke** mündet der Keyser Damm in die bekannte Bernauer Heerstraße, und auf ihr geht es rechts zurück zum Ausgangspunkt im Waldweiler **Schönholz 01**.

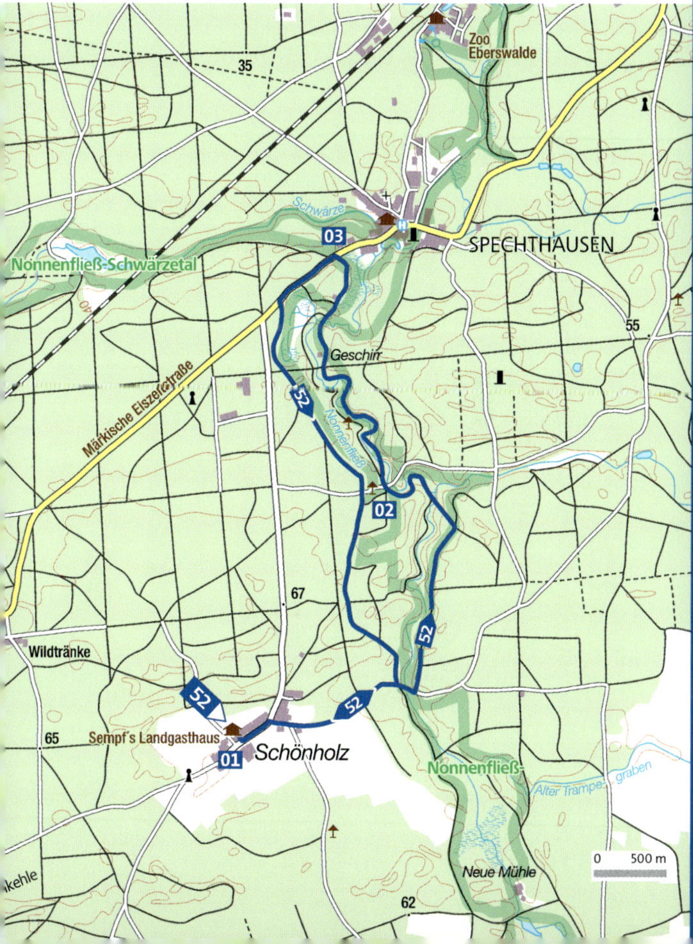

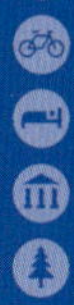

JOACHIMSTHAL – ALTENHOF — HUBERTUSSTOCK

Rund um den Werbellinsee

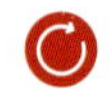  24 km 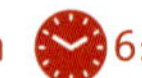 6:15 h  250 hm 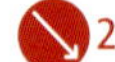 250 hm 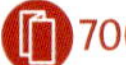 700

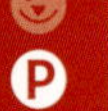

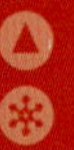

START | Joachimsthal, Kaiserbahnhof an der Straße Bahnhof Werbellinsee in Joachimsthal; Anfahrt auf der A 11 Berliner Ring – Stettin, Ausfahrt Joachimsthal
[GPS: UTM Zone 33 x: 819.278 m y: 5.878.890 m]
CHARAKTER | Wald- und Steiluferwanderung auf nicht durchgehend fahrradfähigen Wegen

Am Ostufer des Werbellinsees folgt der Wanderweg überwiegend Uferwegen und -pfaden, im Westuferbereich leitet er durch die Wälder oberhalb des Sees. An den Anlegern Altenhof, Süßer Winkel, Spring, Hubertusstock und Michen besteht die Möglichkeit, mit dem Ausflugsschiff zur Nordbucht zurückzufahren.

Die Eröffnung der Eisenbahnlinie von Eberswalde über Britz nach Joachimsthal im Mai 1898 markierte den Beginn des Ausflugsverkehrs am Werbellinsee. Im Oktober desselben Jahres reiste auch Kaiser Wilhelm II. mit der Bahn an und wurde am **Kaiserbahnhof Joachimsthal** 01 an der Nordbucht des Werbellinsees mit Hurra-Rufen empfangen. Der oberste Hohenzoller reiste im Schlitten weiter zur Jagd nach Hubertusstock. Der Anfang der Route ist die alte. Vom Kaiserbahnhof, errichtet 1898 für Wilhelm II. an der Bahnlinie Eberswalde – Joa-

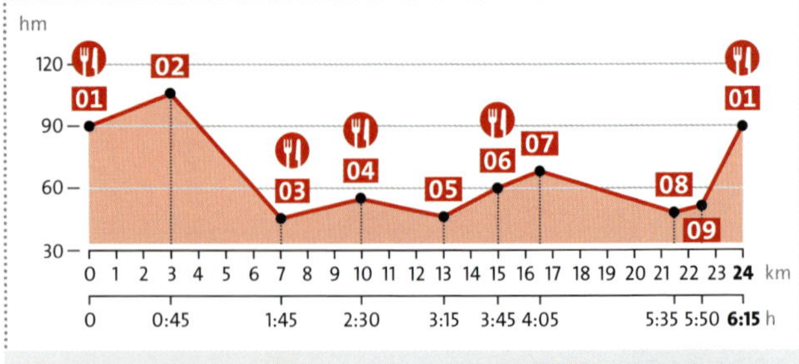

01 Joachimsthal, 90 m; 02 Werbelliner Berge, 105 m; 03 Altenhof, 46 m; 04 Süßer Winkel, 53 m; 05 Askanierturm, 47 m; 06 Am Spring, 60 m; 07 Hubertusstock, 66 m; 08 Michen, 48 m; 09 Elsenau, 50 m

Werbellinsee

Der von sanften Waldbergen eingefasste Werbellinsee im UNESCO-Biosphärenreservat Schorfheide-Chorin ist ein bedeutendes Wassersportzentrum und Ausflugsgebiet. Theodor Fontane beschrieb in seinen „Wanderungen durch die Mark Brandenburg" das Dorf Altenhof am Ostufer als einen „Märchenplatz, auf dem wir sitzen, denn wir sitzen am Ufer des Werbellin". Der „romantische" preußische König Friedrich Wilhelm IV. ließ 1847 in den Wäldern über dem Westufer des 13 km langen Rinnensees das Jagdschloss Hubertusstock errichten, das sich die Staatsführung der DDR in den 1970er Jahren als Replik wieder aufbauen ließ als Rahmen für Staatsbesuche (Begegnung Honecker/Schmidt 1981, heute Hotel). Im Waldhof am Westufer hatten die beiden Präsidenten (Ebert und Hindenburg) der Weimarer Republik ihre Sommerresidenz.

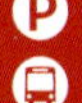

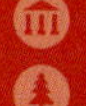

chimsthal, geht es hinab zum Ausflugsschiffsanleger an der Nordbucht des **Werbellinsees**; wer die Wanderung abkürzen will, notiert sich die Abfahrtszeiten der Fahrgastschiffe an den anderen Anlegern. Die Blaustrich-Markierung und der mit dem Zeichen „Grünpunkt" markierte Seerundweg folgen dem Ostufer an einer Badestelle und dem Wasserskiverleih des Campingplatzes **Voigtswiese** vorbei und tauchen dann in die Wälder der **Werbelliner Berge** 02 ein. Der Uferweg führt am Feriengelände Kinderland-Schorfheide vorbei in den Ferienort **Altenhof** 03. Auf der Uferpromenade geht es am Schiffsanleger und an ehemaligen Sommerresidenzen aus der Kaiserzeit und den goldenen 20er Jahren vorbei, ehe der Grünpunkt-Rundweg in einen Mischwald mit mehrhundertjährigen Eichen und Buchen eintaucht. Mit zwischendurch schönen Ausblicken auf den See führt der Weg zum Campingplatz **Süßer Winkel** 04, wenig später ist die Südbucht des Werbellinsees erreicht. Hier überquert der Rundwanderweg den **Werbellinkanal** auf der Stegbrücke beim **Askanierturm** 05 (1879) und führt am Rastplatz und der Fahrgastschiffsanlegestelle **Am Spring** 06 vorbei zum Hotel **Hubertusstock** 07. Vom Hotel leitet die Grünpunkt-Markierung auf dem Kalkbrennerweg durch die Wälder zum **Wolfsgarten**, einem früher zu Jagdzwecken umgatterten Bezirk, und hinab nach **Michen** 08 und weiter nach **Elsenau** 09 wo der Schlussspurt zum Ausgangspunkt **Kaiserbahnhof Joachimsthal** 01 beginnt.

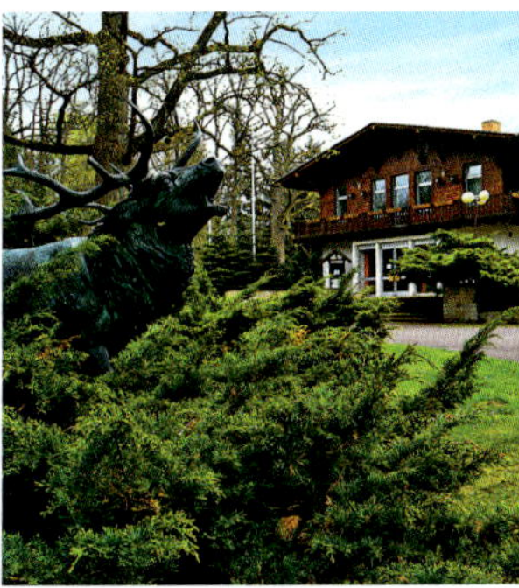

Hubertusstock, Jagdschloss

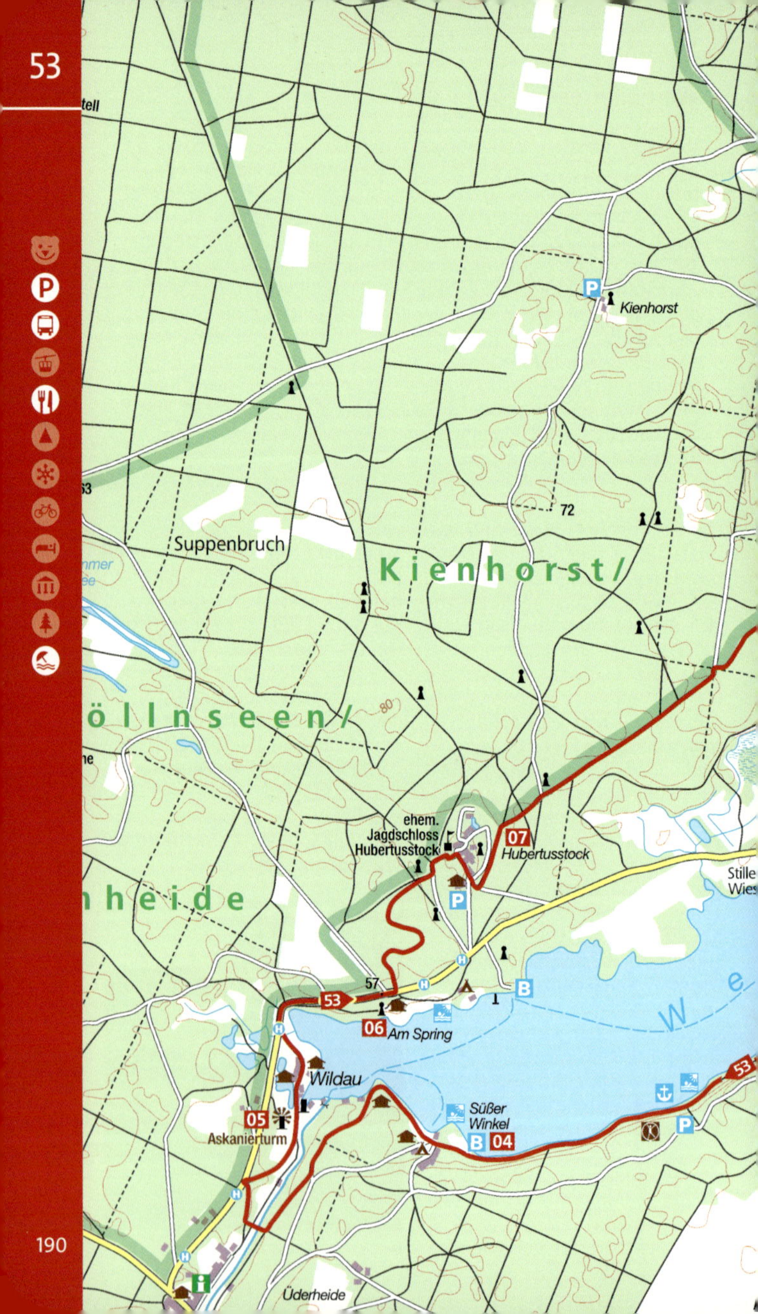
Kienhorst
Suppenbruch
72
Kienhorst/
80
öllnseen/
heide
ehem.
Jagdschloss
Hubertusstock
07
Hubertusstock
Stille
57
53
06
Am Spring
Wildau
05
Askanierturm
Süßer
Winkel
04
53
Üderheide

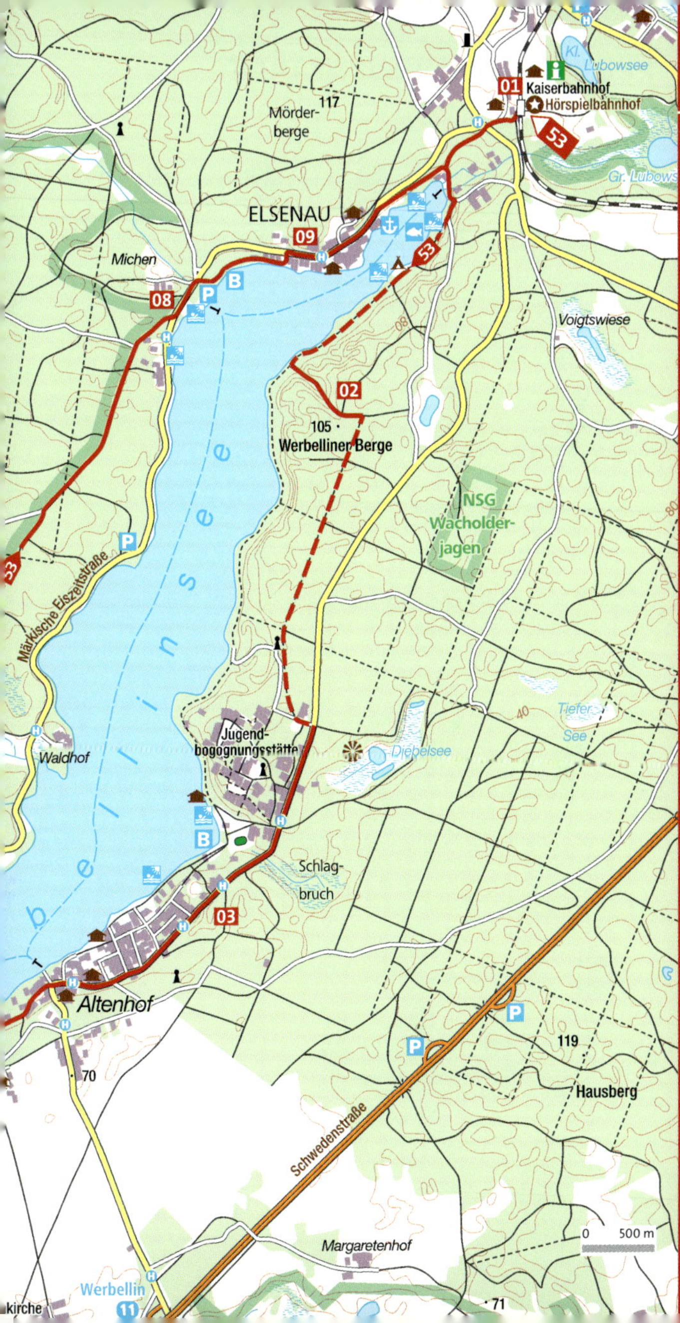

Kaiserbahnhof
Hörspielbahnhof
Kl. Lubowsee
Gr. Lubowsee
117
Mörder-
berge
ELSENAU
Michen
Voigtswiese
105
Werbelliner Berge
NSG
Wacholder-
jagen
Märkische Eiszeitstraße
Werbellinsee
Waldhof
Jugend-
begegnungsstätte
Döbelsee
Tiefer
See
Schlag-
bruch
Altenhof
70
119
Hausberg
Schwedenstraße
Margaretenhof
0
500 m
Werbellin
kirche
71

PRENDEN – SOPHIENSTÄDT

An den Prendener Seen

 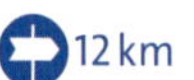 12 km 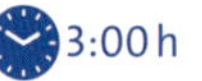 3:00 h 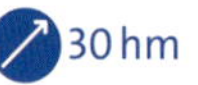 30 hm 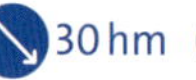 30 hm  700

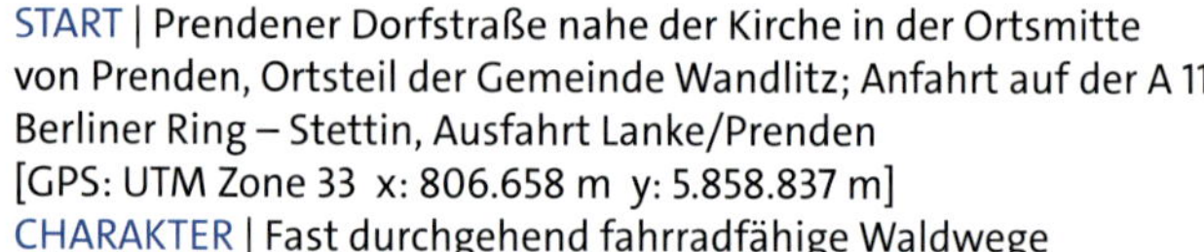

START | Prendener Dorfstraße nahe der Kirche in der Ortsmitte von Prenden, Ortsteil der Gemeinde Wandlitz; Anfahrt auf der A 11 Berliner Ring – Stettin, Ausfahrt Lanke/Prenden [GPS: UTM Zone 33 x: 806.658 m y: 5.858.837 m]
CHARAKTER | Fast durchgehend fahrradfähige Waldwege

Bauersee, Strehlesee, Mittelprendenersee, Eiserbudersee und Bogensee laden bei Prenden zum Baden, die pilzreichen Wälder zu ausgiebigen Wanderungen ein.

▶ Das Kirchdorf **Prenden** 01 an der Märkischen Eiszeitstraße im Naturpark Barnim ist Namensgeber der Prendener Seen. Auf der höchsten Erhebung des kleinen Orts thront die Kirche mit ihrem markanten Fachwerkturm (1704) und der Einzeigeruhr: sie zeigt nur die Stunden an. Längs der Durchgangsstraße (Prendener Dorfstraße, dann Ruhlsdorfer Allee) geht es kurz nordwärts, bis am Ortsausgangsschild rechts der Sophienstädter Weg in den Wald abzweigt. Der fahrradfähige Weg führt am **Mittelprendensee** 02 vorbei in das Kirchdorf **Sophienstädt** 03 in der Barnim-Gemeinde Marienwerder; die Kirche wurde 1914 errichtet. Westlich des Dorfs liegen die Badeseen Bernstein- und Kiessee (Ruhlesee), während der Wanderweg nach dem Linksknick der Alten Dorfstraße (Durchgangsstraße) wieder rechts in die Wälder abzweigt zum **Eiserbuder See** 04, um den ein Naturlehrpfad führt. Der See ist im Winter Heimat zahlreicher gefiederter Gäste aus dem Norden. An der

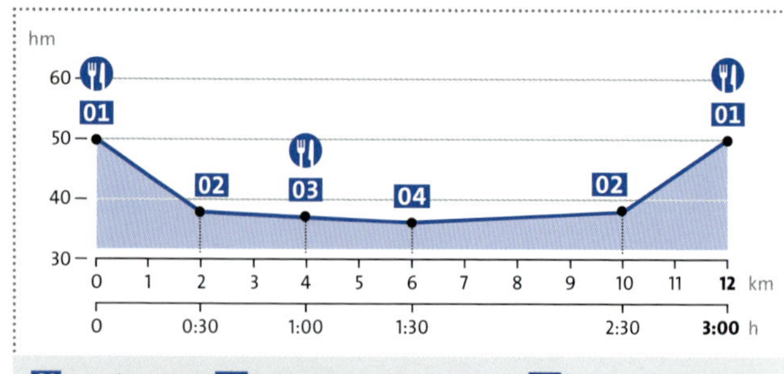

01 Prenden, 50 m; 02 bei Mittelprendensee, 38 m; 03 Sophienstädt, 37 m; 04 Eiserbuder See, 36 m

Verzweigung am **Forsthaus Eiserbude** kann man einen Abstecher zum **Bukowsee** unternehmen, an dem Bademöglichkeit besteht. Vom Forsthaus führt ein Forstweg südwestwärts weiter durch die Wälder zum Naturschutzgebiet **Mergelluch** und an der Badestelle am **Mittelprendensee** 02 vorbei zurück nach **Prenden** 01.

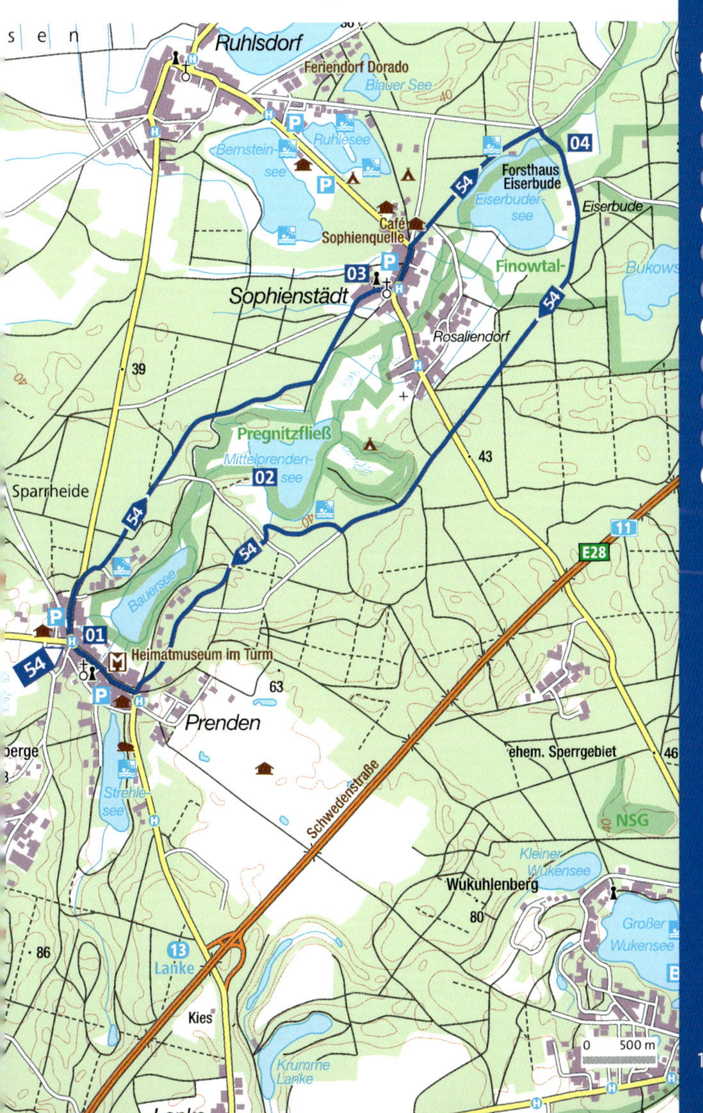

Prendener Teufelsstein

Am östlichen Ortseingang von Prenden steht am Ufer des Strehlesees der 23 t schwere Granitfindling „Prendener Teufelsstein". Bis 1887 gab es noch einen zweiten, kleineren, der dann nach Berlin verfrachtet und am Wasserfall im Humboldthain aufgestellt wurde. Die Schwierigkeiten beim Transport (die Straßen mussten danach ausgebessert werden) ließen die Behörden davon Abstand nehmen, auch den 23-t-Koloss in die Hauptstadt zu überführen. Geologen sagen, die Findlinge seien während der letzten Eiszeit aus Skandinavien in den Raum rund um Berlin verfrachtet worden, die fromme Legende hingegen berichtet: Erbost über das schöne Geläut der Prendener Glocken, habe der Böse fünf riesige Steine gegen den Kirchturm geschleudert, drei landeten im Wandlitzer See, aus dessen aufspritzendem Wasser die drei Heiligen Pfühle entstanden; die beiden anderen gingen unweit der Prendener Kirche am Strehlesee nieder. Der Prendener Teufelsstein zeigt die Krallenspuren des Teufels, obwohl dieser immer behauptet, dass es ihn nicht gibt.

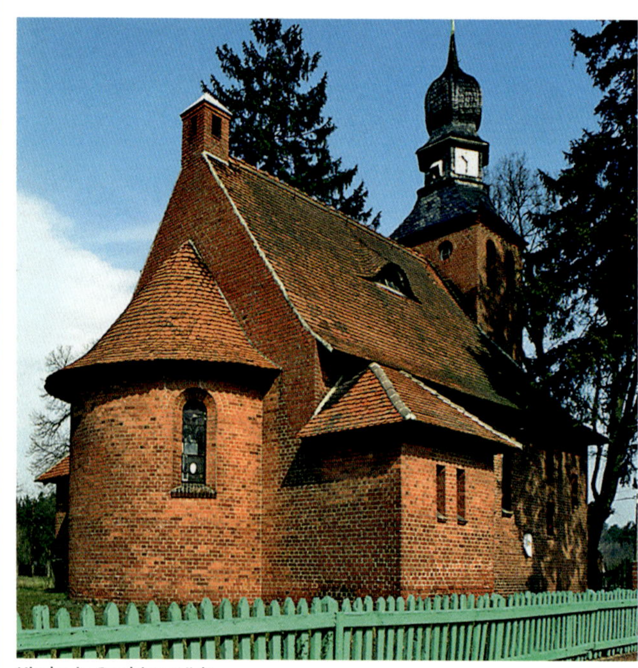

Kirche in Sophienstädt

HELLMÜHLE – BIESENTHAL – LOBETAL

Vom Hellsee durch das Biesenthaler Becken

 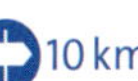 10 km  2:40 h  150 hm 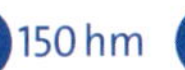 150 hm 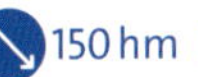 700 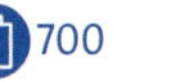

START | Parkplatz an der Hellmühle am Ende des Hellmühler Wegs im Südwesten des Stadtgebiets von Biesenthal; Anfahrt auf der A 11 Berliner Ring – Polen, Ausfahrt Lanke
[GPS: UTM Zone 33 x: 809.903 m y: 5.854.683 m]
CHARAKTER | Waldwege und zum Teil wurzelige Pfade, zum Teil Asphaltwege

Das Naturschutzgebiet Biesenthaler Becken ist ein kleinteilig reliefiertes Gletscherzungenbecken, in dem die Quellbäche der Finow entspringen.

Die **Hellmühle** 01 zählt zu den schönsten Ausgangspunkten von Wanderwegen im Barnim. Dieser Südwestausläufer des Stadtgebiets von Biesenthal vereint Wasser, einen Wanderstützpunkt und mit dem ehemaligen Gutshaus ein denkmalgeschütztes Gebäude. Mit der Fischtreppe am Hellsee ist bei der Hellmühle eine weitere Attraktion zu besichtigen. Während der mit dem Grünpunkt-Zeichen markierte Hellsee-Rundweg dem Ufer folgt, verlässt die Blaupunkt-Markierung des 66-Seen-Wanderwegs an der Hellmühle den Hellsee nordwärts Richtung Biesenthal und taucht in das Naturschutzgebiet **Biesenthaler Becken** ein.

Im **Wald Barnim** führt der Wanderweg durch eine mittelgebirgsähnlich anmutende Landschaft und folgt bald dem passagenweise schluchtartigen Tal des Hellmühler Fließes ostwärts. Der Wanderweg wechselt mehrfach die Täler, allein viermal werden

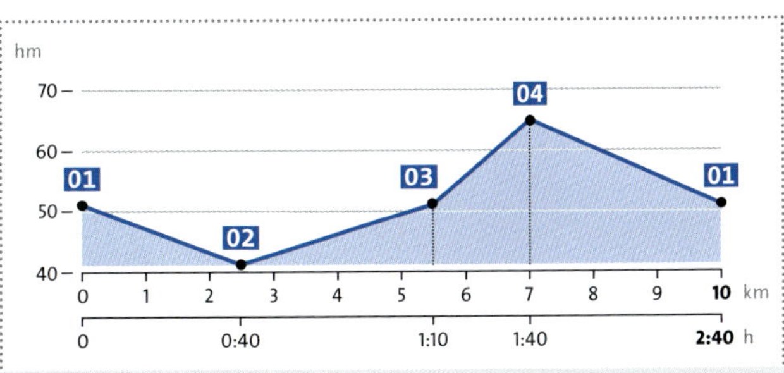

01 Hellmühle, 51 m; 02 Biesenthal, 40 m; 03 Langerönner Mühle, 51 m; 04 Mechesee, 65 m

Fließe auf Brücken überquert, ehe am Heidberg der Stadtrand von **Biesenthal** 02 erreicht ist. Hier verlassen wir den 66-Seen-Wanderweg, gehen an der Berliner Straße kurz rechts und in der Linkskurve geradeaus durch die Feldflur Richtung Lobetal. Durch die abwechslungsreiche Landschaft des Biesenthaler Beckens leitet der passagenweise hohlwegartige Weg zwischen Feld- und Flatterulmen, Stieleichen und Linden zur ehemaligen **Langerönner Mühle** 03, einer 1430 errichteten Wassermühle; hier befinden sich ein Rastplatz und ein Informationskiosk am **Langerönner See**. Ein hügeliger Asphaltweg führt im Wald weiter nach **Lobetal**; Friedrich von Bodelschwingh gründete hier 1907 als Teil der **Hoffnungstaler Anstalten** eine Kolonie für arbeits- und obdachlose Männer, in die bald auch geistig Behinderte und Epilepsiekranke kamen. Die Bodelschwinghstraße in Lobetal führt westwärts zum **Mechesee** 04, dahinter zweigt die Gelbstrich-Markierung rechts ab und folgt dem von Eichen, Buchen und Feldahornen gesäumten Uferweg am See entlang, bis schräg links Hellmühle und Lanke ausgeschildert sind. Durch eine Niederung mit Wiesen führt der

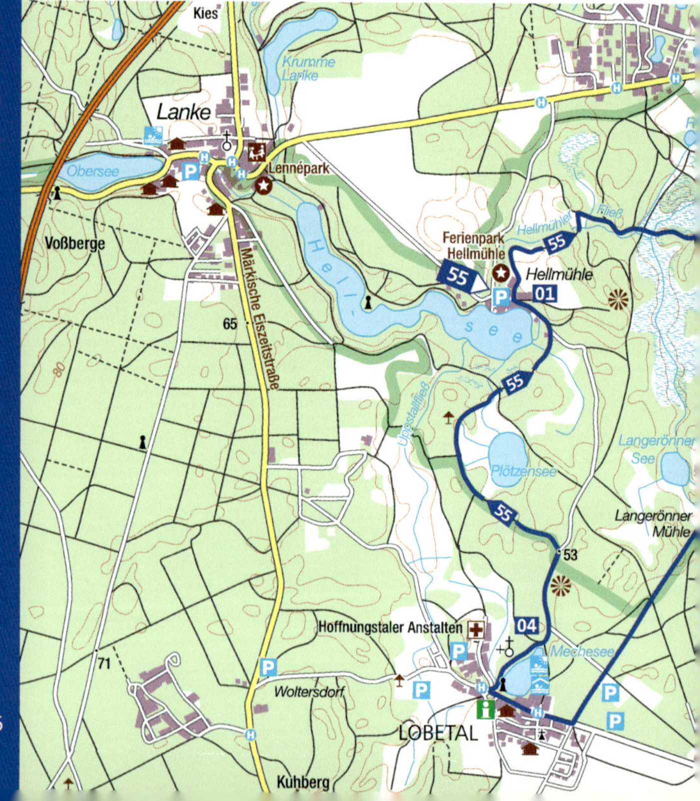

Biesenthaler Becken: Quellgebiet der Finow

Das 990 ha große Naturschutzgebiet Biesenthaler Becken ist ein kleinteilig reliefiertes Gletscherzungenbecken, in dem die Quellbäche der Finow entspringen. Charakteristisch ist eine Vielfalt an Mooren, Dünen, Trocken- und Halbtrockenrasen, Feucht- und Nasswiesen, Quellen, Torfstichen sowie kleinen Seen, die von breiten Verlandungsmooren umgeben sind. Als Besonderheit gilt der Reichtum an kleinen natürlichen Fließgewässern wie Rüdnitzer Fließ, Langerönner Fließ, Hellmühler Fließ und Pfauenfließ; diese Fließe vereinigen sich am Nordrand des Biesenthaler Beckens zur Finow, einem Nebenfluss der Oder.

Wanderweg am **Plötzensee** vorbei zur Verzweigung am Hellsee, dort leitet die Grünpunkt-Markierung des Hellsee-Rundwegs rechts zurück zum Ausgangspunkt an der **Hellmühle** 01.

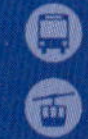

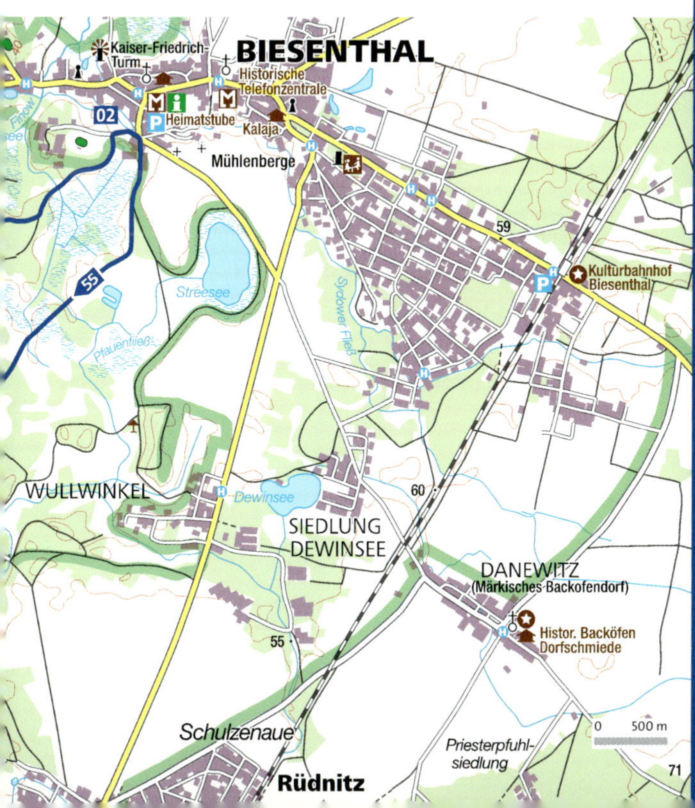

56

LANKE – HELLMÜHLE

Rund um den Hellsee

 8 km  2:00 h  50 hm 50 hm 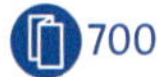 700

START | Parkplatz an der Lanker Dorfstraße in Lanke, Ortsteil der Gemeinde Wandlitz; Anfahrt auf der A 11 Berliner Ring – Polen, Ausfahrt Lanke [GPS: UTM Zone 33 x: 807.678 m y: 5.855.351 m]
CHARAKTER | Waldwege und zum Teil wurzelige Pfade, zum Teil Asphaltwege

Die Wälder rund um den Hellsee bei Lanke sind ein beliebtes Wandergebiet, Bademöglichkeit bietet sich an der Ostbucht.

▶ Im Schloss- und Kirchdorf **Lanke** 01 führt die Lanker Dorfstraße kurz südwärts Richtung Bernau, bis kurz nach Passieren des Restaurants „Bellevue" der mit dem Blaupunkt-Zeichen markierte 66-Seen-Wanderweg links Richtung Hellmühle zum **Hellsee** abzweigt. Der Waldweg führt durch den verwunschen wirkenden ehemaligen Park von **Schloss Lanke** (1859); der gesamte Bereich bis zum Schloss war früher eine große Wiese, die sich inzwischen zum Erlenbruch gewandelt hat; Schloss Lanke wurde 1949 zum „Volksgut" erklärt. An der Nordostbucht führt der Wanderweg an einer vom Ufer nur durch einen Graben getrennten künstlichen Insel vorbei, auf der sich ein Grabmal der Familie Wülknitz, ehemals Besitzer des Schlosses Lanke, befindet; die Insel war ursprünglich über eine Brücke zu erreichen, die nicht mehr existiert.
Unter alten Buchen und Eichen folgt der Wanderweg dem Nordufer zur historischen **Hellmühle** 02 an der Ostbucht des Hellsees. Sie wurde bereits 1347 urkundlich erwähnt, als Markgraf Ludwig die damals im Besitz des Arnold von

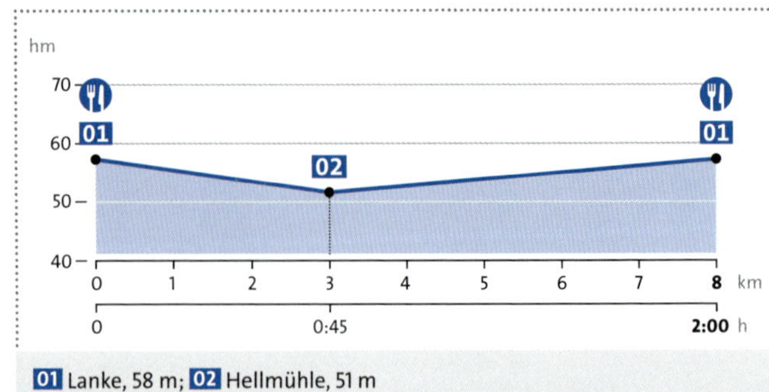

01 Lanke, 58 m; 02 Hellmühle, 51 m

Bredow befindliche Mühle nebst Mühlengraben der Propstei Bernau übereignete. 1539, mit der von Kurfürst Joachim II. veranlassten Verlegung der Bernauer Probstei nach Berlin, gelangte die Hellmühle an das Domstift zu Cölln. Im Dreißigjährigen Krieg verödete sie und wurde nach dem Krieg in Betrieb genommen. Erst in den 1920er Jahren wurde der Mühlenbetrieb endgültig eingestellt. Bis 1945 gehörte der Mühlenkomplex zum Schloss und Gut Lanke, in der DDR wurde sie „volkseigen", derzeit wird sie wieder instand gesetzt. In unmittelbarer Nähe der Hellmühle befinden sich das Haus der Naturfreunde Brandenburg und der Ferienpark am Hellsee.

Während der 66-Seen-Wanderweg an der Hellmühle den Hellsee verlässt, bleibt die Seerundweg-Markierung „Grünpunkt" weiter dem Ufer treu und umrundet unter alten Bäumen die Ostbucht.

Nach Passieren einer Schutzhütte geht es am Südufer entlang westwärts zum **Panoramablick Hellsee**.

Wenig später ist wieder der Ausgangspunkt erreicht, das Kirch- und Schlossdorf **Lanke 01**.

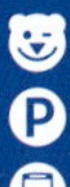

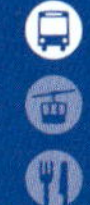

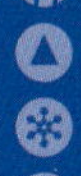

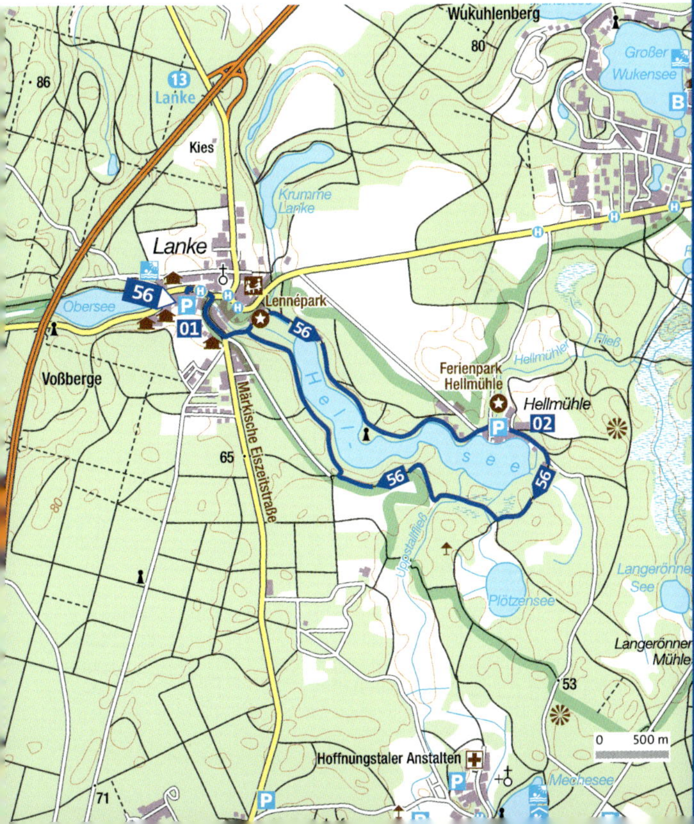

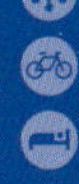

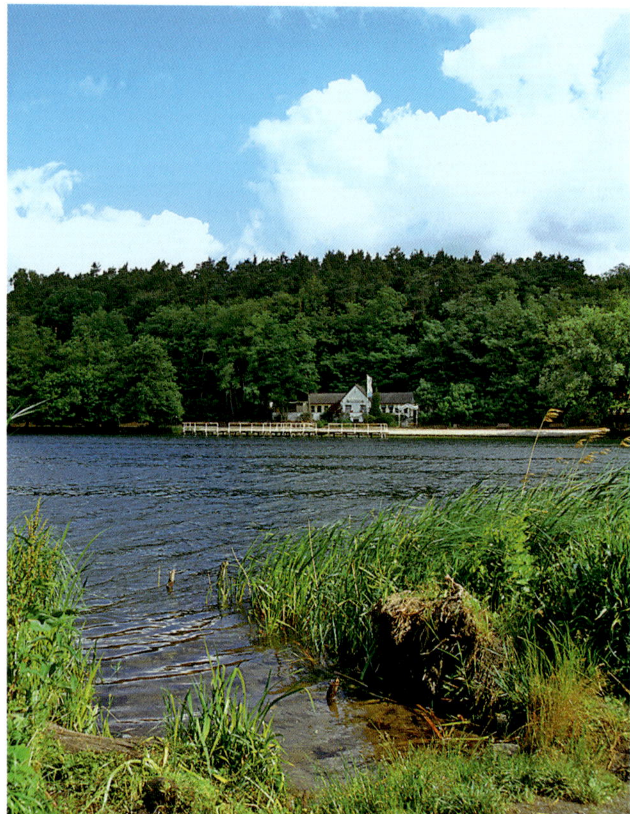

Obersee, Lanke

Lanke zwischen Ober- und Hellsee

Das Kirchdorf Lanke liegt in einem Gletscherwasserabflusstal zwischen den klaren Rinnenseen Ober- und Hellsee, die beide beliebte Ausflugsziele sind. Der Obersee bietet gute Bademöglichkeiten, der Hellsee wird eher zum Angeln und für Wanderungen aufgesucht. Berühmte Gäste beherbergte das idyllisch gelegene Restaurant „Seeschloss" in Lanke. Hier bereitete sich der Boxer Max Schmeling 1938 auf seinen Kampf gegen den „braunen Bomber" Joe Louis vor. Schloss Lanke hat eine wechselvolle Geschichte, der neugotische Bau wurde 1858 auf den Grundmauern des alten Schlosses errichtet.

WANDLITZ – ÜTZDORF

Rund um den Liepnitzsee

 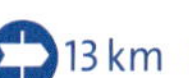 13 km  3:15 h  80 hm  80 hm  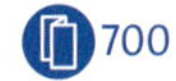 700

START | Bahnhof Wandlitzsee (60 m), Bahnhofplatz 2 in Wandlitz; Anfahrt mit dem Auto auf der A 11 Berliner Ring – Polen, Ausfahrt Wandlitz [GPS: UTM Zone 33 x: 801.840 m y: 5.854.505 m]
CHARAKTER | Waldwege und zum Teil wurzelige Pfade

Der in weitläufige Buchenwälder eingebettete Liepnitzsee bei Wandlitz ist einer der schönsten und saubersten Badeseen im Naturpark Barnim.

▶ Der **Bahnhof Wandlitzsee** 01 steht als Denkmal der Bauhausarchitektur unter Schutz. 1923–27 von Wilhelm Wagner in den Formen der Neuen Sachlichkeit errichtet, unterstrich der Bau den Aufschwung, den Wandlitz als Erholungsort, Ausflugsziel und Villenkolonie nach Eröffnung der Heidekrautbahn 1901 nahm. Westlich des Bahnhofs befindet sich das Strandbad am Wandlitzer See, dem Namensgeber des Ortes. Angeblich genoss in diesem See eine altslawische Göttin namens „Wanda" kultische Verehrung. Am Bahnhof erfolgt der Einstieg in den 66-Seen-Wanderweg, markiert mit dem Zeichen Blaupunkt. Nach Überqueren der Gleise folgt er der Ruhlsdorfer Straße kurz nordostwärts, zweigt dann rechts ab An der Bogenheide in Richtung des Jugendstil-Wasserturms und wenig später rechts An den Pfühlen. Der Name des Gasthauses **Versunkene Glocke** erinnert an die sagenhafte Entstehung der **Drei Heiligen Pfühle**, drei kleiner Seen in der Schmelzwasserrinne zwischen Liepnitz- und Wandlitzer See. Der Legende zufolge

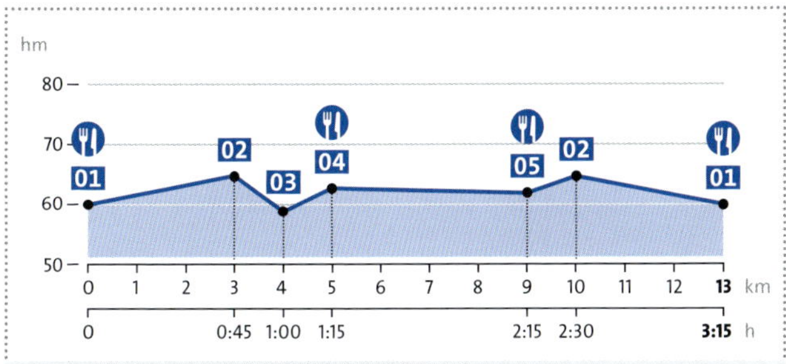

01 Bhf. Wandlitzsee, 60 m; 02 Liepnitzsee, 65 m; 03 Liepnitzseefähre, 59 m; 04 Ützdorf, 63 m; 05 Liepnitzidyll, 62 m

Wandlitz

Der Ausflugsort Wandlitz liegt inmitten von Wäldern und Seen auf der Barnim-Hochfläche und ist Verwaltungssitz des Naturparks Barnim. Dank der Badeseen und Wälder zählt Wandlitz seit mehr als 100 Jahren zu den beliebtesten „Sommerfrischen“ im Norden von Berlin. Nach Eröffnung der Heidekrautbahn 1901 nahm das Bauerndorf am Wandlitzer See einen unerwarteten Aufschwung, Villen und Landhäuser schossen an den Seen wie Pilze aus dem Boden, am Nordufer des Wandlitzer Sees entstand der gleichnamige neue Ortsteil, an den Drei Heiligen Pfühlen wurde 1907/08 nach einem Architektenwettbewerb eine Villensiedlung errichtet, und in den goldenen 20er Jahren kam die Künstlerkolonie am Rahmersee hinzu. Alle diese Siedlungseinheiten sind bis heute erhalten. Im alten Dorfkern befinden sich die Kirche, die Verwaltung des Naturparks Barnim, das Heimat- und das Agrarmuseum. Im Zentrum von Wandlitzsee vermitteln gepflegte Villen, eine Seepromenade und das neu gestaltete historische Strandbad das Flair eines gediegenen Kur- und Badeorts.

entstanden sie, als der Teufel von Prenden aus große Steine auf die Kirche von Wandlitz warf; die Steine verfehlten ihr Ziel und landeten im Wandlitzer See, durch das dabei heraussspritzende Wasser entstanden die Pfühle. Nach einer anderen Legende soll an den Drei Pfühlen einst das Dorf Arendsee gestanden haben; wegen des sündigen Treibens der Bewohner musste es durch ein Erdbeben untergehen. Um Mitternacht sind zuweilen aus der Tiefe der Pfühle herauf die Glocken des versunkenen Dorfs zu hören. 1907/08 wurde die Jugendstil-Villenkolonie im Nordbereich der Pfühle erbaut.

Am Ende der Bebauung taucht der 66-Seen-Weg in den Wald ein und führt an den beiden östlichen Pfühlen vorbei. Nach Queren einer Teerstraße erreicht er den Regenbogensee und leitet zum buchenwaldumgebenen **Liepnitzsee** 02. Am Anleger der **Liepnitzseefähre** 03 vorbei führt der Blaupunkt-Weg ostwärts in den aus wenigen Häusern bestehenden Waldweiler **Ützdorf** 04, benannt nach einer bereits 1294

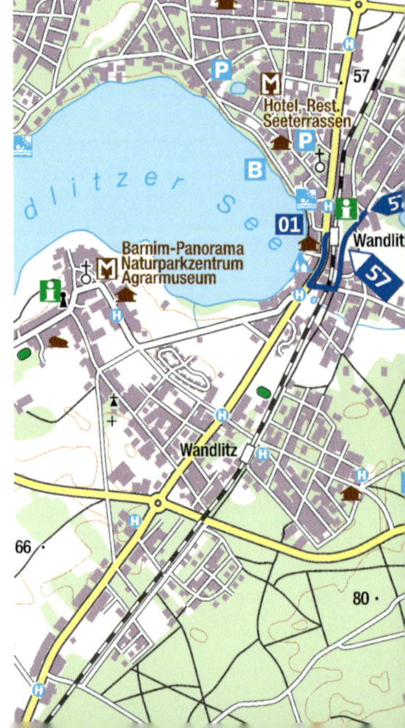

erwähnten Wassermühle, die bis Ende des 17. Jhs. in Betrieb war. Die fachwerkverzierte Ützdorfer Jugendherberge, die der Berliner Wandervogel-Verein 1920 hat errichten lassen, steht Wanderern und Erholungsuchenden zur Verfügung. Wenn der 66-Seen-Weg bei Jugendherberge, Parkplatz und Bushaltestelle in Ützdorf die Straße links verlässt, gehen wir längs der Straße rechts weiter, bis die Gelbpunkt-Markierung rechts abzweigt. Der Uferweg folgt dem Südufer des **Liepnitzsees** zum Fähranleger Süd, parallel zum Uferweg verläuft auf dem Steilufer der Naturlehrpfad Liepnitzsee. Das Ufer mit seinen steilen Hängen vermittelt ein beeindruckendes Bild von den Kräften des Eises, das die Seenrinne geschaffen hat. Buchen und Traubeneichen, oft mehrere 100 Jahre alt, bestimmen das Bild. Am Westufer befindet

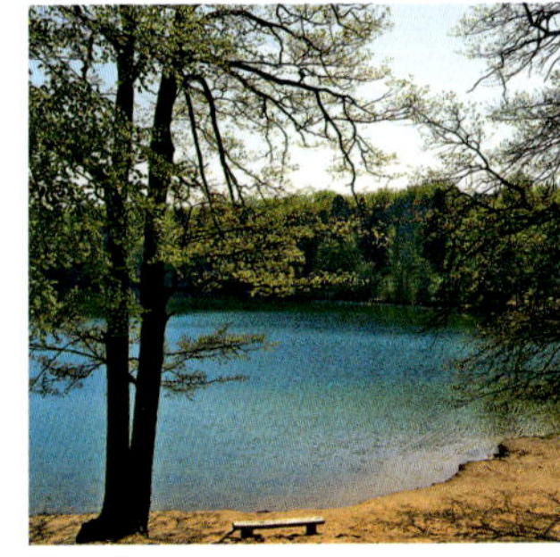

Liepnitzsee

sich der **Badestrand am Liepnitzsee**, bald darauf lädt beim Waldbad die Gaststätte **Liepnitzidyll** **05** zur Einkehr ein, und wieder einige Minuten später taucht die bekannte Blaupunkt-Markierung des 66-Seen-Wegs wieder auf. An den Heiligen Pfühlen vorbei leitet sie links zurück zum **Bahnhof Wandlitzsee** **01**.

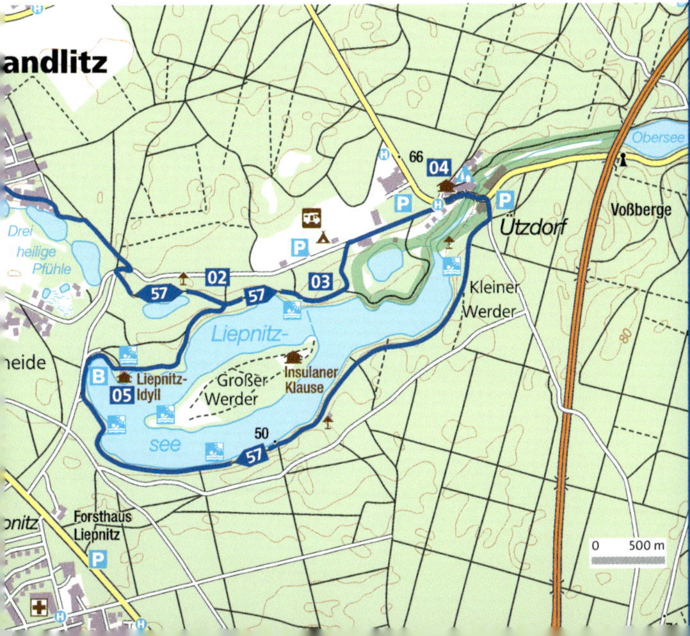

BIRKENWERDER – WENSICKENDORF

Durch das naturschöne Briesetal

 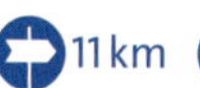 11 km 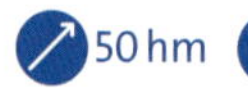 2:40 h  50 hm  50 hm 700

START | Parkplatz an der Waldschule Briesetal im Ortsteil Briese der Gemeinde Birkenwerder; der S-Bahnhof Birkenwerder ist 20 Gehminuten entfernt; Anfahrt mit dem Auto auf der A 10 Berliner Ring-Nord, Ausfahrt Birkenwerder
[GPS: UTM Zone 33 x: 790.601 m y: 5.847.975 m]
CHARAKTER | Waldwanderung auf teils sandigen Wegen und Pfaden

Das Briesetal im Naturpark Barnim zwischen Wandlitz und Birkenwerder zählt zu den schönsten Wandertälern nördlich von Berlin.

▶ Der Ortsteil **Briese** 01 der Gemeinde Birkenwerder ist mit Biergarten, Waldschule und Badesee ein viel besuchtes Ausflugsziel am Rand des Naturparks Barnim. Der **Briesesee** mit Sandstrand zählt dank des Durchflusses der Briese zu den erfrischendsten Badeseen rund um Berlin: bei einer sommerlichen Wassertemperatur von durchschnittlich 16,4° C ist Abkühlung garantiert. Die Waldschule Briesetal dient der Umweltbildung vor allem von Schüler- und Jugendgruppen. Der Mini-Monkey Kletterwald ist auf die Bedürfnisse von Kindern zugeschnitten.
Auf der nördlichen Seite der Briese befindet sich der Einstieg in den Wanderweg. Der mit dem Blaupunkt-Zeichen markierte 66-Seen-Wanderweg folgt dem kleinen Fluss im Wald aufwärts. Parallel zum 66-Seen-Wanderweg führt ein ufernäherer Weg/Pfad flussaufwärts, die erste Möglichkeit, die Briese zu überqueren, bildet die **Hubertusbrücke** 02, an der mitten im Wald Bänke und Schutzhütte zur Rast

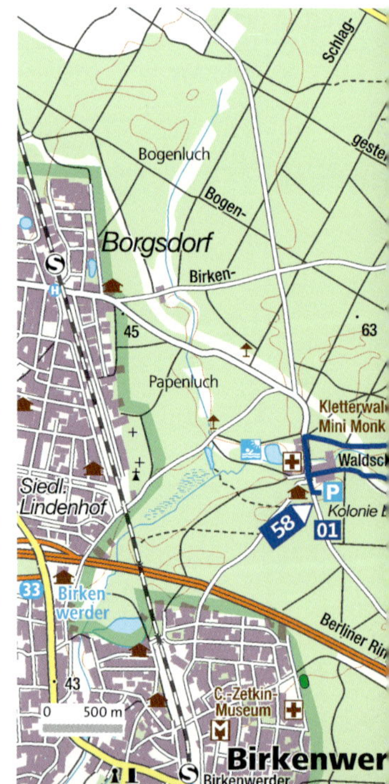

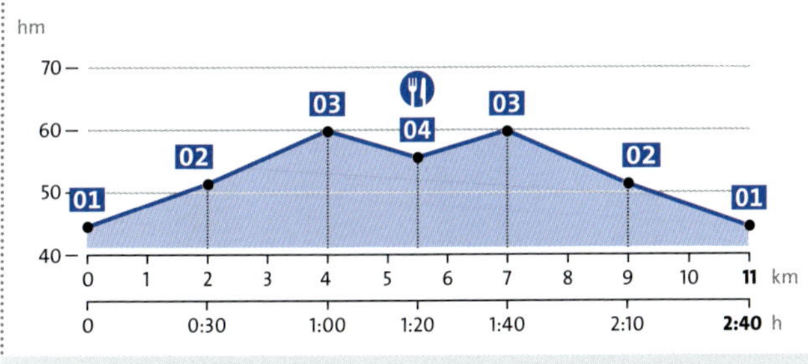

01 Briese, 44 m; **02** Hubertusbrücke, 51 m; **03** Schlagbrücke, 60 m; **04** Wensickendorf, 56 m

einladen und ein kurzer Bohlenweg zur Helenenquelle führt: im Quellhang tritt rostbraunes, eisenhaltiges Wasser zu Tage. Weiter geht es auf dem 66-Seen-Weg durch die Wälder über dem nordwestlichen Ufer, an der Landstraße kurz rechts und hinter der **Schlagbrücke** **03** links am südöstlichen Ufer. Zwischendurch laden

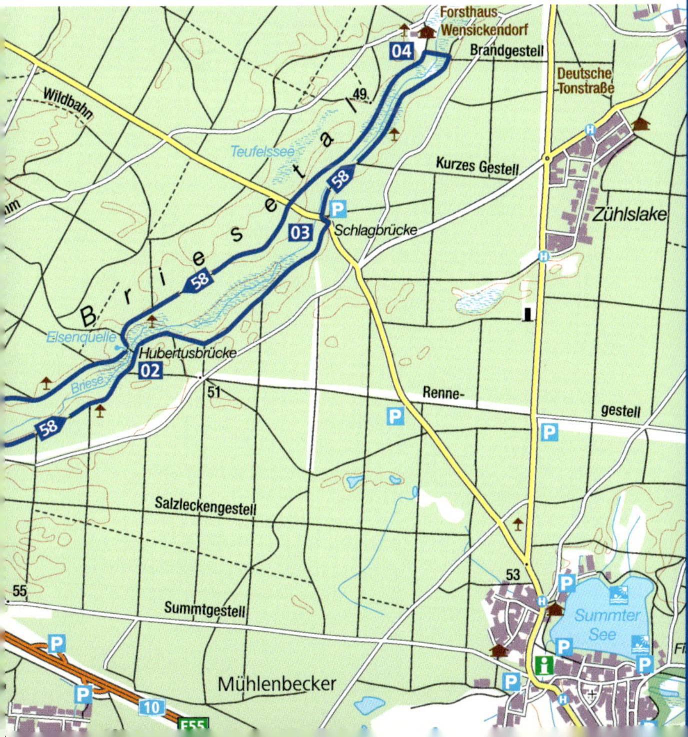

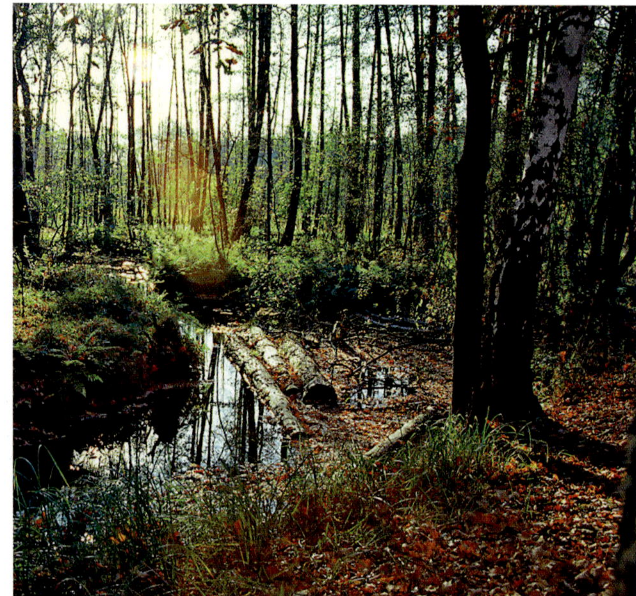

Briesetal

zwei Schutzhütten zur Rast ein, und wenn sich der Wald an einer Stromleitungsschneise öffnet, führt der Wanderweg links über die Briese zum Imbiss am ehemaligen **Forsthaus Wensickendorf** 04 auf einer Wiese mit grasenden Pferden und Eseln; geöffnet ist je nach Wetter von Frühjahr bis Herbst zumindest an Wochenenden. Hier treten wir den Rückweg an und folgen der Briese talwärts zum erfrischenden Badesee am Ausgangspunkt in **Briese** 01.

Briesetal

Das Briesetal zwischen Wandlitz und Birkenwerder im Naturpark Barnim zählt zu den naturschönsten Tälern nördlich von Berlin. Grüne Wiesenfluren wechseln mit Erlenbrüchen und artenreichen Wäldern, längs des kleinen Flusses haben sich Moore gebildet. Die 16 km lange Briese entspringt im Wandlitzsee, fließt durch den Rahmersee, den Lubowsee und den Briesesee, schlängelt sich dann durch Birkenwerder und mündet in die Havel. Auf ihrem windungsreichen Lauf durch das von eiszeitlichen Gletschern geformte Land überwindet sie einen Höhenunterschied von knapp 18 m. Der Name Briese stammt wahrscheinlich vom altslawischen Wort Breza und bedeutet Birke.

TEGELORT – KONRADSHÖHE – HEILIGENSEE

Treidelweg an der Havel

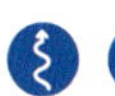  7 km 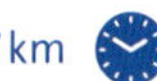 1:40 h 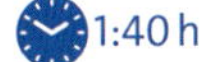 20 hm 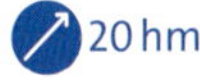 20 hm 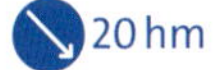  700

START | Bushaltestelle Tegelort an der Friederikenstraße/Almazeile in der Ortslage Tegelort des Bezirks Reinickendorf im Westen von Berlin [GPS: UTM Zone 33 x: 786.632 m y: 5.832.860 m]
CHARAKTER | Uferpromenade auf überwiegend fahrradfähigen Wegen

Vom Villenvorort Tegelort im Bezirk Reinickendorf folgt die Uferpromenade dem historischen Havel-Treidelweg aussichtsreich zum Strandbad von Heiligensee, Berlins westlichstem Ortsteil auf der Halbinsel zwischen der Havel und dem namensgebenden Heiligensee.

▶ Von der **Bushaltestelle Tegelort** an der Friederikenstraße in der Westberliner Ortslage **Tegelort** 01 leitet die Straße Almazeile westwärts zur Havelpromenade, wo das Restaurant „Zum Igel" zur Einkehr am Wasser einlädt, während rechts vor dem Feuerwehrhaus in einem reetgedeckten Bootsschuppen (1929) das Löschschiff liegt. Die Uferpromenade führt havelaufwärts zur **einzigen Berliner Autofähre**. Seit 1930 pendelt sie zwischen Jörsstraße und Aalemannufer, der mehrfach avisierte Bau einer Brücke scheiterte stets an den hohen Kosten. Am **Anleger Jörsstraße** 02 lädt das Café-Restaurant „Antics Tuskulum" zur Einkehr ein. Während der weiteren Wanderung auf der Uferpromenade tritt immer mar-

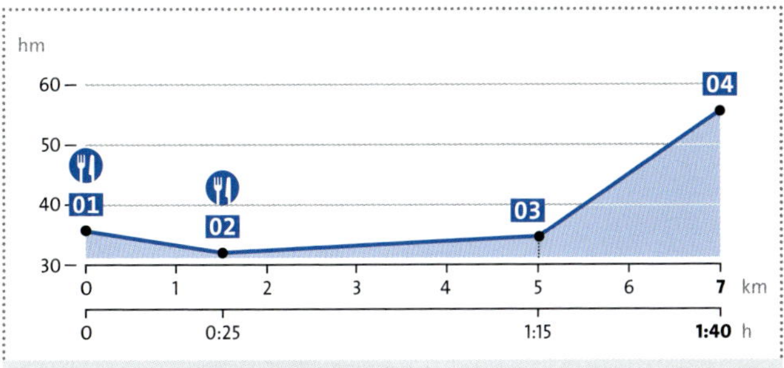

01 Tegelort, 36 m; 02 Jörsstraße, Fähre, 32 m; 03 Sandhauser Straße, 35 m; 04 Heiligensee, 56 m

Treidelweg und Gaststättenkolonie

Die Geschichte des jungen Dorfs Tegelort begann, als nach der Gründung des Kaiserreichs in den Wäldern an der Havel Villen sowie Gaststätten in einer derartigen Vielzahl errichtet wurden, dass 1872 von der „Gaststättenkolonie Tegelort" gesprochen wurde. Ausflügler kamen in Scharen auch wegen der guten Luft, und für Konradshöhe bürgerte sich ab 1955 der inoffizielle Namenszusatz „Luftkurort" ein. Das Gebiet zwischen dem 1308 als Fischerdorf erstmals erwähnten Heiligensee und dem „Villenvorort" Tegelort war bis ins 17. Jh. völlig unbesiedelt und wurde als Jagdgebiet genutzt. Neben Bauern, Jägern, Pilzsuchern und Kräutersammlern durchzogen Kahnschiffer das Gebiet. Mit Hilfe von Schultergurten zogen sie ihre Lastkähne an Leinen havelaufwärts. Auf diese Weise entstand am Ostufer der Havel der Treidelweg, dem die heutige Uferpromenade folgt.

kanter der hohe Schlot des Bewag-**Kraftwerks Oberhavel** (1912) hervor; die Wasserversorgung des heutigen Umspannwerks erfolgte über den Teufelsseekanal. Etwa auf Höhe des Café-Restaurants „Havelgarten" befindet sich der Ursprung des Ortsteils **Konradshöhe**: 1865 gründete der Kupferschmied Theodor Rohmann auf dem Gelände des heutigen Grundstücks, Steinadlerweg 15, eine Kupferschmiede; da sich die Schmiede in der damals einsamen Gegend nicht rentierte, gründete Rohmann eine erfolgreiche Ausflugsgaststätte und benannte sie nach seinem Sohn: die „Konradshöher Terrassen".

Nach kurzem Gang längs der **Sandhauser Straße** 03 erreicht der Uferweg die Badestelle **Tivoli**,

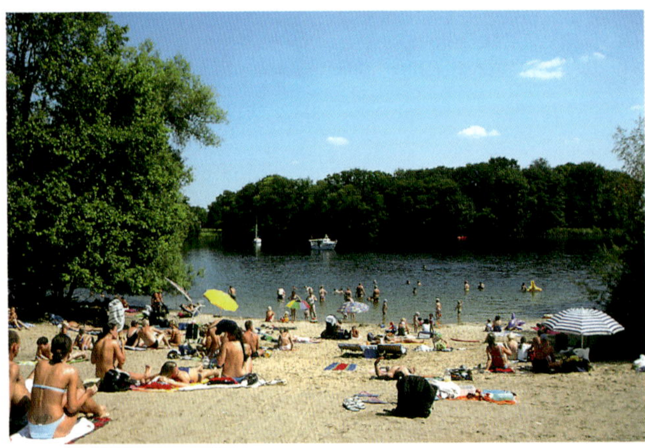

Badestelle am Tegeler See

so genannt nach dem ehemaligen Vergnügungslokal „Schröders Tivoli". Rechts, jenseits der Straße, erheben sich die bewaldeten **Schifferberge**, bis zu 55 m hohe Dünen; der Sage zufolge erscheint in den Schifferbergen am Johannistag eine Frau mit Krone und langem weißem Schleier.

Kurz vor dem Strandbad Heiligensee endet die Uferpromenade. Rechts geht es zur Sandhauser Straße, an der sich links die Bushaltestelle Strandbad Heiligensee befindet; zwischen dem Schwimmbad und dem sehenswerten **Friedhof Heiligensee** 04, 1912 parkähnlich angelegt.

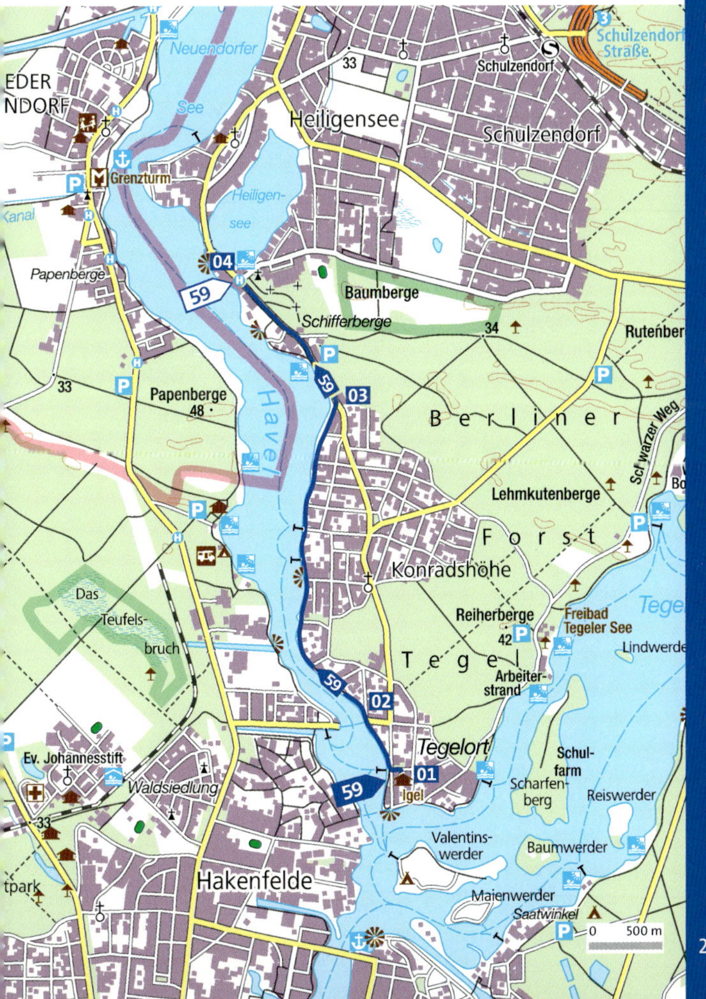

SCHÖNWALDE – BRIESELANG

Durch den Krämer Forst zum Nymphensee

 13 km 3:15 h 50 hm 50 hm 700

START | Dorfstraße in Schönwalde in der Havelland-Gemeinde Schönwalde-Glien; Bushaltestelle Schönwalde-Dorf; Anfahrt auf der A 10 Berliner Ring-West, Ausfahrt Falkensee
[GPS: UTM Zone 33 x: 779.364 m y: 5.837.963 m]
CHARAKTER | Wald- und Grünlandwanderung auf zum Teil sandigen Wegen

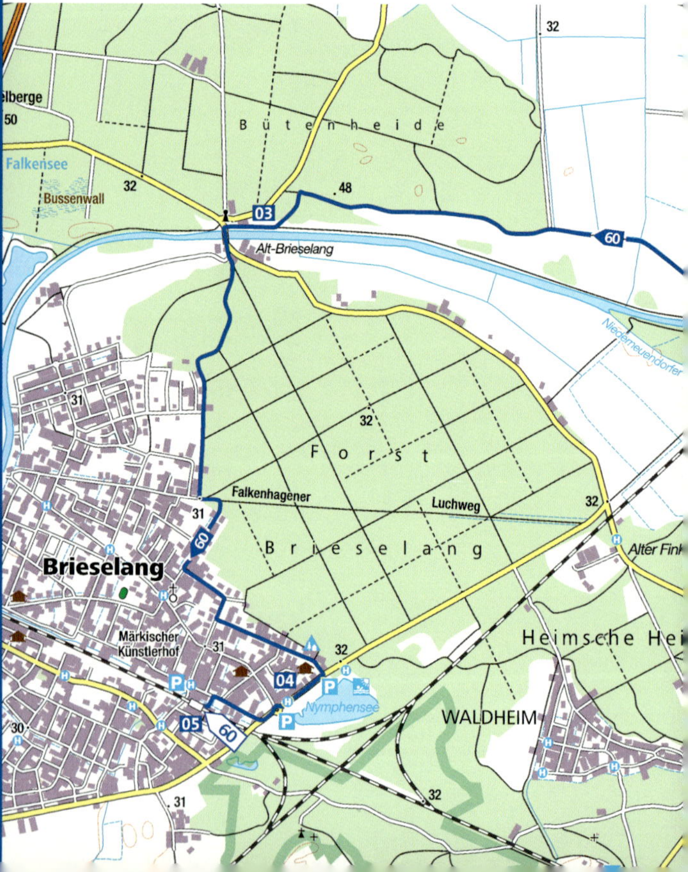

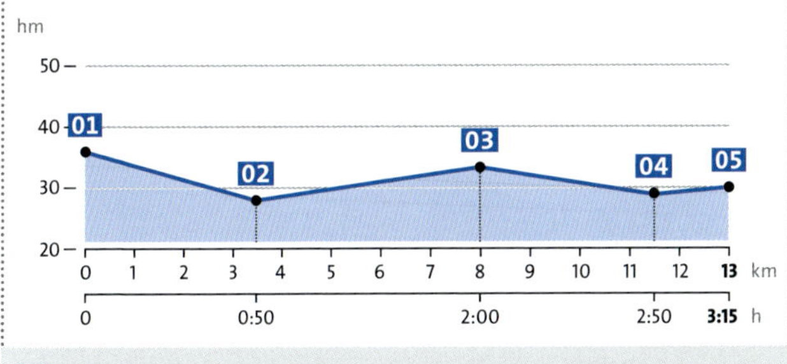

01 Schönwalde-Dorf, 36 m; **02** Schleuse Schönwalde, 28 m; **03** Alt-Brieselang, 33 m; **04** Nymphensee, 29 m; **05** Bhf. Brieselang, 30 m

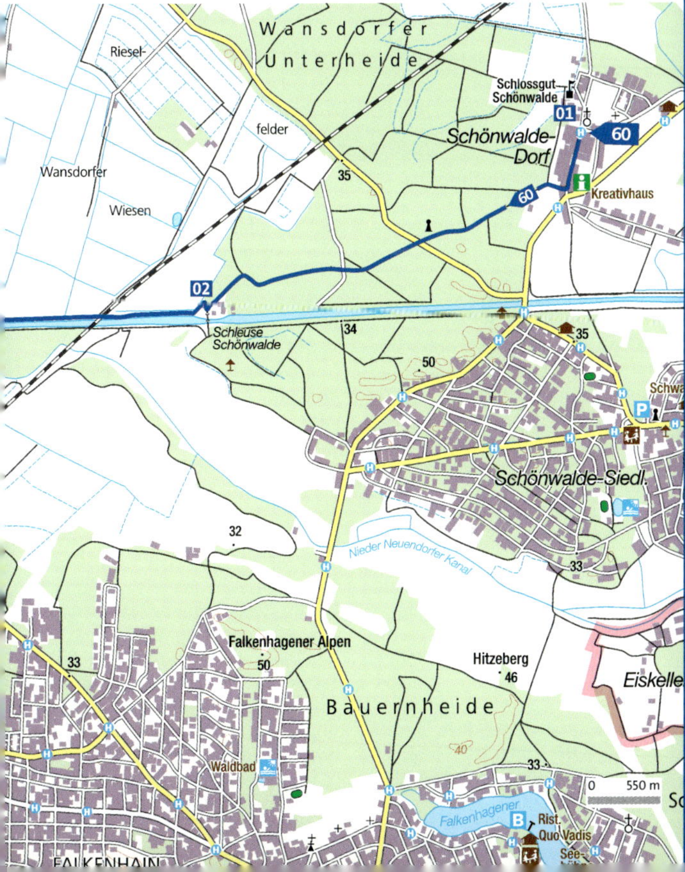

Wansdorfer Unterheide
Rieselfelder
Wansdorfer Wiesen
Schlossgut Schönwalde
Schönwalde-Dorf
Kreativhaus
Schleuse Schönwalde
Schönwalde-Siedl.
Nieder Neuendorfer Kanal
Falkenhagener Alpen
Hitzeberg
Eiskelle
Bauernheide
Waldbad
Falkenhagener See
Rist. Quo Vadis
FALKENHAIN
0 550 m

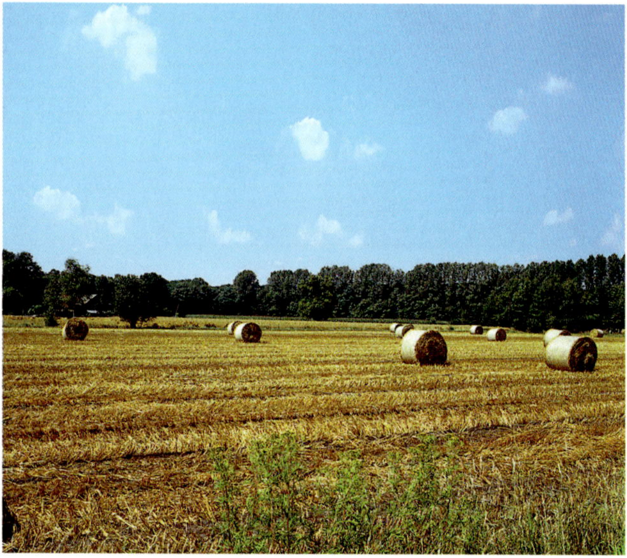

Strohballen nach der Ernte

Von Schönwalde im Glien geht es durch den Regionalpark Krämer Forst zum Nymphensee, einem Badesee in Brieselang.

▶ Von der Kirche in **Schönwalde-Dorf** 01 führt die Dorfstraße südwärts, bis die Blaupunkt-Markierung des 66-Seen-Wanderwegs und die Blaustrich-Markierung des Europäischen Fernwanderwegs 10 rechts in den Falkenhagener Weg abzweigen und dem Wald zuleiten. Auf sandigen Wegen geht es durch die Kiefernforste der **Wansdorfer Unterheide** zur **Schleuse Schönwalde** 02 am **Havelkanal**. Die DDR-Führung ließ 1951/52 den 34,9 km langen Kanal zur Umfahrung Westberlins erbauen, um sozialistische Schiffer daran zu hindern, aus der grauen DDR durch die Havel ans rettende Ufer des goldenen Westberlins zu flüchten.

Der Wanderweg folgt dem Nordufer des Kanals, unterquert die Außenring-Eisenbahnbrücke, verlässt wenig später den Kanal rechts, leitet aussichtsreich den Wäldern der **Blütenheide** zu und folgt dem Südrand des Waldgebiets auf einem Forstweg. Zuletzt geht es im Wald links hinab zur Straßenbrücke über den Havelkanal; an dieser Stelle vereinigt sich der via Rheinsberg und Neuruppin herüberführende Weststrang des Europäischen Fernwanderwegs 10 mit dem Oststrang. Nach Überqueren des Kanals taucht der Wanderweg hinter dem Forsthaus von **Alt-Brieselang** 03 wieder in den Wald ein und erreicht bald die ersten Häuser von **Brieselang**. Am Waldrand geht es nun südwärts und dann auf Nebenstraßen zum **Nymphensee** 04. Hier rechts, und durch die Bahnstraße zum **Bahnhof Brieselang** 05.

HENNIGSDORF – HAVELBAUDE – BIRKENWERDER

Havelaufwärts ins Briesetal

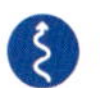  12,5 km  3:30 h 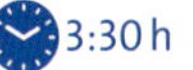 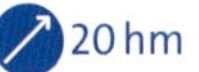 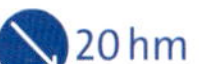 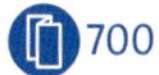

START | Bahnhof Hennigsdorf (40 m), Postplatz 1
[GPS: UTM Zone 33 x: 378.565 m y: 5.833.576 m]
CHARAKTER | Leichte Wald- und Feldwege sowie Fußwege neben Straßen

Die Havelbaude zählt zu den bekanntesten Ausflugszielen an der Havel, sie liegt am Europäischen Fernwanderweg 10, der zwischen Hennigsdorf und Birkenwerder mit Wäldern und dem naturschönen unteren Briesetal ebenso bekannt macht wie mit Industrieflächen. Von Birkenwerder fährt die S-Bahn zurück.
Die Havelstadt Hennigsdorf liegt vor der Nordwestgrenze des Bundeslands Berlin, die hier zum großen Teil durch die Havel gebildet wird. Wassertourismus, die Naturbadestelle Nieder Neuendorf und ein gut ausgebautes Rad- und Wanderwegenetz machen die Stadt und ihre grüne Umgebung als Sommerausflugsziel attraktiv. Schiffsrundfahrten starten im Sommer im Stadthafen sowie an der Anlegestelle Nieder Neuendorf.
Wer sich gern auf Seilparcours austobt, ist richtig im Kletterpark Climb up. Durch den Bau der Berliner Mauer wurde der Ort von der direkten S-Bahn-Verbindung nach Berlin über Heiligensee abgeschnitten; diese Verbindung wurde 1998 wiederhergestellt.

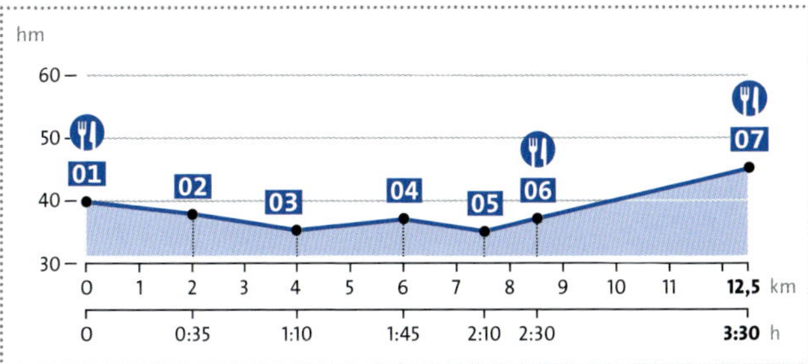

01 Hennigsdorf, 40 m; 02 Schwarzer Weg, 38 m; 03 Wasserwerk, 35 m; 04 Oder-Havel-Kanal, 37 m; 05 Schillerpromenade, 35 m; 06 Havelbaude, 37 m; 07 Birkenwerder, 45 m

Vom Postplatz auf der Westseite des **Bahnhofs Hennigsdorf** 01 leiten die Blaupunkt- und die Blaustrich-Markierung durch die Unterführung auf die Ostseite des Bahnhofs und folgen der Straße Am Rathaus zur Lutherkirche an der Hauptstraße. Kurz links auf der Hauptstraße und die erste rechts (Ruppiner Straße) über den Oder-Havel-Kanal und noch ein Stück weiter, ehe der Wanderweg die Ruppiner Straße links verlässt und dem **Schwarzen Weg** 02 am

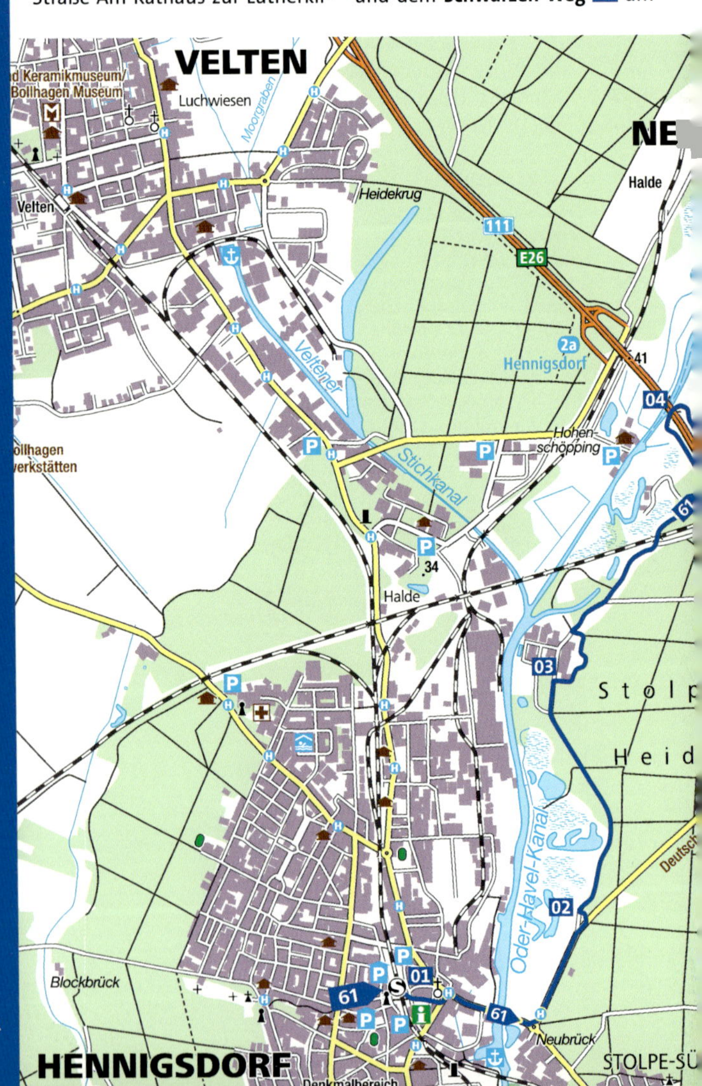

Rand eines Bruch- und Moorgebiets unter den Bäumen nordwärts folgt. Der Schwarze Weg umgeht das **Wasserwerk Stolpe** 03, kreuzt die Bahnlinie Hennigsdorf – Hohen Neuendorf und folgt der Bundesautobahn A 111 bis zum **Oder-Havel-Kanal** 04. Nach Unterqueren der Autobahn folgt er der A 111 „zurück" und schwingt dann wieder auf den Schwarzen Weg ein. Dieser geht am Ortsrand von Hohen Neuendorf in die **Schillerpromenade** 05 über, am Ende

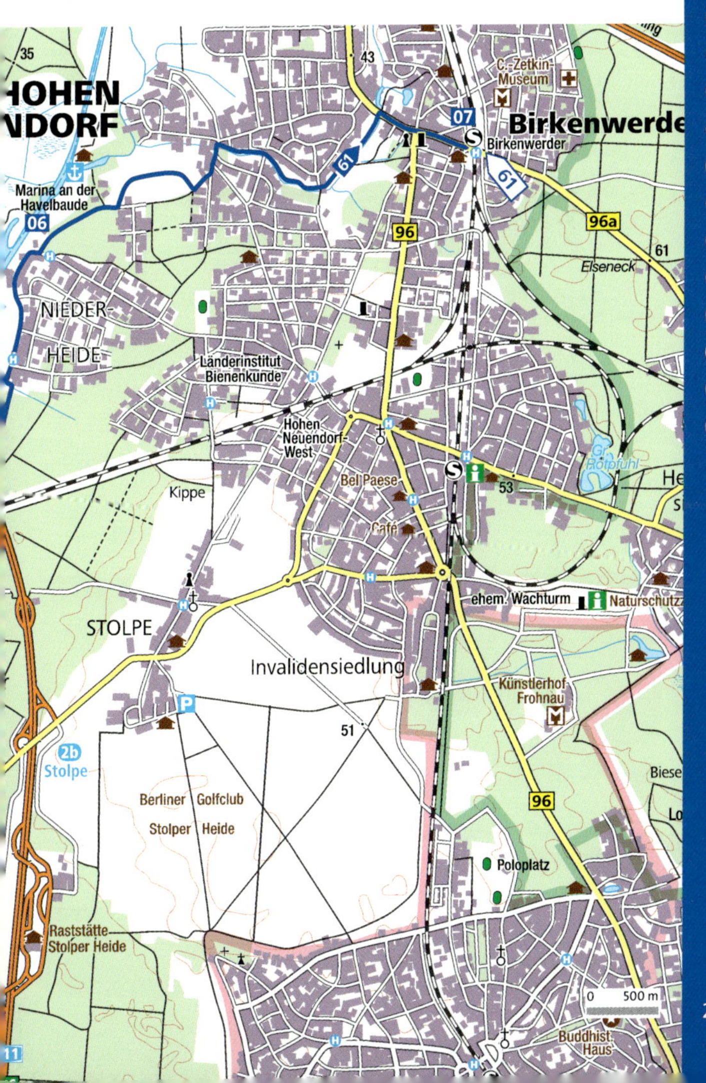

rechts Goethestraße und gleich links auf den Saumweg, an dem das Wirtshaus **Havelbaude** **06** zur Einkehr einlädt.

Die Stadt Hohen Neuendorf liegt an der Mündung der Briese in die zum Oder-Havel-Kanal ausgebauten Havel im Nordwesten Berlins und grenzt unmittelbar an den Berliner Stadtteil Frohnau im Bezirk Reinickendorf. Den Oder-Havel-Kanal entdeckten die Berliner schon Anfang des 20. Jahrhunderts als Erholungsgebiet, hier konnten sie sich in der unberührten Natur erholen. Um 1920 kamen immer mehr Wassersportler an die Havel, 1925 errichtete Albert Beyer ein Wirtshaus und Unterstände für Sportboote. Seine Nachfahren betreiben heute hier die Marina Havelbaude; Bootshafen und Ausflugsrestaurant sind umgeben von den Havelwiesen und den Wäldern der Niederheide. Von der Havelbaude aus kann man mit dem Boot bis zur Mecklenburgischen Seenplatte und zu den Berliner Gewässern schippern.

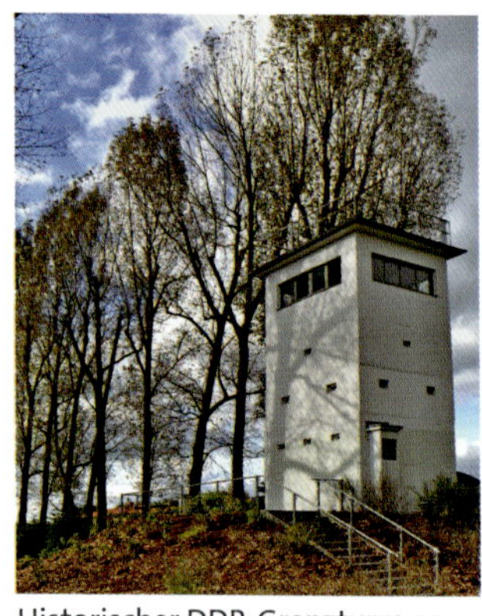

Historischer DDR-Grenzturm an der Havel bei Hennigsdorf

Von der Havelbaude führt der Saumweg weiter durch die Wälder der Niederheide und durch die Saumwegwiesen ins Briesetal. Die Briese gibt den naturschönen Weg ins Zentrum von Birkenwerder vor. Am Ende des Briesesteigs rechts längs der Hauptstraße zum Rathaus und dort längs der Clara-Zetkin-Straße zum Ziel, dem **Bahnhof Birkenwerder** **07**.

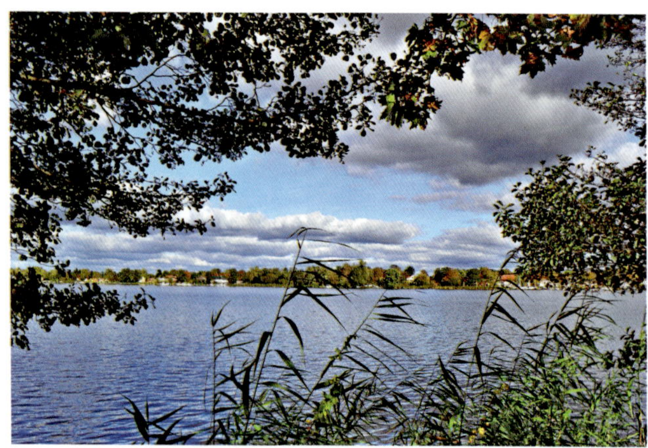

An der seenartig erweiterten Havel bei Hennigsdorf

BIRKENWERDER – LEHNITZ

Vom Briesetal zum Lehnitzsee

  10 km 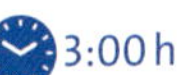 3:00 h 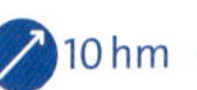 10 hm  20 hm 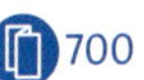 700

START | S-Bahnhof Birkenwerder (45 m) an der Straße An der Bahn in der Gemeinde Birkenwerder
[GPS: UTM Zone 33 x: 384.353 m y: 5.838.967 m]
CHARAKTER | Leichte Parkwege und Nebenstraßen

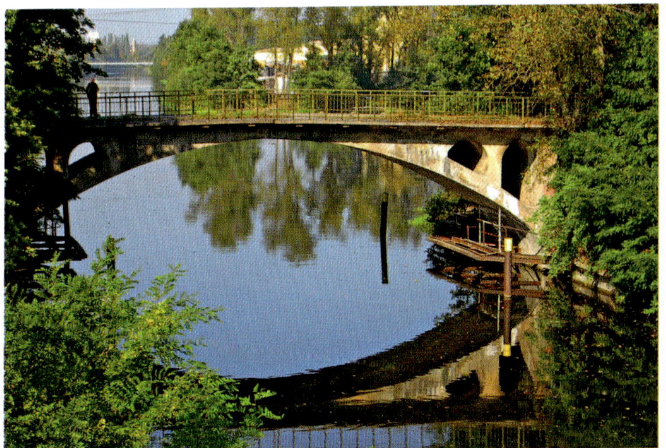

Havelbrücke bei Hennigsdorf

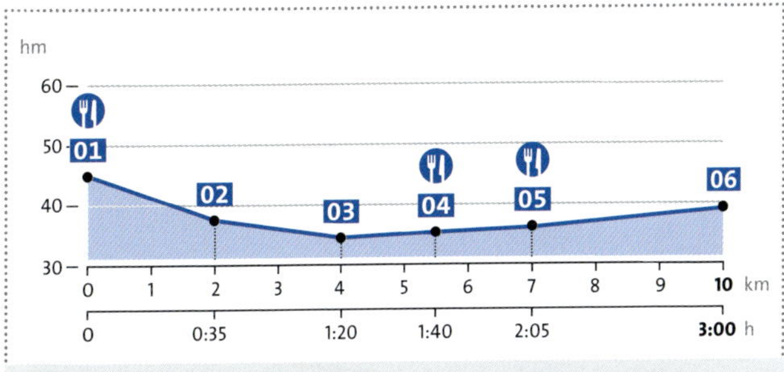

01 Birkenwerder, 45 m; **02** Humboldtbrücke, 38 m; **03** Oder-Havel-Kanal, 34 m; **04** Lindeneck, 35 m; **05** Havelidyll, 36 m; **06** Lehnitz Bahnhof, 39 m

Durch das Ortszentrum der Wohngemeinde Birkenwerder fließt die Briese, ein nicht schiffbarer Nebenfluss der Havel. Zusammen mit ihren drei Seen in Birkenwerder – Briesesee, Boddensee und Mönchssee – ist sie ein wichtiges Ausflugsziel: hier wird gepicknickt, gekneippt und geplantscht. Unsere Tour führt brieseabwärts zur Havel und dann stromaufwärts nach Lehnitz, von wo nach dem erfrischen Bad im Lehnitzsee die S-Bahn zurückfährt.

▶ Vom **S-Bahnhof Birkenwerder** 01 leitet die Clara-Zetkin-Straße ortseinwärts zum Rathaus, dort geht es noch kurz längs der Bundesstraße 96 (Hauptstraße) entlang, bis die Blaupunkt-Markierung des 66-Seen-Wegs links auf den Briesesteig abzweigt und dem glitzernden Flüsschen abwärts folgt.

An der **Humboldtbrücke** 02 taucht die Blaustrich-Markierung des Europäischen Fernwanderwegs 10 auf, die ab hier die Route bis zum Ziel weist. Der Fernwanderweg verlässt das Briesetal nordwärts, schlängelt sich durch die Randbereiche von Birkenwerder und zweigt kurz vor der Bundesautobahn A 10 links zum **Oder-Havel-Kanal** 03 ab.

Nach Unterqueren der Autobahn erreicht der Wanderweg nahe der Dorfkirche von Pinnow die Abzweigung des Oranienburger Kanals vom Oder-Havel-Kanal am Haveleck, mündet hier in die Hauptstraße und folgt ihr rechts zur **Gaststätte Lindeneck** 04. Der Oranienburger Kanal wurde 1832 bis 1837 als künstlicher Havelarm wegen der schwierigen Schifffahrtsverhältnisse unterhalb der Oranienburger Mühlen angelegt. Am Lindeneck geht es links weiter im Grünen, bald im Wald, ehe die **Gaststätte Havelidyll** 05 an der Havelhausener Brücke erneut zur Einkehr einlädt. Zwischen der Anglersiedlung und

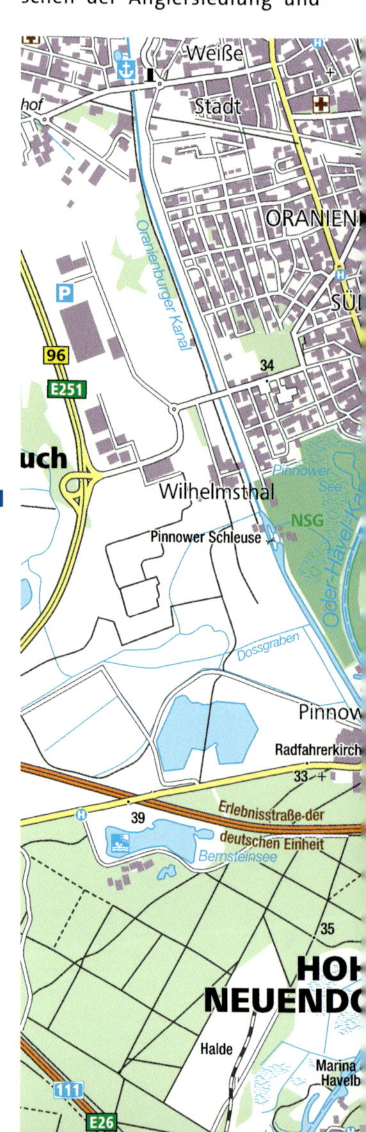

dem Wald schlängelt sich der Wanderweg Zum Weißen Haus nach Nordosten und trifft auf die Chausseestraße. Der Fußweg neben der Straße führt zum Ziel, dem **S-Bahnhof Lehnitz** **06**. Wer dem Fernwanderweg jenseits des Bahngeländes wenige Minuten weiter folgt, gelangt zur ersten Badestelle am Lehnitzsee.

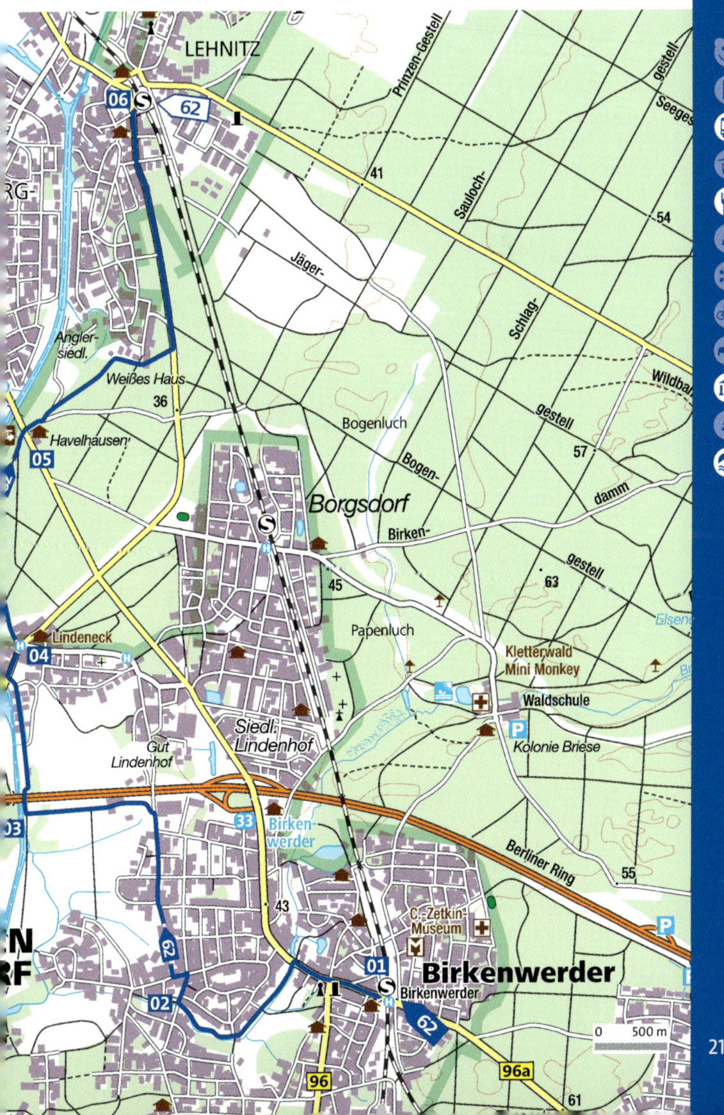

ORANIENBURG – SCHLOSS – SACHSENHAUSEN

Barockpracht, Parks, Gedenkstätte

  12 km  3:30 h  30 hm 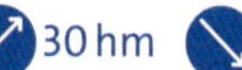 30 hm 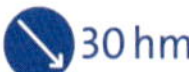 700 

START | Bahnhof Oranienburg (42 m) am Bahnhofsplatz/ Stralsunder Straße; der Bahnhof liegt an der Berliner Nordbahn Berlin – Neustrelitz – Stralsund und ist Endpunkt der S-Bahn-Linie S 1 Potsdam-Hauptbahnhof – Oranienburg [GPS: UTM Zone 33 x: 381.823 m y: 5.846.337 m]
CHARAKTER | Leichte Parkwege und Nebenstraßen

Diese abwechslungsreiche Runde führt zum ältesten Barockschloss der Mark Brandenburg, durch den Schlosspark und zur Konzentrationslager-Gedenkstätte, ehe die Promenade am Lehnitzsee die Tour ausklingen lässt.

▶ Vom Bahnhofsplatz vor dem denkmalgeschützten **Bahnhof Oranienburg** 01 führt die Willy-Brandt-Straße westwärts, am Ende geht es kurz rechts längs der Lehnitzstraße, bis am alten Kornspeicher der Louise-Henriette-Steg links abzweigt und zur Oranienburger Havel führt. Nach Überqueren des Gewässers zweigt rechts die Havelpromenade ab und leitet zum **Schloss Oranienburg** 02.
Oranienburg in der seen- und waldreichen Havelniederung am Westrand der Barnimhochfläche ist die Kreisstadt des brandenburgischen Landkreises Oberhavel und seit dem ausgehenden 19. Jh. ein bedeutendes Ausflugsziel vor

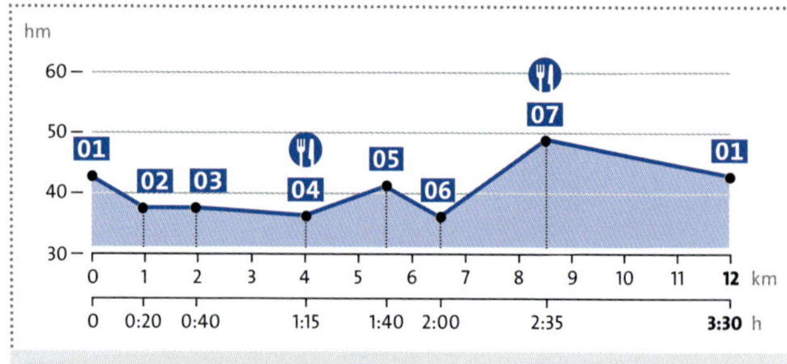

01 Oranienburg Bahnhof, 42 m; 02 Schloss, 38 m; 03 Oranienburger Kanal, 38 m; 04 Ruppiner Kanal, 37 m; 05 Brücke Granseer Straße, 41 m; 06 Sachsenhausen, 37 m; 07 Lehnitzsee, 49 m

den Toren Berlins. Wahrzeichen ist das älteste Barockschloss der Mark Brandenburg im historischen Ortskern, es beherbergt zwei Museen. Die Stiftung Preußische Schlösser und Gärten zeigt im Schlossmuseum berühmte Kunstwerke des 17. Jahrhunderts, eine einzigartige Silberkammer sowie die sehenswerte Porzellankammer; im Kreismuseum befindet sich eine umfangreiche Ausstellung zur Regional- und Kulturgeschichte des Oberhavellandes.

Am Louise-Henriette-Denkmal zwischen dem Schloss und dem Restaurant „Il Castello“ geht es in den Schlosspark hinein, in dem man sich stundenlang treiben lassen kann. Die Gründerin der Stadt Oranienburg, Kurfürstin Louise Henriette von Oranien-Nassau

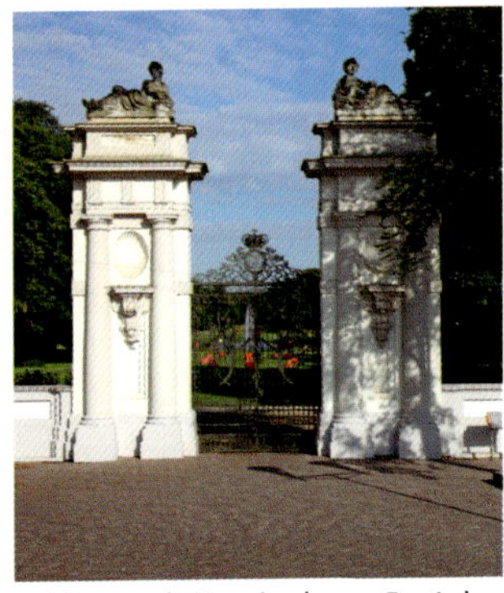

Schlosspark Oranienburg, Portal

(1627–1667), ließ einen Lustgarten im holländischen Stil anlegen. Der Schlosspark wurde im Lauf der Jahrhunderte mehrmals verändert und erhielt mit der Landesgartenschau 2009 sein heutiges

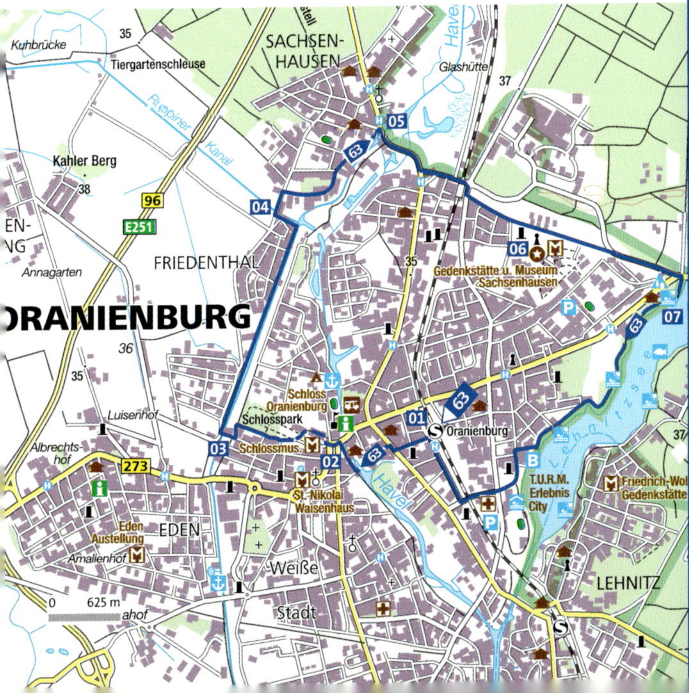

Gedenkstätte Sachsenhausen

Gedenkstätte und Museum Sachsenhausen erinnern an die Folterungen und Massenmorde im nationalsozialistischen Konzentrationslager Sachsenhausen (1933–45) und dem nachfolgenden kommunistischen Speziallager Nr. 7 (1945–50). Mit jährlich 300.000 Besuchern zählen Gedenkstätte und Museum zu den besucherstärksten Einrichtungen Brandenburgs.
www.gedenkstaette-sachsenhausen.de

Aussehen. Der 30 ha große Park bietet vor allem in den Sommermonaten gärtnerische Höhepunkte und bildet den Rahmen für ein breit gefächertes Kulturprogramm von Kleinkunst bis Klassik.
Bald nach Passieren der Orangerie verlässt der Weg an einem Parkplatz den Schlosspark vor dem **Oranienburger Kanal** **03**: Nach Überqueren der **Brücke** folgt der Friedenthaler Weg dem Kanal nordwärts, wendet sich an der Kanalkreuzung links, überquert den **Ruppiner Kanal** **04** auf der Straßenbrücke und zweigt gleich darauf rechts in die Eichenallee ab. Diese führt zurück in die Gehölze am Oranienburger Kanal, setzt sich unter dem Namen Am Park fort. Auf der ersten Brücke, der **Brücke der Granseer Straße** **05** vor der Alten Schleuse Sachsenhausen, geht es rechts über den Oranienburger Kanal und längs der Straße durch Gehölze über das Kleine Wehr Sachsenhausen und die Oranienburger Havel, gleich darauf schräg links ab zum Nordbahnhof Sachsenhausen, hinter dem Gleiskörper schräg rechts zum Kreisverkehr und auf der Walther-Rathenau-Straße zur **Gedenkstätte Sachsenhausen** **06**.
Vom Nordostausgang dieses Orts des Schreckens ist es nicht mehr weit auf der Carl-Gustav-Hempel-Straße zu den Gehölzen am **Lehnitzsee** **07**, wo das Restaurant „Waldhaus“ an der Bernauer Straße zur Einkehr einlädt. Die Uferpromenade folgt dem Seeufer unter Bäumen südwärts zum Strandbad und endet wenig später an der verkehrsberuhigten Wörthstraße. Diese führt landeinwärts, am Ende geht es links durch die Heidelberger Straße und am Ende gerade zurück zum **Bahnhof Oranienburg** **01**.

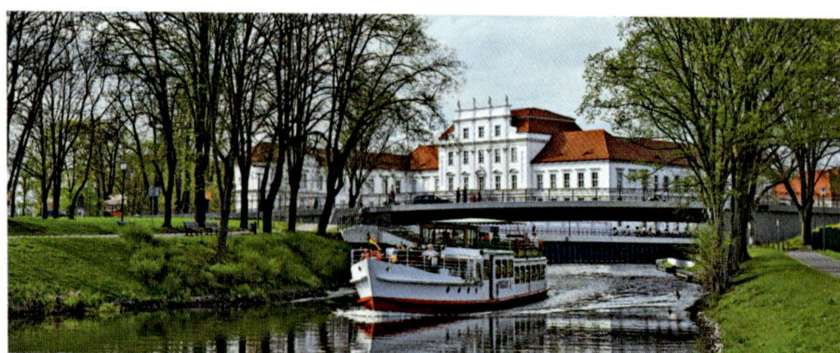

Schloss Oranienburg

ORANIENBURG – LEHNITZ

Rund um den Lehnitzsee

  7,5 km  2:15 h 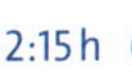 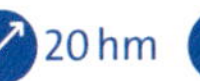 20 hm 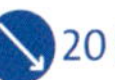 20 hm  700

START | Bahnhof Oranienburg (42 m) am Bahnhofsplatz/ Stralsunder Straße; der Bahnhof liegt an der Berliner Nordbahn Berlin – Neustrelitz – Stralsund und ist Endpunkt der S-Bahn-Linie S 1 Potsdam-Hauptbahnhof – Oranienburg [GPS: UTM Zone 33 x: 381.823 m y: 5.846.337 m]
CHARAKTER | Leichte Parkwege und Nebenstraßen

Der Lehnitzsee an der Havel-Oder-Wasserstraße ist das Naherholungsgebiet von Oranienburg. Am Ostufer verläuft der Europäische Fernwanderweg 10, an der Promenade am Westufer befinden sich Freizeitbad, Yachthafen und Strandbad. Der idyllisch gelegene See lädt ein zum sommerlichen Badevergnügen, er lässt sich auch mit Ruder- und Tretboot erkunden.

▶ Der Bahnhofsplatz vor dem **Bahnhof Oranienburg** 01 ist ein denkmalgeschütztes Ensemble, das Bahnhofsgebäude wurde in den heutigen Formen 1914/15 errichtet. Die Stralsunder Straße führt parallel zum Bahnkörper südwärts zu den Großparkplätzen, am Ende leitet die Dr.-Heinrich-Byk-Straße auf die Ostseite der Gleisanlagen mit

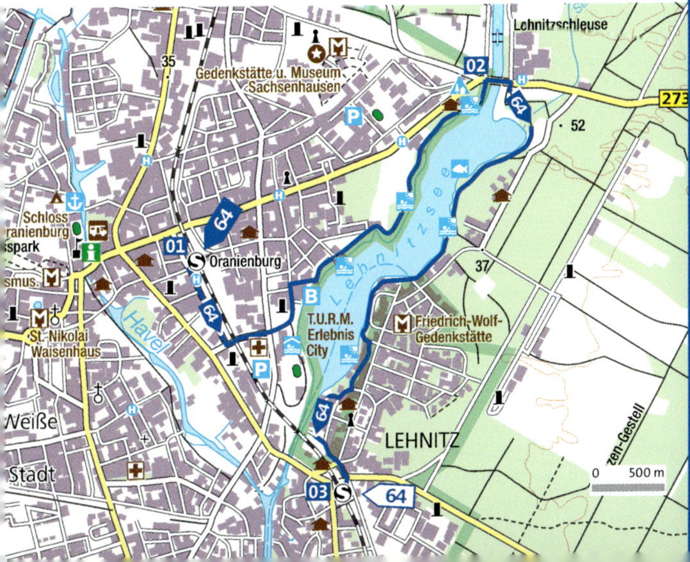

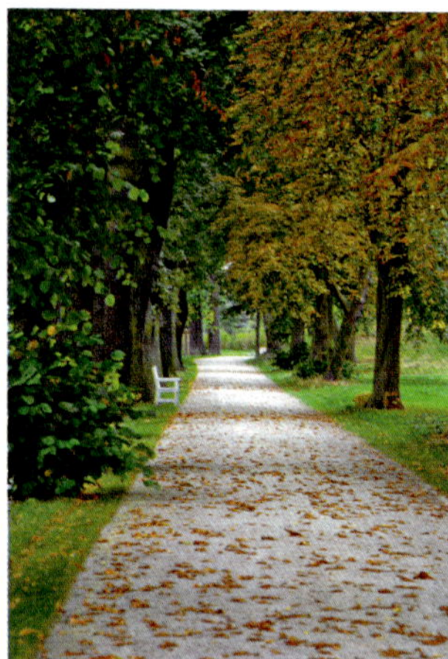
Allee in Oranienburg

dem historischen Wasserturm als Blickfang. An der Kreuzung mit der André-Pican-Straße geht es geradeaus durch die verkehrsberuhigte Heidelberger Straße am Freizeitbad **Turm Erlebniscity** vorbei. Kurz nach Passieren des namensgebenden Wasserturms zweigt rechts die ebenfalls verkehrsberuhigte Wörthstraße ab und mündet in die Promenade am Westufer des **Lehnitzsees**, der Teil der Havel-Oder-Wasserstraße ist. Vorbei am Yachthafen und am Strandbad führt die Promenade nordwärts unter Bäumen, kurz vor Erreichen des nördlichen Seeendes ist links das Restaurant „Waldhaus am Lehnitzsee“ ausgeschildert, und die Promenade endet an der Bundesstraßenbrücke der **Bernauer Straße** 02. Hier unternehmen viele den 5-Minuten-Abstecher zur **Lehnitzschleuse**, der verkehrsreichsten Schleuse für die Berufsschifffahrt an der Havel-Oder-Wasserstraße.

Nach Überqueren des Gewässers auf der Bundesstraßenbrücke führt die Blaustrich-Markierung des Europäischen Fernwanderwegs 10 in den Wäldern am Ostufer des Lehnitzsees südwärts. Schließlich erreicht die Seepromenade die Häuser des Oranienburger Ortsteils Lehnitz, die Blaustrich-Markierung führt ufernah weiter südwärts auf dem Badeweg, die Badestelle heißt „Bolli“, auch eine „Liebesinsel“ liegt im See. Bei der Badestelle wechselt die Blaustrich-Markierung auf die Neptunstraße und folgt ihr zum Bahnkörper. Rechts führt die Eisenbahnbrücke über den Oder-Havel-Kanal, leider ohne Fußgängersteg, und der Blaustrich wendet sich links zum **S-Bahnhof Lehnitz** 03.

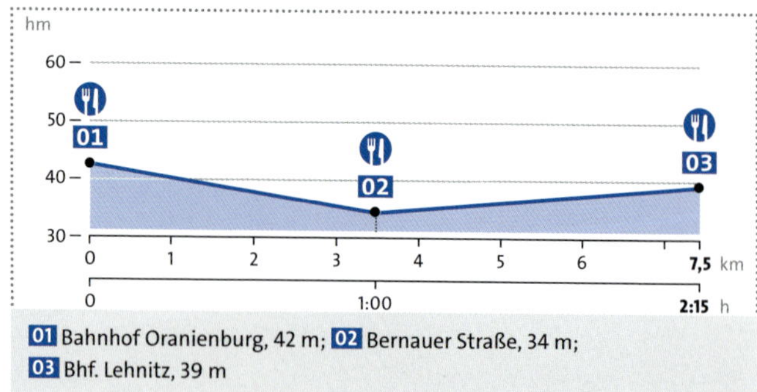

01 Bahnhof Oranienburg, 42 m; 02 Bernauer Straße, 34 m; 03 Bhf. Lehnitz, 39 m

ORANIENBURG – FRIEDRICHSTHAL

Am Oder-Havel-Kanal zum Grabowsee

 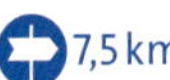 7,5 km 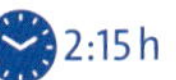 2:15 h 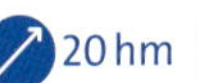 20 hm 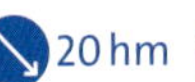 20 hm 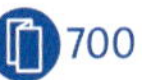 700

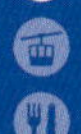
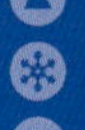
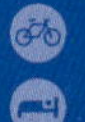

START | Oranienburg-Schleuse (39 m), Brücke der Bundesstraße 273/Bernauer Straße im Norden der Stadt Oranienburg, hier Parkplatz und Bushaltestelle Oranienburg-Schleuse
[GPS: UTM Zone 33 x: 382.767 m y: 5.844.925 m]
CHARAKTER | Leichte Kanaluferwege im Wald

Vom Technikdenkmal Lehnitzschleuse folgt der Europäische Fernwanderweg 10 dem Oder-Havel-Kanal durch die Wälder nordwärts zum Kirchdorf Friedrichsthal. Östlich des Kanals liegt der Grabowsee, an heißen Sommertagen Ausflugsziel für Badefreuden, an Nebeltagen Ziel von Ruinennostalgikern.

▶ Von der **Bushaltestelle Oranienburg-Schleuse** 01 folgt die Blaustrich-Markierung des Europäischen Fernwanderwegs 10 dem Uferweg auf der Westseite des Oder-Havel-Kanals zur **Lehnitzschleuse**, der verkehrsreichsten Schleuse für die Berufsschifffahrt an der Havel-Oder-Wasserstraße. Die Schifffahrt wird in der Schleuse ganzjährig geschleust, fast immer sind Schaulustige vor Ort, um Yachten, Paddelbooten und Lastkähnen bei der Schleusung zuzusehen, auch auffällig viele Angler warten auf den Biss. Der tägliche Schleusenbetrieb erfolgt Montag bis Samstag 6:00–21:45 Uhr sowie am Sonntag 7:00–21:45 Uhr. Die Schleuse befindet sich bei km 28,6 der Havel-Oder-Wasserstraße. Die (heute geschlossene) Schleuse Lehnitz I wurde 1910 fertiggestellt; sie wurde nur einige hundert Meter nördlich des Lehnitzsees errichtet, dieser ist der Namensgeber der Schleuse.

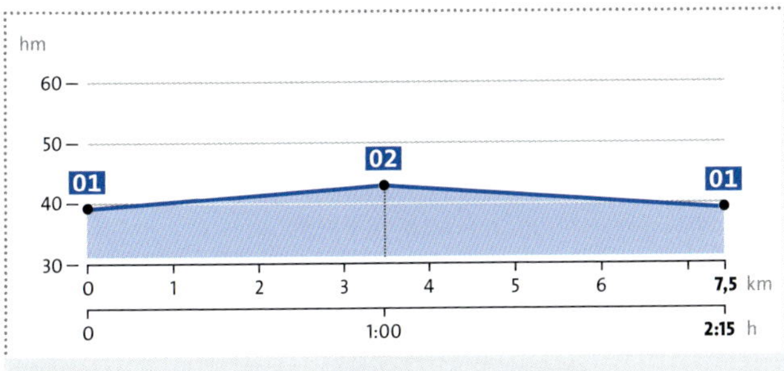

01 Oranienburg-Schleuse, 39 m; 02 Grabowseebrücke, 43 m

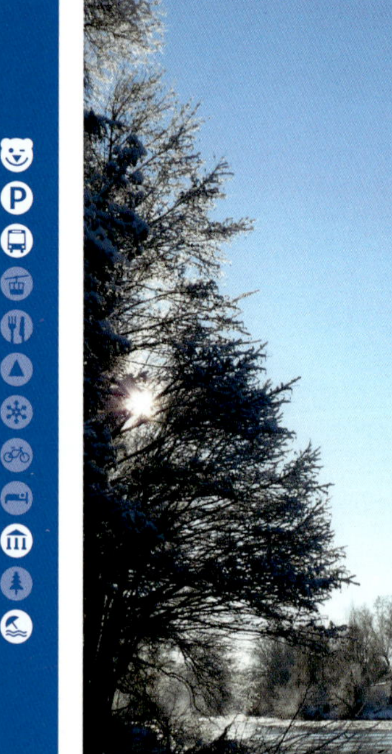
Havelidyll bei Oranienburg

Von der Schleuse folgt der Blaustrich-Wanderweg dem westlichen Uferweg durch die Wälder, auf der gegenüberliegenden Kanalseite zeigt sich der Klinkerhafen (Kieshafen), die Informationstafel einer Schutzhütte am Weg berichtet über die Geschichte und die ehemalige Bahnstrecke Wensickendorf – Schmachtenhagen – Oranienburg, die nur auf dem östlichen Abschnitt Wensickendorf – Schmachtenhagen in Betrieb ist. Nach und nach schwingt der Kanal in den Wäldern nordostwärts und erreicht am Oranienburger Ortsteil **Friedrichsthal** die **Grabowseebrücke** 02. Mit der Eröffnung dieser Fahrrad- und Fußgängerbrücke erfüllte sich 2010 ein lang gehegter Wunsch vieler Friedrichsthaler und Schmachtenhagener nach einer direkten Wegeverbindung zwischen den Orten, die seit der Zerstörung der Straßenbrücke im Zweiten Weltkrieg unterbrochen war. Die Stabbogenbrücke wurde als Stahlkonstruktion mit einer lichten Durchgangsbreite von 4,50 m errichtet; die Durchfahrtshöhe für die Nutzung der Wasserstraße sowie die Stützweite von 76 m wurde den technischen Vorgaben für einen geplanten Kanalausbau angepasst.

Nach Überqueren der Brücke geht es kurz geradeaus und am Parkplatz rechts in die Wälder am Westufer des **Grabowsees**. Am gegenüberliegenden Ufer sind die Ruinen einer Heilstätte für lungenkranke Berliner Arbeiter zu sehen. Nach dem Zweiten Weltkrieg machte sich in der Heilstätte die Rote Armee breit und nutzte das Gelände bis 1994. Die Ruine wirkt, als sei sie bereits zu Kaisers Zeiten verlassen worden, doch die kyrillischen Inschriften beweisen das Gegenteil. Ab und zu schlägt eine Tür, ansonsten ist es gespenstisch still. 2012 drehte George Clooney im 1896 eröffneten Gebäude, 2013 kamen Graffiti- und Street-Art-Künstler aus der gesamten westlichen Welt an den verwunschenen Ort und werteten die Gebäude auf.

Vom Grabowsee führt der östliche Kanaluferweg zurück zum Ausgangspunkt an der Bushaltestelle **Oranienburg-Schleuse** 01.

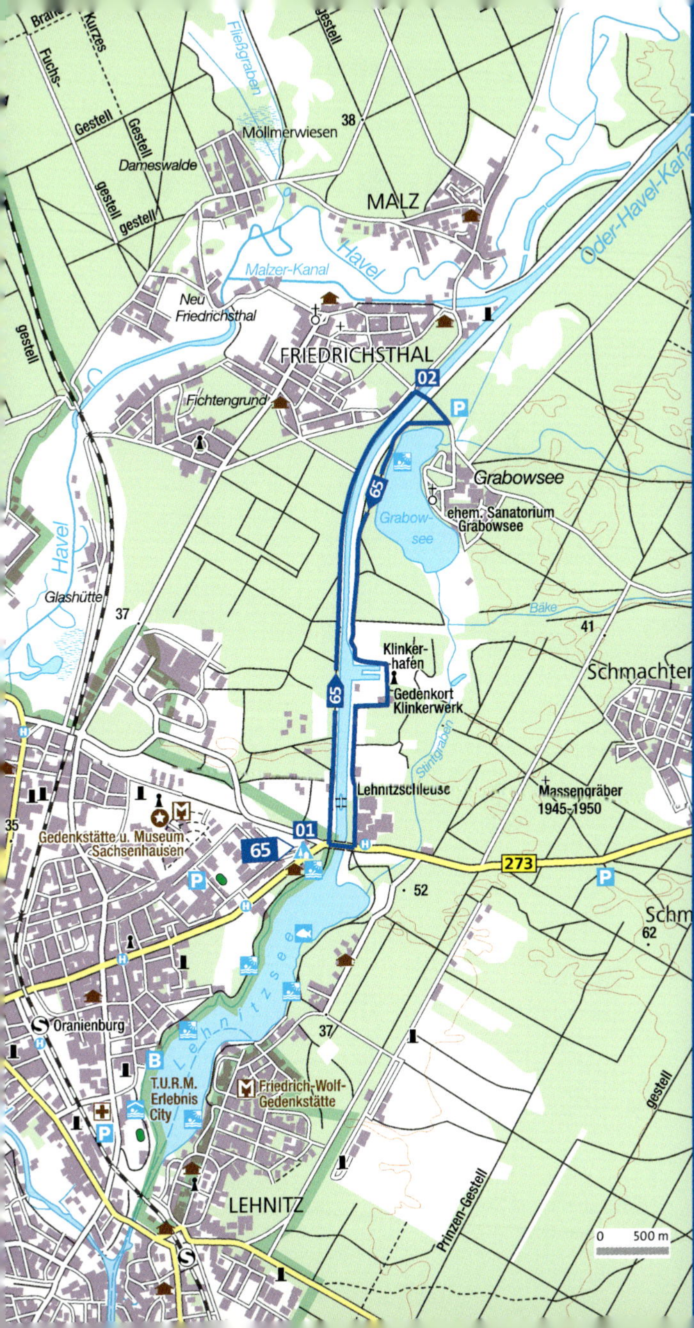

Fuchs-
Kurzes
Gestell
Gestell
Dameswalde
gestell
gestell
Fließgraben
Möllmerwiesen
38
MALZ
Havel
Malzer-Kanal
Oder-Havel-Kanal
Neu
Friedrichsthal
FRIEDRICHSTHAL
02
Fichtengrund
Grabowsee
Grabow-
see
ehem. Sanatorium
Grabowsee
65
Havel
Glashütte
37
Bäke
41
Klinker-
hafen
Gedenkort
Klinkerwerk
Schmachten
Stintgraben
Lehnitzschleuse
Massengräber
1945–1950
35
Gedenkstätte u. Museum
Sachsenhausen
01
65
273
52
Schm
62
Lehnitzsee
Oranienburg
37
T.U.R.M.
Erlebnis
City
Friedrich-Wolf-
Gedenkstätte
LEHNITZ
gestell
Prinzen-Gestell
0 500 m

WANDLITZ – STOLZENHAGEN

An Wandlitzer und Stolzenhagener See

 11,5 km 3:25 h 30 hm 30 hm 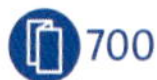 700

START | Bahnhof Wandlitzsee (60 m), Bahnhofplatz 2 in Wandlitz; Anfahrt mit dem Auto Bundesautobahn A 11 Berliner Ring – Polen, Ausfahrt Wandlitz
[GPS: UTM Zone 33 x: 396.929 m y: 5.846.024 m]
CHARAKTER | Bequeme Promenaden und Forstwege sowie Nebenstraßen

Wandlitzer und Stolzenhagener See im Naturpark Barnim warten mit attraktiven Uferpromenaden auf, an beiden Seen gibt es Badestellen und Einkehrmöglichkeiten.

▶ Vor dem unter Denkmalschutz stehenden Bauhaus-Gebäude des **Bahnhofs Wandlitzsee** 01 quert die Blaupunkt-Markierung des 66-Seen-Wegs die Prenzlauer Chaussee (Bundesstraße 109) und leitet durch einen kleinen Park mit Springbrunnen zum Strandbad am Wandlitzer See. Der **Wandlitzer Wasserscheidenstein** im Park symbolisiert die Wasserscheide zwischen Nord- und Ostsee, Elbe und Oder, Wandlitz- und Liepnitzsee. Der Wandlitzer See ist der flächenmäßig größte See des Wandlitzer Seengebiets. Seine Fläche beträgt 2,15 km², die tiefste Stelle wird mit 24 Metern angegeben. Über weite Strecken hat sich die natürliche Flora und Fauna erhalten, sodass auch Seerosen, Laichkräuter, Frösche und Schwäne am Wandlitzer See heimisch sind. Die als edle Speisefische bekannten Maränen machten den Wandlitzer See bei Anglern schon frühzeitig bekannt. Weil die Wissenschaft das Vorhandensein dieser Fische

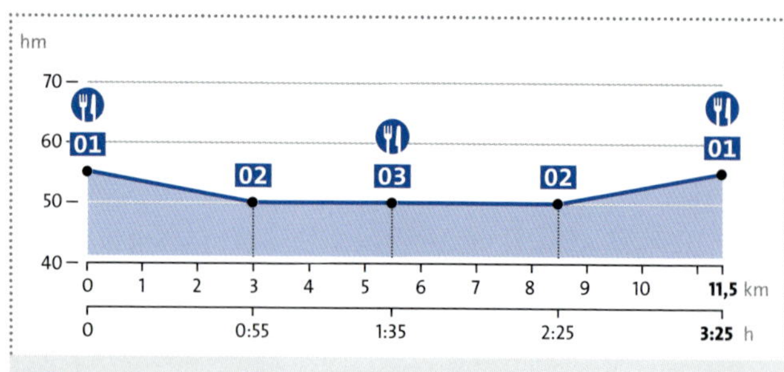

01 Wandlitzsee, 55 m; 02 Stolzenhagen-Strandbad, 50 m;
03 Stolzenhagen, 50m

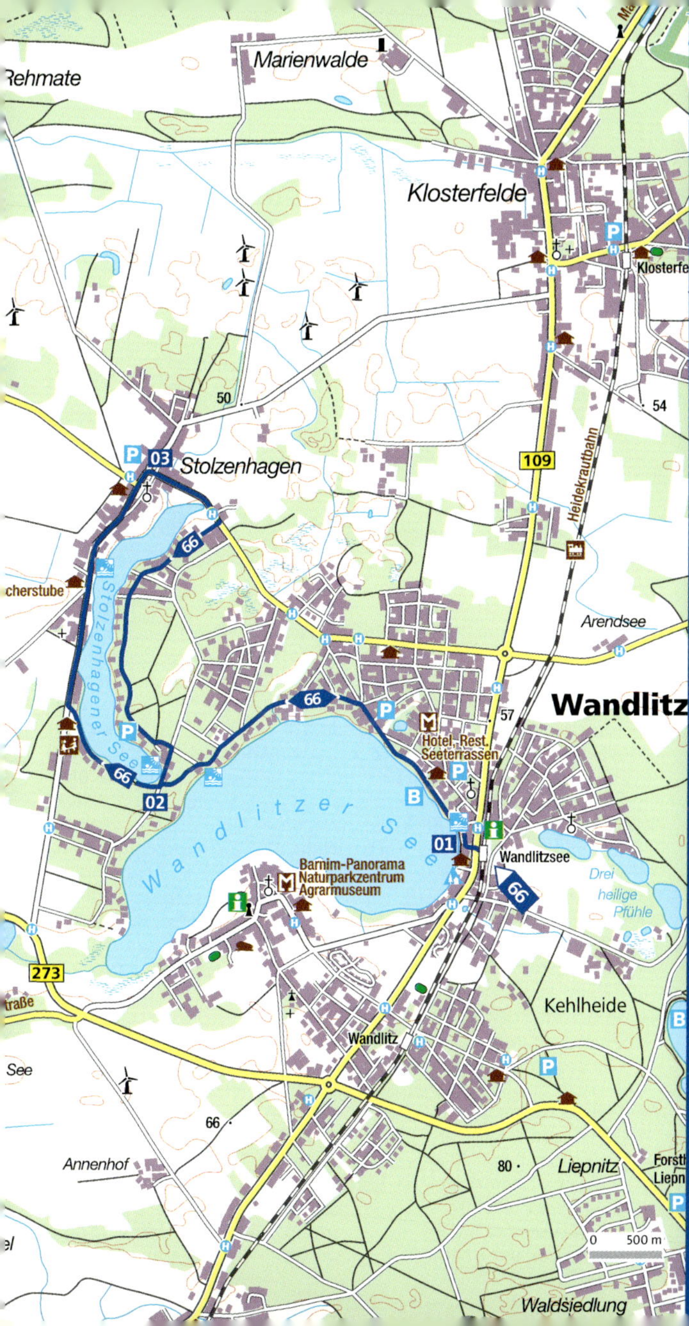

Rehmate
Marienwalde
Klosterfelde
Klosterfe
50
54
109
Heidekrautbahn
03
Stolzenhagen
66
cherstube
Stolzenhagener See
Arendsee
66
Wandlitz
57
Hotel, Rest.
Seeterrassen
02
Wandlitzer See
01
Wandlitzsee
Barnim-Panorama
Naturparkzentrum
Agrarmuseum
66
Drei
heilige
Pfühle
273
traße
Kehlheide
Wandlitz
See
66
Annenhof
80
Liepnitz
Forst
Liepn
0 500 m
Waldsiedlung

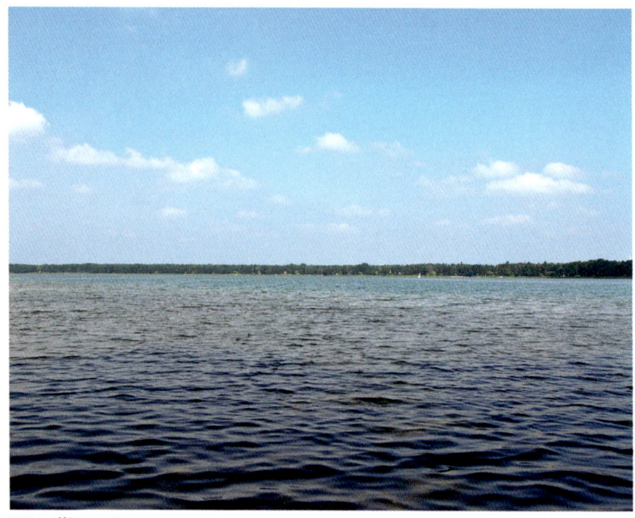

Wandlitzer See

nicht erklären kann, bringt die Sage das Auftauchen der Maränen im Wandlitzer See mit dem Teufel in Verbindung; die Sage ist auf der Bronzeplatte vor dem Brunnen am Strandrestaurant nachzulesen.

Am Ende der Strandbad-Umzäunung führen Stufen zur Uferpromenade, die einen weiten Blick auf den Wandlitzer See bietet. Nach Passieren von Rast- und Aussichtsstellen wird der Wanderweg vor Häusern auf die Thälmannstraße geführt. Dieser folgt der 66-Seen-Weg kurz geradeaus und zweigt dann links in die August-Bebel-Straße ab. Im Erlenbruch an der **Gierwiese** verwandelt sich der Wanderweg vorübergehend in einen Holzbohlendamm, ehe die Philipp-Müller-Straße weiter zur Uferstraße führt. Von dieser zweigt die Blaupunkt-Markierung am **Strandbad Stolzenhagen** 02 rechts auf die Uferpromenade ab. Mit Wasser des Stolzenhagener Sees wurde der Überlieferung zufolge vor dem Zweiten Weltkrieg das berühmte Stolzenhagener Weißbier gebraut. Bei einer Gaststätte mündet die Promenade auf die Bastorfer Straße, die Blaupunkt-Markierung folgt ihr rechts weiter. Während die Blaupunkt-Markierung des 66-Seen-Wegs gleich darauf links Richtung Wensickendorf abzweigt, folgt der Stolzenhagener-See-Rundweg der Bastorfer Straße geradeaus in das Anglerdorf **Stolzenhagen** 03 mit der weithin sichtbaren Kirche; hinter der Kirche an der Durchgangsstraße kurz rechts (Lanker Chaussee), bis rechts die Straße am See abzweigt.

Zwischen der Stolzenhagener Heide und den Ufergrundstücken führt sie zurück zur Südbucht am **Strandbad Stolzenhagen** 02, wo die bekannte Strecke des 66-Seen-Wegs wieder erreicht wird: Die Blaupunkt-Markierung führt zurück zum **Bahnhof Wandlitzsee** 01.

NEULÖWENBERG – GROSSER LANKESEE

Seen und Wälder im Löwenberger Land

  11 km  3:30 h  80 hm  80 hm 700

START | Bahnhof Löwenberg-Mark (60 m) an der Straße Zum Bahnhof im Ortsteil Neulöwenberg der Gemeinde Löwenberger Land [GPS: UTM Zone 33 x: 378.221 m y: 5.862.407 m]
CHARAKTER | Bequeme Wald- und Forstwege sowie Nebenstraßen

In der von alten Mischwäldern bestandenen Hügellandschaft bei Schloss Liebenberg im Löwenberger Land betten sich eiszeitliche Seen, deren größter der Große Lankesee ist: er lädt zum Angeln sowie zur Abkühlung ein.

▶ Der **Bahnhof Löwenberg-Mark** 01 liegt an der Berliner Nordbahn und ist Startbahnhof der Bahnstrecken nach Prenzlau und Zechlin. Parallell zum Bahnkörper führt die Stichstraße Zum Bahnhof nordwärts zur Bundesstraße B 167 (Neulöwenberger Straße), auf der es rechts über die Gleise und durch den kleinen Ort **Neulöwenberg** geht, bis der Häsener Weg links zur ausgeschilderten **Straußenfarm Winkler** 02 führt. Hier kann man sich von Straußen beobachten lassen und sich im Hofladen mit köstlichem Proviant für die Wanderung eindecken. Von der Straußenfarm führt der Häsener Weg noch kurz nordwärts, bis am Friedhof rechts ein kutschenfähiger Weg abzweigt – man kann sich von der Straußenfarm auch im Kremser durch den Wald fahren lassen – und aussichtsreich zwischen Wald und Wiesen ostwärts

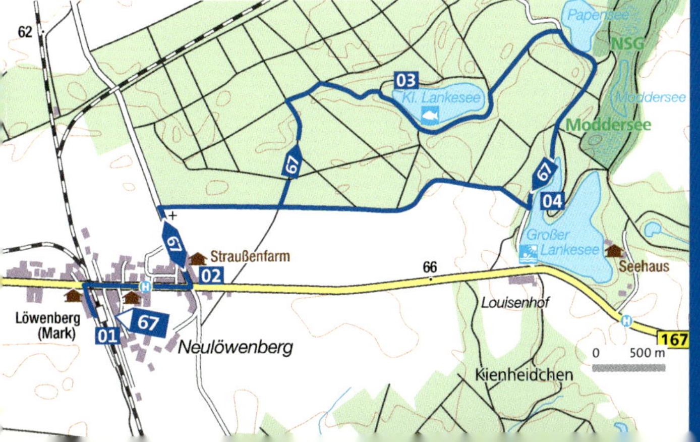

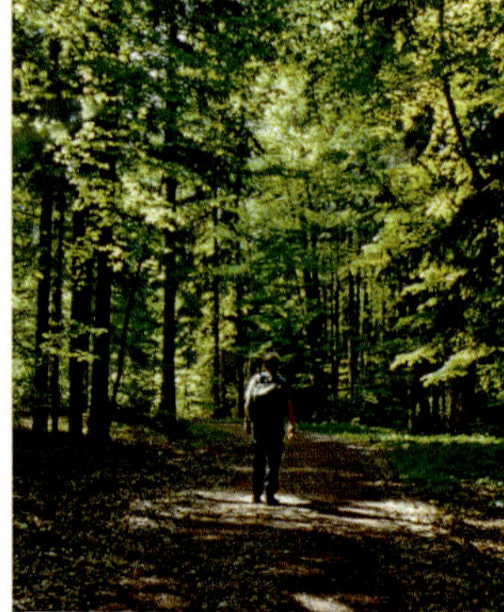
Im Löwenberger Land

führt. Schon bald kreuzt an einer Schutzhütte eine Allee, die durch die Wiesen heraufführt und sich links als Waldweg fortsetzt, ausgeschildert Richtung Bergsdorf. In den Mischwäldern lädt der **Kleine Lankesee** 03 zur Rast ein. Der 16,3 ha große See ist unter Anglern wohl bekannt: Karpfen, Aale, Barsche, Hechte und verschiedene Weißfischarten tummeln sich darin, und an heißen Tagen lädt das Wasser zur Abkühlung ein.
Vom Kleinen Lankesee führt der Wanderweg im Wald ostwärts weiter zum Papensee und winMischwald versteckt, verströmt der See einen diskreten Charme, nischenartig verteilen sich sandige und grasbewachsene Strandplätze. Das klare Seewasser lädt sowohl zum erfrischenden Bad als auch zum Angeln ein. Kleinere Mischwaldböschungen, feuchte Niederungen und ein stellenweise seichtes Schilfufer bewahren den ursprünglichen Charakter dieses märkischen Kleinods. Eine Seeumrundung – inklusive der tropfenförmig ins Wasser ragenden Halbinsel – dauert nicht länger als eine Stunde und kann trotz zweier Zaunbegrenzungen vollendet werden, da die Eigentümer des höher gelegenen herrschaftlichen Seehauses freien Durchgang gewähren. Direkt am Ufer befindet sich der kleine Seepavillon, der dem Restaurant des Hotels angeschlossen ist. Das jagdsitzartige Anwesen gehört zu dem etwa eineinhalb Kilometer entfernten Liebenberger Schloss, welches Fontane in seinen „Wanderungen" porträtierte. Vom Waldrand vor dem Westufer des Sees führt der Kutschenweg zurück zur **Straußenfarm** 02, wer nicht dort geparkt hat, wandert weiter zum **Bahnhof Löwenberg-Mark** 01.

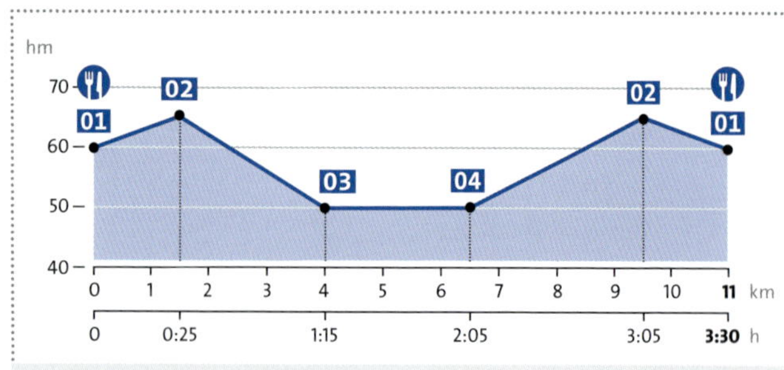

01 Löwenberg-Mark, 60 m; 02 Straußenfarm, 65 m; 03 Kleiner Lankesee, 50 m; 04 Großer Lankesee, 50 m

VEHLEFANZ – SCHWANTE

Rund um den Mühlensee

 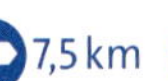 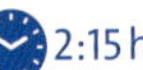 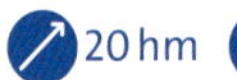 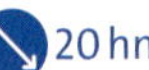 

7,5 km | 2:15 h | 20 hm | 20 hm | 700

START | Perwenitzer Chaussee/Abzweig Weinbergweg (40 m) im Ortsteil Vehlefanz der Gemeinde Oberkrämer
[GPS: UTM Zone 33 x: 371.096 m y: 5.842.487 m]
CHARAKTER | Bequeme Park- und Forstwege sowie Nebenstraßen

Der Rundweg um den Mühlensee zwischen den Dörfern Vehlefanz und Schwante im Naturpark Krämer Forst führt zum Aussichtsturm auf dem Weinberg, durch Feuchtgebiete, bequeme Promenaden wechseln mit Holzbohlenstegen, Blickfänge sind die als Museum eingerichtete Bockwindmühle, die Wehrkirche und der Schwanter Wasserturm, im Schloss Schwante kann man fürstlich tafeln.

▶ Vom **Parkplatz** 01 an der Abzweigung von der Perwenitzer Chaussee leitet der ab hier autofreie Weinbergweg in Richtung des von einem Aussichtsturm überhöhten Weinbergs. Auf diesem Berg über dem Mühlensee wurde noch bis ins 19. Jahrhundert Wein angebaut. Gespeist wird der See durch den Koppel- und den Hörstegraben. Am Fuß des Weinbergs schwingt der Weinbergweg links, während der Rundwanderweg auf einem Steg zum Mühlensee führt und dem Ufer auf dem „Weinbergsteg" zu einem Rastplatz folgt. Von diesem Rastplatz aus ist der Aussichtsturm auf dem **Weinberg** 02 im Rahmen eines Abstechers rasch erreichbar. Wichtig für das Dorf ist die Kirche; jedes Jahr campen Teilnehmer

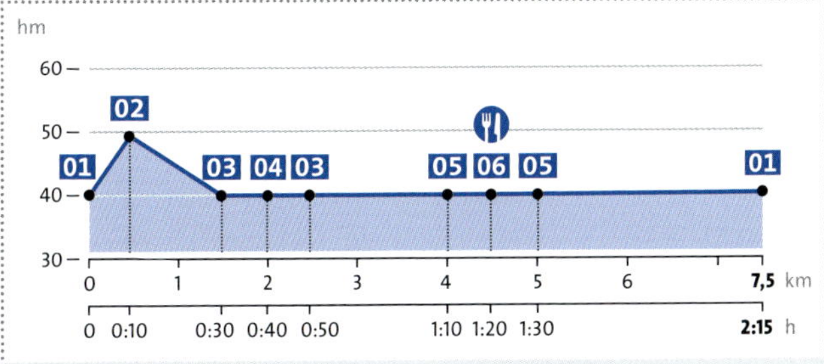

01 Weinbergweg, 40 m; 02 Weinberg, 49 m; 03 Hörstegraben, 40 m; 04 Bockwindmühle, 40 m; 05 Schwante-Wasserturm, 40 m; 06 Schloss Schwante, 40 m

aus ganz Deutschland am See, um am Sommerlager der evangelisch-freikirchlichen Gemeinde teilzunehmen.
Vom Weinberg zurück zum Rastplatz; hier wechselt der Rundweg auf einen Holzsteg über dem Wasser. Da es teilweise nicht möglich war, das Ufer für die Anlage eines Wegs zu nutzen, wurde der Rundweg passagenweise auf bis zu 190 m langen Stegen über das Wasser geführt. Nach dieser längeren Stegpassage wechselt der Rundweg wieder auf festes Land, wo sich erneut eine Verzweigung befindet. Der fahrradfähige Strand des Rundwegs führt hier landeinwärts, während der „Weinbergsteg" an der von Reet gesäumten Wasserfront bleibt, jenseits des Sees zeigt sich der markante Wasserturm Schwante. An einem Rastplatz vorbei führt der Weinbergsteg nordwärts und mündet am **Hörstegraben** **03** wieder in den fahrradfähigen Strang des Rundwanderwegs. Hier unternehmen wir den ausgeschilderten Abstecher zur rechteckigen **Bockwindmühle** **04** von 1815 mit Heimatmuseum. Das technische Denkmal ist die einzige komplett erhaltene Windmühle im Land-

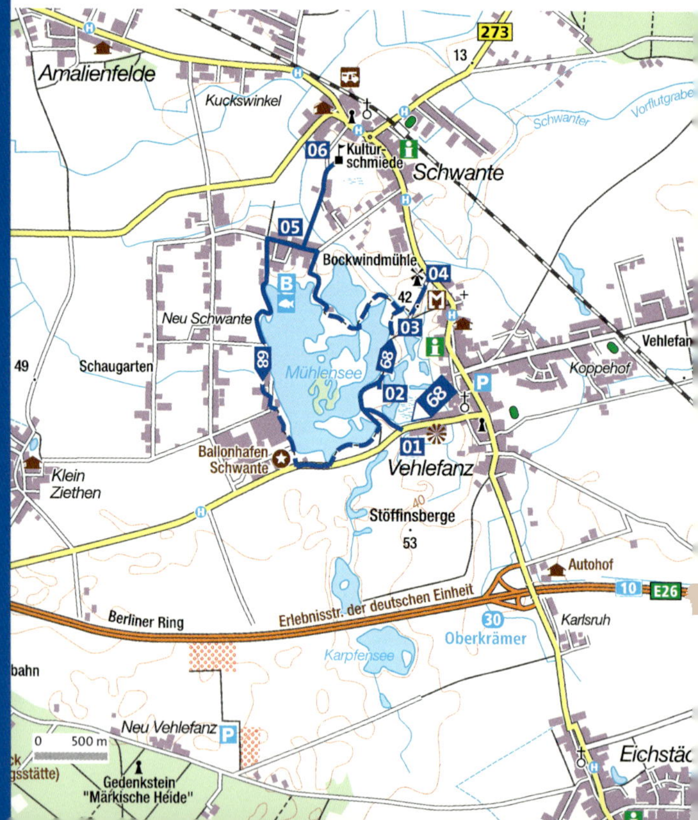

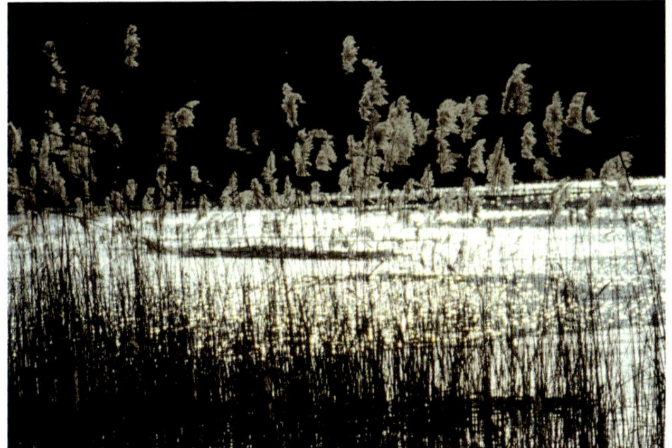

Reetgürtel am Mühlensee

kreis Oberhavel. Da der Hörstegraben auf längerer Strecke ein unüberwindbares Hindernis darstellt, folgen wir demselben Weg zurück zur **Verzweigung** 03. Der Rundweg führt westwärts zum **Wasserturm** 05 von Schwante. Hier lohnt der Abstecher nordwärts zum Park von **Schloss Schwante** 06, in dem nach der Renovierung des Gebäudes ein Restaurant eröffnet hat. Wegen der stattlichen Ausmaße als zweigeschossige Dreiflügelanlage wird das ehemalige Gutshaus allgemein als „Schloss" bezeichnet.

Vom Schloss zurück zum **Wasserturm** 05; der Rundweg folgt dem Mühlenweg kurz westwärts und wechselt dann links auf den Weg Am Wiesengrund. Nach Passieren eines aussichtsreichen Rastplatzes am Mühlensee führt er südwärts bis zur Perwenitzer Chaussee, folgt der Straße kurz Richtung Kirche und schwenkt dann wieder autofrei links ans Seeufer ab, wo er beim Steg am Fuß des Weinbergs auf den bekannten Weinbergweg trifft; dieser führt rechts zurück zum nahen **Ausgangspunkt** 01.

Bockwindmühlen

Bei den Bockwindmühlen wurde das gesamte Mühlengehäuse (mitsamt Räderwerk und Mahlgang) um einen senkrecht stehenden „Hausbaum" oder „Ständer" gedreht. Dieser mächtige Ständer ruht unten im Zentrum eines aus schweren Eichenbalken gefertigten Kreuzgestells („Bock"), dessen Querbalken auf kurzen Pfeilern aus Feld- oder Ziegelsteinen liegen. Die Bock- oder Ständermühle verlor ab dem ausgehenden 18. Jahrhundert zunehmend an Bedeutung, da die Holländerwindmühlen mit den drehbaren Kappen technisch überlegen waren.

LINUM – HAKENBERG

Vom Storchendorf zur Siegessäule

 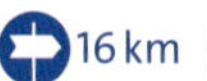 16 km 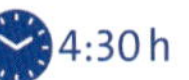 4:30 h 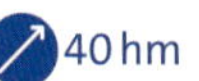 40 hm 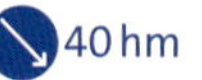 40 hm 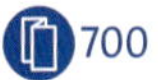 700

START | Linum, Kirche (42 m) an der Nauener Straße im Ortsteil Linum der Gemeinde Fehrbellin
[GPS: UTM Zone 33 x: 357.096 m y: 5.847.428 m]
CHARAKTER | Bequeme Wald- und Forstwege sowie Nebenstraßen

Die Linumer Teiche sind einer der größten Binnenrastplätze von Zugvögeln in Europa. Von der Teichelandschaft am Storchendorf geht es zur Siegessäule auf dem Hakenberg, die Aussichtsgalerie bietet ein einzigartiges Panorama der Vogelschutzlandschaft am Alten Rhin.

Linum ist bekannt als Storchendorf, da Dach und Giebel der neugotischen **Kirche** 01 sowie die Linumer Teiche als Storchenquartier dienen. Die Störche treffen von März bis Mai in Linum ein und ziehen in der zweiten Augusthälfte wieder gen Süden. In den Herbstmonaten ist die Umgebung des kleinen Straßendorfs auch Gastgeber Hunderttausender Kraniche und Gänse. Die berühmteste Tochter von Linum ist die Dichterin Luise Hensel (1798–1876), in die wegen ihrer unsterblichen religiösen Verse viele Romantiker verliebt waren. Ihr bekanntestes Gedicht ist, wie die Informationstafel an der Kirche berichtet, das Nachtgebet „Müde bin ich, geh' zur Ruh'…"; ihr Onkel Felix Mendelssohn-Bartholdy hat es vertont. Vor der Kirche zweigt der Luise-Hensel-Weg von der Nauener Straße bergwärts ab und mündet am Ende der Bebauung in die Küsterstege, die zwischen Gärten und Feldern westwärts führt. An

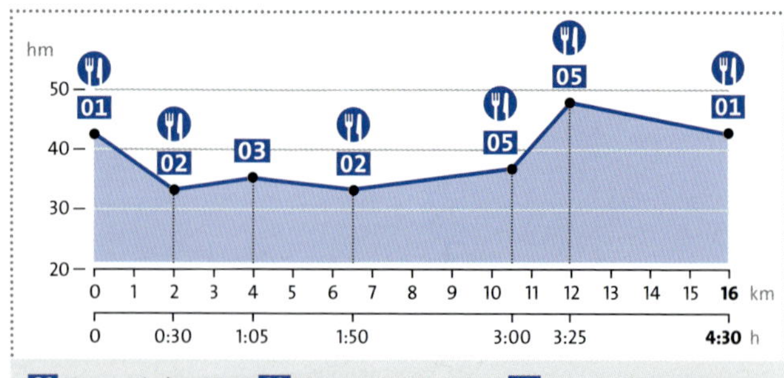

01 Linum Kirche, 42 m; 02 Linumer Teiche, 33 m; 03 Schutzhütte, 35 m; 04 Hakenberg, 37 m; 05 Siegessäule, 48 m

der ersten Kreuzung taucht die Blaustrich-Markierung des Europäischen Fernwanderwegs 10 auf, führt rechts zurück zur Nauener Straße, folgt ihr kurz links und zweigt dann rechts Zu den Teichen ab. Wenn die Blaustrich-Markierung links abzweigt, gehen wir geradeaus Zu den Teichen und erreichen am Hafen Linum die 400 Hektar große Wasser- und Vogellandschaft **Linumer Teiche** **02**. Mitten im Vogelschutzgebiet Oberes Rhinluch befinden sich etwa 40 Teiche und Seen, an denen im Herbst bis zu 100.000 Kraniche rasten. Die durch Torfabbau entstandenen Teiche sind Ziel für Tagesausflügler, Vogelkundler,

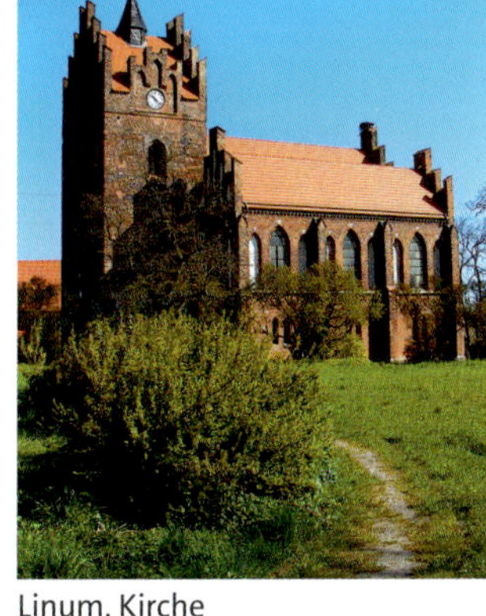

Linum, Kirche

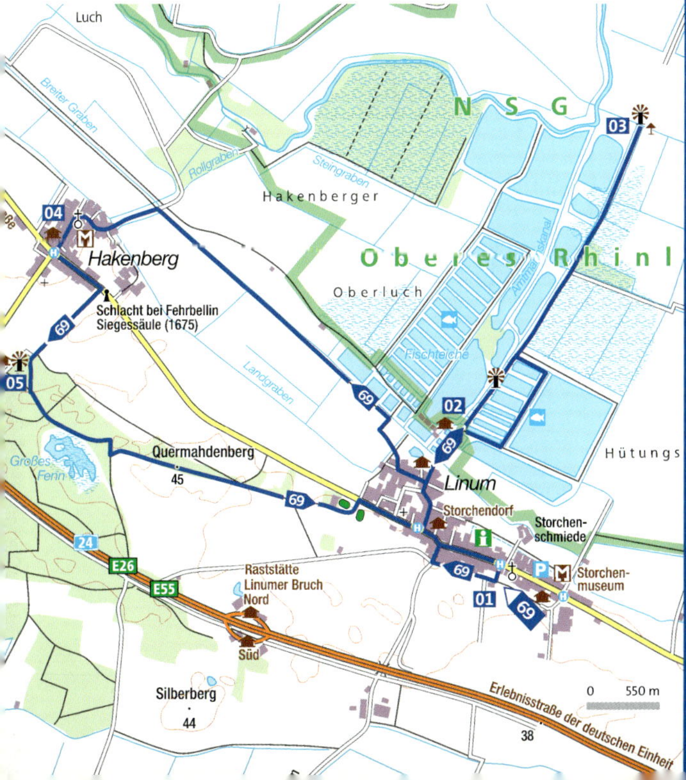

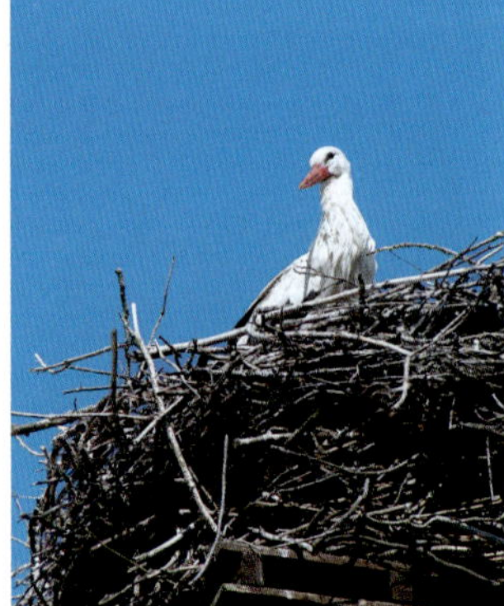

Storchennest in Linum

Angler, Familien und Fischliebhaber; aus ganz Deutschland kommen „Vogelkieker", um die bis zu 20 Storchenpaare, abertausende Wildgänse und Zehntausende Kraniche aus nächster Nähe zu beobachten. Die Aussichtstürme an den Teichen bieten eine fantastische Sicht auf dieses atemberaubende Naturschauspiel. Der Weg endet an einer **Schutzhütte** 03.

Nach dem Gang durch dieses Wasser- und Vogelparadies zurück zum Blaustrich-Wanderweg; er führt westwärts (Trompeterberg) hinaus in das Naturschutzgebiet am Alten Rhin und folgt einem Wassergraben durch die Wiesen. Wenn der Blaustrich an einer Schleuse rechts abwinkelt, geht es links hinauf in das Kirchdorf **Hakenberg** 04; in der Kirche wird eine Sammlung von Kugeln aus der Schlacht bei Fehrbellin aufbewahrt. Längs der Durchgangsstraße geht es kurz Richtung Linum, bis am Ortsrand die Allee zur **Siegessäule** 05 auf dem Hakenberg abzweigt. In der Schlacht bei Fehrbellin kämpften am 18. Juni 1675 11.000 schwedische Reiter und Infanteristen mit 38 Kanonen gegen 5.600 brandenburgische Reiter mit 13 Kanonen. Die brandenburgischen Truppen unter dem Befehl von Kurfürst Friedrich Wilhelm nutzten die Moore der Umgebung und entschieden die Schlacht und den seit 1674 tobenden Schwedisch-Brandenburgischen Krieg für sich. Die Schlacht begründete Preußens Militärmacht, Friedrich Wilhelm wurde mit dem Beinamen „der Große Kurfürst" geschmückt. Das Aussichtsturm-Denkmal wurde 1879 eröffnet; die vergoldete Bronzefigur der Siegesgöttin Victoria wurde nach einem Entwurf des klassizistischen Bildhauers Christian Daniel Rauch gegossen. Die Gaststätte „Waldhaus am Denkmal" lädt zur Einkehr ein.

Vom Denkmal führt ein schöner, aber durch die nahe Autobahn geräuschbelästigter Wanderweg (alte Route des E10) durch Wälder und Felder zurück nach Linum. Auf der Nauener Straße geht es am NABU-Zentrum Storchenschmiede vorbei zurück zum Ausgangspunkt an der **Kirche** 01.

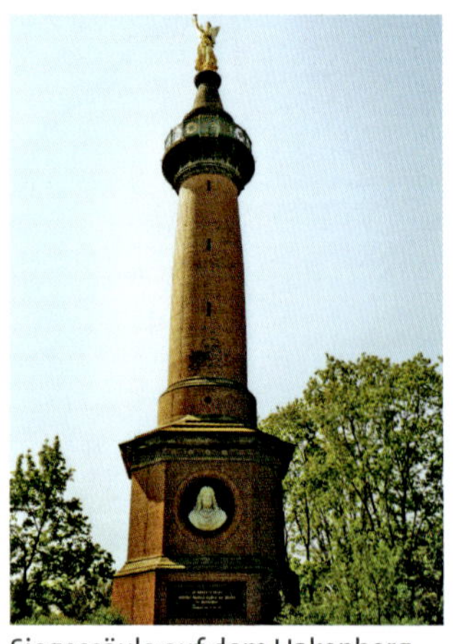

Siegessäule auf dem Hakenberg

WUSTRAU-RADENSLEBEN – NEURUPPIN

Am Ruppiner See

  16 km  4:30 h 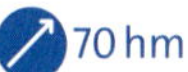 70 hm 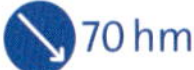 70 hm 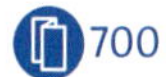 700

START | Wustrau-Radensleben (45 m), Bahnhof an der Strecke Berlin – Neuruppin; Anfahrt auf der Bundesautobahn A 24 Berlin Richtung Hamburg, Ausfahrt Neuruppin-Süd und via Wustrau-Altfriesack zum Bahnhof Wustrau-Radensleben
[GPS: UTM Zone 33 x: 358.408 m y: 5.858.468 m]
CHARAKTER | Bequeme Wald- und Uferwege

Der Uferwanderweg an Brandenburgs größtem See in die Fontanestadt Neuruppin zählt zu den beliebtesten Streckentouren nördlich von Berlin; nach dem Bummel durch Neuruppin fährt die Bahn zurück zum Ausgangspunkt.

▶ Für den Tourismus hat der Haltepunkt **Wustrau-Radensleben** 01 trotz der abgelegenen Lage im Wald große Bedeutung, da viele Wanderer und Fahrradfahrer den Bahnhof als Ausgangs- oder Endpunkt von Touren durch das Ruppiner Land nutzen. Der Bahnhof liegt auf halbem Weg zwischen den Orten Wustrau-Altfriesack und Radensleben. Vom Bahnhof geht es zwei Minuten an der Landstraße südwärts im Wald, dann zweigen die Markierungen Blaupunkt und Blaustrich (E 10) rechts auf die Lange Straße ab und folgen dieser Lindenallee in das Kirchdorf **Karwe** 02. In der Ortsmitte zweigt der Wanderweg an der Kirche links zum Ruppiner

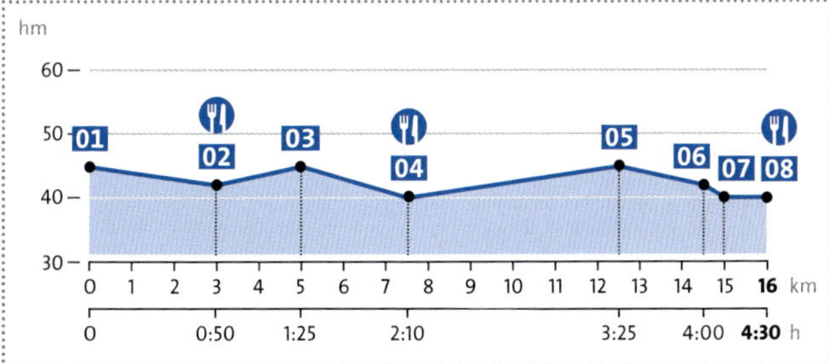

01 Wustrau-Radensleben, 45 m; 02 Karwe, 42 m; 03 Seehof, 45 m; 04 Gnewikow, 40 m; 05 Wuthenow, 45 m; 06 Waldfrieden, 42 m; 07 Seedamm, 40 m; 08 Rheinsberger Tor, 40 m

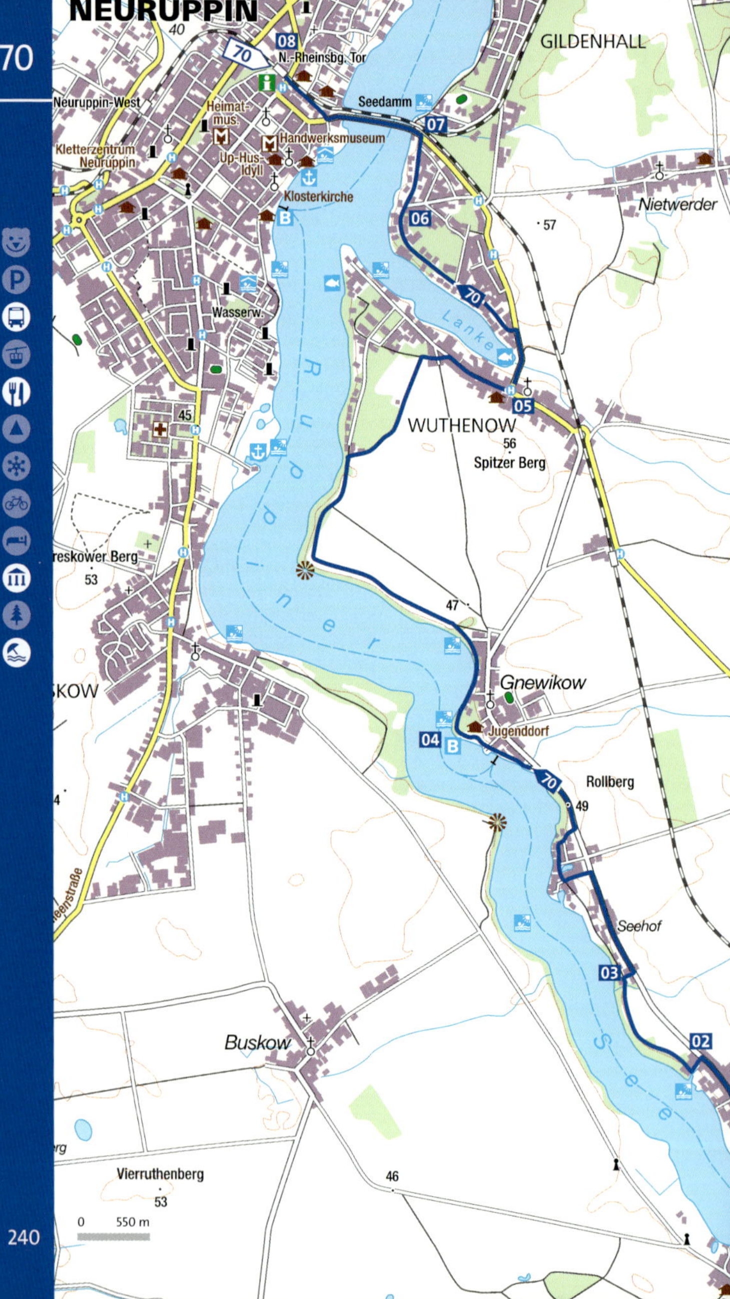
NEURUPPIN
GILDENHALL
N.-Rheinsbg. Tor
Seedamm
Neuruppin-West
Heimat-mus.
Handwerksmuseum
Kletterzentrum Neuruppin
Up-Hus-Idyll
Klosterkirche
Nietwerder
Wasserw.
Lanke
Ruppiner See
WUTHENOW
Spitzer Berg
reskower Berg
Gnewikow
Jugenddorf
Rollberg
Seehof
Buskow
Vierruthenberg
0 550 m

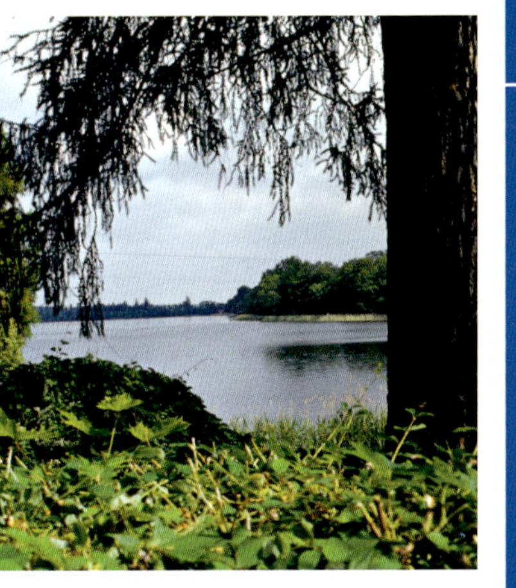

Ruppiner See

See ab. Er folgt dem Ufer, ehe er an den Häusern der Siedlung **Seehof** 03 wieder auf die Straße ausweicht, dann jedoch in schöner Routenführung am Ufer entlang nach **Gnewikow** 04 führt, wo an der Badestelle Wiese, Tisch und Bänke zur Rast einladen.

Nach Verlassen der Ortschaft wandelt sich der Weg zum Hochuferweg auf einem steil zum See abfallenden Uferabschnitt, der am Rand der Wiesen mit Bäumen bestanden ist. Wenn die Uferlinie nach Norden schwingt, ist auch Neuruppin gut im Blickfeld. Wo die Hochspannungsleitung den See überquert, wendet sich der Wanderweg landeinwärts und führt durch die Wiesen in das Kirchdorf **Wuthenow** 05, bekannt durch Fontanes Roman „Schach von Wuthenow" ebenso wie durch die Schinkel-Kirche auf dem Lankeberg. An der Durchgangsstraße geht es kurz links, dann wechselt der Blaustrich-Wanderweg links auf die Lindenallee, sie folgt vor Grundstücken dem Ufer der Wuthenower Lanke, einem Seitenarm des Ruppiner Sees. Am **Hotel Waldfrieden** 06 zeigen die Wanderwegeschilder links und folgen dem Ufer zum **Seedamm** 07, auf dem Wanderer, Fahrradfahrer, Autos und die Eisenbahn aussichtsreich den Ruppiner See überqueren. Auf der Cityseite des Damms wechselt der Wanderweg rechts in die Ernst-Toller-Straße und folgt ihr zum Ziel, dem Bahnhof **Rheinsberger Tor** 08.

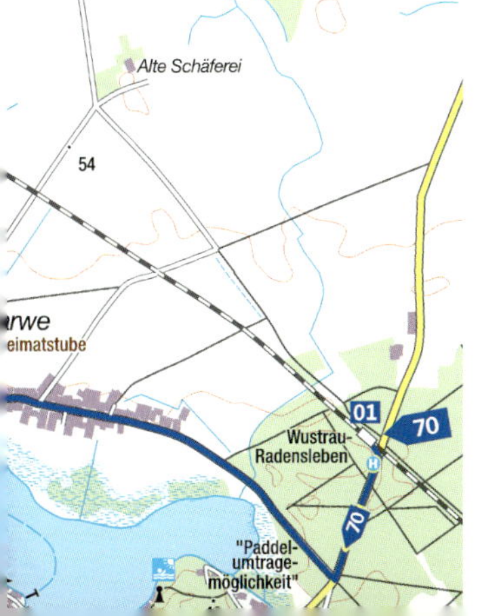

71

KUNSTERSPRING – KOCHQUELLE

Tierpark und kochende Quelle

 4 km 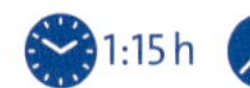 1:15 h 30 hm 30 hm 700

START | Kunsterspring (50 m), Tierpark der Stadt Neuruppin im Ortsteil Gühlen-Glienicke an der Straße Kunsterspring 4; Anfahrt auf der Bundesautobahn A 24 Berlin Richtung Hamburg, Ausfahrt Neuruppin, auf der Bundesstraße B 167 nach Neuruppin und abzweigen auf die Landstraße nach Gühlen-Glienicke
[GPS: UTM Zone 33 x: 349.969 m y: 5.877.823 m]
CHARAKTER | Bequeme Wald- und Forstwege

In der Endmoränen- und Sanderlandschaft westlich des Tornowsees hat die Kunster ein Schluchttal ausgewaschen, dessen Steilhänge bis zu über 25 m aufragen. Auf 1,5 km Länge fällt das Tal 7 m ab, aus zahlreichen Quellkesseln fließen der Kunster weitere Bäche zu, die berühmteste ist die Kochquelle, eine „brodelnde“ Quelle. Durch das Tal führt ein Naturlehrpfad, der zu den landschaftlich schönsten rund um Berlin zählt.

▶ In **Kunsterspring** 01 befindet sich der Tierpark der Fontanestadt Neuruppin. Hier leben mehr als 400 meist einheimische Tiere in natürlich gestalteten Gehegen und Anlagen. Besondere Attraktionen sind das Streichelgehege sowie die Fütterungen der Fischotter, Steinmarder, Frettchen, Waschbären, Wildkatzen und Luchse. Gegenüber vom Tierpark beginnt neben der Forellenzucht der Wanderweg. Er überquert die Kunster und führt am Kunsterteich entlang aufwärts. Auf dem Teich spiegeln sich die Sonnenstrahlen und tauchen den Wald in unzählige Grüntöne. Am gut ausgeschilderten Weg, der sich auch für Nordic Walker bestens eignet, lässt

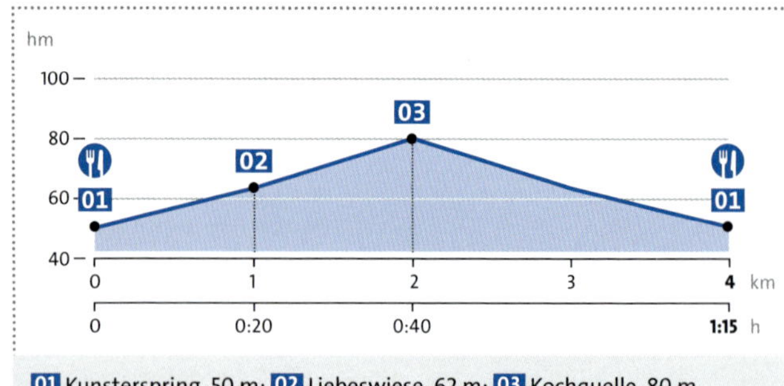

01 Kunsterspring, 50 m; 02 Liebeswiese, 62 m; 03 Kochquelle, 80 m

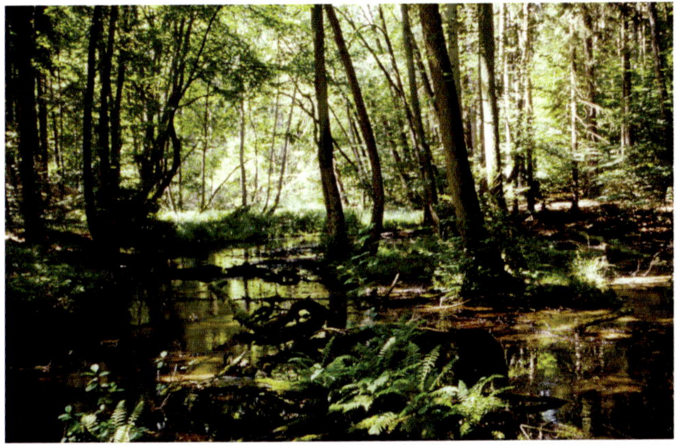

Kochquelle

sich auf Informationstafeln Wissenswertes über Flora und Fauna in diesem Naturschutzgebiet nachlesen. Oberhalb des Kunsterteichs lädt am Rand eines Bruchwalds eine Sitzbank zum Verweilen ein, auf der anderen Seite des Bachs steht eine Schutzhütte, erreichbar auf einer Holzbrücke. Der Naturlehrpfad folgt dem Bach weiter aufwärts auf Waldpfaden und überquert einen Seitenbach auf einer Stegbrücke, die natürliche Stille im Naturschutzgebiet

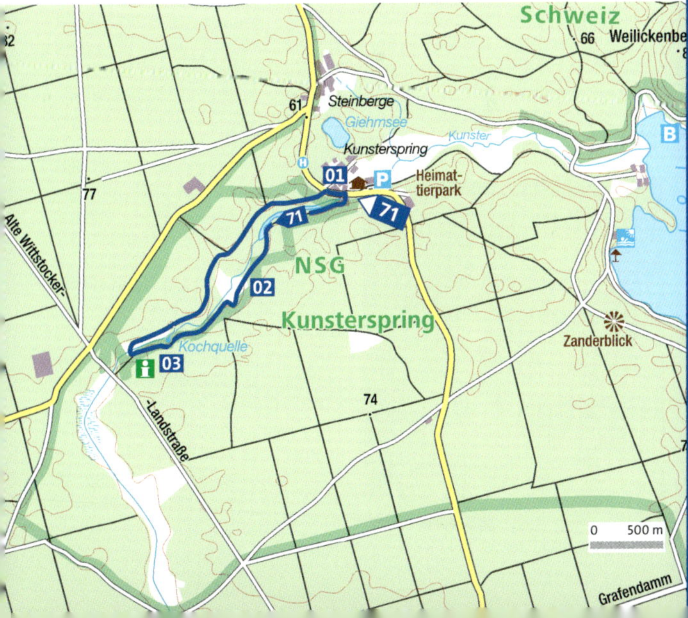

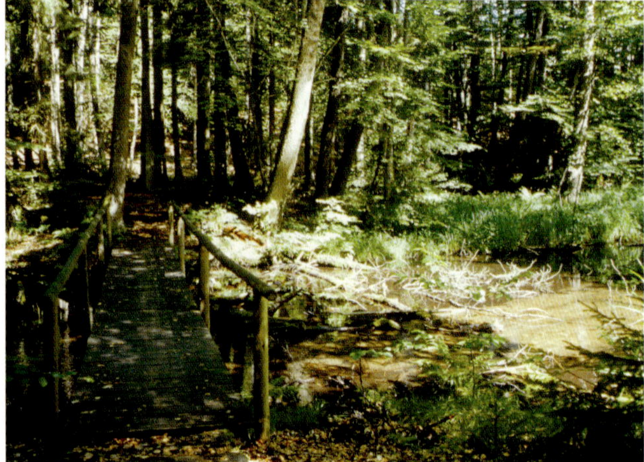

Kunsterbrücke

ist eine Wohltat. Der Weg führt an der **Großen Fichte** vorbei, einer mehrhundertjährigen Rotfichte, dann fällt der Blick zwischen den Bäumen hinaus auf eine große Feuchtwiese, die **Liebeswiese** 02. Oberhalb der Wiese geht es weiter aufwärts im Hang des tief eingeschnittenen Bachtals, in das sich aus Quelltrichtern im Hang weitere Bäche ergießen. Schließlich führt eine Stegbrücke zur **Kochquelle** 03. Das „Brodeln“ des acht Grad kalten Wassers entsteht, weil das Wasser von unten nach oben quillt und dadurch Sand aufwirbelt. Eine Sitzbank lädt zum Verweilen ein.

Wegebeschilderung

Von der Kochquelle führt der Naturlehrpfad auf der linken Seite des Kunstertals durch Buchenwälder zurück. Auch auf dieser Seite finden sich Quelltrichter, kurze Abstecher sind ausgeschildert zur Liebeswiese und zu einer alten Kiefer sowie zur **Margarethenruh** in der eindrucksvollsten Seitenschlucht. Mit Blick auf den sich in einem Talkessel mehrfach verzweigenden Bach, der bei hohem Wasserstand die auf Inseln stehenden Bäume umtost, lädt oben auf dem Steilhang eine Sitzbank zur Rast ein. Gleich darauf bietet eine Schutzhütte Unterschlupf bei Regen, wenig später glitzert wieder der **Kunsterteich**, und in **Kunsterspring** 01 lohnt der Besuch des Tierparks; mitten durch den Tierpark fließt die Kunster weiter.

BOLTENMÜHLE – ROTTSTIEL

Rund um den Tornowsee

  8 km 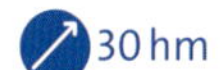 2:30 h  30 hm 30 hm 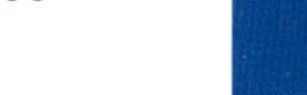 700

START | Boltenmühle-Parkplatz P1 (50 m) an der Straße Am Tornowsee im Ortsteil Gühlen Glienicke der Stadt Neuruppin; Anfahrt auf der Bundesautobahn A 24 Berlin – Hamburg, Ausfahrt Neuruppin, weiter nach Neuruppin und dort weiter Richtung Rheinsberg bis zur Abzweigung der Stichstraße zur Boltenmühle [GPS: UTM Zone 33 x: 352.481 m y: 5.878.214 m]
CHARAKTER | Bequeme Wald- und Forstwege

Der Gasthof „Boltenmühle“ am Tornowsee zählt zu den beliebtesten Ausflugsrestaurants im Norden von Berlin, auch Fahrgastschiffe steuern das Fachwerkrestaurant an. Die Rundwanderung um den Tornowsee fasziniert durch Ausblicke von den Hochufern und dem alten Laubwaldbestand, auch mehrere Badestellen gibt es am See.

Vom **Parkplatz Am Tornowsee** 01 am Ende des öffentlich befahrbaren Teils der Stichstraße Richtung Boltenmühle führen Stufen an einer Wanderwege-Übersichtstafel vorbei zum Ufer des Tornowsees, wo nach wenigen Minuten auf der aussichtsreichen Uferpromenade das Ausflugsrestaurant **Boltenmühle** 02 erreicht ist. Die 1718 als Schneidemühle errichteten Gebäude brannten 1992 nieder und wurden nach dem alten Vorbild wieder aufgebaut.
Nach Überqueren des Binenbachs, der an der Boltenmühle vom Kalksee in den Tornowsee fließt, geht es die Treppe hinauf und auf einem Pfad rechts am Nebengebäude vorbei Richtung

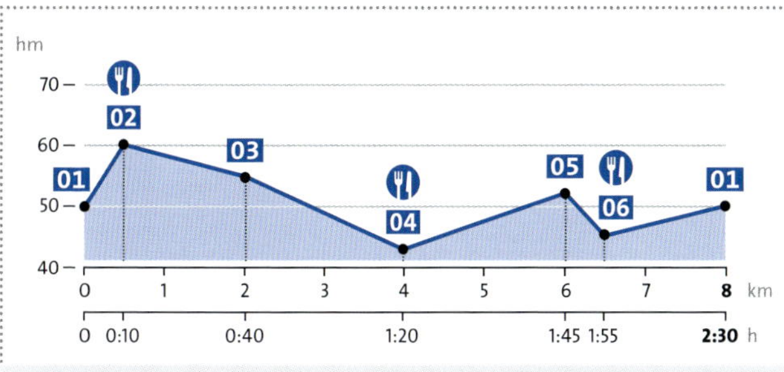

01 Am Tornowsee, 50 m; 02 Boltenmühle, 60 m; 03 Sitzpilz-Rastplatz, 55 m; 04 Am Rottstielfließ, 43 m; 05 Badestelle, 52 m; 06 Kunster, 45 m

„Tornow" und in die Laubwälder hinein. An der ersten Verzweigung verbreitert sich der Pfad zu einem angenehmen Waldweg, der mit der Blaustrich-Markierung des Europäischen Fernwanderwegs 10 markiert ist (zugleich Fontaneweg). Am Wegrand lassen alte Buchen und Eichen aufschauen, zwischen den Zweigen blinkt der Tornowsee, zwischendurch lädt ein überdachter **Sitzpilz** 03 auf dem Hochufer zur Rast ein. Der 132 ha große Tornowsee ist ein schiffbares Gewässer. Der eigentliche Uferbereich ist teilweise versumpft, teilweise wird er von einer Schilfzone begleitet. Der Uferweg schwingt zuletzt rechts zum Campingplatz **Am Rottstielfließ** 04, hier befindet sich eine Badestelle mit Liegewiese.

Kurz hinter der Brücke über das Rottstielfließ verzweigen sich die Wanderwege an einem überdachten Sitzplatz vor einem Wanderparkplatz. Der E10 führt links weiter Richtung Waldmuseum Stendenitz (Abstecher 30 Minuten bis dort), während der Tornow-

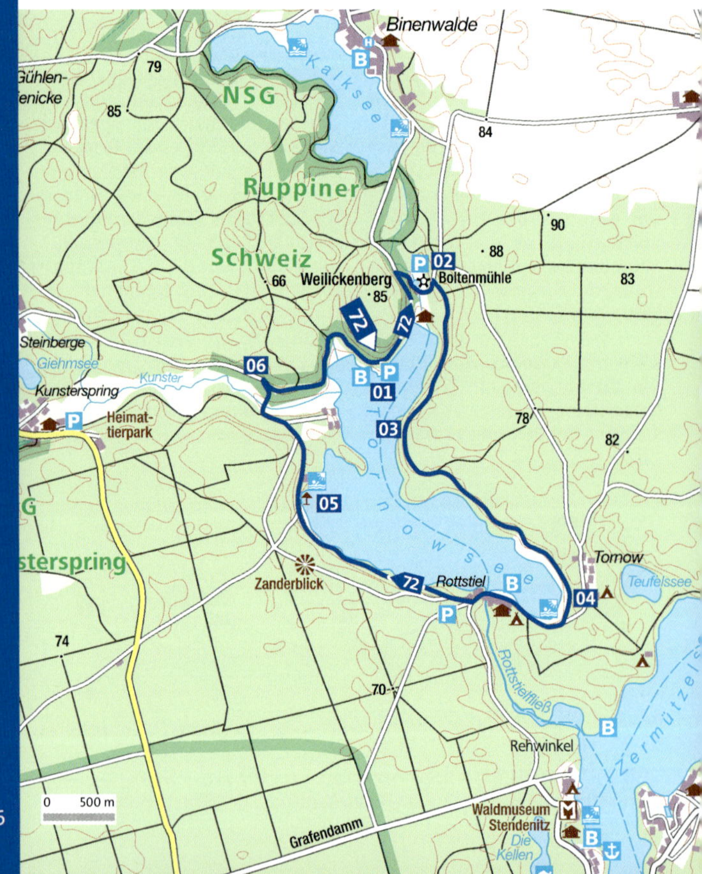

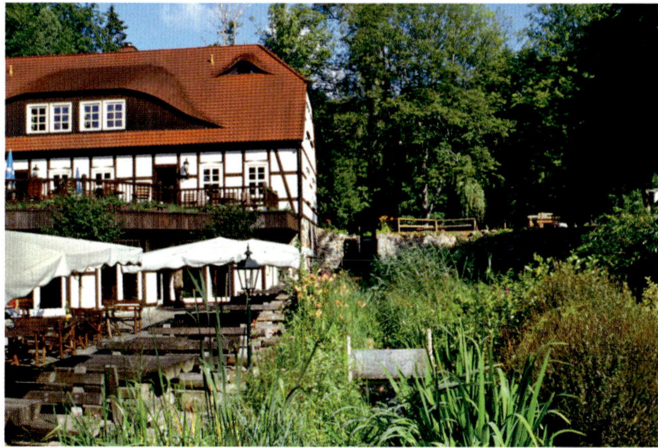

Boltenmühle

see-Rundweg rechts in den Wald hineinführt, immer wieder mit schönem Blick auf den Tornowsee. Obwohl auch der Weg auf der Westseite des Sees im Wald verläuft, ist er aussichtsreicher als der am Ostufer.

An einer weiteren **Badestelle** 05 mit Liegewiese befindet sich ein überdachter Rastplatz. Wenig später passiert der Weg das renaturierte Feuchtwiesengelände eines aufgelassenen Zeltplatzes, überquert auf einer Holzbrücke in einem paradiesischen Feuchtwiesen- und Auenwaldgebiet die dem Tornowsee zufließende **Kunster** 06, wendet sich am Rand rechts hinauf und mündet auf die Zufahrtsstraße Am Tornowsee Richtung Boltenmühle; sie führt zurück zum **Ausgangspunkt** 01.

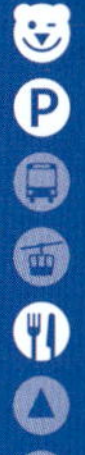

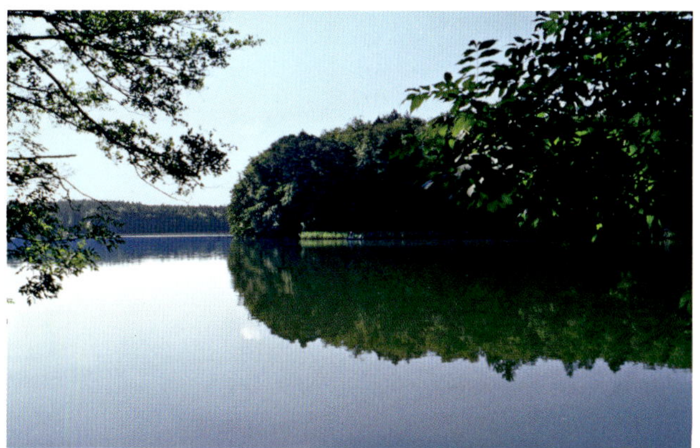

Kalksee

73

LINDOW – WUTZSEE

Rund um den Wutzsee

 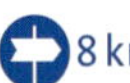 8 km 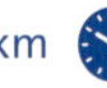 2:30 h  80 hm  80 hm  700

START | Kloster Lindow (42 m) in Lindow/Mark; Anfahrt auf der Bundesautobahn A 24 Berlin Richtung Hamburg Ausfahrt Neuruppin, auf der Bundesstraße B 167 durch Neuruppin und abzweigen nach Lindow
[GPS: UTM Zone 33 x: 364.679 m y: 5.870.499 m]
CHARAKTER | Überqiegend bequeme Wald- und Forstwege, am Steilufer einige Stufenanlagen

Vom Kloster der Drei-Seen-Stadt Lindow führt ein Naturlehrpfad durch die Laub- und Mischwälder rund um den Wutzsee, zwei Badestellen laden unterwegs zur Abkühlung ein.

▶ Lindow auf der Landenge zwischen Wutz-, Gudelack- und Vielitzsee im Naturpark Stechlin-Ruppiner Land ist seit dem 19. Jahrhundert ein beliebtes Ausflugsziel von Berlin aus. Der Wutzsee ist der östlichste der drei Seen, Motorboote sind auf dem 3 km langen und bis zu 300 m breiten See nicht zugelassen, am Südufer gibt es zwei Badestellen, am Nordufer einen Campingplatz. Die efeuumrankten Ruinen von Kloster **Lindow** **01** am Wutzsee zeugen von einem Kloster, das im Mittelalter zu den wohlhabendsten der Mark Brandenburg zählte, Theodor Fontane diente es als Vorbild für das fiktive Kloster Wutz im Roman „Der Stechlin“ (1899). Gegründet wurde es um 1230 von Graf Gebhardt I. von Arnstein, der sich auch Graf von Lindow nannte und mit der Burg Ruppin belehnt war. Das Kloster wurde während

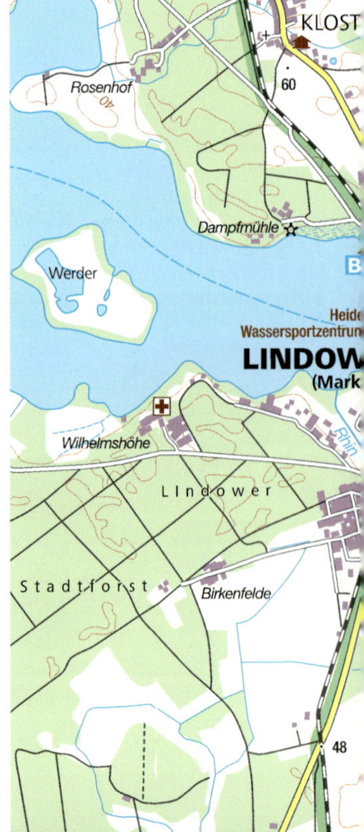

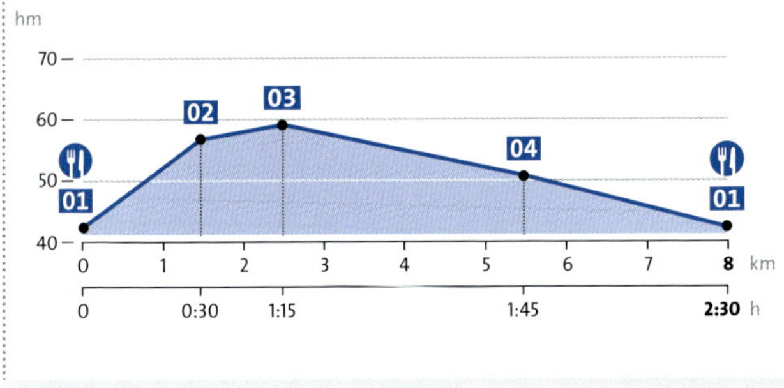

01 Lindow, 42 m; **02** Sportschule, 57 m; **03** Lindower Rhin, 59 m; **04** Badestelle, 51 m

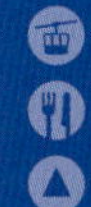

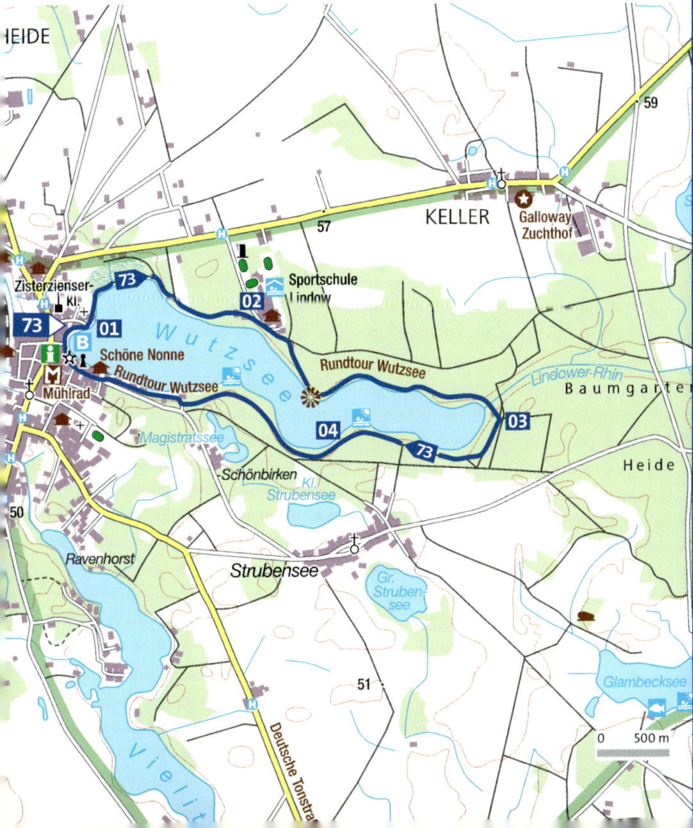

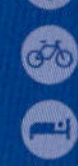

Die schöne Nonne von Lindow

Die weiße Statue auf einem Felsblock in der Westbucht des Wutzsees stellt die bekannte Lindower Sagengestalt dar: die schöne Nonne von Lindow. Das Edelfräulein seufzte für einen Jüngling von niederem Stand und wurde zur Abschreckung von den Eltern ins Kloster Lindow gesperrt. Der Jüngling aber schlich ums Kloster und schabte und kratzte so lang an den Mauern, bis die schöne Nonne herausschlüpfen konnte. Mehr Glück war den armen beiden nicht beschieden. Sie verschwanden spurlos, wie es heißt, ertranken sie im Wutzsee.

der Reformation in ein lutherisches Damenstift umgewandelt, im Dreißigjährigen Krieg legten kaiserliche Truppen die Gebäude 1638 in Schutt und Asche. In den Parkanlagen rund um das Kloster befindet sich der Friedhof mit den Grabsteinen der Stiftsdamen.
An der Ruine über der Westbucht lässt sich der von Wäldern eingefasste See, den wir im Uhrzeigersinn links herum umrunden, gut überblicken. Die Uferpromenade Am Wutzsee führt nordwärts und taucht in die Wälder über dem Nordufer ein, der Ufersaum ist weitflächig verlandet. Bei einer dieser Verlandungszonen gabelt sich der Weg. Der mit dem Grünstrich-Zeichen markierte Hauptwanderweg verlässt den Uferbereich und schwingt sich auf einer Stufenanlage hinauf zu einem Rastplatz, an dem ein von der Granseer Straße herüberführender Weg in den Grünstrich-Wanderweg einmündet. Dieser führt ostwärts weiter durch die Wälder, passiert eine Wanderwegeübersichtstafel, winkelt vor der **Sportschule Lindow** 02 rechts ab und gewinnt wieder seine alte Ufernähe. Am Ufer finden sich einige schöne Rastplätze vor den Bäumen. Nach einer weiteren Stufenpassage überquert der Rundweg bei einem Rastplatz in der Ostbucht den **Lindower Rhin** 03 und folgt dann dem Südufer des Sees durch lichtdurchflutete Wälder zu einer kleinen **Badestelle** 04, erreichbar auf einer Stufenanlage. Die nächste Badestelle befindet sich kurz vor den ersten Häusern von Lindow, der Wanderweg weicht vor den Ufergrundstücken auf die Landseite aus und führt zurück zum Ausgangspunkt am Kloster **Lindow** 01, eine Statue im See erinnert an eine der schönen Nonnen.

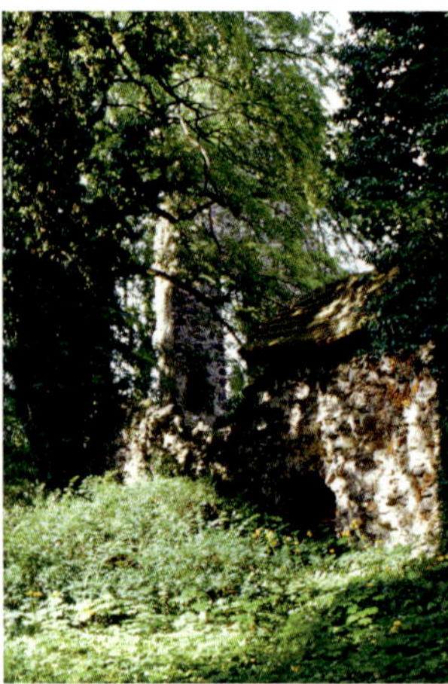
Ruine von Kloster Lindow

DÖLLNKRUG – DÖLLNSEE

Rund um den Großdöllner See

 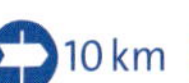 10 km 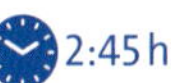 2:45 h 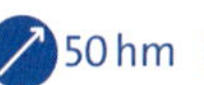 50 hm 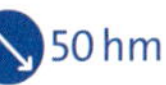 50 hm 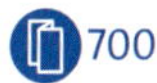 700

START | Döllnkrug (66 m), Parkplatz am Hotel Döllnsee, Döllnkrug 2 in Templin [GPS: UTM Zone 33 x: 406.055 m y: 5.873.428 m]
CHARAKTER | Waldwege und -pfade, die gelegentlich Orientierungssinn erfordern

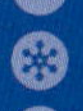
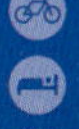

Der Großdöllner See im Biosphärenreservat Schorfheide-Chorin blickt auf eine wechselvolle Vergangenheit zurück. Ab 1933 diente er prominenten Genossen als Luxusrefugium im deutschen Walde. Der Rundweg heißt „Carinhall-Rundweg“: Nazi-Genosse Göring ließ am See das private Anwesen „Carinhall“ und im Nordwesten (Standort des heutigen Vier-Sterne-Hotels) ein Gästehaus errichten. Carinhall wurde 1945 von Hitlers Soldaten zerstört, im Gästehaus logierten die Genossen Pieck, Ulbricht, Honecker und Breschnew. Ulbricht fand es so schön an diesem See, dass er hier 1973 das Zeitliche segnete. In der Bundesrepublik Deutschland wurde der See bekannt, als Honecker hier im Winter 1981 mit Bundeskanzler

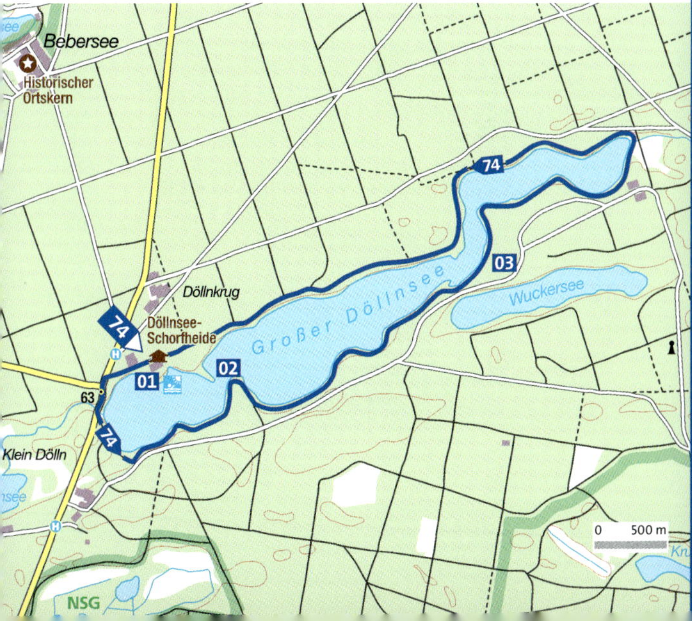

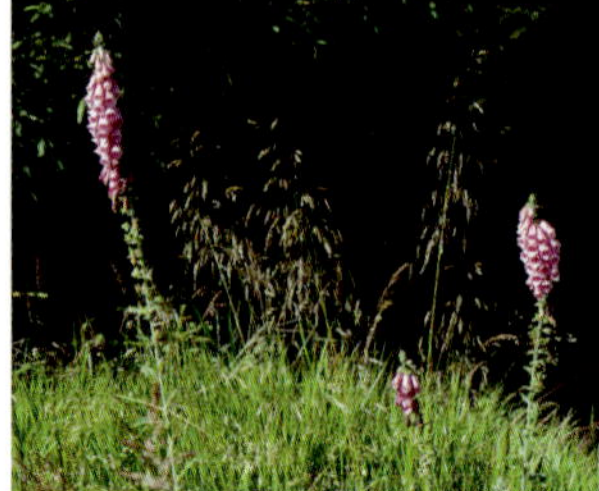
Fingerhut am Wegrand

Helmut Schmidt durch die verschneiten Wälder spazierte: ihren Spuren folgt der Rundwanderweg.

▶ Der Name **Döllnkrug** 01 für die Zufahrt zum Vier-Sterne-Hotel „Döllnsee“ erinnert an die in den 1830er Jahren im Fachwerkstil erbaute Försterei Döllnkrug; sie wurde in den 1970er Jahren abgerissen, da sie sich zu nah (Hörweite!) an der von Soldaten gesicherten Villa der Führer der sozialistischen Einheitspartei befand. Beim Hotel beginnt der Rundweg, dem wir entgegen dem Uhrzeigersinn um den 4 km langen See folgen.
Der Rundweg überquert den aus dem See austretenden Bach **Döllnfließ**, der der Havel zueilt, schwingt auf das Südufer des Sees der sagenumwobenen Landenge **Schmällinge** 02, auch Teufelszunge genannt. Die Schmällinge ist eine von zwei sehr schmalen Stellen am Großdöllner See; unternimmt man die Runde zum ersten Mal, könnte man den Eindruck bekommen, hier sei der See schon zu Ende, aber davon darf man sich nicht täuschen lassen: es geht weiter! Von der Schmällinge führt der Wanderpfad weiter durch die Wälder über dem See und erreicht zwischen Größdöllner See und Wuckersee das Gelände von **Carinhall** 03, dem Anwesen des Nazimarschalls Göring. Architekt des nach 1933 in mehreren Etappen errichteten Gebäudekomplexes war zunächst Werner March, der Schöpfer des Berliner Olympiastadions. Als die Rote Armee nur noch wenige Kilometer entfernt war, wurde Carinhall am 28. April 1945 von der deutschen Luftwaffe mit über 80 Fliegerbomben zerstört. Bis auf geringe Mauerreste hat sich oberirdisch nichts von dieser Anlage erhalten.
Beim ehemaligen Carinhall erreicht der Rundweg die Ostbucht des Großdöllner Sees und folgt dem Nordufer im Wald zurück zum Ausgangspunkt an der Hotel-Zufahrt **Döllnkrug** 01.

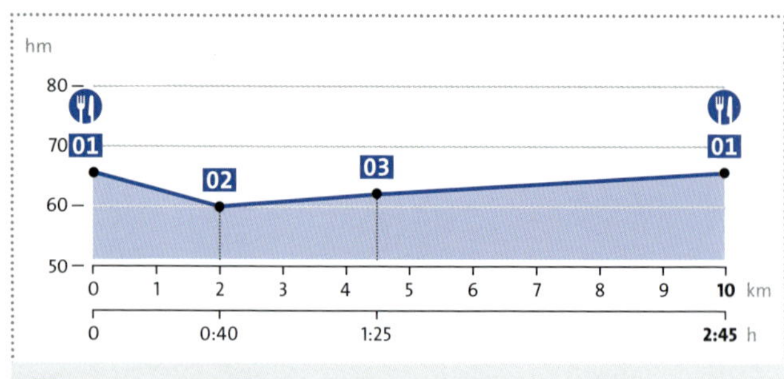

01 Döllnkrug, 66 m; 02 Schmällinge, 60 m; 03 Carinhall, 62 m

JOACHIMSTHAL – GRIMNITZ – ALTHÜTTENDORF

Rund um den Grimnitzsee

  15 km 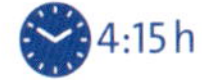 4:15 h 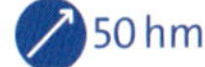 50 hm 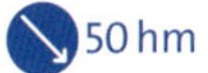 50 hm 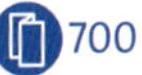 700

START | Bahnhof Joachimsthal (70 m) an der Bahnhofstraße; Bahnstrecke Berlin – Eberswalde – Joachimsthal [GPS: UTM Zone 33 x: 416.035 m y: 5.870.806 m]
CHARAKTER | Feldwege und Nebenstraßen im Wechsel von Wald und Aussichtspassagen

Der größte See der Schorfheide wartet mit Badestellen und Naturbeobachtungsstellen auf.

▶ Vom **Bahnhof Joachimsthal** 01 führt die Bahnhofstraße parallel zum Bahnkörper westwärts, in der Linkskurve geht es rechts weiter am Bahndamm, bis ein beschrankter Bahnübergang zum Wiesenweg überleitet.
Auf diesem Weg verläuft der mit dem Zeichen Grünpunkt markierte Grimnitzsee-Rundweg, er folgt dem Bahnkörper rechts. In den weiten Feldern picken Scharen von Wildgänsen, sie verbringen ruhige Sommer zwischen Grimnitz- und Werbellinsee. Schließlich leitet die kurze Zufahrtsstraße nach **Alt-Grimnitz** 02.
Sehenswert sind die historischen Häuser und die Ruinen der um 1250 errichteten **Askanierburg Grimnitz**, die 1571/72 zum kurfürstlichen Jagdschloss ausgebaut wurde, ehe ab 1760 der Verfall einsetzte. Der Alt-Grimnitzer „Dorfkrug" ist eine gute Adresse für Wanderer. Hier gibt es zu zivilen Preisen die Büttner-Pfanne zum zweiten Frühstück, das Burg-

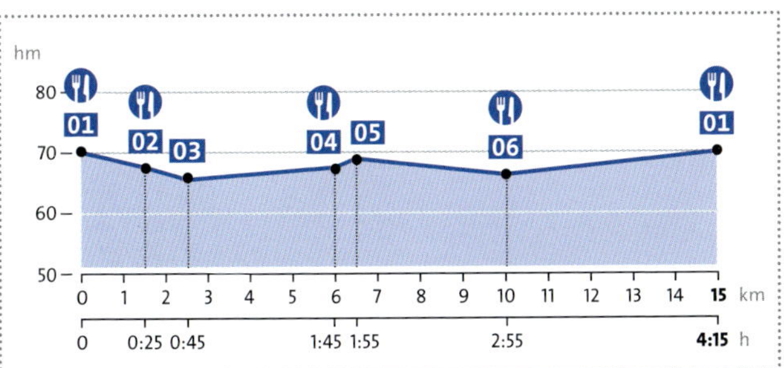

01 Joachimsthal, Bahnhof, 70 m; 02 Alt-Grimnitz, 68 m; 03 Feriendorf, 66 m; 04 Althüttendorf, 68 m; 05 Eulenturm, 69 m; 06 Leistenhaus, 67 m

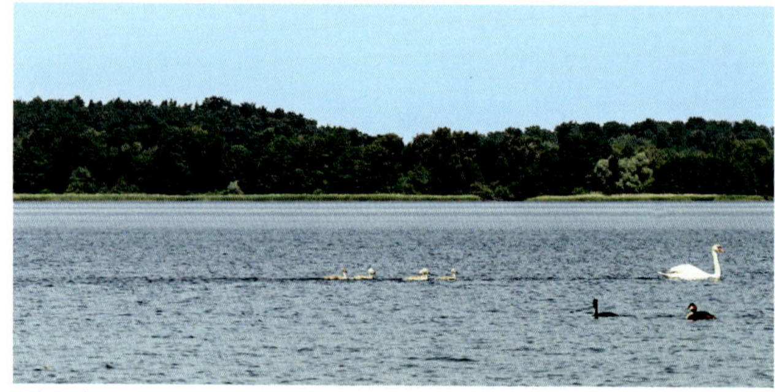

Grimnitzsee

fräulein-Omelett und die Knechtschüssel.

Vom „Dorfkrug" leitet die Hövelstraße ostwärts, in der Rechtskurve zweigt geradeaus der Seeweg zur Badestelle des **Feriendorfs Grimnitzsee** 03 ab. Am Ende der Bungalowsiedlung taucht der Seeweg in den Wald ein, überquert den **Neuen Graben** (Werbellinkanal), das von Bibern bewohnte Verbindungstief zwischen Grim-

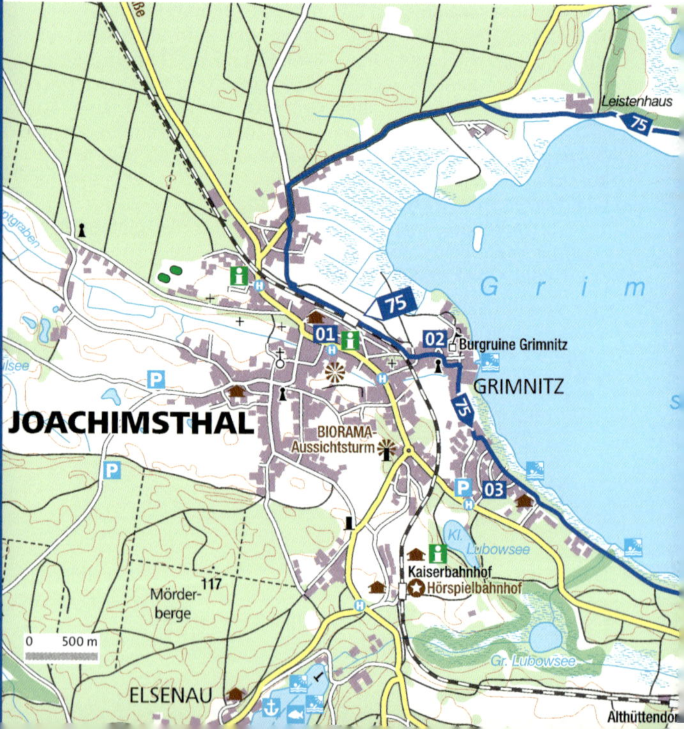

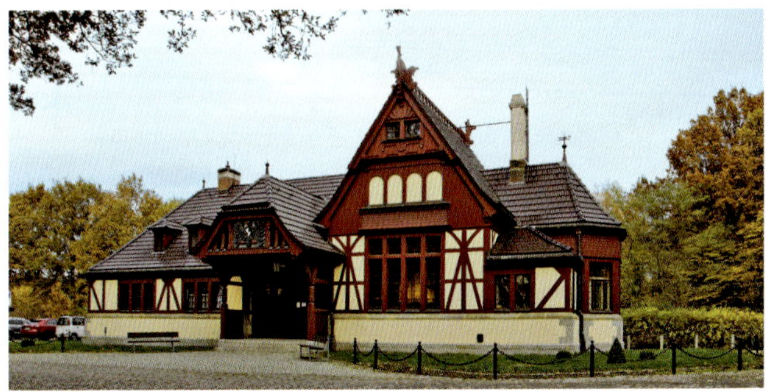

Kaiserbahnhof, einer der beiden Joachimsthaler Bahnhöfe

nitz- und Werbellinsee, und führt nach Verlassen des Waldes an einer weiteren Badestelle – kurzer Abstecher: Rastplatz! – am Restaurant „Waldschänke" vorbei in die ehemalige Glashüttensied-

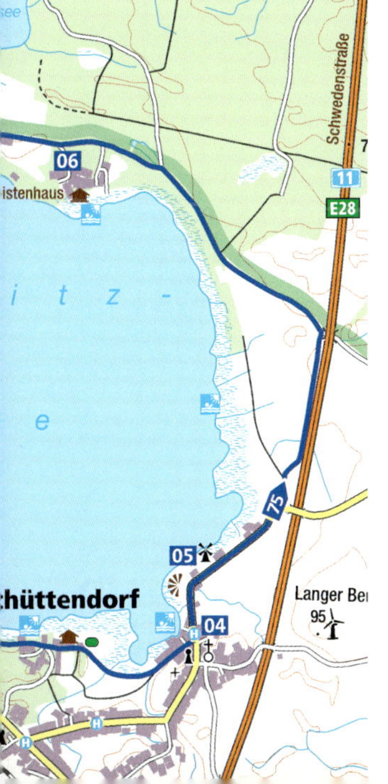

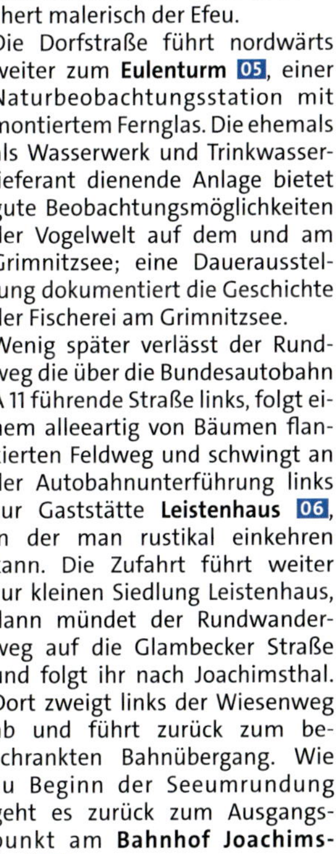

lung **Althüttendorf 04**. Die mittelalterliche Feldsteinkirche mit dem verbretterten Turm überwuchert malerisch der Efeu.

Die Dorfstraße führt nordwärts weiter zum **Eulenturm 05**, einer Naturbeobachtungsstation mit montiertem Fernglas. Die ehemals als Wasserwerk und Trinkwasserlieferant dienende Anlage bietet gute Beobachtungsmöglichkeiten der Vogelwelt auf dem und am Grimnitzsee; eine Dauerausstellung dokumentiert die Geschichte der Fischerei am Grimnitzsee.

Wenig später verlässt der Rundweg die über die Bundesautobahn A 11 führende Straße links, folgt einem alleeartig von Bäumen flankierten Feldweg und schwingt an der Autobahnunterführung links zur Gaststätte **Leistenhaus 06**, in der man rustikal einkehren kann. Die Zufahrt führt weiter zur kleinen Siedlung Leistenhaus, dann mündet der Rundwanderweg auf die Glambecker Straße und folgt ihr nach Joachimsthal. Dort zweigt links der Wiesenweg ab und führt zurück zum beschrankten Bahnübergang. Wie zu Beginn der Seeumrundung geht es zurück zum Ausgangspunkt am **Bahnhof Joachimsthal 01**.

MEINE TIPPS FÜR ...

... schlechtes Wetter

Museumsinsel in Berlin

Die Museumsinsel in der Spree zählt zu den bedeutendsten Museenensembles der Erde und steht als Weltkulturerbe unter dem Schutz der UNESCO. Zwischen zwei Spreearmen sowie der Prachtstraße Unter den Linden und der Monbijoustraße ließen Preußens Könige die fünf Kunstmuseen Altes Museum (1830), Neues Museum (1855), Alte Nationalgalerie (1876), Bode-Museum (1904) und Pergamon-Museum (1930) errichten.

Berliner Reichstag

Der Reichstag am begrünten Platz der Republik im Berliner Ortsteil Tiergarten wurde am 19. April 1999 seiner neuen Bestimmung als Sitz des Deutschen Bundestags übergeben. Mit einer Debatte über die deutsche Einheit nahm das Parlament unter der Glaskuppel von Norman Foster in dem 1884–1894 in Neurenaissanceformen von Paul Wallot errichteten Gebäude seine Arbeit auf. Ein Besuchermagnet ist die 23 m hohe und bis zu 40 m breite Glas- und Stahlkuppel, die Foster während des Umbaus des Gebäudes 1995–1999 als modernen Dachaufbau errichtete. Ein mit 360 verstellbaren Spiegelelementen bestückter Trichter lenkt Tageslicht durch die Kuppel in den darunterliegenden Plenarsaal. Die Glaskuppel ist über eine spiralförmige Rampe von innen begehbar und bietet auf einer Aussichtsterrasse einen eindrucksvollen Blick auf das Regierungszentrum. Die Dachterrasse mit Cafeteria in 50 m Höhe ist für Besucher bis spät in den Abend hinein geöffnet.

Schloss Charlottenburg

Die 1695–1790 in mehreren Phasen errichtete Dreiflügelanlage von Schloss Charlottenburg ist die größte der neun erhaltenen Schlossanlagen in Berlin. Carl Langhans erbaute 1788–1790 als Abschluss des Orangerieflügels das Schlosstheater. Im als Museum öffentlich zugänglichen Schloss sind zu besichtigen: die Wohnung Friedrichs des Großen, Kroninsignien von Friedrich I. und seiner Frau Sophie Charlotte, das Porzellankabinett, die Goldene Galerie, zahlreiche Gemälde und eine bedeutende Sammlung französischer Malerei des 18. Jahrhunderts, darunter Watteaus Einschiffung nach Kythera. Der barocke Schlossgarten wurde ab 1786 im Stil des englischen Landschaftsgartenideals umgestaltet und zählt zu den schönsten Parkanlagen Berlins.

Agentenmuseum an der Glienicker Brücke

Die in englischsprachigen Medien „Bridge of Spies“ (Agentenbrücke) genannte Brücke zwischen Berlin und Potsdam war im Kalten Krieg mehrfach Schauplatz von Austäuschen inhaftierter Agenten. Bundeskanzlerin Angela Merkel eröffnete 2009 in der zum UNESCO-Welterbe zählenden Villa Schöningen das deutsch-deutsche „Agentenmuseum“. Im Zentrum der historischen Dauerausstellung „Spione, Mauer, Kinderheim – an der Brücke zwischen den Welten“ steht die Geschichte der Glienicker Brücke und ihrer Rolle während der deutschen Teilung.

Oranienburg
Oranienburg in der seen- und waldreichen Havelniederung am Westrand der Barnimhochfläche ist seit dem ausgehenden 19. Jh. ein bedeutendes Ausflugsziel vor den Toren Berlins. Wahrzeichen ist das älteste Barockschloss der Mark Brandenburg im historischen Ortskern, es beherbergt zwei Museen. Die Stiftung Preußische Schlösser und Gärten zeigt im Schlossmuseum berühmte Kunstwerke des 17. Jahrhunderts, eine einzigartige Silberkammer sowie die sehenswerte Porzellankammer; im Kreismuseum befindet sich eine umfangreiche Ausstellung zur Regional- und Kulturgeschichte des Oberhavellandes.

Schlosspark: Die Gründerin der Stadt Oranienburg, Kurfürstin Louise Henriette von Oranien-Nassau (1627–1667), ließ einen Lustgarten im holländischen Stil anlegen. Der Schlosspark wurde im Lauf der Jahrhunderte mehrmals verändert und erhielt mit der Landesgartenschau 2009 sein heutiges Aussehen. Der 30 ha große Park bietet vor allem in den Sommermonaten gärtnerische Höhepunkte und bildet den Rahmen für ein breit gefächertes Kulturprogramm von Kleinkunst bis Klassik.

Lehnitzsee: Der Lehnitzsee an der Havel-Oder-Wasserstraße ist das Naherholungsgebiet von Oranienburg. Am Ostufer verläuft der Europäische Fernwanderweg 10, am Westufer der Radfernweg Berlin–Kopenhagen in unmittelbarer Nähe des Freizeitbads Turm-ErlebnisCity, des Yachthafens und des Strandbads. Der idyllisch gelegene See lädt ein zum sommerlichen Badevergnügen, man kann ihn aber auch mit dem Ruder- oder Tretboot erkunden.

Sachsenhausen: Gedenkstätte und Museum Sachsenhausen erinnern an die Folterungen und Massenmorde im nationalsozialistischen Konzentrationslager Sachsenhausen (1933–1945) und dem nachfolgenden sowjetischen Speziallager Nr. 7 (1945–1950). Mit jährlich 300.000 Besuchern zählen Gedenkstätte und Museum zu den besucherstärksten Einrichtungen Brandenburgs. Straße der Nationen 22, 16515 Oranienburg, www.gedenkstaette-sachsenhausen.de

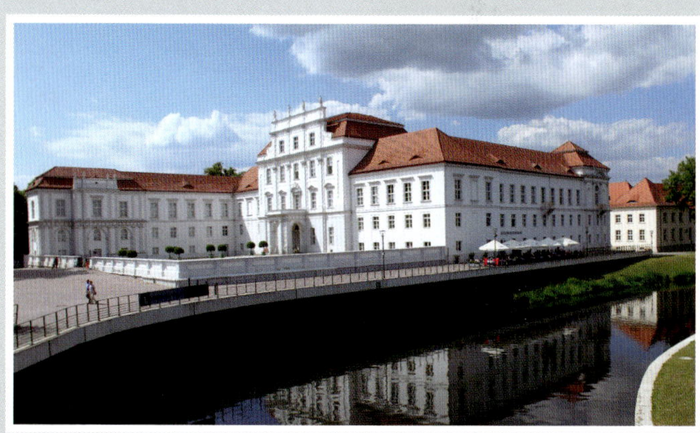

Blick zum Schloss Oranienburg bei Berlin

Rheinsberg
Schloss und Park Rheinsberg zählen zu den Kulturkleinodien Brandenburgs. Die von Georg von Knobelsdorff für den preußischen Kronprinzen Friedrich d. Gr. errichtete Dreiflügelanlage auf der Schlossinsel steht am Beginn des friderizianischen Rokoko, das später in Sanssouci seine prunkvollste Entfaltung fand. Der Schlossgarten spiegelt die Entwicklung der Gartenbaukunst vom barocken „Lustgarten" bis zum frühen Landschaftspark mit Staffage- und Fantasiebauten wie Altären, Tempeln und Einsiedeleien wider.

Schloss Rheinsberg

Saarow Therme
Die Saarow Therme liegt im Thermalsole- und Moorheilbad Bad Saarow am Scharmützelsee. Die Badelandschaft verwöhnt mit großzügigen Innen- und Außenbecken, mit Unterwassergeysiren, Massagepilzen, Whirlpools und Massagemulden. In der Saunalandschaft befinden sich zwei finnische Saunen, eine Biosauna, ein orientalisches Dampfbad und eine Kräuterstube, nach dem Saunagang stehen der Kälteraum zur Abhärtung und die Dachterrasse mit Blick in den Kurpark zum Relaxen bereit.

Stein-Therme in Bad Belzig
Bad Belzig mit der Stein-Therme ist Deutschlands jüngstes Thermalsole-Heilbad. Die besonders jodhaltige Thermalsole wirkt wie ein Gesundbrunnen. Mit einem Salzgehalt von über 20 Prozent und einer Temperatur von 30° C sprudelt das Wasser aus 775 m Tiefe direkt in die Becken. Die Badewelt umfasst sechs Thermalsole- und Warmwasserbecken mit über 750 m^2 Wasserfläche. Ein Kleinod der Badewelt ist der Licht-Klang-Raum, der scheinbar Schwerelosigkeit vermittelt. Die Saunawelt der Stein-Therme wartet mit zwei finnischen Saunen, Biosauna, Eventaufguss-Sauna, Gradiersauna, Dampfbad und Heißluftraum auf; zur Abkühlung laden der Eisbrunnen, Tauch- und Kaltbecken, ein Kneippbecken sowie ein großer Saunagarten ein.

Lindwerder – Speisen auf der Insel
Das autofreie Gartenrestaurant „Lindwerder" auf der gleichnamigen Havelinsel vor dem Grunewald ist nur mit einem Boot oder Fähre erreichbar. Außer der privaten Personenfähre, die mit einer Glocke gerufen werden kann, verkehrt eine Lastfähre für den Ver- und Entsorgungsverkehr. Serviert werden deut-

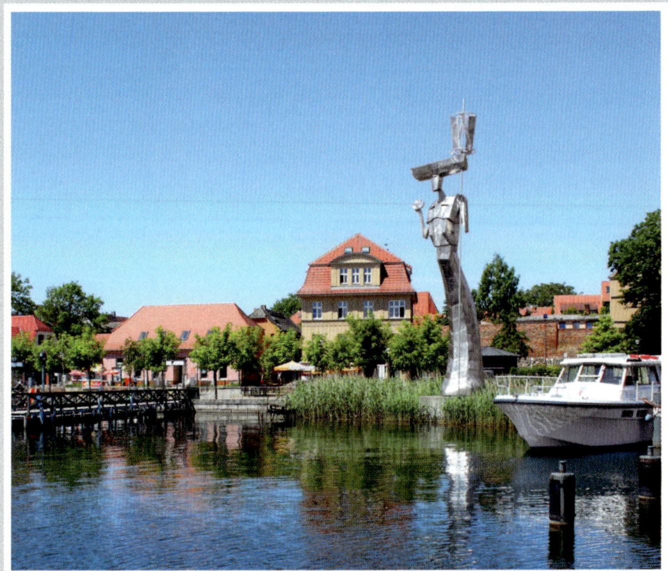

Blick auf Neuruppin

sche Küche und Fisch-Gerichte. Havelchaussee, 14193 Berlin.

Boltenmühle in der Ruppiner Schweiz

Der Gasthof „Boltenmühle" am Tornowsee zählt zu den beliebtesten Ausflugsrestaurants der Ruppiner Schweiz. Da das Fachwerkrestaurant auch in Funk und Fernsehen bekannt wurde, ist es an schönen Wochenenden gut besucht. Die 1718 als Schneidemühle errichteten Gebäude brannten 1992 nieder und wurden nach dem alten Vorbild wieder aufgebaut. Außer dem Restaurant und dem separaten Unterkunftshaus gibt es einen Boots- und einen Fahrradverleih, wer es bequemer liebt, kann sich im Kremser kutschieren lassen, auch Linienschiffe von Neuruppin steuern die Boltenmühle in Gühlen-Glienicke in Neuruppin an.

Buckower Kleinbahn: Museumsbahn in die Märkische Schweiz

Die Buckower Kleinbahn in der Märkischen Schweiz ist eine elektrifizierte Museumseisenbahn. Die roten „Buckower Triebwagen" (E-Triebwagen) pendeln samstags, sonn- und feiertags von ca. Ostern bis ca. zum Tag der deutschen Einheit auf der 5 km langen Strecke zwischen der Mittelalterstadt Müncheberg und dem Kurort am Schermützelsee. Die Bahn befördert auch Fahrräder. Auf der Trasse der alten Schmalspurbahn neben der „neuen" Kleinbahnstrecke verläuft ein Rad- und Wanderweg.
Die Eröffnung der 750-mm-Schmalspurstrecke 1897 als von der Linie Berlin – Küstrin abzweigende Stichbahn markierte den Beginn des Tourismus in der Märkischen Schweiz.

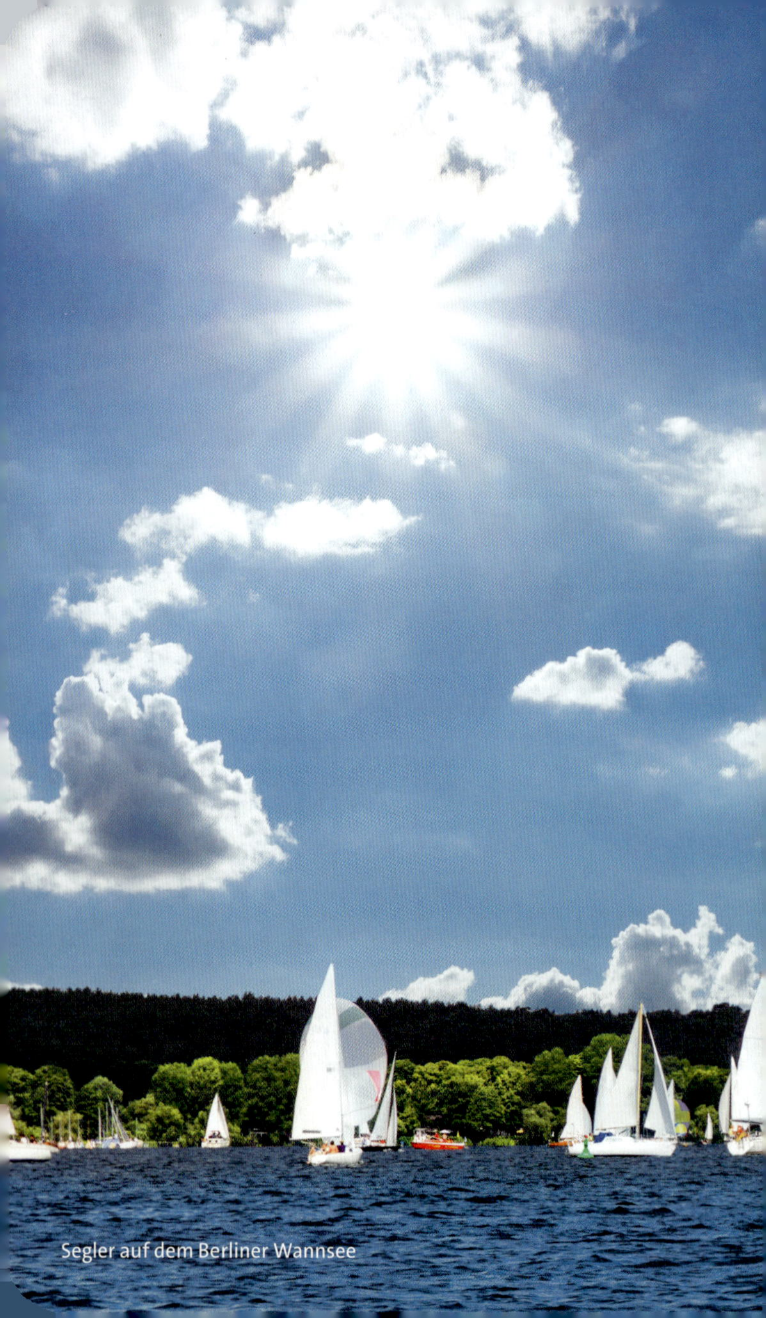

Segler auf dem Berliner Wannsee

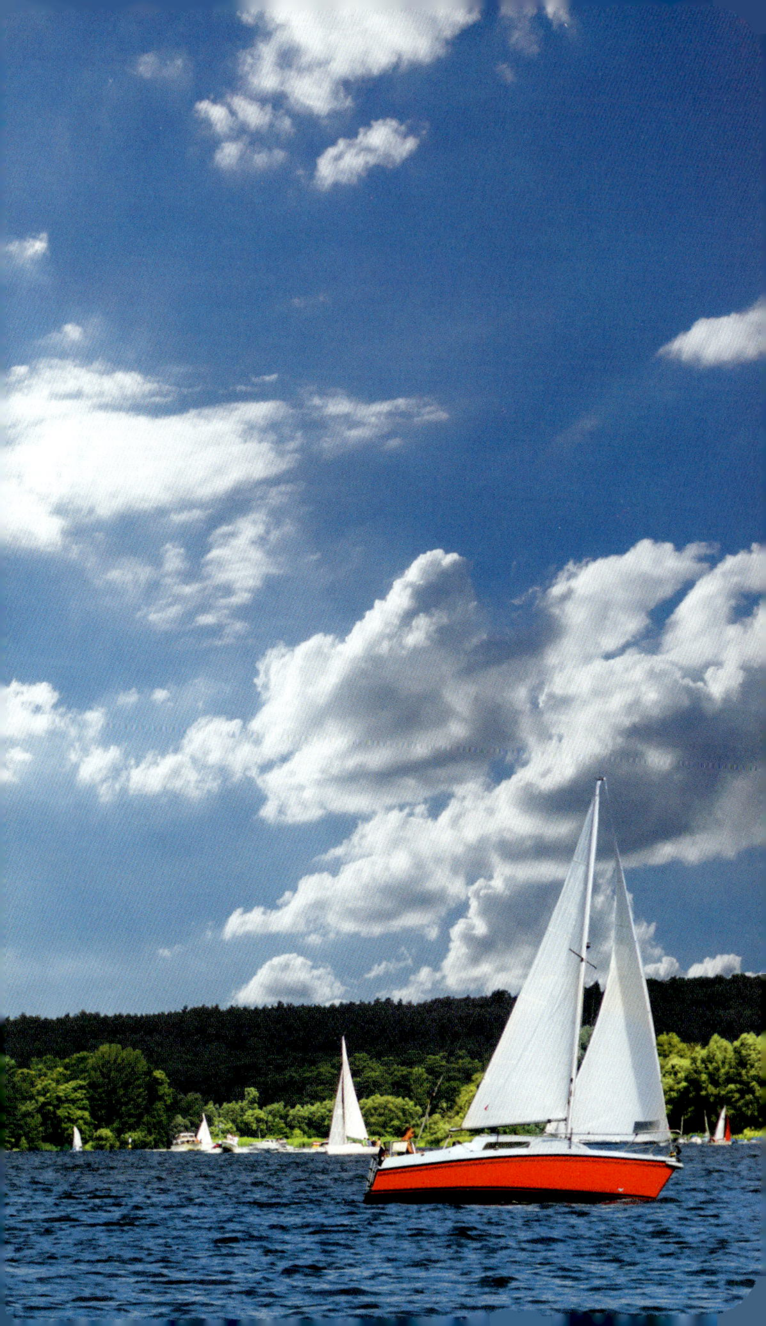

ÜBERNACHTUNGSVERZEICHNIS

€ unter 30 EUR €€ 30 - 60 EUR €€€ über 60 EUR
(pro Pers/DZ/incl. Frühstück)

Bad Belzig .... Plz 14806, Tel. (0) 33841
Springbach-Mühle €€€ Mühlenweg 2, Tel. 796600, www.springbachmuehle.de

Bad Saarow .... Plz 15526, Tel. (0) 33631
Apartments an der Saarow-Therme €€€ Am Graben 1, Tel. 86 80
Hotel Am Werl €€€ Silberberger Straße 51, Tel. 86 90, www.hotel-am-werl.de

Berlin
Blankenburg .... Plz 13129, Tel. (0) 174
Ferienwohnung Hotel Mama Berlin € Sulzer Straße 6, Tel. 6 60 64 20, www.hotel-mama-berlin.de

Charlottenburg .... Plz 14057, Tel. (0) 179
Berlin-Cityroom €€ Kaiserdamm 82, Tel. 6 94 44 47, www.berlin-cityroom.de
Hotel Brandies €€€ Kaiserdamm 27, Tel. (0)30 364 199 0, www.hotel-brandies.de

Friedrichshagen .... Plz 12587, Tel. (0) 30
Hotel Spree-Idyll €€€ Müggelseedamm 70, Tel. 6 41 94 00, http://hotel-spree-idyll.berlin

Friedrichshain .... Plz 10243, Tel. (0) 30
Pegasus Hostel Berlin €€ Straße der Pariser Kommune 35, Tel. 2 97 73 60, www.pegasushostel.de
NH Hotel Berlin Alexanderplatz €€€ Landsberger Allee 26–32, Tel. 4 22 61 31 00, www.nh-hotels.de/hotel/nh-berlin-alexanderplatz

Karlshorst .... Plz 10318, Tel. (0) 30
Villa-Seepark €€ Stechlinstraße 11, Tel. 5 09 85 63, www.villa-seepark.de

Kaulsdorf .... Plz 12621, Tel. (0) 30
Jugendgästehaus CVJM Kaulsdorf €€ Mädewalder Weg 65, Tel. 56 58 84 77, www.cvjm-kaulsdorf.de

Köpenick .... Plz 12527, Tel. (0) 30
Dämeritzseehotel €€€ Kanalstraße 38–39, Tel. 6 16 74 40, www.daemeritzseehotel.de
ferienhaus-emmy € Klafterzeile 3, Tel. 67 89 26 20, www.ferienhaus-emmy.de
Hotel Müggelsee Berlin €€€ Müggelheimer Damm 145, Tel. 65 88 20, www.hotel-mueggelsee-berlin.de

Lankwitz .... **Plz 12249, Tel. (0) 30**
Pension Schultze €€€ Friedrichrodaer Straße 13, Tel. 77 99 070,
https://www.pension-schultze.de

Mitte .... **Plz 10117, Tel. (0) 30**
ApartHotel Residenz Am Deutschen Theater €€€ Reinhardtstraße 27 A–31,
Tel. 2 80 08 10, www.aparthotel-residenz.de
EigenArt-Appartement.de €€€ Neue Hochstraße 53, Plz 13347, Tel. 46 50 75 01,
www.eigenart-appartement.de
Heart of Gold Hostel Berlin €€ Johannisstraße 11, Tel. 29 00 33 00,
www.heartofgold-hostel.de

Moabit .... **Plz 10559, Tel. (0) 30**
MEININGER Hotel Berlin Tiergarten €€€ Turmstraße 25, Tel. 31 87 94 34,
https://www.meininger-hotels.com/de

Prenzlauer Berg .... **Plz 10119, Tel. (0) 30**
East Seven Berlin Hostel € Schwedter Straße 7, Tel. +49 173 9 45 72 35,
www.eastseven.de

Rahnsdorf .... **Plz 12589, Tel. (0) 30**
Ferienhaus Dörfer €€ Plutoweg 25, Tel. 6 48 90 31,
www.ferienwohnung-in-berlin.org

Spandau .... **Plz 13587, Tel. (0) 30**
VCH-Hotel Christophorus €€€ Schönwalder Allee 26/3, Tel. 33 60 60,
www.vch.de/hotel-info/hotel-christophorus-haus.html

Tegelort .... **Plz 13505, Tel. (0) 30**
Bootshaus Heyer € Friederikestraße 23, Tel. 4 31 12 23

Tiergarten .... **Plz 10555, Tel. (0) 30**
Hotel Les Nations €€€ Zinzendorfstraße 6, Tel. 55 23 34 84,
www.hotel-les-nations.de
Jugendgästehaus Hauptbahnhof €€ Lehrter Straße 68, Plz 10557, Tel. 6 90 33 33,
www.jgh-hauptbahnhof.de

Zehlendorf .... **Plz 14167, Tel. (0) 30**
Pension Haus Simone €€ Schreberstraße 16, Tel. 8 11 70 19,
www.pension-haus-simone-berlin.de

Birkenwerder .... Plz 16547, Tel. (0) 3303
Andersen Hotel Birkenwerder €€ Clara-Zetkin-Straße 11, Tel. 29460, www.andersen-hotel.de/birkenwerder

Buckow .... Plz 15377, Tel. (0) 33433
Drei Eichen Besucherzentrum € Königstraße 62, Buckow-Drei Eichen, Tel. 201, www.dreichen.de

Fürstenberg/Havel .... Plz 16798, Tel. (0) 33089
Gasthaus & Pension Müllerbeek €€ Klosterstraße 12 B, Fürstenberg-Himmelpfort, Tel. 43035
Gut Boltenhof €€€ Lindenallee 14, Fürstenberg-Boltenhof, Tel. (0)33087/52520, www.gutboltenhof.de
Jugendherberge Ravensbrück €€ Straße der Nationen 3, Tel. (0)33093/60590, www.jh-ravensbrueck.de
Pension Bootshaus Bandelow €€ Dorfstraße 8, Fürstenberg-Bredereiche, Tel. (0)33087/52310, www.bootshaus-bandelow.de
Weihnachtshaus Himmelpfort – Haus des Gastes €€ Klosterstraße 23, Fürstenberg-Himmelpfort, Tel. 41888, http://weihnachtshaus-himmelpfort.de/

Hennigsdorf .... Plz 16761, Tel. (0) 3302
Wyndham Garden Hennigsdorf Berlin €€€ Fontanestraße 110, Tel. 8750, www.wyndhamgardenhennigsdorf.com

Oranienburg .... Plz 16515, Tel. (0) 3301
Hotel An der Havel €€€ Albert-Buchmann-Straße 1, Tel. 6920, www.hotelanderhavel.de
Stadthotel Oranienburg €€€ André-Pican-Straße 23, Tel. 6900, www.stadthotel-oranienburg.de

Potsdam .... Plz 14467, Tel. (0) 331
Hotel am Großen Waisenhaus €€€ Lindenstraße 28/29, Tel. 6010780, www.hotelwaisenhaus.de
Königlicher Campingpark Sanssouci € An der Pirschheide 41, 14471 Potsdam, Tel. 9510988, www.camping-potsdam.de
NH Voltaire Potsdam €€€ Friedrich-Ebert-Straße 88, Tel. 23170, www.nh-hotels.de/hotel/nh-potsdam

Rheinsberg .... Plz 16831, Tel. (0) 33921
Best Western Premier Marina Wolfsbruch €€€ Im Wolfsbruch 3, Tel. 87, www.marina-wolfsbruch.de
Gast- & Logierhaus Zum Jungen Fritz €€ Schlossstraße 8, Tel. (0)33931/2168, www.junger-fritz.de
Hafendorf Rheinsberg €€€ Hafendorfstraße 1, Tel. (0)33931/800800, https://www.precisehotels.com/hafendorf-rheinsberg
Jugendherberge Prebelow € Prebelow 2, Rheinsberg-Prebelow, Tel. 70222, www.jh-prebelow.de

Bad Belzig
Thermalsole-Heilbad an der Deutschen Alleenstraße im Naturpark Hoher Fläming, Kreisstadt des Landkreises Potsdam-Mittelmark (PM). Der viereckige Marktplatz ist das Zentrum der denkmalgeschützten Belziger Altstadt. Der Feldsteinquaderbau der Pfarrkirche Sankt Marien mit ihrer markanten Turmhaube (1697) stammt im Kern aus dem 13. Jh. Zur Ausstattung gehört eine Papeniusorgel (1747). Beim Gang durch die Altstadt fallen an den Bürgerhäusern viele Details auf: Sitznischenportale aus Sandstein, Wasserspeier, Familienwappen, Fachwerk, alte Fenster und Türen.
Zu den Höhepunkten im Belziger Veranstaltungskalender zählt Ende August die Burgfestwoche, die mit dem Belziger Altstadtsommer ausklingt. Dann verwandeln sich die Burghöfe in der Altstadt zu Showbühnen.

Tourist Information Bad Belzig, Marktplatz 1, 14806 Bad Belzig, Tel. 033841/94900, www.belzig.com

Berlin
Hauptstadt und mit 3,4 Millionen Einwohnern größte Stadt Deutschlands sowie zweitgrößte Stadt der Europäischen Union, zugleich eines der 16 deutschen Bundesländer (883 km^2), allseits umgeben vom Bundesland Brandenburg. Die ehemalige Hauptstadt von Preußen war nach dem Zweiten Weltkrieg als geteilte Stadt ein Symbol des Kalten Kriegs (Brandenburger Tor). Die seit dem 3. Oktober 1990 auch rechtlich wieder vereinigte Stadt, die 1991 vom Bundestag anstelle von Bonn zur Hauptstadt bestimmt wurde, ist ein bedeutendes Dienstleistungs-, Messe- und Kongresszentrum; drei Universitäten, zahlreiche Lehr- und Forschungseinrichtungen sowie eine Vielzahl von Museen, Bibliotheken, Theatern und Opernhäusern unterstreichen Berlins traditionelle Rolle als Kulturmetropole.

Berlin Tourist Information, Pariser Platz (Brandenburger Tor, südliches Torhaus), 10117 Berlin Mitte, www.visitberlin.de und www.berlin.de

Bernau
Fachwerkstadt an der Märkischen Eiszeitstraße im Naturpark Barnim. Die ringförmig um die Altstadt geführte mittelalterliche Stadtmauer, die vierschiffige gotische Marienkirche und die Georgskapelle stammen aus der Blütezeit der alten Handelsstadt. Wahrzeichen ist das Steintor mit dem Hussitenmuseum, größte Veranstaltung das Hussitenfest, das an die erfolgreiche Abwehr der Heere von religiösen Fundamentalisten im Jahr 1432 erinnert.

Tourist Information Bernau, Bürgermeisterstraße 4, 16321 Bernau bei Berlin, Tel. +49 3338/365365, www.bernau.de

Birkenwerder
Mitten durch das Ortszentrum der Wohngemeinde Birkenwerder fließt die Briese, ein nicht schiffbarer Nebenfluss der Havel. Zusammen mit ihren drei Seen in Birkenwerder – Briesesee, Boddensee und Mönchssee – ist sie ein wichtiges Ausflugsziel: hier wird gepicknickt, gekneippt und geplantscht.

Touristeninfo Birkenwerder, Bahnhof Birkenwerder, Clara-Zetkin-Straße 13, 16547 Birkenwerder, Tel. 03303/290147, www.birkenwerder.de

Brandenburg an der Havel
Drittgrößte Stadt Brandenburgs.

Touristinformation Stadt Brandenburg an der Havel, Neustädtischer Markt 3, 14776 Brandenburg an der Havel, Tel. 03381/796360, www.erlebnis-brandenburg.de/

Buckow (Märkische Schweiz)
Kneippkurort am Schermützelsee im Herzen der Märkischen Schweiz.

Kultur- und Tourismusamt Märkische Schweiz, Zum Alten Warmbad, Sebastian-Kneipp-Weg 1, 15377 Buckow (Märkische Schweiz), Tel. 033433/150031, www.maerkischeschweiz.eu

Fürstenberg/Havel
Wasserstadt an der Havel am Übergang der Naturparks Stechlin-Ruppiner Land, Uckermärkische Seen und Feldberger Seenlandschaft. Im Stadtpark am Schwedtsee finden alljährlich die Brandenburger Wasserfeste statt. Am gegenüberliegenden Ufer des Schwedtsees befindet sich die Mahn- und Gedenkstätte Konzentrationslager Ravensbrück. Die Fahrraddraisinenstrecke durch den Naturpark Uckermärkische Seen führt von Fürstenberg in die Sieben-Seen-Stadt Lychen und in das Thermalbad Templin. Kindern ist Fürstenberg durch den Namen des Klosterorts Himmelpfort bekannt, wo alljährlich Tausende von Briefen an den Weihnachtsmann eintreffen.

Tourist Information Fürstenberger Seenland, Markt 5, Tel. 033093/32254, 16798, Fürstenberg/Havel, www.fuerstenberger-seenland.de

Hennigsdorf
Die Stadt Hennigsdorf liegt vor der Nordwestgrenze Berlins, die hier zum großen Teil durch die Havel gebildet wird. Wassertourismus, die Naturbadestelle Nieder Neuendorf und ein gut ausgebautes Radwegenetz machen die Stadt und ihre grüne Umgebung als Sommerausflugsziel attraktiv. Schiffsrundfahrten starten im Sommer im Stadthafen sowie an der Anlegestelle Nieder Neuendorf.

Stadtinformation Hennigsdorf, Rathausplatz 1, 16761 Hennigsdorf, Tel. 03302/877100, www.hennigsdorf.de

Müncheberg
Die Mittelalterstadt mit 1800 m langer Stadtmauer sowie den Verteidigungstürmen im Osten und Westen der Altstadt ist das südliche Tor zur Märkischen Schweiz.

Touristinformation Stadt Müncheberg, Thälmann-Straße 101 (im Torwächterhaus), 15374 Müncheberg, Tel. 033432/70931, www.touristinfo-muencheberg.de

Neuruppin
Die Fontanestadt am Ruppiner See ist die Kreisstadt des Landkreises Ostprignitz-Ruppin (OPR) und das Tor zur Ruppiner Schweiz. Wegen des gitterförmigen Straßennetzes in der nach dem Brand 1787 in klassizistischen Formen neu errichteten Stadt und der kaiserzeitlichen Kasernen gilt der Geburtsort des Schriftstellers Theodor Fontane und des Architekten Friedrich Schinkel als „preußischste aller preußischen Städte“.

Tourismus-Service Neuruppin, Karl-Marx-Straße 1, 16816 Fontanestadt Neuruppin, Tel. 03391/45460, www.neuruppin.de

Oranienburg
Schlossstadt an der Havel, Kreisstadt des brandenburgischen Landkreises Oberhavel.

Tourismus und Kultur Oranienburg, Rungestraße 37, 16515 Oranienburg, Tel. 03301/5220402, www.oranienburg.de

Potsdam
Hauptstadt des Bundeslands Brandenburg. Das Berlin-Potsdamer Park- und Schlösserensemble an der Havel ist die größte UNESCO-Welterbestätten-Landschaft in Deutschland.

Tourist-Information Potsdam Am Alten Markt, Humboldtstraße 2, 14467 Potsdam, Tel. 0331/27558899, www.potsdam.de

Rheinsberg
Schlossstadt an den Rheinsberger Seen im Naturpark Stechlin-Ruppiner Land.

Stadt Rheinsberg Tourist-Information, Remise am Schloss/Mühlenstraße 15 A, 16831 Rheinsberg, Tel. 033931/34940, www.rheinsberg.de

Strausberg
Barnimstadt im Herzen der Strausberger Seen.

Stadt- und Tourist-Information Strausberg, August-Bebel-Straße 1 (Lustgarten), 15344 Strausberg, Tel. 03341/311066, www.strausberg.de

Wandlitz
Ausflugsort auf der Barnim-Hochfläche im Naturpark Barnim.

Tourist-Information Wandlitz, Tourismusverein Naturpark Barnim, Bahnhofsplatz 2 (Bahnhof Wandlitzsee), 16348 Wandlitz, Tel. 033397/67277, www.wandlitz.de

IMPRESSUM

© KOMPASS-Karten, A-6020 Innsbruck (23.01)
1. Auflage 2023 Verlagsnummer 5031 ISBN 978-3-99121-670-4

Text und Fotos (soweit nicht anders angegeben): Bernhard Pollmann

Titelbild: Berlin Panorama mit Spree und Fernsehturm
(Foto: © IAMJR - stock.adobe.com)

S. 4: © Cornelia Pithart, www.fotolia.de; S. 5: © ALCE, www.fotolia.de; S. 14, 85: © Tassilo Wengel; S. 17: © michaelstephan, www.fotolia.de; S. 164: © Swen Grundmann, pixelio; S. 216: © Andreas Hermsdorf, pixelio; S. 217: © Karl-Heinz Liebisch, pixelio; S. 222: Frank Liebke, S. 224: © Harald Sauerbier, pixelio; S. 226: © Christine Braune, pixelio; S. 230: © Christian Rohr, pixelio; S. 237/238: © Klaus-Peter Wolf, pixelio; S. 238: © Thomas Stöcker, pixelio; S. 254: © Horst Schröder, pixelio; S. 255: © Michael Wittstock, pixelio; S. 260/261: © flyinger, www.fotolia.de; S. 257, 259: © babelsberger, www.fotolia.de; S. 258: © ArTo, www.fotolia.de

Grafische Herstellung und Wanderkartenausschnitte:
© KOMPASS-Karten GmbH
Kartengrundlage für Gebietsübersichtskarte S. 10–11, U4:
© MairDumont, D-73751 Ostfildern 4

KOMPASS-Karten GmbH
Karl-Kapferer-Straße 5, A-6020 Innsbruck,
www.kompass.de/service/kontakt

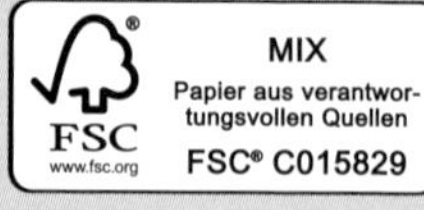

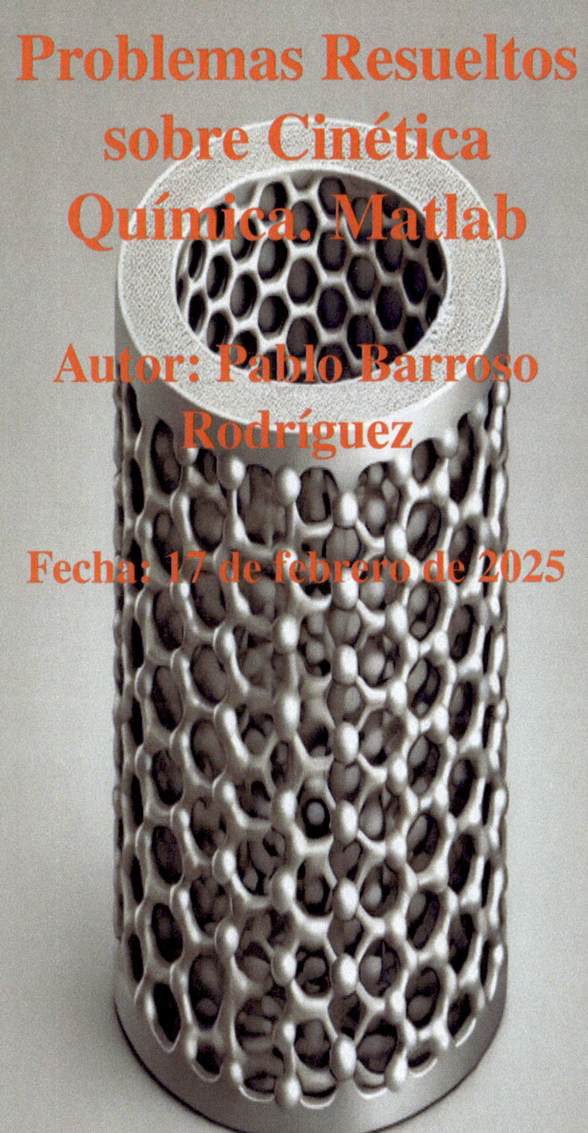
Problemas Resueltos sobre Cinética Química. Matlab
Autor: Pablo Barroso Rodríguez
Fecha: 17 de febrero de 2025

Editorial: BoD · Books on Demand, Calle de Manzanares, 4,
28005 Madrid, bod@bod.com.es
Impresión: Libri Plureos GmbH, Friedensallee 273,
22763 Hamburg (Alemania)
ISBN: 978-84-1373-958-8

FSC
www.fsc.org
MIXTO
Papel procedente de fuentes responsables
Paper from responsible sources
FSC® C105338